知的財産権と独占禁止法

反独占の思想と戦略

本間忠良

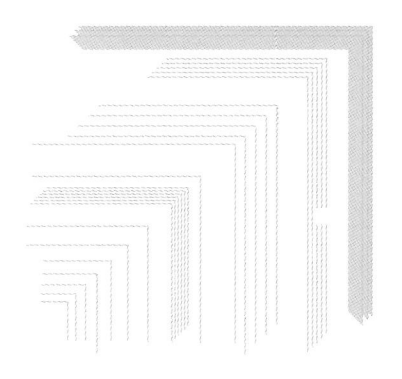

社団法人 発明協会

はじめに

　1983年6月、米国レーガン大統領によって招集された産業競争力委員会は、2年後、「グローバルな競争——あたらしい現実[1]」と題する2巻からなる報告書を大統領に提出した（委員長の名前をとってヤング報告書とも呼ばれる）。ヤング報告書は、米国産業競争力回復のために、①通商政策の統合、②投資コストの低減、③労働力の流動化、④知的財産権の強化——という4つの方策を提言した。その後の米国産業政策が忠実にこの路線をフォローし、それが1990年代における米国経済の回復につながったことはたしかである。ほとんど時をおなじくして地価バブルが崩壊し、米国とは逆にそのまま長期停滞に入った日本は、さっそくヤング報告書の④だけをまねて、いわゆるプロパテント政策を展開した。しかし、以後、日本では、米国のような産業競争力の回復をみることがなく、いまや「失われた20年」を更新しつつある。どこにちがいがあったのだろうか。

　いまヤング報告書を読みなおして衝撃を受けるのは、その10年後、米国経済を大きく飛躍させることになるパソコンとネットワークについての言及がまったくないことである。委員長がヒューレット・パッカードの社長だったのにもかかわらず…。むりもない。米国でコンピューター・プログラムの著作権保護が明文化されたのは1980年だし、OSの著作権保護を確認したアップル対フランクリン高裁判決は1983年だった。当時パソコンはあったが、マキントッシュやウインドウズはまだ出現していない。インターネットの前身（アーパネット）は軍や大学で細々と使われていたが、臨界点に達するまでにはあと10年を要する。

　ヤング報告書の悲願である米国産業競争力の回復を実現したのが、報告書がまったく期待していなかったパソコンとインターネットだったというのは歴史の皮肉である。しかも、これが、政府の産業政策などではなく、何千万人の若者たちの自然発生的なエネルギーによるものだったことが注目にあたいする。

---

[1] The Report of the President's Commission on Industrial Competitiveness, *The Global Competition —— The New Reality* (U. S. Government Printing Office, January 25, 1985)。

米国では、ナップスター現象にみられるような巨大なポピュリスト・エネルギーが、あたらしいWeb 2.0ビジネスを現出させたのである。これを可能にしたのが、1980年代まではIBMとAT&Tの、それ以後はマイクロソフトとインテルの、それぞれ情報独占と戦ってくれた米国反トラスト法であった。
　ひるがえって日本を考えよう。官主導のプロパテント政策にもかかわらず、日本産業は依然として停滞を続け、ハイテク部門でも韓国や北欧に抜かれている。米国経済を突きあげたインターネットによる情報革命が、日本では起こらなかった。それはなぜか。
　産業構造の変化がいつも米国に1周回遅れる日本では、米国での変化を横目でみていて、たとえばナップスター現象にしても、それが日本で起こるまえに、業界団体と官僚があらかじめ手を打ってしまうのである。だから革命による破壊が起こらないかわり、創造も起こらない。
　典型的なのが著作権法である。まだなにもはじまっていないのに、米国にもない送信可能化権を創設し、いまや家庭内ダウンロードを公正利用から外した。日本ではナップスター現象は起こらない。おかげで既成メディアはジリ貧ながら安泰で、デジタル・コンテンツの価格は高値に張りついたまま、需要はいつまでも停滞し、日本が世界に誇る光ファイバー網の使用率が30％にとどまる。
　革命の起こらない日本で閉塞を破るには、デジタル・コンテンツ産業の各段階にわたってダイナミックな競争を導入し、古い産業構造を揺さぶるしかない。「知的財産権と独占禁止法」と題する本書が、かなりのページを著作（隣接）権に投入しているのは、このような問題意識からである。
　「知的財産権と独占禁止法」を論じる文献は多くはないが、それらのほとんどが、読者として、独占禁止法の学者・学生・実務家を予定しているため、ビジネスマンにとってはやや講学的すぎるうらみがあった。たとえば、本書で頻繁に引用する「知的財産の利用に関する独占禁止法上の指針」（公正取引委員会、2007年――以下単に「知的財産指針」）も、独占禁止法の条文配列に沿って記述されているため、「パテント・プール」が5か所にも出現するいうわかりにくさである。本書は、「知的財産権と独占禁止法」にかかわる諸問題を、独占禁止法の条文ではなく、問題別に説明することによって、ビジネスマンの要請に、よりストレートにこたえようとしている。
　1は、「知的財産権と独占禁止法」を考えるうえで必要最小限の知識を整理し、

知的財産指針を簡潔に説明する。2は、技術ライセンス契約を典型的な条項ごとに論じる。以上は本テーマについてのオーソドックスな類書とほとんど変わらないが、3は、知的財産指針の新路線をさらに延長した「技術を利用させないようにする行為」を、4は、とくに情報化時代における主要な反競争的行動と目される「抱き合わせ——タイインとバンドリング」を、5は、知的財産指針の視野にまだ入っていない「情報を利用させないようにする行為」を、いずれもビジョナリーな視点から考える。6は、知的財産権制度に内在する競争メカニズムを、7は、以上の諸問題の国際的側面——とくにTRIPS協定——を、8は、知的財産権に関する企業の戦略的行動としての交渉と訴訟を、実例を使ってプラクティカルに論じる。

日本では「知的財産権と独占禁止法」問題に関する判審決例がすくないため、どうしても議論が観念論に流れやすいうらみがあった。そのため、本書では、日本でも参考になる限度で、この問題について1世紀の歴史を有する米国の判審決例[2]をとりあげている。知的財産権係争がグローバル化している現在、この逆手も、ビジネスマンにとっては、むしろ有用であることを念じている。

先年、ある法律書出版社の編集者から、「知的財産権でお金を儲ける方法」という本を書いてくれないかという打診があった。そんなものが書けるのは、もとビジネスマンで公正取引委員会委員の経験もある私だけだというのである。私は言下に笑い飛ばしたが、あとでそのことを痛切に悔いた。それは、全体的にいえば「知的財産権で景気をよくする方法」でもあるからである。いま書こうとしている本書はまさしくそれである。

私の後悔の念を、深い理解をもって包容し、私にふたたびそのチャンスを与えてくれた発明協会出版チームに、この場を借りて、こころからの感謝のことばを申し上げたい。

2010年10月

本　間　忠　良

---

[2] 本間忠良「フェティシズムとユーフォリア——米国「技術と競争」判例にみるミスユースと反トラストの系譜」『21世紀における知的財産の展望——知的財産研究所創立10周年記念論集』（知的財産研究所、2000年）
http://www17.ocn.ne.jp/~tadhomma/FetEuph8.htm

凡例

（文脈上誤解のおそれがない場合は、法令等の名称を省略することがある）

- 独占禁止法：私的独占の禁止及び公正取引の確保に関する法律（昭和22年法律第54号）。
- 一般指定：不公正な取引方法（公正取引委員会告示第15号、昭和57年6月18日、平成21年改正）。
- 知的財産指針：知的財産の利用に関する独占禁止法上の指針（公正取引委員会、平成15年9月28日）。
- 流通取引指針：流通・取引慣行に関する独占禁止法上の指針（公正取引委員会、平成3年7月11日）。
- 標準化パテント・プールの考え方：標準化に伴うパテントプールの形成等に関する独占禁止法上の考え方（公正取引委員会、平成17年6月29日）。
- 共同研究開発指針：共同研究開発に関する独占禁止法上の指針（公正取引委員会、平成5年4月20日）。
- ソフトウエアに係る知的財産権準則：ソフトウェアに係る知的財産権に関する準則（経済産業省商務情報政策局情報処理振興課、2008年8月）。
- 最判、高判、地判：それぞれ最高裁、高裁、地裁判決。
- 米国シャーマン法：The Sherman Act, July 2, 1890, 15 U.S.C. §1-7。
- 米国クレイトン法：The Clayton Antitrust Act, October 14, 1914, 15 U.S.C. §12-27, 29 U.S.C. §52-53。
- 米国連邦取引委員会（FTC）法：The Federal Trade Commission Act, September 8, 1914, 15 U.S.C §§41-58。
- 米国司法省／FTC1995年知的財産ライセンシング・ガイドライン：The U.S. Department of Justice & The Federal Trade Commission, *Antitrust Guidelines for the Licensing of Intellectual Property* (April 6, 1995)。
- 米国判例：一方当事者名に判決年を付して略称。詳細については巻末付録「引用米国判審決一覧」を参照されたい。
- FRCP：米国連邦民事手続規則Federal Rules of Civil Procedure。
- ITC：米国国際貿易委員会International Trade Commission。

- <u>CAFC</u>：米国連邦巡回（区）控訴裁判所Court of Appeals for Federal Circuit。
- <u>summary judgment</u>：事実の確定は陪審の任務だが、当事者間に争いのない事実は判事権限で認定してもいいことになっている。適切な訳語がないので、原語のまま使っている。
- <u>EU運営条約</u>：The Treaty on the Functioning of the European Union, OJ 2010/C 83/01（旧EEC設立条約）。
- <u>EU 2004年技術移転契約一括適用除外規則</u>：*Commission Regulation（EC）No 772/2004 of 27 April 2004 on the application of Article 81（3）of the Treaty to categories of technology transfer agreements（2004 OJ L 123/11）*。<u>同ガイドライン</u>：*Commission Notice-Guidelines on the application of Article 81 of the EC Treaty to technology transfer agreements（OJ C 101）*。
- <u>TRIPS協定</u>：世界貿易機関を設立するマラケシュ協定附属書１Ｃ知的所有権の貿易関連の側面に関する協定（1995年１月１日発効）。

- 本書における外国語文献引用表示は、日本語印刷の便宜上、いわゆるBlue Book最新版に準拠していない。著者名、論文名（引用符内）、書名（斜体）、かっこ内に出版社・出版年、ページ番号の順である。また、判例や文献からの引用に「　」を使っている場合でも、かならずしも逐語的な翻訳や引用ではなく、抜粋や要約の場合がある。後述6.3.2「フェア・ユースとミスユース」におけるポズナー判事の発言を参照されたい。
- 本書全体を通して、強調下線とブラケット［　］内のコメントは私の加筆である。

目　次

はじめに

凡例

1．知的財産権と独占禁止法……………………………………………… 1
　1．1．知的財産権　1
　　1．1．1．位置づけ　1
　　1．1．2．分類と一覧　1
　　1．1．3．競争とのバランス　4
　1．2．独占禁止法　6
　　1．2．1．市場原理と法の目的　6
　　1．2．2．禁止行為　8
　　1．2．3．執行手段　16
　　1．2．4．米国反トラスト法　18
　　1．2．5．EU競争法　22
　　1．2．6．流通取引指針　25
　1．3．知的財産権と独占禁止法の関係　33
　　1．3．1．創設説と確認説　33
　　1．3．2．対立から調和へ　34
　　1．3．3．独立　37
　1．4．知的財産指針　42
　　1．4．1．指針の全体像　42
　　1．4．2．指針における「技術を利用させないようにする行為」　44
　　1．4．3．指針における「私的独占」　48
　　1．4．4．指針における「カルテル」　49
　　1．4．5．指針における「不公正な取引方法」　51

2．技術ライセンス取引………………………………………………………59
　2．1．ビジネスとしての技術ライセンス取引　59

2．2．特許権ライセンスの法的性格　61
  2．3．特許権ライセンス契約のモデル　63
  2．4．ライセンス取引における「カルテル」　67
    2．4．1．マルティプル・ライセンス　67
    2．4．2．クロス・ライセンス　75
    2．4．3．パッケージ・ライセンス　76
    2．4．4．パテント・プール　81
    2．4．5．ノウハウ供与　84
    2．4．6．共同研究開発　85
  2．5．ライセンス取引における「不公正な取引方法」　87
    2．5．1．競業禁止　87
    2．5．2．差別　89
    2．5．3．価格制限　93
    2．5．4．数量制限　94
    2．5．5．地域制限　95
    2．5．6．抱き合わせ　97
    2．5．7．グラントバック　97
    2．5．8．不争条項　97
    2．5．9．非係争条項　98

3．「技術を利用させないようにする行為」…………………………………103
  3．1．「私的独占」　105
    3．1．1．排除型私的独占指針　108
    3．1．2．ライセンス拒絶　112
  3．2．「不公正な取引方法」　113
    3．2．1．「競争者に対する取引妨害」　113
    3．2．2．並行輸入妨害　116

4．情報化時代の「抱き合わせ」――タイインとバンドリング……………131
  4．1．契約による強制　132
  4．2．インターフェイス独占による強制　150

iv

5．「情報を利用させないようにする行為」………………………………… 169
　5．1．著作権におけるインセンティヴ仮説の検証　169
　　5．1．1．インセンティヴ仮説　169
　　5．1．2．著作権の社会的費用　170
　　5．1．3．ブレイン・ストーミングによる検証　175
　　5．1．4．保護期間　180
　　5．1．5．レント・シーキング　182
　　5．1．6．検証の結果　189
　5．2．デジタル・コンテンツ　190
　　5．2．1．流通業としてのメディア　190
　　5．2．2．ポップ・カルチャーの爆発　192
　　5．2．3．DRMによる市場分割　193
　　5．2．4．機器認証による管理の時代　199
　　5．2．5．送信可能化権とクラウド・コンピューティング　204
　　5．2．6．ロボットの競争　207
　5．3．音楽　208
　　5．3．1．「ジャングルの掟」　208
　　5．3．2．音楽著作権の集中管理　217
　　5．3．3．MP3問題　222
　5．4．映像　224
　　5．4．1．商品としての映像コンテンツ　224
　　5．4．2．映像コンテンツの産業構造　227
　5．5．放送と通信　234
　　5．5．1．放送　234
　　5．5．2．通信　235
　　5．5．3．競争政策からの視点　247
　5．6．インターネット　256
　　5．6．1．p2p問題　256
　　5．6．2．インターネットのアーキテクチャー　262
　　5．6．3．動画コンテンツ配信　264
　5．7．プログラム　271

6．知的財産権の自浄機能……………………………………………………275
　6．1．消尽　275
　6．2．権利の濫用　285
　6．3．著作権の限界　289
　　6．3．1．アイデアと表現　289
　　6．3．2．フェア・ユースとミスユース　290
　6．4．強制実施権　293

7．知的財産権と競争をめぐる国際法……………………………………301
　7．1．TRIPS協定　301
　7．2．輸入強制実施権—TRIPS協定30条改正問題　305
　7．3．TRIPS協定における並行輸入問題　307
　　7．3．1．ウルグアイ・ラウンドでの経緯　307
　　7．3．2．国際法協会草案　309
　7．4．GATT　312

8．紛争解決………………………………………………………………315
　8．1．交渉　315
　　8．1．1．交渉術—「腕相撲」と「ナンバー・ゲーム」　317
　　8．1．2．交渉科学—「囚人のジレンマ」と「チキン・ゲーム」　324
　8．2．訴訟　330
　　8．2．1．事業戦略としての訴訟　330
　　8．2．2．訴訟戦術　331
　　8．2．3．米国の水際法　340
　　8．2．4．米国における特許権侵害訴訟の実態　346

おわりに　365

付録　引用米国判審決一覧　367

事項索引　397

著者紹介

Column「カルテル破り」 68
Column「内交渉」 114
Column「秋の日の喫茶店」 172
Column「ファンサブ」 231
Column「自由のための技術」 267
Column「グッド・オールド・デイズ」 296
Column「よこはまポートワイン」 302
Column「囚人のジレンマ」 327
Column「チキン・ゲーム」 329

1. 知的財産権と独占禁止法

1.1. 知的財産権

1.1.1. 位置づけ

　現代世界における知的財産（権）の地位は、1982年を境に大きく変わった。この年、まず、長年にわたって争われていた米国司法省対IBM／AT&T両事件（シャーマン法2条）が、前者は訴え取りさげ、後者は同意判決（企業分割など）で決着、つぎに連邦巡回（区）控訴裁判所（CAFC）が創設された。米国を震源地とする知的財産の保護強化キャンペーンは、1995年発効のWTO（世界貿易機関）TRIPS協定（知的所有権の貿易関連の側面に関する協定）によって世界化した。1982年を世界の知的財産権元年といってよい。

1.1.2. 分類と一覧

(1) 伝統的分類
　そのころまでの日本の伝統的分類によれば、知的財産権は工業所有権と著作権に分かれ、工業所有権はさらに特許権、実用新案権、商標権、意匠権に分かれる。そのほかに誤認混同などが不正競争とされる。工業所有権各法は特許庁、著作権法は文化庁、不正競争防止法は経済産業省が主務官庁である。工業所有権は役所の審査・登録によって発効する方式主義なのに対して、著作権は創作と同時に発効する無方式主義である。工業所有権法と不正競争防止法はパリ条約、著作権法はベルヌ条約という国際的基盤のちがいがある。工業所有権は独自開発をも排除できる絶対的独占権なのに対して、著作権は独自創作を排除できない相対的独占権である。工業所有権各法は体系的によく似ている（特許法の準用が多い）。以上の諸点からも、この分類はそれなりの合理性があったのだが、体系として閉鎖的（あたらしい知的財産を取りこむのが困難）で、役所の縄張りにもとらわれやすく、しだいに使いにくくなってきていたことは否定

1. 知的財産権と独占禁止法

できない。

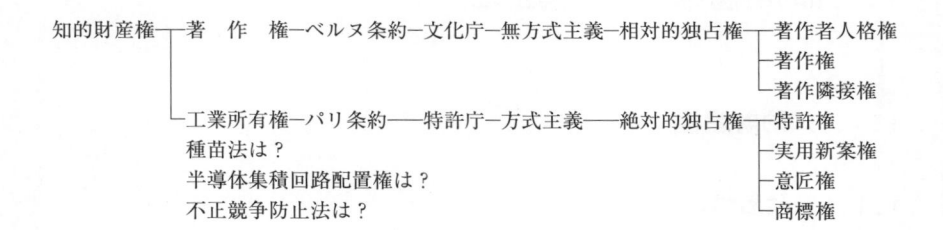

```
知的財産権─┬─著　作　権─ベルヌ条約─文化庁─無方式主義─相対的独占権─┬─著作者人格権
　　　　　　│　　　　　　　　　　　　　　　　　　　　　　　　　　　　├─著作権
　　　　　　│　　　　　　　　　　　　　　　　　　　　　　　　　　　　└─著作隣接権
　　　　　　└─工業所有権──パリ条約──特許庁─方式主義──絶対的独占権─┬─特許権
　　　　　　　　種苗法は？　　　　　　　　　　　　　　　　　　　　　　├─実用新案権
　　　　　　　　半導体集積回路配置権は？　　　　　　　　　　　　　　　├─意匠権
　　　　　　　　不正競争防止法は？　　　　　　　　　　　　　　　　　　└─商標権
```

(2) 開放的分類

　近年、知的財産の種類がどんどん増えているが、その傾向を反映して、知的財産（権）についてのより機能的・開放的な分類が提案されている。条約も前述のTRIPS協定のほか、国連WIPO（世界知的所有権機関）諸条約／いろいろなFTA（自由貿易協定）など発散傾向にある。第1表は一覧性を優先して、こまかい条件や法的性格の整合性は捨象してある[3]。

第1表　知的財産の分類

知的財産の分類	保護法益	法律	保護期間（原則）
創作・発明を保護する権利	特許権	特許法	出願から20年
	実用新案権	実用新案法	出願から10年
	意匠権	意匠法	登録から20年
	著作（隣接）権	著作権法	創作から著作者の死後50年
	ICマスク	半導体集積回路配置法	登録から10年
	育成者権	種苗法	登録から20年
営業標識を保護する権利・利益	商標権	商標法	登録から10年
	商号	商法／会社法	無期限
	ワイン類地理的表示	不正競争防止法12条1項1号	無期限

---

[3] たとえば映画の著作権は公表後70年、商標権は使用更新によって事実上無期限。

	周知表示混同	不正競争防止法2条1項1号	無期限
	著名表示	不正競争防止法2条1項2号	無期限
	原産地・内容等	不正競争防止法2条1項13号	無期限
	ドメイン名	不正競争防止法2条1項12号	無期限
不正競争から保護される利益	商品形態	不正競争防止法2条1項3号	発売から3年
	営業秘密	不正競争防止法2条1項4-9号	無期限
	技術的制限手段（DRM）	不正競争防止法2条1項10-11号	無期限
	営業上の信用	不正競争防止法2条1項14号	無期限

(3) 　知的財産権の核──専有権

　いちがいに知的財産権といっても、権利者が専有する（対世的に主張できる）権利は、それぞれの知的財産権法に限定列挙されている[4]。たとえば、著作権には「使用権」の専有がないので、権利者が、他人による著作物の「使用」を排除することはできない。料理法の本を使用して料理をするのはなんの侵害でもない。また、営業秘密はもともと対世的に主張できる権利ではない。独占禁止法21条（後述1.3）で独占禁止法の適用が除外される「権利の行使と認められる行為」とは、まず第一義的にはこれらの専有行為なので、ここで整理しておこう。

第2表　知的財産権の専有権

特許権

発明の種類	専　有　権					
物の発明	生産	使用	譲渡等	輸出	輸入	譲渡等申出
方法の発明		使用				
物を生産する方法の発明	使用	物使用	物譲渡等	物輸出	物輸入	物譲渡等申出

---

[4] 民法175条（物権の創設）「物権は、この法律その他の法律に定めるもののほか、創設することができない」。

1. 知的財産権と独占禁止法

商標権

| 使用 |

著作権——複製以外すべて「公衆」（不特定または多数）あて

複製	上演演奏	上映	公衆送信（送信可能化含む）	口述	展示（美術）	頒布（映画）	譲渡	貸出	翻訳翻案

著作隣接権

	複製	録音録画	放送	有線放送	送信可能化	公の伝達	譲渡	貸与	二次使用料請求*	貸与報酬請求*
実演家		○	○	○	○		○	○	○	○
レコード製作者**	○				○		○	○	○	○
放送事業者	○		○	○	○	○				
有線放送事業者	○		○	○	○	○				

**近似的に「原盤権」と呼ぶこともある。*狭義の隣接権ではない（債権的権利）。

1.1.3. 競争とのバランス

　1982年にはじまるこのグローバルな知的財産権の保護強化キャンペーンをどのように理解したらいいのだろうか。かつては、知的財産は人間が知的労働によって無から作りだしたものだから原初的にその人の所有物になるのだというロック的な仮説が有力だった（自然権仮説）。近年では、知的財産権の目的は、知的創作を促進するためのインセンティヴだという功利主義的な説明が有力になっている（インセンティヴ仮説）。

　いずれにしても、あたらしい私有財産権——つまり私的独占領域——を拡張ないし創設するのだから、現代の資本主義・民主主義の基本的価値である取引や表現の自由との調整が必要である。内閣の「知的財産の創造、保護及び活用に関する推進計画」（2003年7月）[5]は、「知的財産立国」のためのさまざまな提

---

[5] http://www.kantei.go.jp/jp/singi/titeki2/

1.1. 知的財産権

案のなかで、『「知的財産立国」実現にあたって配慮すべき事項』として、つぎのようにいう：

「<u>競争政策の重要性と表現の自由などの重視</u>　知的財産権の強化は情報化時代の必然である反面、権利の強化には弊害も伴い、具体的には、競争上の弊害と、表現の自由等の現代社会が有している基本的価値との抵触が考えられる。競争上の弊害の除去については、独占禁止法を中心とした競争法がその中心をなし、必要に応じてその強化もかかせない。<u>米国においては、知的財産の独占に対しても独占禁止法が厳しく適用されており、そのことが競争を生み出し、その結果として新たな産業の発展につながっている</u>[6]。我が国においても、バランスのとれた適切な対応が必要である。また、知的財産の保護があまりに過度となった場合には、公正かつ自由な競争、学問・研究の自由、表現の自由などといった現代社会が有している基本的価値と抵触する可能性がある。したがって、これらの基本的価値に留意しつつ、バランスのとれた知的財産制度を目指す必要がある。なお、大学においては、知的財産の創造、活用への期待に応えていくことが求められる一方、大学における本来的な役割である教育を忘れてはならない。さらに、大学における知的財産に関する制度設計は、大学における学問・研究の多様性を踏まえた柔軟なものとすることが肝要である」。

---

[6]　本書全体を通して、強調下線とブラケット［　］内のコメントは私の加筆である。

1．知的財産権と独占禁止法

1.2．独占禁止法

1.2.1．市場原理と法の目的

(1) 市場原理[7]

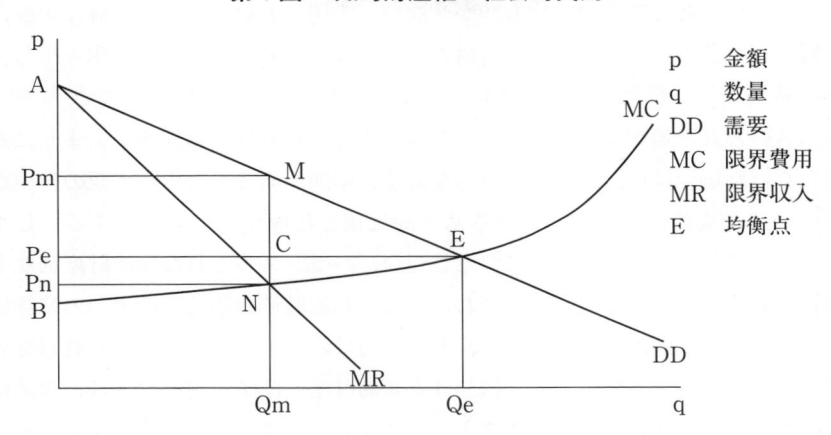

第1図[8]　知的財産権の社会的費用

```
p                                    p    金額
A                                    q    数量
                              MC     DD   需要
                                     MC   限界費用
Pm ─────── M                         MR   限界収入
                                     E    均衡点
Pe ─────── C ──────── E
Pn ───
B        N
                    MR          DD
         Qm         Qe              q
```

　第1図の独占価格設定モデル[9]において、価格差別がない場合、競争によって形成される価格Pe/数量Qeの交点E（均衡点）で、消費者余剰と供給者余剰が最大になり、資源の最適配分と供給量の最大化が実現する。この価格では、これを超える価格でも買える顧客は望外の得をしたことになる。これが消費者余剰である（図形AEPe）。これ未満の限界費用[10]で供給できる供給者も望外の得をしたことになる。これが供給者余剰である（図形BEPe）。余剰は投資され、経済を拡大する。余剰が生じるのは、差別がないという前提のため、商品価格が1市場のなかで一義的にきまるからである（1物1価）。しかるに、独占者は、

---

[7] 最近は「原理」ということばが不人気だが、19世紀が考案し、20世紀が実験した2つの世界モデル──市場原理と社会主義──のうち、1991年のソ連崩壊にともなう社会主義の退場によって、現時点では市場原理にかわる世界モデルがない。
[8] この図はきわめて基礎的な独占価格設定モデルなので、本書のなかで再三掲載する。
[9] 不完全競争市場では需要曲線が右下がりになる（生産量を増やすと単価が下がる）。
[10] 高操業度においては、物理的法則である収穫逓減則によって、限界費用は、たとえば残業代や原料高騰などのため、供給数量の増加以上に増大する。

自分の意志で価格を設定できるから、社会的な均衡点ではなく、自分の限界費用曲線と限界収入[11]曲線の交点N（利潤最大化点）に対応する価格Pm／数量Qmを選択する。その場合、社会は、図形MNEであらわされる死重損失（deadweight loss）を受ける[12]。これが知的財産権の社会的コストである。

(2) 競争法

　自由市場は、単独または複数事業者による独占行為や、複数事業者によるカルテルによってつねに不安定化にさらされる（市場の失敗）。そのため、市場における自由な競争の確保に必要最小限の法の関与が要求される。それが競争法である。米国では1890年シャーンマン法、1914年クレイトン法と連邦取引委員会（FTC）法、日本では1947年独占禁止法、欧州では1957年EEC条約（現EU運営条約）101条／102条がそれにあたる。米国では「反トラスト法」、欧州では「競争法」と呼ぶが、一般には「競争法competition laws」である（日本の大学には「経済法」という講座がある）。

(3) 歴史

　1947年、進駐軍の指令によって制定された「私的独占の禁止及び公正取引の確保に関する法律」（昭和22年4月14日法律第54号――「独占禁止法」）は、米国ニュー・ディール派の影響のもとで、きわめて理想主義的な内容のものであった。1951年独立をはさむ1949年と1953年の改正は反動的なもので、1950年代は独占禁止法の「冬の時代」ともいわれる。1960年代、日本産業の寡占化が進行、1969年、合併によって新日鉄が誕生した。しかし、1970年代、石油カルテルとインフレによって寡占の弊害が認識され、1977年改正では、課徴金／寡占対

---

[11] 独占者にとっては、供給数量を増やすにつれて総収入の増分が逓減し、そのうえ単価が下がるので、追加生産1数量から得られる収入（限界収入曲線）は単価（需要曲線）をつねに下まわる。独占者は、限界収入と限界費用がひとしい点（利潤最大化点）で数量を設定する。ジョセフ・スティグリッツ、藪下他訳『ミクロ経済学』（東洋経済新報社、1995年）353／Jack Hershleifer, et al., *Price Theory and Applications*, 5th ed. (Prentice Hall 1992) 42。
[12] これによって、消費者余剰が図形MCPmPeの分だけ供給者余剰のほうに移転（transfer）するが、これは消費者が損をして供給者が得をするので、社会的にはニュートラルである。しかるに、図形MNEのdeadweight lossは、消費者と供給者が損をして、そのぶんだれも得をしていないから、社会的な純損失である。

1．知的財産権と独占禁止法

策／純粋構造規制など独占禁止法の強化が実現した。1980年代の日米貿易摩擦による外圧もあって、1990年代、いろいろな適用除外の廃止・整理が大きく進んだ。2005年、課徴金減免（リーニエンシー）制度が導入された。

(4) 目的

独占禁止法の目的（1条）は、さまざまな（ときには相反する）イデオロギーの合成物ともいえるものだが、単純化すれば、①公正かつ自由な競争を促進することによって、②事業活動を盛んにし、③もって消費者利益を確保する——という3段構造である。

1.2.2. 禁止行為

独占禁止法の実体規定は行為規制と構造規制に大別される。概要（抜粋または要約）を下に示す。忙しい読者は、3条と19条（第3表「一般指定」）だけ覚えればいいだろう。

(1) 行為規制

3条「事業者は、私的独占［前段］または不当な取引制限[13]［後段］をしてはならない」。

 2条5項「この法律において私的独占とは、事業者が、単独に、又は他の事業者と結合し、若しくは通謀し、その他いかなる方法を以ってするかを問わず、他の事業者の事業活動を排除し、又は支配することにより、公共の利益に反して、一定の取引分野における競争を実質的に制限することをいう」。

 2条6項「この法律において不当な取引制限［カルテル］とは、事業者が、契約、協定その他何らの名義を以ってするかを問わず、他の事業者と共同して対価を決定し、維持し、若しくは引き上げ、又は数量、技術、製品、設備若しくは取引の相手方を制限する等相互にその事業活動を拘束

---

[13] ビジネスマンをおもな読者として想定する本書では、3条後段違反の「不当な取引制限」をビジネス慣用語の「カルテル」と呼ぶことがある。学生の読者はかならず法律用語の「不当な取引制限」と読みかえていただきたい。

し、又は遂行することにより、<u>公共の利益</u>に反して、<u>一定の取引分野</u>における<u>競争を実質的に制限</u>することをいう」。

6条「事業者は、不当な取引制限又は不公正な取引方法に該当する事項を内容とする国際的協定又は国際的契約をしてはならない」。

<u>19条</u>「事業者は、<u>不公正な取引方法</u>を用いてはならない」。
  2条9項「この法律において不公正な取引方法とは、つぎの各号のいずれかに該当する行為をいう」。[以下は要約と解説]
    1号＊<u>共同</u>の<u>供給拒絶</u>とその誘導[継続も困難もない]。
    2号　<u>差別対価</u>を<u>継続</u>して他事業者の事業活動を<u>困難</u>にすること、またはそのおそれ。
    3号＊<u>著しい</u>総原価割れ供給を<u>継続</u>して他事業者の事業活動を<u>困難</u>にすること、またはそのおそれ。
    4号＊<u>商品販売</u>につき、<u>再販価格拘束</u>とその誘導[継続も困難もない]。
    5号　<u>継続的取引</u>における<u>優越的地位</u>の濫用。

以上いずれも「不当に」（2号）、「正常な商慣習に照らして不当に」（5号）、「正当な理由がないのに」（1号／3号／4号）が条件（「<u>公正競争阻害性</u>」と総称）。＊印をつけた1号／3号／4号では違法性阻却事由で、被告（被審人）のほうで「正当な理由がある」ことを立証しないかぎり、違法が認定される。＊印をつけていない2号／5号では要件で、「不当に」の立証責任が、原告（公正取引委員会）のほうにある。不公正な取引行為のうち、課徴金対象行為を抜きだして特定したものである（1号／4号を除いて、「継続」・「困難」が条件）。「商品」と特記した4号を除き「商品または役務」が対象である。

  6号　前各号に掲げるもののほか、つぎのいずれかに該当する行為であって、公正な競争を阻害するおそれがあるもののうち、<u>公正取引委員会が指定するもの</u>[第3表]。
    イ　不当に他の事業者を差別的に取り扱うこと。
    ロ　不当な対価をもって取引すること。

1．知的財産権と独占禁止法

　　　ハ　不当に競争者の顧客を自己と取引するよう誘引し、又は強制すること。
　　　ニ　相手方の事業活動を不当に拘束する条件をもって取引すること。
　　　ホ　自己の取引上の地位を不当に利用して相手方と取引すること。
　　　ヘ　競争者の事業を妨害すること。

第3表　不公正な取引方法一般指定（2009年改正）

いずれも「不当に」、「正常な商慣習に照らして不当に」（以上要件）、「正当な理由がないのに」（＊印：違法性阻却事由）が条件。見え消しは2009年改正による変更]。

一般指定			2条9項（比較のため再掲）	
差別	1＊	共同の購入拒絶とその誘導	1＊	共同の供給拒絶とその誘導
	2	単独の取引拒絶とその誘導		
	3	一般の差別対価	2	差別対価（継続・困難）
	4	取引条件の差別		
	5	事業者団体における差別		
対価	6＊	一般の不当廉売	3＊	原価割れ（著しい・継続・困難）
	7	不当高価購入		
表示	8	欺瞞的顧客勧誘		
	9	不当な利益による顧客勧誘		
拘束	10	抱き合わせ販売		
	11	排他条件付取引		
	~~12＊~~	~~商品再販価格拘束とその誘導~~	4＊	商品再販価格拘束とその誘導
	~~13~~ 12	一般の拘束条件付取引		
地位	~~14~~ 13	優越的地位の濫用による不当干渉	5	優越的地位の濫用（継続的取引）
妨害	~~15~~ 14	競争者に対する取引妨害		
	~~16~~ 15	競争者に対する内部干渉		

8条「事業者団体は、つぎの各号の一に該当する行為をしてはならない」。
　　1号　一定の取引分野における競争を実質的に制限すること。
　　2号　第6条に規定する国際的協定…をすること。

3号　一定の事業分野における現在または将来の事業者の数を制限すること。
4号　構成事業者（…）の機能又は活動を不当に制限すること。
5号　事業者に不公正な取引方法に該当する行為をさせるようにすること。

(2)　構造規制

10条「会社は、他の会社の株式を取得…することにより、一定の取引分野における競争を実質的に制限することとなる場合には、当該株式を取得…してはならず、及び不公正な取引方法により他の会社の株式を取得…してはならない」。

会社以外のものに準用（14条）。同様の合併（15条）、営業譲受け（16条）も禁止。

(3)　いくつかの重要概念

(a)　一定の取引分野（＝市場）

独占禁止法の最も基本的な概念だが、本質的に独占権である知的財産権によって保護される製品やサービスに関しては、とくに深く考える必要がある[14]。「知的財産権は一般の有体財産権とどこも変わらない」というSchenck 1983[15]以来のシカゴ学派のテーゼは、有体物に対する所有権が占有物にしかおよばないのに、知的財産権がすべての同種物の製造販売使用を差し止めることのできる権利だという事実をあえて［政策的に］無視している。

米国1992年水平合併ガイドライン（司法省／FTC）は、市場を、「ある仮想的な企業が、『小幅ではあるが有意でかつ一時的ではない価格引上げ(small but significant and nontransitory increase in price＝SSNIP)』を実施することが可能である製品またはその集合およびそれらが販売される地域」と定

---

[14] *Telex Corp. v. IBM*, 510 F. 2d 894 (10th Cir. 1975), cert. dismissed, 423 U.S. 802 (1975)：IBMが互換周辺機メーカーを振りきるためにとったさまざまな行動がシャーマン法2条違反になるかどうかが争われた事件で、巡回裁は、すべての情報処理システムという「大きな市場」を画定して地判をくつがえし、IBMを勝たせた。

[15] 本文中での米国判例は一方当事者名に判決年を付して略称している。詳細については、巻末付録の「引用判審決一覧」を参照されたい。米国判例の表示方法（たとえば前注）については、付録冒頭の脚注を参照されたい。

1. 知的財産権と独占禁止法

義する。このような（たとえば半年間5％）値上げを継続して利益をあげることのできる力が「市場力」である。仮想的な値上げによって買手が代替品に逃げるかどうかで「製品市場」と「地理的市場」を画定するのである。製品市場を「特許製品市場」ととれば、この市場における供給者のシェアは100％である（「小さな市場」アプローチ）。

抱き合わせ事件のData General 1984では、タイング商品（「抱き合わせる商品」や「主たる商品」ということもある）の「経済力」認定に際して、OS著作権による顧客のlock-in（ロックイン）状態が考慮された。lock-in状態の顧客は、供給者が値上げしても、短期的には逃げるところがないので、そのまま市場として画定できるのである。「特許の存在は、典型的な関連市場分析と市場力評価を大きく変えた。…Image Technical 1992 (後述4.2) は、1つのブランドないし1種類の製品が、とくにその製品が1つの供給源からしか入手できない場合、それ自身で1つの独立の市場と考えられる状況が存在する可能性を認めた」[16]。

日本では、私的独占とカルテルの場合、「一定の取引分野」を「競争が実質的に制限されている場」[17]と、やや循環論的に捉えるので、もともと「小さな市場」アプローチをとっているとみられる[18]が、企業結合では、「こととなる」として、競争制限がまだ起こっていない状況で法を適用するので、公正取引委員会の実務でもSSNIPやHHI（ハーフィンダール・ハーシュマン指数）が使われはじめている。

HHI（Herfindahl-Hirschman Index）

各社市場シェアの2乗を合計した数値。市場の集中度と結合によるその増分

---

[16] Section of Antitrust Law, American Bar Association, *The Antitrust Counterattack in Patent Infringement Litigation—Antitrust Practice Handbook Series* (1994).

[17] 「独占禁止法2条6項にいう『一定の取引分野』は、特定の行為によって競争の実質的制限がもたらされる範囲をいうものであり、その成立する範囲は、具体的な行為や取引の対象／地域／態様等に応じて相対的に決定されるべきものである」。「旭鉱末事件」東京高判昭和61（1986）年6月13日。

[18] たとえば私的独占事件の「パラマウントベッド事件」勧告審決平成10（1998）年3月31日は、一定の取引分野を「都財務局発注の特定医療用ベッドの取引分野」と画定した。

をマトリックスで一覧できる。HHIは、たとえば1社独占なら10,000、10% 10社なら1,000、1% 100社なら100、0.1% 1,000社なら10である[19]。

第4表　HHI　（米国1992年水平合併ガイドライン）

合併によるHHIの増加→ 合併後のHHI↓	50未満	50-100未満	100以上
1,000未満　非集中市場	競争制限なし		
1,000-1,800未満　集中市場	競争制限なし		競争制限を懸念
1,800以上　高度集中市場	競争制限なし	競争制限を懸念	競争制限を推定

(b)　競争の実質的制限

やはり私的独占と不当な取引制限（カルテル）双方の要件である（事業者団体と企業結合も）。対市場効果は、前述の「一定の取引分野（＝市場）」画定が鍵になる。

リーディング・ケースは、企業結合の「東宝スバル事件」[20]で、映画上映サービスの地理的市場として銀座・京橋・日比谷・新橋・築地を画定したうえ、「競争の実質的制限とは、競争自体が減少して、特定の事業者または事業者集団が、その意思で、ある程度自由に、価格、品質、数量、その他各般の条件を左右することによって、市場を支配することができる形態が現われているか、または少なくとも現われようとする程度に至っている状態を（もたらすことを）いう」と判示した。（　）は2年後の3条後段違反（カルテル）「東宝新東宝事件」[21]による補足である。

(c)　公共の利益

私的独占と不当な取引制限（カルテル）双方における違法性阻却事由である。「公共の利益」を「競争秩序」そのものととらえるのが、公正取引委員会の伝統的な立場である（「宣言説」）。「公共の利益」を、「消費者の利益」

---

[19]　A社、B社各20%、C社〜H社各10%とすると、HHI＝$20^2 \times 2 + 10^2 \times 6 = 1400$。C社とD社が合併すると、HHI増加＝200。
[20]　「東宝スバル事件」東京高判昭和26（1951）年9月19日。
[21]　「東宝新東宝事件」東京高判昭和29（1953）年12月7日。

1．知的財産権と独占禁止法

　や「国民経済全般の利益」とまで一般化すると、知的財産権のかかわりでは、たとえば、FOGA 1941のようなデザイン模倣業者を排除するためのカルテルや、エアソフトガン事件1997のような製品安全のためのカルテル（いずれも下記）が、「公共の利益に反して」いないと主張するようなことが考えられる。だが、これを無制限に許すと、「公共の利益」が際限なく広がり、独占禁止法3条が無意味になるおそれがある。上の2例でいうと、それぞれ、知的財産権侵害は裁判で排除する、製品安全規格は法令で執行するのが本筋である。しかし、石油カルテル最判[22]は、宣言説を原則としながらも、例外的に法益衡量説を認めた。

FOGA事件（1941）[23]
　既製婦人服のメーカー、販売業者、デザイナーからなる組合が、小売店に対して、組合員のデザインを盗用した非組合員製品を取り扱わない約束をさせ、出荷停止などによってこれを実行した。最高裁：「知的財産保護はシャーマン法1条／2条およびクレイトン法3条違反を正当化しない」。
　デザイン盗用は知的財産法で抑止すべきであって、技術カルテルの正当化理由にはならない。

エアソフトガン事件（1997）[24]
　メーカーの組合が、エアソフトガンとBB弾の性能を抑えた自主基準を作成、アウトサイダーの原告デジコンに加入を勧誘したが、ことわられると、小売店に対して、原告製品の取扱い拒絶を要求、従わなければ組合品を卸さないと脅した。自主基準は組合内でも厳密には遵守されていなかった。東京高裁は、本件自主基準の目的と内容には「反公益性」は認められないが、方法に「反公益性」があると認定、8条5号と1号違反で損害賠償請求を容認した。
　8条5号は不公正な取引方法（2条9項1号）の勧奨だから「公正競争阻害性」が必要なところ、「反公益性」だから「公正競争阻害性」と推認したのであろう。8条1号は法文上「反公益性」要件がないが、1条の究極目的と石油

---

[22] 「石油カルテル刑事事件」最判昭和59（1984）年2月24日。
[23] *Fashion Originator's Guild of America (FOGA) v. FTC*, 312 U.S. 457 (1941).
[24] 「日本遊戯銃協同組合事件」東京地判平成9（1997）年4月9日。

カルテル刑事事件の比較衡量論から、やはり「反公益性」を認定したのであろう。

(d) 公正競争阻害性
「公正競争阻害性」は、19条「不公正な取引方法」の要件または違法性阻却事由である。最高裁はこれを「不当に」（2条9項／一般指定）と同義にとらえている[25]。「公正な競争を阻害するおそれ」は個々の行為との関係で把握されるので一般化は困難だが、独占禁止法研究会報告「不公正な取引方法に関する基本的な考え方」は、大要、つぎのような類型化をおこなっている。

第5表　公正競争阻害性
①自由な競争の侵害（競争の減殺）　②競争手段　③取引主体の自主性
├(a)　競争者等の取引機会の排除　　　　の不公正　抑圧による自由競
└(b)　競争そのものの侵害　　　　　　　　　　　　争基盤の侵害

いずれの類型でも、侵害法益は競争者ではなく、競争そのもの（究極的には消費者）である。①は参入妨害的な拘束条件付取引や差別に適用例が多い。②の例としては「有線ブロードネットワークス事件」勧告審決[26]（これは私的独占事件だが、競争手段として従業員の引抜き（不法行為）があった）[27]、③の例としては一連の優越的地位の濫用事件[28]がある。いずれにしても、現実の行為をこの3類型のいずれかにむりやりあてはめようとするのは本末転倒である。

私的独占とカルテルの「一定の取引分野における競争の実質的制限」と不公正な取引方法の「公正な競争を阻害するおそれ」は概念的に一部（とくに第5表の①で）重畳するが、対市場効果がちがう。私的独占ではおおむね市

---

[25] 「和光堂粉ミルク事件」最判昭和50（1975）年7月10日／「資生堂東京販売事件」最判平成10（1998）年12月18日。
[26] 「有線ブロードネットワークス事件」勧告審決平成16（2004）年10月13日。
[27] 「競争手段の不公正」は一連の抱き合わせ事件（後述4）にも使われるが、「抱き合わせという不公正手段を使ったから抱き合わせ」というのは同語反復なので、抱き合わされる（従たる）商品役務市場における競争減殺が正しい。
[28] たとえば「三越事件」同意審決昭和57（1982）年6月17日／「ローソン事件」勧告審決平成10（1998）年7月30日など。

1．知的財産権と独占禁止法

場シェア50％超が公正取引委員会の立件基準（「排除型私的独占指針」後述3.1）だが、不公正な取引方法には市場シェア基準がない（ただ、「競争」阻害というからには、行為者がある程度「有力」でなければならない）。

1.2.3. 執行手段

(1) 公正取引委員会

委員長と4人の委員からなる行政委員会である。内閣総理大臣の所轄に属すが、「独立してその職権を行う」（28条）ので、上級機関の指揮監督を受けることはない。委員会の事務を処理するため事務総局が置かれる（現在約650人）。準司法的権限（審判）と行政的権限（告示／ガイドライン／事前届出／事前相談／（公表）警告／注意）の両面がある。

(2) 審判

審査官による審査の結果、委員会が違反ありと認定すれば排除措置命令が発せられるが、関係人（事業者）の申立てがあれば審判に進む。審判官が審決案を作成し、これにもとづいて委員会が審決をおこなう[29]（近年、審決は年30件程度）。

審決に不服であれば、被審人は東京高裁に審決取消訴訟を提起することができる。東京高裁は実質的証拠法則（審判の事実認定を尊重する）によって裁判する。

(3) 課徴金

違反が、①対価／供給量／シェア／取引先／購入にかかわるカルテルまたは支配型の私的独占、②排除型私的独占、③特定の不当廉売／差別対価／共同の取引拒絶／再販売価格拘束（それぞれ同一の違反行為をくりかえした場合）、④優越的地位の濫用であれば、対象売上高に対して下の課徴金が課される。累

---

[29] 平成17（2005）年改正前は、まず公正取引委員会が排除勧告をおこなって事業者がこれを応諾すれば「勧告審決」が、また、審判の過程で被審人の同意にもとづく「同意審決」がおこなわれることがあった。本書に引用する審決のなかには「勧告審決」や「同意審決」がでてくるが、現行法ではいずれもなくなっている。

犯企業および主導的事業者に対して加算制度（5割増）がある。

第6表　課徴金

	製造業ほか	小　売　業	卸　　　業
特定のカルテル／支配型私的独占	10%（4%）	3%（1.2%）	2%（1%）
排除型私的独占	6%	2%	1%
特定の共同の供給拒絶／差別対価／不当廉売／再販売価格拘束のくりかえし	3%	2%	1%
特定の優越的地位の濫用	1%		

（　）内は小企業（製造業ほか3億円/300人以下、小売業0.5億円/50人以下、卸業1億円/100人以下）

(4)　**課徴金減免（リーニエンシー）**
　みずから公正取引委員会に情報提供をおこない、自発的にカルテルから離脱する事業者の課徴金を免除ないし減額する（5社まで）。

(5)　**刑事**
　3条系禁止規定（3条／8条1号）違反および審決違反については罰則があり、公正取引委員会の専属告発である。前項の課徴金免除事業者のうち最先着1社は告発しない方針である。裁判所は、違反行為に供された特許等の取り消しを宣告することができる（100条1項）。

(6)　**民事**
　独占禁止法違反によって損害を受けた者は、一般に、民法709条にもとづく損害賠償（または民法703条にもとづく不当利得の返還）を請求することができる（1947年以来60件弱）。公正取引委員会の審決が確定した違反については、独占禁止法25条が特別の損害賠償請求を認めている（無過失責任——東京高裁の専属管轄——1947年以来約20件）。さらに、24条は「不公正な取引方法」について差止請求を認めている（2000年新設以来約45件）。

1. 知的財産権と独占禁止法

1．2．4．米国反トラスト法

(1) 概要

　シャーマン法1条[30]は、文言上あらゆる共同の取引制限（カルテル）を違法とするが、1911年スタンダード・オイル事件最判[31]以来、原則的にはrule of reason（「合理の原則」――①問題の取引制限が反競争的かどうか、②競争促進効果が反競争効果を上回るかどうかを考慮）である。

　例外的にper se illegal（「当然違法」――下記行為の存在が立証されれば、反競争効果の立証は不要：①価格固定協定、②数量制限協定、③市場分割協定、④入札談合、⑤共同ボイコット、⑥垂直的最低価格制限協定、⑦抱き合わせ）。

　シャーマン法2条[32]は、独占行為や独占維持行為を違法とする。

　クレイトン法2条(a)[33]は、①「売手段階primary line価格差別――売手間の競争に影響＋競争の実質的減殺／独占の創出傾向」と②「買手段階secondary line価格差別――買手間の競争を阻害（基準が低いので小売業者がメーカーを訴えるのよく使われた）」とがある。

　抱き合わせと排他条件付取引には、対象商品が有体物ならクレイトン法3条[34]、サービスならシャーマン法1条を適用する。

　連邦取引委員会（FTC）法5条[35]は、シャーマン法より広く、同法違反行為

---

[30] シャーマン法1条「州間および外国との取引、商業を制限するすべての契約、結合、共謀は違法である…」。

[31] *Standard Oil Co. v. United States*, 221 U.S. 1 (1911).

[32] シャーマン法2条「州間および外国との通商や商業のいかなる部分をも独占し、独占を企図し、または独占するため他人と結合／共謀する者は重罪犯である…」。

[33] クレイトン法2条(a)（ロビンソン・パットマン法）「…商業に従事する者が、…同等同質の物の価格を、異なる購買者によって直接間接に差別することは、…かかる差別が、[primary-line]商業の経路における競争を実質的に減殺し、または独占を創出する傾向があり、もしくは、[secondary-line]かかる利益を与える者またはこれを知りつつ受ける者と［それらの競争者と］の…競争を阻害…することとなる場合は違法である。ただし、本条の規定は、かかる物が購買者に販売／配達される方法や数量の差異による製造／販売／流通原価の差異を正当に調整する価格差を妨げるものではない」。

[34] クレイトン法3条「商業に従事する者が、…競争者の物…を賃借人や購買者が使用／取扱いしないことを条件として、物（特許製品と否とを問わない）を…賃貸／販売／契約／…価格固定／値引きすることは、かかる賃貸／販売／契約が、商業の経路における競争を実質的に減殺し、または独占を創出する傾向があるときは違法である」（競争制限的な競業避止契約、とくにタイイン――抱き合わせ販売――を禁止）。

の萌芽形態（incipiency）も規制できる（たとえば「買手段階secondary lineの価格差別——特定買手間の競争を阻害」——判例はあるが、現在では自制しているといわれる）。

企業結合はクレイトン法7条[36]であるが、大企業では、ハート・スコット・ロディノ（HSR）法による事前届出や、ビジネス・レビュー・レター（business review letter）による事前相談が実務的には重要である。

(2) 執行機関

シャーマン法（刑事）は司法省、クレイトン法（民事）は司法省とFTCの共管だが、FTC法（行政）5条の「不公正な競争方法」にシャーマン法違反行為がふくまれる（判例）ので、事実上、両者の執行権限は同等である。

<u>司法省（刑事）</u>：Civil Investigative Demand（CID）による強制調査権限がある。大陪審で、被告は有罪／無罪／不抗争（民事での推定効なし）いずれかを答弁する。価格協定と入札談合にほぼ限定している。<u>（民事）</u>：差止請求（injunction）では同意判決が8割——推定効なし。国を代理して3倍賠償請求ができる。

<u>FTC（行政）</u>：排除命令（cease and desist order）は、行政法判事（ALJ）による第1審決（initial decision）を委員会が追認する。取消訴訟は巡回裁（実質的証拠法則）。

<u>州司法長官</u>：差止請求（injunction）と父権訴訟（parens patriae）（クレイトン法4C条）。

<u>連邦裁判所（民事）</u>：3倍損害賠償[37]と差止請求。年数百件あり、判例法の主流となっている。時効は原因発生後4年。

---

[35] 連邦取引委員会法5条「…商業における、または商業に影響する不公正な競争方法および不公正ないし詐欺的行為／慣行は違法である」。

[36] クレイトン法7条「…いかなる者も、商業または商業に影響する活動に従事する他人の株式…、資産の全部または一部を直接間接に取得することが、…商業または商業に影響する活動の経路における競争を実質的に減殺し、または独占を創出する傾向があるときは、かかる取得をしてはならない」。

[37] クレイトン法4条「…反トラスト諸法で禁止されている行為によって事業または財産上の損害を受けた者は、…損害の3倍額の賠償と、合理的な弁護士料をふくむ訴訟費用を回収することができる」。

1. 知的財産権と独占禁止法

(3) 知的財産ライセンシングに関するガイドライン

(a) ナイン・ノー・ノーズ

1975年ごろ、当時までのミスユース法理と反トラスト法の判例にもとづいて、知的財産権ライセンス契約にみられる一定の制限条項をper se illegalとする行政ガイドラインが、主として司法省幹部のスピーチの形で流布した。これがいわゆるナイン・ノー・ノーズ（Nine No No's）である。しかし、このナイン・ノー・ノーズは、5年後、知的財産権を米国の通商兵器として鎖から解き放す発想をもったレーガン政権司法省のシカゴ学派からはげしい攻撃にさらされた。当初のナイン・ノー・ノーズと、それぞれに対するシカゴ学派の批判を下表にまとめる。

第7表　ナイン・ノー・ノーズとシカゴ学派の批判

ナイン・ノー・ノーズ[38]	シカゴ学派[39]
①ライセンシーに対する非特許材料の購買先制限	合理的な場合がある
②ライセンシー特許権のアサイン・バック強制	ケース・バイ・ケースで判断すべき
③特許製品の再販価格等制限	Sylvania 1977[40]の垂直取引基準で判断すべき
④ライセンシーに対する非特許製品／サービス取引制限	競争者間だけに適用すべき
⑤特許権者に対する他ライセンス許諾制限	特許権者の投資意欲を阻害し、かえって反競争的
⑥パッケージ・ライセンス	実施料しだいで合理的な場合がある

---

[38] Bruce B. Wilson, Deputy Assistant Attorney General, *DOJ Luncheon Speech—Law on Licensing Practice: Myth or Reality? or Straight Talk from Alice in Wonderland,* a speech made at the American Patent Law Association, Washington, D.C., on January 21, 1975.

[39] Abbott B. Lipsky, Jr., Deputy Assistant Attorney General, *Current Antitrust Division Views on Patent Licensing Practices,* a speech made at the American Bar Association Antitrust Section, Houston, Texas, on December 3, 1981.

[40] *Continental TV v. GTE Sylvania,* 433 U.S. 36 (1977).

⑦特許製品販売額にスライドしないロイヤルティ（オーバーオール方式）	競争者間についてのみ、rule of reasonで判断すべき
⑧製法特許権者によるライセンシーに対する製品販売価格等制限	製品特許と区別する理由がない
⑨ライセンシーに対する特許製品の販売価格等制限	競争者間については妥当だが、垂直関係ではゆるく判断すべき

(b) 1995年知的財産ライセンシング・ガイドライン[41]

　司法省／FTC共同の1995年ガイドラインは、1970年代までの行政府の基本的認識——知的財産権は本質的に独占権であって、行政の任務はその独占の弊害を最小限に押さえこむことだ——を180度転換し、シカゴ学派の知的財産観——知的財産権は本質的に競争創出的であって、ミスユース法理や反トラスト法による干渉は最小限にとどめるべきだ——を前面に押しだした。

　ガイドラインの基本方針は大要つぎのとおりである。

① ライセンシング契約は一般的に競争促進的である。
② 知的財産権による市場力の推定をとらない。
③ 反トラスト分析上、知的財産を他の有形財産と同一に取り扱う。

　ここでガイドラインが対象とする知的財産とは、特許、著作権、トレード・シークレットである。

　ガイドラインは知的財産ライセンシングに関連する市場として、①製品市場、②製品市場が適切でない場合は技術市場（特許やノウハウの市場）、③製品市場も技術市場も適切でない場合は革新市場（研究開発用の資源——たとえば材料／機器／人材など——の市場）を提示する。

　ただ、セーフティ・ゾーンとして、①問題の取引制限が露骨に反競争的でなく、②関連市場において、ライセンサーとライセンシーを合わせた市場占有率が20％以下であるか、または、（技術市場の場合）ライセンサー技術をふくめて5個以上の競合技術が存在するか、（革新市場の場合）5個以上の企業が革新の能力と意欲を有している場合、司法省／FTCはこれを訴追し

---

[41] The U.S. Department of Justice & The Federal Trade Commission, *Antitrust Guidelines for the Licensing of Intellectual Property* (April 6, 1995). http://www.usdoj.gov/atr/public/guidelines/ipguide.htm

1．知的財産権と独占禁止法

ない方針である。

　ガイドラインは、知的財産ライセンシングに関しては、per se illegalアプローチを排して、すべてrule of reasonで、つまり、①問題の取引制限が反競争的か、②競争促進効果が反競争効果を上回るかどうかを考慮する。ガイドラインは、知的財産ライセンシングは一般に垂直関係だが、水平関係でも非排他的であれば合法の推定をおこなうとしながら、クロス・ライセンスやパテント・プールは開発意欲を減殺するおそれがあるとして、競争者間の取引制限には依然として警戒をゆるめていない。

1.2.5．EU競争法

(1)　条約と一括適用除外規則

　EUにおいて知的財産権と競争法のかかわりを規制する法は、主としてEU運営条約101条[42]と102条[43]である[44]。EUでは、101条1項に触れ、かつ同3項による適用除外を受けない共同体レベルの技術移転契約は、加盟国法廷において無効とされるばかりでなく、場合によっては委員会（旧「欧州委員会」）の調査を受け、過料を課される。101条3項の適用除外宣言は委員会の専権[45]なので、かつて、事業者は、いちいち委員会に届け出て、101条1項に該当しないむねのネガティブ・クリアランスか、それとも、101条1項該当だが3項で適用除外を受けるむねの個別適用除外をもらう必要があった。この件数が膨大なもの

---

[42] EU運営条約101条（抄）「(1)加盟国間の取引に影響を与えるおそれがあり、かつ域内市場内の競争の機能を妨害し、制限し、または歪曲する目的を有しまたはかかる結果をもたらす事業者間のすべての協定、事業者団体のすべての決定およびすべての共同行為——とくにつぎの各号の1に該当する事項を内容とするもの——は、域内市場と両立しないものとし、禁止する。(a)価格固定、(b)生産販売開発制限、(c)市場分割、(d)差別、(e)抱き合わせ。(2)本条の規定にもとづき禁止されるすべての協定または決定は当然無効である。(3)ただし、つぎに掲げる場合には、第1項の規定が適用ないむねを宣言することができる。［かかる協定／決定／共同行為が］商品の生産／販売の改善または技術／経済的進歩の促進に役立ち、かつ消費者に対しその結果として生ずる利益の公平な分配をおこなうものであって、つぎの各号の1に該当しないもの。(a)前記の目的達成のために必要不可欠でない制限を参加事業者に課すこと。(b)当該商品の実質的部分について、参加事業者に競争を排除する可能性を与えること」。

[43] EU運営条約102条（抄）「域内市場またはその有意の一定部分における支配的地位を濫用する1以上の事業者の行為は、それにより加盟国間の取引が影響を受けるおそれがあるかぎりにおいて、域内市場と両立しないものとし、禁止する」。

1.2. 独占禁止法

になったため、委員会は、一定の契約条項類型を、それらが101条1項に該当するかどうか、さらに3項の適用除外を受けるかどうかをあらかじめ示すため、一連の一括適用除外規則を制定してきた[46]。

---

[44] EEC設立条約85条／86条は、1993年発効のマーストリヒト条約でEC設立条約81条／82条に、さらに2009年発効のリスボン条約はEU運営条約101条／102条に、それぞれ名称と条番が変わった（参考のため、リスボン条約で廃止されたEC設立条約を「旧」と表示することもある。「域内市場」などの呼称以外、実質は変わっていない）。ほかに、域内における物品の自由移動原則を定める条約34条（旧28条）、（知的）財産権の行使による34条の例外を定める36条（旧30条）もEU競争法の重要な一部をなすが、統一市場維持というややEU特有の法目的を顧慮して、ここでは省略する。ただ、知的財産権の存在（「固有主題 specific subject-matter」、つまり知的財産権の核にあたる排除行為——たとえば特許権なら生産／譲渡、著作権なら複製）については条約は介入しないが、固有主題を超える知的財産権の行使については101条／102条を適用するとするEU裁判所の判例原則は日本でも参考になろう（第2表）。

[45] 1962年2月6日の理事会規則17/62。これは、EC条約81条／82条の実施規則として長らく機能してきたが、この中央集権スキームがもはや通用しなくなったという認識から、これをリプレースするあたらしい理事会規則1/2003が2004年5月1日から施行されている（Council Regulation (EC) No 1/2003 of 16 December 2002 on the implementation of the rules on competition laid down in Articles 81 and 82 of the Treaty, 2003 OJL 1）。

規則1/2003は、まずEU運営条約101条／102条と加盟国競争法の関係について概略下のように規定する。地方分権とはいうものの、依然として委員会中心の法執行体制である。①加盟国競争当局や法廷が加盟国間通商に影響ある協定／決定／共同行為（以下、「協定等」という）に国家競争法を適用する場合は、同時に101条／102条も適用しなければならない。②加盟国競争当局や法廷は、101条1項非該当や3項該当の協定等を禁止してはならない。③委員会と国家当局／法廷はいずれも101条／102条を適用する権限を有する。④しかし、国家当局は、措置をとる30日以上前に委員会に通知し、委員会が措置決定をしたら、条約101条／102条権限を停止する。国家法廷は、委員会決定に反する判決をしないように、手続停止などの措置をとらなければならない。⑤加盟国が単独行為（前文では下請企業いじめの例があげられている）に対して、より厳しい規制を適用することは自由。

[46] 一般的な一括適用除外規則としては、技術移転規則のほかにつぎの3規則があり、いずれも技術移転契約と深い関係がある。①垂直契約規則（Commission Regulation (EC) No 2790/1999 of 22 December 1999 on the application of Article 81(3) of the Treaty to categories of vertical agreements and concerted practices, OJL 336, 29.12.1999）。②専門化契約規則（Commission Regulation (EC) No 2658/2000 of 29 November 2000 on the application of Article 81(3) of the Treaty to categories of specialisation agreements, OJL 304, 05.12.2000）。③研究開発契約規則（Commission Regulation (EC) No 2659/2000 of 29 November 2000 on the application of Article 81(3) of the Treaty to categories of research and development agreements, OJL 304, 05.12.2000）。

1．知的財産権と独占禁止法

(2) 技術移転契約一括適用除外規則

　技術移転契約の一括適用除外については、1984年特許ライセンス契約規則、1989年ノウハウ契約規則、これらを統合した1996年技術移転契約規則を経て、2004年5月1日から現行2004年技術移転契約規則が施行されている。米日のガイドラインとちがって、EUの一括適用除外規則は私人にも適用がある法である。2004年規則は、拡大EUに対応して、委員会専権のかなりの部分を加盟国競争当局に委譲し、さらに規則のほかに（委員会の権限外の事項もカバーする）詳細な行政ガイドラインを発表して、内容・形式とも、よりフレキシブルな規制に変貌している。旧規則で委員会に与えられていたネガティブ・クリアランスや個別適用除外の権限が消えた（日本の事前相談や米国のビジネス・レビュー・レターに対応する非公式なカンファット・レターcomfort letterがある）。

(a) 2004年技術移転契約一括適用除外規則[47]

　本規則はライセンサーからライセンシーへの技術（特許／ノウハウ／ソフトウエア著作権）移転を対象とする。R&D委託契約やパテント・プールは対象としない。

　シェア合計20％未満の競争者間契約／シェア各30％未満の非競争者間契約は、一定の重要な競争制限条項（後述「黒条項」）をふくまないかぎり、101条3項該当と推定する（安全港）。

　従来のような個別適用除外はなくなり、自己評価・自己責任制に変わった。

　加盟国の競争当局は、各国内地方によって101条3項非該当と認める契約について一括適用除外を撤回することができる。また、同種の取引制限条項の累積的効果が関連市場の50％超をカバーする場合、委員会は、6か月事前の規則を制定して、本規則の不適用を宣言することができる［規制緩和が暴走した場合に備えた非常大権であろう］。

　黒条項（ハードコア制限条項）：つぎの制限条項を有する契約は適用除外を受けない。

---

[47] 一定の種類の技術移転契約に関する理事会規則（2004年5月1日施行）Commission Regulation (EC) No 772/2004 of 27 April 2004 on the application of Article 81(3) of the Treaty to categories of technology transfer agreements (2004 OJL 123/11). http://europa.eu.int/eur-lex/pri/en/oj/dat/2004/l_123/l_12320040427en00110017.pdf

競争者間契約：①第三者向け販売価格制限。②生産量制限。③市場／顧客制限（分野制限、生産／積極販売地域制限、セカンド・ソーシングの場合は可）。④独自技術使用／R&D制限。

非競争者間契約：①第三者向け販売価格制限。②消極的販売地域／顧客制限（ライセンサー地域／他ライセンシー地域向けは2年限定。拠点制限は可）。

<u>灰条項</u>：つぎの制限条項は適用除外を受けない（個別評価）。①排他的グラントバック義務。②アサイン・バック義務。③不争義務（ライセンサーからの契約終了権を妨げない）。④（非競争者の場合）独自技術使用／R&D制限。

(b) 2004年技術移転契約一括適用除外規則ガイドライン

契約当事者の技術以外に4個以上の代替可能の技術があれば101条違反にならない可能性がある（安全港）（ただしネットワーク効果などで現実に代替可能といえない場合は不可）。

タイインとバンドリング：後述4.1
競業避止義務：後述2.5.1
和解と不争契約：後述2.4.2
技術プール：後述2.6

1.2.6. 流通取引指針

視線を日本に戻して、知的財産権ライセンス取引を考える前提として、ビジネスマンが常識として知っておかなければならない流通取引指針を、見やすいように一覧表で示す[48]。

---

[48] 本書では、この種の一覧や表を多用しているが、これらはあくまでも見出しの便をはかったものなので、実用には、法文や原典を参照されたい。

1．知的財産権と独占禁止法

第8表　流通・取引慣行に関する独占禁止法上の指針早見表[49]

製：製造業者　販：販売業者　原：原料供給者　事：事業者　団：事業者団体
特：特約店　部：部品製造業者　○白　△灰　●黒　法：独占禁止法　指：一般指定

参照	問題行為	評価	法条
第1部	企業間の継続的取引：		
第1	顧客獲得競争の制限：		
2(1)①	製が（共同相互取決めによって、）相手の顧客と取引しない	●[50]	法3後
2(1)②	販が（同上）安値によって相手の顧客を奪取しない	●	法3後
2(1)③	販が（同上）相手の顧客と取引する場合調整金を払う	●	法3後
2(1)④	製が（同上）登録顧客以外と取引しない	●	法3後
2(1)⑤	販が（同上）販売先を製別に限定する	●	法3後
2(2)①	製が（同上）販売地域を限定する	●	法3後
2(2)②	販が（同上）相手の既販売地域に参入しない	●	法3後
2(2)③	製が（同上）製品の規格・品種を制限する	●	法3後
2(2)④	製が（同上）相手の既製造商品に参入しない	●	法3後
3	団が上記行為をおこなう	●	法8-1-1／4
第2	共同ボイコット：		
2(1)①	製が（同上）安売り販に商品供給を拒絶・制限する	●	法3後／2-9-1
2(1)②	販が（同上）新規参入妨害のため製に同上行為をさせ、自らも供給拒絶する	●	法3後／2-9-1
2(1)③	製が（同上）輸入品を取り扱う販に供給拒絶する	●	法3後／2-9-1

---

[49] 『流通取引慣行に関する独占禁止法上の指針』平成3（1991）年7月11日公表。http://www.jftc.go.jp/dk/ryutsutorihiki.html
[50] 第1部の「顧客獲得競争の制限」と「共同ボイコット」および第2部の「再販価格維持行為」は原則違法（per se illegal）である。これ以外の行為類型については、その行為が市場における競争に与える影響を個別具体的に検討した上で、違法かどうかを判断する（rule of reason）。

1.2. 独占禁止法

2(1)④	製が（同上）新規参入者に供給する原に取引拒絶を予告する	●	法3後／2-9-1
3(1)①	製と販が（同上）互いに、安売り販に商品供給を拒絶・制限する	●	法3後／2-9-1
3(1)②	製と販が（同上）互いに、輸入品を取り扱う販に供給拒絶する	●	法3後／2-9-1
3(1)③	製と販が（同上）互いに、新規参入妨害のため同上行為をさせ、自らも供給拒絶する	●	法3後／2-9-1
3(1)④	製と原が（同上）製の輸入原材料購買拒絶・原の供給を拒絶する	●	法3後／2-9-1
4①	団が構成員に輸入品取扱を禁止する	●	法8-1-1／4
4②	販団と製団が製構成員に対販構成員のみに製品供給させる	●	法8-1-1／4
4③	販団と製団が製構成員に対アウトサイダー製品供給を拒絶させる	●	法8-1-1／5
4④	販団と製団が製構成員に対新規参入者製品供給を拒絶させる	●	法8-1-1／5
4⑤	販団と製団が新規加入を制限、製構成員に対アウトサイダー製品供給を拒絶させる	●	法8-1-1／3／5
4⑥	役務供給団が新加入を制限する	●	法8-1-1／3
第3	単独の直接取引拒絶:		
2①	有力[51]製が競争者と取引する販に対して取引拒絶する	△	指2／11
2②	有力原が製の自製を阻止するため原材料の供給を拒絶する	△	指2

---

[51] 有力：シェア10%以上または3位以内で、競争者（新規参入者をふくむ）にとって代替的な取引先／流通経路を容易に確保できなくなるおそれがある場合。考慮点：①市場全体の状況（集中度／商品特性／製品差別化／流通経路／参入容易度）、②製造業者の地位、③取引相手（販売業者）の数および地位、④取引相手（販売業者）に対する制限の影響度。この「有力」要件は、「公正競争阻害性」要件よりかなりきびしい。シェア要件も法文からはでてこない。流通取引指針が、有限の資源しかもたない公正取引委員会（45条2項参照）の立件基準にすぎないことを示す。

1．知的財産権と独占禁止法

2③	有力原が顧客製の競争者に対して原材料の供給を拒絶する		△	指2
第4	取引先事業者に対する自己の競争者との取引制限：			
2①	有力原が自己以外の原と取引する製に対して原材料供給を拒絶する		△	指2／11
2②	有力製が有力部に競争者に供給拒絶するよう要請する		△	指2／11／12
2③	有力金融業者が有力販に対して顧客製のみと取引することを条件に融資する		△	指2／12
2④	有力製が販に新規参入製からの取引申込みに応じないようにする		△	指2
注10①	製が部に原材料支給する場合部品を自己のみに供給させる		○	
注10②	製が部にノウハウ供与する場合、秘密保持のため部品を自己のみに供給させる		○	
第5	不当な相互取引：			
2(1)	購買市場における有力事が自己の商品を購入する条件で相手と取引する		△	指12
2(2)	事が購買力を利用して相手に自己の商品を購入させる		△	指10
2(3)	優越的事が上記2行為をする		△	法2-9-5
3(1)	有力事が相互取引して他事が代替取引先を発見できない		△	指12
3(2)	企業集団構成員間が相互取引する（同上）		△	指12
第6	継続的取引を背景とするその他の競争阻害行為：			
1(1)	事が自己の商品の価格を市場の状況にあわせて引き下げる		○	
1(2)	有力事が継続取引相手に対して競争者からの引き合いを通知させ対抗値下げする		△	指11／12
2	継続的取引を背景とする優越的地位の濫用：		△	法2-9-5
第7	取引先の株式取得・所有（詳細略）		△	法10以下

1.2. 独占禁止法

第2部　流通取引（R：リベート）：

第1	再販価格維持行為：		
1(2)	製が販に対する参考として希望小売価格・建値を表示する	○	
注2	製が「正価」「定価」とのみ表示する	●	法2-9-4
2(1)	製が販の販売価格（再販価格）を拘束する	●	法2-9-4
2(2)①a	製が販との合意によって販売価格（再販価格）を拘束する	●	法2-9-4
2(2)①b	製が同意書をとって販売価格（再販価格）を拘束する	●	法2-9-4
2(2)①c	製が取引条件の一部として販売価格（再販価格）を拘束する	●	法2-9-4
2(2)①d	製が指示価格で販売、売れ残り（値引き販売させず）を買い取る	●	法2-9-4
2(2)②	製が販不服従の場合、経済上の不利益（出荷停止・削減・価格引上・R減額等）を課す	●	法2-9-4
2(2)②a	製が販不服従の場合、経済上の不利益を示唆する	●	法2-9-4
2(2)②b	製が販服従の場合、経済上の利益（価格引下、R増額等）を与える	●	法2-9-4
2(2)②c	製が報告徴収・派遣店員による監視・帳簿監査をおこなう	●	法2-9-4
2(2)②c	製が商品にコードをつけ追跡調査をする	●	法2-9-4
2(2)②c	製が安売り商品を買い上げ担当卸店に買い取らせる	●	法2-9-4
2(2)②c	製が安売り販に近隣販の苦情を取り次ぐ	●	法2-9-4
2(3)	製が再販価格拘束の手段として取引拒絶・差別Rを使う	●	指2／4／法2-9-4
2(4)	製が再販価格を範囲・個別指示・承認にかける	●	法2-9-4
2(5)	製が直接拘束にかぎらず卸等経由で拘束する	●	法2-9-4
2(6)①	製による委託販売で、実質的には製直売の場合の販売価格拘束	○	

1．知的財産権と独占禁止法

2(6)②	製がユーザーと直接交渉で値決め、販は物流・回収を担当する	○	
第2	非価格制限行為：		
2	競争品の取扱制限：		
2(1)①	有力製が販に対して自社製品のみの取扱を義務づける	△	指11／12
2(1)②	有力製が販に対して競争者製品の取扱を制限する	△	指11／12
2(1)③	有力製が販に対して競争輸入品や特定事業者の商品取扱を制限する	△	指11／12
2(1)④	有力製が販の販売能力の限度に近いノルマを課して競争品の取扱を制限する	△	指11／12
3	販売地域制限：		
3(1)①	製が販に対して責任地域を設定、積極販売を義務づける（責任地域制）	○	
3(1)②	製が販に対して店舗等販売拠点の設置場所を限定・指示する（販売拠点制）	○	
3(1)③	有力製が販に対して一定地域外での販売を制限する（厳格な地域制限）	△[*52]	指12
3(1)④	製が販に対して一定地域外顧客からの注文を拒絶させる（消極販売制限）	△*	指12
4	販売先制限：		
4(1)①	製が卸に対して小売業者を指定する(帳合取引義務)	△*	指12
4(1)②	製が販に対して商品の横流しを禁止する（仲間取引の禁止）	△*	指12
4(1)③	製が卸に対して安売り販への販売を禁止する	△*	指12
5	販売方法制限：		
5(1)①	製が販に対して商品説明販売を義務づける	○	
5(1)②	製が販に対して商品宅配を義務づける	○	
5(1)③	製が販に対して品質管理を義務づける	○	
5(1)④	製が販に対して専用コーナー設置を義務づける	○	

[52] ＊は価格維持効果またはそのおそれが条件。

1.2. 独占禁止法

5(2)	製が安売り販に対してのみ前記義務を強制（契約解除）	△	指12／法2-9-4
5(3)①	製が販に対して表示広告での価格を制限／価格表示広告を禁止	△*	指12／法2-9-4
5(3)②	製が取引先の雑誌新聞等に安売りや価格表示広告掲載を拒絶させる	△*	指12／法2-9-4
第3	リベート（R）の供与：		
2(1)	製が販の事業活動に対する制限手段としてのRを供与	△	指4／11／12
2(1)	製が払込制R（マージンから天引き、あとで払いもどす）を供与	△	指4／11／12
2(2)	製が競争品の取扱制限になるような占有率Rを供与	△	指4／11／12
2(3)	製が競争品の取扱制限になるような著しく累進的なRを供与	△	指4／11／12
2(4)	製が帳合取引の義務づけとなるようなRを供与	△	指4／12
第4	流通業者の経営に対する関与（略）		
第5	小売業者による優越的地位の濫用（略）		

第3部　総代理店制（総：総代理店）：

第1	競争者間の総代理店契約		
2(1)	10%で3位以内製が同業者の総になる	△[53]	指12
2(2)	25%トップ製が同業者の総になる	△[54]	
3(1)	前2項該当でも、国内新発売、契約期間が短期間（3-5年）、技術供与、製造委託	○	
第2	総代理店契約のなかで規定される主要な事項		
1(1)	製が総に対して再販価格を制限	△	法2-9-4
1(2)①	製が総に対して契約期間中における競争品の取扱を制限	△	
1(2)②	製が契約終了後における同上	△[55]	

---

[53] 公正競争阻害性：両者のシェアおよびその変動、商品特質、国内競争状況、流通状況。
[54] 違法となるおそれが強い。

1．知的財産権と独占禁止法

1(3)①	製が総に対して国内における販売地域を制限	△	
1(3)②	製が許諾地域内で総と競合を避止、許諾地域外での積極的販売を禁止	○	
1(4)①	製が総に対して国内の取引先を制限	△	
1(4)②	製が総に対して契約商品を自己からのみ仕入れさせる	○	
1(5)①	製が総に対して販売方法を制限	△	
2	製が総に対して最低購入（販売）金額・数量を設定、最善努力義務を課す	○	
第3	並行輸入の不当阻害：		
2(1)①	総が海外製に対して並行輸入業者への販売を拒絶させる	△*	指12／14
2(1)②	総が製品コードなどで並行輸入品の入手経路を探知し、海外製に販売を拒絶させる	△*	指12／14
2(2)	製と総が国内販に並行輸入品取扱を制限	△*	指12／14
2(3)	製と総が並行輸入品を取り扱う国内販に契約対象品の販売を拒絶	△*	指12／14
2(4)	製と総が十分な根拠もないのに並行輸入販売に対して商標権侵害を主張	△*	指14
2(5)	製と総が並行輸入品を買い占める	△*	指14
2(6)	製と総が不当に並行輸入品の修理・部品供給を拒絶	△*	指14
2(7)	製と総が雑誌新聞等に手を回して並行輸入品の広告宣伝を妨害	△*	指14

---

[55] 秘密情報保護は正当理由になる。

1.3. 知的財産権と独占禁止法の関係

1.3.1. 創設説と確認説

　独占禁止法21条は、「この法律の規定は、著作権法、特許法、実用新案法、意匠法又は商標法による権利の行使と認められる行為にはこれを適用しない」と規定する[56]。この規定の解釈をめぐってはさまざまの議論がある[57]が、その底流には、知的財産権法と独占禁止法の関係についての認識のちがいがある。

　まず、知的財産権法は一定の情報の利用を独占する権利を私人に与える制度だから、当然に独占禁止法と相剋（in conflict）するという認識がある（1980年ごろまでは米国行政府でも支配的だった）。コンフリクト説によると、21条によって、著作権法／特許法／実用新案法／意匠法／商標法による権利行使に対する独占禁止法上の合法性が創設されるということになる（創設説）。創設説によれば、ここにあげられた5法は限定列挙ということになる。

　これに対して、知的財産権法は、一定の情報を財産権で擬制することによって、取引を通して創作者や発明者に報奨をもたらし、さらなる創作発明のインセンティヴを与える制度であって、本質的に競争創出的であり、独占禁止法と目的をおなじくする（in harmony）という認識がある（いわゆるシカゴ学派が主唱したもので、1980年代以降、米国学界・行政府での主流になっている）。ハーモニー説によると、有体物の所有権がその行使態様において独占禁止法の適用を受けるのとおなじく、知的財産権の行使も独占禁止法の適用を受けることは当然で、21条はそのことを確認したにすぎないということになる（確認説）。

---

[56] 21条は1947年制定当初のいわゆる原始独占禁止法のときからあったもので、いまとなっては立法者の意図を論じても不毛だが、当時米国のリーディング・ケースはGeneral Electric 1926（後述2.4）だったから、その時点ではあまり違和感がなかったのであろう。米国ではこの判決がGypsum 1948以下で大きく修正されているのだが、制定法によっていちど確立した分配関係が既得権益（レガシー・アセット）としてそのまま永久化されることの多い日本では、改正の動きもないままになっている。

[57] 文献はきわめて多く、ここで一部のみ引用しては偏頗のうらみがあるが、それでもあえて概観的なもののみ引用するとすれば、「知的財産権と独占禁止法」『経済法学会年報第10号』（有斐閣、1989年）、丹宗／来生／畠山／稗貫／向田／和田『論争独占禁止法——独占禁止法主要論点の批判的検討と反批判』（風行社、1994年）第7章「知的財産権と独占禁止法」。

1. 知的財産権と独占禁止法

確認説によれば5法は例示にすぎず、あと同様なものがいくら増えていいことになる。

知的財産指針第2-1「独占禁止法と知的財産法」は、21条に関する公正取引委員会の解釈をつぎのように述べる：「技術の利用に係る制限行為のうち、そもそも権利の行使とはみられない行為には独占禁止法が適用される。また、技術に権利を有する者が、他の者にその技術を利用させないようにする行為および利用できる範囲を限定する行為は、外形上、権利の行使とみられるが、これらの行為についても、実質的に権利の行使とは評価できない場合は、おなじく独占禁止法の規定が適用される。すなわち、これら権利の行使とみられる行為であっても、行為の<u>目的、態様、競争に与える影響の大きさ</u>も勘案したうえで、事業者に創意工夫を発揮させ、技術の活用を図るという、<u>知的財産制度の趣旨を逸脱し、または同制度の目的に反する</u>と認められる場合は、上記第21条に規定される『権利の行使と<u>認められる</u>行為』とは評価できず、独占禁止法が適用される」。

21条は、「認められる」として、適用除外対象の「権利の行使」に規範的なフィルターをかけているのだが、知的財産指針は、そのフィルターとして、①「競争に与える影響が大きいこと」等と②「知的財産権各法の趣旨逸脱または目的違反」を採用、①and②の場合は21条を適用しない（独占禁止法を適用する）とする。

学説では、21条が、知的財産権の「本来的」行使に対して、独占禁止法の適用を除外する趣旨だという見解が有力である。

1.3.2. 対立から調和へ

知的財産権と独占禁止法の関係を根本から理解するためには、独占禁止法の母法である米国反トラスト法をみる必要がある。

知的財産権法は私人に対して一定の行為に対する独占権を与える。反トラスト法は独占行為やその企図を違法とする。この一見矛盾する状況は、伝統的にはpatent-antitrust conflictと呼ばれ、一定の行為に関して、知的財産権と反トラスト法のどちらが優越するかという対立問題として提起されてきた。Power Dry 1986で、巡回裁はいう：「特許権はしばしば限定的独占と呼ばれている。特許法は特許を『独占』として記述してはいないが、特許権者に与えられた専

1.3. 知的財産権と独占禁止法の関係

有権は、[20]年間にわたって競争から解放された特許の利用を可能にしており、それがどう呼ばれようと、それ以下のものではない[58]。したがって、一方においては、特許権者に専有権（競争からの解放）を与えることによって独占を促進する特許法と、他方、独占を一般的に禁止し、競争を促進する反トラスト法のあいだにはコンフリクトがありうる[59]。一般的にいって、特許権者が彼の限定的独占によって授権された以上のものを求めて契約に入るならば、それは一般法に服しなければならない。この地点で、反トラスト法と特許法は一致しない」。

　しかし、1980年代には、すでにpatent-antitrust interface[60]やpatent-antitrust intersection[61]などのことばが考案され、知的財産権と反トラスト法をむしろ調和的に理解する学説が有力になってきている。コンフリクト時代からハーモニー時代への扉は、知的財産権とは関係のないSylvania 1977（後述2.5.5）が開いた。メーカーが小売店の出店位置を制限した事案で、最高裁はいう:「シャーマン法1条のper se illegal（当然違法——前述1.2.4）は明白かつ正当化理由のない反競争行為にのみ適用される。しかし、垂直的制限が市場に与える効果は複雑である。それはブランド内競争を減殺するが、ブランド間競争を刺激する。垂直的制限は、商品流通におけるメーカーの効率を向上する。なぜなら、それは、中小または新規参入メーカーが有能な小売店を誘引することを許し、新商品の消費者受容に要する投資を促進するからだ。既成メーカーにとってもPRや修理サービス充実のための投資を促進する。ブランド内では販売価格がコスト化され、ブランド間競争によってこれが最小化する。メーカーの利益が必然的に消費者利益と一致する」。

　Sylvaniaを拡張類推して、発明者が企業者にライセンスを付与する取引が、

---

[58] 露骨な知的財産権優位説のSchenck 1983（後述）を意識的に批判している。
[59] Louis Kaplow, "The Patent-Antitrust Intersection: A Reappraisal," 97 *Harvard Law Review* (June 1984) 1815 ／ Gerald Sobel, "The Antitrust Interface with Patents and Innovation," 53 *Antitrust Law Journal* 681 (1985) ／ Donald F. Turner, "The Patent System and Competitive Policy," 44 *New York University Law Review*. (1969) 450.
[60] See, *e.g.*, Richard A. Whitting, et al., "Introduction and Overview of Basic Principles: The Patent-Antitrust Interface," 53 *Antitrust Law Journal* (1984)。*e.g.*は「たとえば」。
[61] See Kaplow, *op. cit.* n. 40。*op. cit.*は「前掲書」。

1. 知的財産権と独占禁止法

当該技術グループ内での効率を高め、技術グループ間の競争をむしろ促進するという仮説が有力になってきた[62]。1982年、レーガン政権によって任命された連邦巡回（区）控訴裁判所（CAFC）のMarkey長官は、Schenck 1983で、このテーゼを極限にまで拡張する：「特許に代表される財産権が、他の諸財産権と同様、反トラスト法違反の意図でも使えるという事実は、これら財産権を創出する諸法と反トラスト法とのコンフリクトを作りだすものではない。最初の特許法のはるかあとに立法された反トラスト法は、他人に帰属すべきものの盗用を規制する。有効な特許は、公共に、彼らが以前もっていなかったものを与える。特許は特許法だけにもとづいて有効になったり無効になったりするのだ」[63]。

司法省／FTCの知的財産ライセンシング・ガイドライン（1995年）もいう：「知的財産法と反トラスト法は、革新を促進し消費者厚生を高めるという点で共通の目的を有する。知的財産法は、革新とその拡散および商品化のインセンティヴを与える。反トラスト法は、競争を妨げる一定の行為を禁止することによって、革新と消費者厚生を促進する」。

知的財産権と反トラスト法の関係についてのこれらのあたらしい認識は、いわゆるシカゴ学派に属する学者や行政官によって主唱されたもので、視覚的にいうなら、知的財産権法と反トラスト法を、いわばジグソーパズルの2片のように、平面的に相補・嵌合するものとして認識する調和論である。これが、「知的財産権の保護を強化するためには、反トラスト法の適用を弱化させなければならない」という短絡を導く。また、ミスユース法理を廃止する、つまり、ミスユース抗弁に反トラスト法に準ずる立証（とくに市場力についての）を要求する主張（後述4.1 「Illinois Tool Works事件」）も、知的財産権法と反トラスト法の平面的な認識にもとづく。「ミスユースに対する反トラスト・アプローチは、反トラスト法と知的財産権法…が、いずれも、自由競争と革新の結合による消費者厚生の増進を目的とするという信念から派生している」[64]。

---

[62] *E.g.*, Byron A. Bilicki, "Comment: Standard Antitrust Analysis and the Doctrine of Patent Misuse: A Unification under the Rule of Reason," 46 *University of Pittsburg Law Review* (1984) 211.

[63] このいささか過激な脚注は、発足間もないCAFCの存在を誇示するための政治的発言だったとおもわれる。

[64] James A. D. White," Misuse or Fair Use: That Is the Software Copyright Question," 12 *Berkeley Technology Law Journal* (Fall 1997) 9.

1.3.3. 独立

　21条の解釈については議論が尽くされた感があり、またいずれにしても観念論で、いまさら私見を述べても付加価値はすくないのだが、本を書くからには、著者の視座をあきらかにしておく責任があると思うので、ここで一言する。21条の文言はあまりに明快で、すなおに読めば、確認説にはどうしても無理がある。すべての論者がそんなことは百も承知で、法が現実からあまり乖離しないように、この硬直的な文言を無理に解釈しようとしているのである。しかし、いま提案されているような公正取引委員会による審判（準司法機能）の廃止が実現すれば、いままで論争の舞台にあまりでてこなかった司法部（法文の厳密な文理解釈に拘束されざるをえない——後述「パチスロ機パテント・プール事件」参照）の発言力が増大し、その場合は、内包的には厳密な文理解釈によって独占禁止法の適用が機械的に除外され、外延的には類推解釈によって、「コナミ警告事件[65]」にみられるような——キャラクター権や商品化権といった——さまざまの自称「知的財産権」にまで対象が拡張するおそれがある（知的財産指針は、慎重な留保つきながら、すくなくともノウハウにまでは、適用除外を拡張している）。

　知的財産権と市場原理の関係を理解するためには、その出発点として、まず、つぎの基本的認識についてのコンセンサスを確認しておく必要がある。

① 知的財産権は、すくなくとも静態的には、一定の市場（特許なら、すくなくとも特許品の市場）を私人が独占する権利である。

② 独占はかならず社会的非効率（社会的コスト[66]）を発生する[67]。

---

[65] 「コナミ株式会社に対する警告」平成15（2003）年4月22日。

[66] Peter Drahos, *A Philosophy of Intellectual Property* (Dartmouth Publishing Co., 1996) 123：「知的財産権にともなうコストには、管理および執行コスト、フリー・ライダー排除コスト（フリー・ライダーも品質を改良するだろうから、このコストには動態的利益の損失の可能性もふくまれる）、レント・シーキング行動がふくまれる。さらに、知的財産権利用の周囲に叢生する各種反競争慣行のような経験的に発見可能なコストもある」。さらに、Federal Trade Commission Staff Report, *Anticipating the 21st Century-- Competition Policy in the New High-Tech, Global Market Place*, Volume I (U.S. Federal Trade Commission, May 1996), Ch. 6, 10 http://www.ftc.gov/opp/global/gc_v1.pdf：「特許レースにおいて、競争者はそれぞれの成功チャンスを最大化しようとして投資するが、社会としてはだれかが成功すればいいのだから、R&Dの競争レベルは社会的に『過剰』だという説がある」。

1．知的財産権と独占禁止法

③　知的財産権の保護は技術革新のインセンティヴを与える。
④　そのインセンティヴが、動態的には、将来、新製品開発によって社会的効率を向上する可能性をもたらす[68]。

もしこのコンセンサスが得られるのであれば、つぎは、知的財産権にもとづく具体的な競争制限行為ごとに[69]、その社会的コストCと社会的利益Bを比較[70]することによって、問題の行為が社会的に容認できる行為かどうかを判断することになる。この結果B/C＜1となった場合、その行為を社会的に望ましくないものとして抑止する制度が必要になる。米国では、この必要をミスユース法理と反トラスト法が満たしてきた。

Turnerは、「反トラスト法と知的財産法は消費者厚生を増大するという目的を共有する」[71]というが、知的財産保護→技術革新→新製品→新市場→競争創出→消費者厚生増大という因果の鎖は、あまりに細く、かつ遠い。前述B/Cにおける社会的コストCは現実の値だが、社会的利益Bは、因果各段階の実現率（＜1）をすべて乗じたうえ、減価償却して得られる値である。発明がはじめから独占を創出し、消費者厚生を増大させないことさえある（たとえばインク再充填ビジネスを妨害することだけが目的の「うしろ向きの」特許——米国判例のことばを借りるなら「ロックアウト・パテント」——など）。「競争とはもともと模倣のプロセスである。模倣の促進とそれの禁圧は、市場と知的財産との根源的な緊張を作りだす」[72]。財産権にとって、反トラスト法のような強行法規による規制はむしろ一般的である——たとえば公序、環境法など[73]。シカゴ学

---

[67]　Kaplow, *op. cit.* 1824：「特許権者…の『報奨』は独占を許すことから生じるので、特許システムのコストは研究開発の直接コストを超える。…法律によってオーソライズされた独占から生じる損失は、その発明、市場構造、特許権者の性質、特許利用を規制する法的ルールに依存する」。「特許期間が長いほど［保護が強いほど］これらのコストも増大する」。

[68]　*Id.* 1823：「長い特許期間［強い保護］は特許権者の『報奨』を増大し、発明活動を促進し、社会的利益を増進する」。*Id.*は「同前」。

[69]　*Id.* 1821：「ひとしい利益を生じる行為がひとしい損害を社会に与えるというのは誤まりである」。

[70]　*Id.* 1816：「ここで、一定の制限慣行の使用が許されることによって特許権者がうけとる『報奨』と、そのような特許の利用によって生じる独占損失との比を求めるテストを提案する。「報奨」が発明を促進し、それによって社会的利益をうみだすという前提をとるなら、この比は社会的利益と社会的コスト（独占損失）の比をあらわすことになる」。

[71]　Turner, *op. cit.* 485.

1.3. 知的財産権と独占禁止法の関係

派（とくに行政官）の声高な主張にもかかわらず、もともと生誕の歴史からしてまったくちがう知的財産法と反トラスト法が、ともに競争を創出・促進するというハーモニー説にはかなり無理がある。

　視線を日本に戻して、一定の取引に対して排除を命じたり課徴金を課したりする独占禁止法は、とうぜん財産権の行使とコンフリクトする。観念的に神聖不可侵とされた有体物の所有権による独占が、その可視的かつ排他的な占有の範囲内にとどまっているのに対して、もともと擬制財産権にすぎない知的財産権による独占は、不可視的かつ非排他的で、すべての同種物の譲渡使用等を排除できる（したがって第三者との取引を不測に妨げやすい）。独占禁止法は、一般の有体財産権よりも、知的財産権の行使に対して、より懐疑的であるべきである。

　また、21条が、知的財産権の「本来的」行使に対して独占禁止法の適用を除外する趣旨だとする有力説も、知的財産権の行使が、その知的財産権法の趣旨目的に合致しない場合にかぎり——いいかえれば権利濫用[74]の場合にかぎり——独占禁止法が適用されるという限定論に導かれやすい。また、この見解は、知的財産権の専有権（第2表）を分割してライセンスする行為——たとえば、国内の実施地域や実施数量の制限——に対して、独占禁止法の適用を除外してしまう「分割の誤謬」に導かれやすい（たとえば、ライセンスを拒絶された企業者は、彼／彼女の能力や資源を競合技術の開発に投入するだろう。ライセンスしておいて、改良技術の開発を制限するのは、単なるライセンス拒絶より反社会的である——部分の総和は全体より大きい）。

　日本においても、権利付与法である知的財産法と、権利規制法である独占禁止法を——法文を無視してまで——むりに調和的や対立的に理解しようとする

---

[72] Drahos, *op. cit.* 135. Also, n.50:「この緊張にはべつの見方もある。ある人々は、『知的財産は革新を刺激することによって動態的な効率を向上するから競争促進的だ』という。…この種の議論の形式は誤解をまねく。知的財産権が革新を創出すれば厚生利得になることもあるだろう。しかし、この厚生利得のコストが競争プロセスの障害なのだ」。

[73] Turner, *op. cit.* 488:「ライセンスの対価として特許権者の義母を殺す約束はun-enforceable」。Mallinckrodt 1992に代表される一連の再使用制限ライセンス（医療機器、プリンター・トナー・カートリッジ、自動消去DVDなどの使い捨てを強要するもの）も、環境や資源保護の立場からは問題があろう。

[74] 民法1条3項。

1．知的財産権と独占禁止法

よりも、両法が、その目的および機能のうえで、たがいに独立の関係にたつとする突き放した認識のほうが、論理的により厳格（rigorous）である。本書における私の視座は、強い知的財産権と強い独占禁止法のあいだに緊張関係を保つことが、産業と技術の発展のためによいという抑制均衡論である。

だが、これでは知的財産権法と独占禁止法の境界が一義的に決まらず、法的安定性に欠けるという批判があろう。しかし、いずれも民法の特別法にすぎない知的財産権法と独占禁止法のコンフリクトは、一般法である民法の基本諸条項[75]に立ち返ることによって解決すべきである。これらをもとにして、判例を発展させてゆくのが本筋である。下記のパチスロ機パテント・プール事件なども、独占禁止法21条の恣意的な解釈ではなく、民法1条2項（信義誠実の原則）で判決できたはずである。

パチスロ機パテント・プール事件（2003）[76]

(1) 背景

パチスロ機メーカー21社がパテント・プール会社を設立、各社が所有する特許権の通常ライセンスをプール会社に供与して、プール会社からサブライセンスを受けている。契約は1年契約だが、「契約を継続し難い特段の事由」がないかぎり自動更新である。サブライセンス先は契約書に列挙されたプール会社の株主21社に限定されている。いままで、プール会社に対しては、外部の13社からライセンス申込みがあったが、いずれも拒絶されている。

原告アルゼ社はプール会社の株主だが、別件パチンコ機パテント・プール事件（後述3.1）を契機に、本件パチスロ機パテント・プールからの脱退をはかり、プール会社の取締役会で解散を提案したが容れられなかった。そこで、アルゼは、本件パテント・プール契約が独占禁止法違反であるから、①「契約を継続し難い特段の事由」が存在する、②契約は公序良俗違反で無効だ——として、他の会員会社やプール会社に対して、同社特許権にもとづき損害賠償／不当利

---

[75] たとえば、民法1条1項（公共の福祉）「私権は、公共の福祉に適合しなければならない」。2項（信義誠実の原則）「権利の行使および義務の履行は、信義に従い誠実に行わなければならない」。3項（権利濫用）「権利の濫用は、これを許さない」。90条（公序良俗）「公共の秩序又は善良の風俗に反する事項を目的とする法律行為は、無効とする」。
[76] 「特許権にもとづく損害賠償請求控訴事件」東京高判平成15（2003）年6月4日。

1.3. 知的財産権と独占禁止法の関係

得返還を請求した。

(2) 判決

　裁判所は、本件パテント・プールの設立目的を、「パチスロ機のメーカー間で特許権等をめぐる紛争が絶えなかったことから、特許権等を［プール会社］に集中させて、上記メーカー間の利害を調整し、特許権等をめぐる紛争を未然に防止して、パチスロ機製造業界の健全な発展を期するということにあったものであり、パチスロ機製造業界への新規参入を阻止することを目的としたものであったとは認められない」[77]と判断した。

　新規参入者に対してライセンスを拒絶したことについては、「パチスロ機業界がパチンコ機業界やゲーム機業界等の他の業界との競争が激しく、安定的な経営を確保することが困難な状況の下で、業者が不正機の製造／販売に走るおそれがあることから、［プール会社］において、そのような業者を排除するため、基本的な製造設備の具備や技術開発体制の確立のほかに、過去に風俗営業法違反の行為のないことなど経営内容等の審査を慎重にしたという側面があった」と判断した。

　また、プール会社からのサブライセンス先が契約で限定されていたことについて、裁判所は、特許権者がライセンスを誰に付与するかは特許権者の自由に属する事柄であるとし、プール会社が無制限に特許権をライセンスすれば、「当該特許権等を使用した製品につき無秩序な価格競争を生じ、ひいては特許権等の行使によって得られるべき利益を確保することが困難になることも予想されるから、このような危険を回避すべく、［サブライセンス］先を限定する合意をすることは、特許権の行使として当然認められるべきことである」と判断した。

　そして、「本件パテント・プールの運用は、特許法等の技術保護制度の趣旨を逸脱し、一定の製品分野又は技術市場における競争を実質的に制限するものではなく、特許権等の行使と認められる範囲にとどまるもの」［21条による適用除外］であり、本件パテント・プールが違法なカルテルだったということはできないとして、原告請求を棄却した地裁判決を容認した。

---

[77] 本書全体を通して、判審決例の引用はかならずしも文の全体ではなく、抜粋の場合がある。読者が引用する場合は、かならず原典にあたっていただきたい。また、独占禁止法は2010年1月施行で改正されているので、本書で引用する法条や告示の条番は、とくに断らないかぎり現行法のそれである（その意味でも、旧法時代の判審決例からの引用は、原文どおりではない）。

1．知的財産権と独占禁止法

(3) 21条

　本事件では、地裁から一貫して、本件プールの運用が独占禁止法違反とされる蓋然性の有無が争われたものだが、地裁でアルゼに訴えられたサミー社は、本件プールが、別件パチンコ機パテント・プールのような販売数量制限や販売価格統制、競合機種の製造／販売に対する事前承認、販売業者の登録などの競争制限的な内部規制をもたず、また、新規参入の防止を方針として掲げるようなこともなかったなどと主張して、事実面から「契約を継続し難い特段の事由」を否定し、地裁もそれを容認したものだが、東京高裁は、サミーも地裁もほとんど援用していなかった21条を積極的に適用して、かりに違反に該当する事実があったとしても21条で独占禁止法の適用除外になると判決したのである。

　公正取引委員会は、知的財産権のマルティプル・ライセンスに偽装したカルテル事件の審決（後述2.4）において、当該カルテルが、知的財産権制度の趣旨を逸脱し、または同制度の目的に反するかどうかなどの審理をほとんどしていない。それは、公正取引委員会が、21条にいう「権利の行使」を「単独の権利行使」と解釈して、相互拘束による行使をはじめから21条非該当とする立場をとっているためと思われるが、本件東京高判は、公正取引委員会のそのような解釈を正面から否定している。

1.4．知的財産指針

1.4.1．指針の全体像

　公正取引委員会は、1968年『国際的技術導入契約に関する認定基準』を、1989年『特許ノウハウ・ライセンス契約における不公正な取引方法の規制に関する運用基準』を、1999年『特許ノウハウ・ライセンス[78]契約に関する独占禁止法上の指針』（「旧指針」）を、さらに2007年9月28日『知的財産の利用に関する独占禁止法上の指針』（「知的財産指針」）[79]を、それぞれ先行のガイドラインをリプレースする形で公表した。

---

[78] ノウハウは準物権ではないので「ライセンス」は不正確――「開示」が正しい。
[79] http://www.jftc.go.jp/dk/chitekizaisan.html

1.4. 知的財産指針

　知的財産指針は、多くの点で旧指針と変わっている。いちばん重要な変化は、知的財産指針が、もはや旧指針の「ライセンス契約」にどどまらず、「技術を利用させないようにする行為」として、知的財産権の一方的行使をも対象にしている点である。「技術を利用させないようにする行為」と原因行為までふくめることで、単なるライセンス拒絶だけでなく、解釈次第では、接続・アクセス拒絶やリバース・エンジニアリング妨害までふくむ行為が、もちろんほかの一定の要件を満たせば、独占禁止法違反とされる可能性を開いた。

　本書は、後続の諸章で、知的財産指針が行政ガイドラインとしての限界から謙抑的に列挙する「技術を利用させないようにする行為」を大きく超えて、より広い視野から、産業を麻痺させるおそれのある知的財産権の過剰行使に対する独占禁止法の適用について考えているが、本章では知的財産指針の解説にとどめる。

　一方、知的財産指針は、より伝統的な知的財産権ライセンス契約に関しては、ライセンスの範囲制限、とくに販売数量制限／販売地域制限／不争義務などについて、旧指針よりも権利者寄りになっているところもあり、いずれも、パブリック・コメントでは大きな議論を呼んだ[80]。

　知的財産指針は4部構成で、第1「はじめに」では、まず、競争政策と知的財産制度の関係が述べられており、知的財産制度に競争促進効果がありうるとするシカゴ学派のオプティミズムを前提としながらも、知的財産の利用制限が競争に悪影響をおよぼすことがあるとして、保護と利用のバランスを政策の根底に据える。

　知的財産指針第1-2(1)「本指針の適用対象」は、「本指針において技術とは、特許法、実用新案法、半導体集積回路の回路配置に関する法律、種苗法、著作権法及び意匠法によって保護される技術並びにノウハウとして保護される技術を指す」としたうえ、同パラグラフの注5として、「独占禁止法第21条の規定は、同条に掲げられた法律以外の法律で排他的利用が認められる技術にも適用されると解される。また、ノウハウとして保護される技術はこれらの法律によって排他的利用権を付与されるものではないため、同条の規定は適用されないが、前記注3［本指針においてノウハウとして保護される技術とは、…不正競争防

---

[80]　たとえばhttp://www17.ocn.ne.jp/~tadhomma/IPGLComment.htm

1. 知的財産権と独占禁止法

止法上の営業秘密のうちの技術に関するものに該当する］の特質を有していることから、それらの特質を踏まえつつ、独占禁止法第21条が適用される技術と同様に取り扱われる」という。知的財産指針の対象としては、プログラム著作権をふくめながら、情報化時代の最先端商品と目されるコンテンツ著作権をふくめていないことが注目される。

第2「独占禁止法の適用に関する基本的な考え方」では、まず、独占禁止法21条の適用除外についての考え方が示される（前述1.3）。

つぎの「競争減殺効果の分析方法」では、従来の指針にはなかった「安全港」が提示される。知的財産指針は、契約者の製品シェア合計が20％以下または代替技術が5個以上あれば、競争減殺効果は軽微である［米国のような「革新市場」は採用していない］としながら、「販売価格／販売数量／販売シェア／販売地域／販売先にかかわる制限、研究開発活動の制限、改良技術の独占グラントバック／アサイン・バックの場合を除く」として大きな範囲を除外しているので、実務上は「安全港」を過信するのは危険である。

第3「私的独占および不当な取引制限の観点からの考え方」、第4「不公正な取引方法の観点からの考え方」が各論に相当するが、問題行為を法条（3条前後段、19条）別に述べており、問題行為別ではないため、実務的にはかなり使いにくい。

以下、いちいち断わらないが、3条では「公共の利益に反して」「一定の取引分野における競争を実質的に制限」すること、19条では「公正な競争を阻害するおそれ」が要件である。

1.4.2. 指針における「技術を利用させないようにする行為」

「技術を利用させないようにする行為」は、ライセンス契約を対象とした旧指針にはおさまらなかった「知的財産権の一方的行使」[81]に対する独占禁止法の適用という点で、画期的な意義を有する。知的財産指針にあげられている「技術を利用させないようにする行為」は、限定列挙ではなく、判審決例や重要な相談案件を抽象化して例示したもので、現今の産業界でみられる「技術を利用させないようにする行為」はほかにいくらでもある。本書の3、4、5は、過去の判審決例とそれから外挿されるさまざまな「技術を利用させないようにす

1.4. 知的財産指針

る行為」に加えて、知的財産指針が対象としていない「情報を利用させないようにする行為」についても考えている。

「技術を利用させないようにする行為」は、3条前段違反「私的独占」の場合と、19条違反「不公正な取引方法」の場合と、その両方が適用される場合とがある。「買い集め」と「パテント・プール」は3条前段「私的独占」（ほかに「技術を利用させないようにする行為」としてではなく、3条後段「不当な取引制限」にも該当する）だけだが、「横取り行為」と「ホールドアップ」は3条前段と19条が重畳適用される。「差別的ライセンス拒絶」は19条だけである。

下表は、私が分析用に作ったものである。

第9表：「技術を利用させないようにする行為」

（　）は原文、［　］は私の命名。

私的独占	不公正な取引方法
ボックス1：第3-1(1)ア　パテント・プールを形成している事業者が、新規参入者や特定の既存事業者に対するライセンスを合理的理由なく拒絶することにより当該技術を使わせないようにする行為は、他の事業者の事業活動を排除する行為に該当する場合がある。〈具体例〉パチンコ機を製造するX社ら10社及びY連盟がパチンコ機製造に関する特許権等を所有し、そのライセンスなしにはパチンコ機を製造することが困難	ボックス6：

---

[81] 知的財産権と独占禁止法のかかわりを考える上で最も極限的な問題は、「知的財産権の一方的行使」であろう。これが独占禁止法の介入を許さない聖域なのかどうかについては（多分に観念的な）議論があるが、米国では、結果的には、これを独占（維持）行為として、特許ノウハウの強制実施／開示を命じたケースが多い。たとえば、United Shoe 1953／Kodak 1954／IBM 1956／AT&T 1956／Xerox 1975／Intel 1999／Microsoft 2002など（以上ほとんどが同意判決）。Dempsey 1952／Zenith 1969などのパテント・プール事件も、プールの形成そのものは違法ではないと付言されているので、広義の「技術を利用させないようにする行為」事件といっていいだろう。ほかに、Image Technical 1992も広義の一方的行使事件である。過大な実施料ケースとしてはRovico 1966がある。Walker Process 1965／Handguards 1984は、出願審査が当事者主義（duty of candor）の米国とちがって職権主義の日本では、特許詐欺についてはあまり参考にならないが、市場画定については参考になる（「小さな市場」アプローチ）。北海道新聞社審決（後述3.1.1）は、商標登録出願が、みずから使用する具体的な計画もなく、もっぱら新規参入排除目的である点を違法とした。

1．知的財産権と独占禁止法

な状況にあったところ、X社ら10社がこれらの権利の管理をY連盟に委託し、X社ら10社及びY連盟が第三者にはライセンスをしないこと等の方法により新規参入を抑制していたことが独占禁止法第3条違反とされた（平成9年8月6日審決（平成9年（勧）第5号））。	
ボックス2：第3-(1)イ　ある技術が一定の製品市場における有力な技術と認められ、多数の事業者が現に事業活動において、これを利用している場合に、これらの事業者の一部の者が、当該技術に関する権利を取得したうえで、他の事業者に対してライセンスを拒絶することにより当該技術を使わせないようにする行為は、他の事業者の事業活動を排除する行為に該当する場合がある。（横取り） 　例えば、多数の事業者がパテント・プールに参加し、プールの管理者から一定の製品市場において事業活動を行うために必要な技術のライセンスを受けて事業活動を行っている場合に、プールに参加する事業者の一部が、他の参加者に知らせることなく、プールの管理者からプールされている技術を買い取って他の参加事業者に使わせないようにする行為はこれに該当する場合がある。	ボックス7：第4-2(1)　自己の競争者がある技術のライセンスを受けて事業活動を行っていること及び他の技術では代替困難であることを知って、当該技術に係る権利を取得したうえで、当該技術のライセンスを拒絶し当該技術を使わせないようにする行為は、競争者の事業活動の妨害のために技術の利用を阻害するものであり、知的財産制度の趣旨を逸脱するものと認められる。したがって、これらの行為は競争者の競争機能を低下させることにより、公正競争阻害性を有する場合には、不公正な取引方法に該当する（一般指定第2項、第14項）。［横取り］ 　例えば、多数の事業者が製品市場における事業活動の基盤として用いている技術について、一部のライセンシーが、当該技術に権利を有する者から権利を取得したうえで、競争関係に立つ他のライセンシーに対して当該技術のライセンスを拒絶することにより当該技術を使わせないようにする行為は、不公正な取引方法に該当する場合がある。
ボックス3：第3-1(1)ウ　一定の技術市場又は製品市場において事業活動を行う事業者が、競争者(潜在競争者を含む。)が利用する可能性のある技術に関する権利を網羅的に集積し、自身では利用せず、これらの競争者に対してライセンスを拒絶することにより、当該技術を使わせないようにする行為は、他の事業者の事業活動を排除する行為に該当する場合がある。（買い集め） 　例えば、製品市場において技術Aと技術Bが代替関係にあり、技術Aに権利を有する者と技術Bに権利を有する者が、それぞれの技術が事実上の標準となることを目指して競争している状況において、技術Aに権利を有する者が、技術B	ボックス8：

1.4. 知的財産指針

を利用するためにのみ必要でありかつ技術Aを利用するためには必要のない技術について、その権利を買い集め、製品市場において技術Bを利用して事業活動を行う事業者に対して、ライセンスを拒絶して使わせないようにする行為は、これに該当する。	
ボックス4：第3-1(1) エ　多数の事業者が製品の規格を共同で策定している場合に、自らが権利を有する技術が規格として採用された際のライセンス条件を偽るなど、不当な手段を用いて当該技術を規格に採用させ、規格が確立されて他の事業者が当該技術についてライセンスを受けざるを得ない状況になったあとでライセンスを拒絶し、当該規格の製品の開発や製造を困難とする行為は、他の事業者の事業活動を排除する行為に該当する[82]。 　また、公共機関が、調達する製品の仕様を定めて入札の方法で発注する際、ある技術に権利を有する者が公共機関を誤認させ、当該技術によってのみ実現できる仕様を定めさせることにより、入札に参加する事業者は当該技術のライセンスを受けなければ仕様に合った製品を製造できない状況の下で、他の事業者へのライセンスを拒絶し、入札への参加ができないようにする行為についても同様である[83]。[ホールドアップ]	ボックス9：第4-2(2)　ある技術に権利を有する者が、他の事業者に対して、ライセンスをする際の条件を偽るなどの不当な手段によって、事業活動で自らの技術を用いさせるとともに、当該事業者が、他の技術に切り替えることが著しく困難になったあとに、当該技術のライセンスを拒絶することにより当該技術を使わせないようにする行為は、不当に権利侵害の状況を策出するものであり、知的財産制度の趣旨を逸脱するものと認められる。これらの行為は、当該他の事業者の競争機能を低下させることにより、公正競争阻害性を有する場合には、不公正な取引方法に該当する（一般指定第2項、第14項）。[ホールドアップ] 　例えば、共同で規格を策定する活動を行う事業者のうちの一部の者が、自らが権利を有する技術について、著しく有利な条件でライセンスをするとして、当該技術を規格として取り込ませ、規格が確立して多くの事業者が他の技術に切り替えることが困難になったあとになって、これらの事業者に対してライセンスを拒絶することにより、当該技術を使わせないようにする行為は、不公正な取引方法に該当する場合がある。
ボックス5：	ボックス10：第4-2(3)　ある技術が、一定の製品市場における事業活動の基盤を提供しており、当該技術に権利を有する者からライセンスを受けて、多数の事業者が当該製品市場で事業活動を行っている場合に、これらの事業者の一部に対して、合理的な理由なく、差別的にライセンスを拒絶する行為は、これらの事業者の製品市場における競争機能を低下さ

---

[82] Rambus事件（p. 48）。
[83] パラマウントベッド事件（p. 49）。

1．知的財産権と独占禁止法

せるおそれがある場合は、知的財産制度の趣旨を逸脱するものと認められる。したがって、このような行為が公正競争阻害性を有する場合には、不公正な取引方法に該当する[注11]（一般指定第4項）。［差別的ライセンス拒絶］

注11　一定の制限行為が差別的に行われる場合に、当該制限行為自体が競争におよぼす影響に加え、差別的であることによる競争への影響［も］検討する…。

1.4.3. 指針における「私的独占」

「技術を利用させないようにする行為」以外の私的独占（3条前段違反）行為として、知的財産指針は、①マルティプル・ライセンスにおいて、権利者がライセンシーに対して販売価格／販売数量／販売先等を制限する行為、②必須技術の権利者が、ライセンシーに対して代替技術の開発を禁止する行為、③必須技術の権利者が、ライセンシーに対して、他の技術のライセンスを受けるよう義務を課す行為の3つをあげている。

Rambus事件（2006）[84]

当時業界主流のDDR SDRAM（Double Data Rate Synchronous DRAM）を全面的にカバーするRambus（ランバス）特許は、1990年出願が分割され、31件の特許として成立している。問題は、Rambusが1992年から1996年までメンバーだった電子部品の標準策定機関JEDEC（非営利法人）の委員会が、1991年からSDRAM、1996年からその技術的延長であるDDR SDRAMのそれぞれ標準策定作業をおこなっていたことである（SDRAMは1993年、DDR SDRAMは2000年に標準が公開）。JEDECは、この間、「標準策定対象技術に関する特許および特許出願にカバーされる技術のすべてが開示されないかぎり、特許品や特許方法の使用を要求する標準を採択しない」という方針を維持し、メンバーもそれを知悉していた[85]。

2002年6月、FTC審査官は、Rambusが、JEDECを舞台とした反競争的・排

---

[84]　*In the Matter of Rambus, Inc.*, FTC Docket No. 9302（August 2, 2006）.
[85]　*Rambus v. Infineon Techs. Ag.*, 318 F.3d 1081（Fed. Cir. 2003）.

除的行為によって、4種のメモリー技術の市場を独占し、もしくは独占を企図し、かつ不公正な競争方法をおこなった（FTC法5条違反）として、FTCに提訴した（準司法機関であるFTCの内部手続き）。紆余曲折の結果（巻末付録参照）、2007年2月、FTCは、3対2の多数で、Rambusに対して、SDRAMとDDR SDRAM技術を、3年間最高0.5％（その後はゼロ）のロイヤルティでライセンスすることを命じた。反対の2名はロイヤルティ・ゼロを主張して反対したのである（うち1名はDDR2 SDRAM技術も対象にすべきと主張している）。2008年4月、DC控訴裁は、このFTC命令を証拠不十分として取り消したが、FTCが再審請求中。

　第9表「技術を利用させないようにする行為」「私的独占」ボックス4前段にあげられた例の原型になった事件である。

パラマウントベッド事件（1998）[86]
　東京都が一般競争入札で調達する医療用ベッドについて、パラマウントベッド㈱が、都立病院の入札事務担当者に働きかけて、募集仕様書に、同社が実用新案権を有する構造の仕様を盛りこませ、さらに、他の医療用ベッド製造業者が製造するためには相当の費用および時間を要することが予想される同社標準品の仕様を盛りこませた。公正取引委員会は、パラマウントベッドが、これによって、ライバル会社を排除し、ほとんどの案件で同社の販売業者に受注させた行為を、「都財務局発注の特定医療用ベッドの取引分野」という「小さな市場」における私的独占として、3条前段違反で勧告審決をおこなった。

　第9表「技術を利用させないようにする行為」「私的独占」ボックス4後段にあげられた例の原型になった事件である。

1.4.4. 指針における「カルテル」

(1)　パテント・プール
　パテント・プールとは、ある技術に権利を有する複数の者が、それぞれが有する権利または当該権利についてライセンスをする権利を一定の企業体／組織

---

[86]　「パラマウントベッド㈱に対する件」勧告審決平成10（1998）年3月31日。

1．知的財産権と独占禁止法

体に集中し、構成員自身も当該企業体／組織体から（サブ）ライセンスを受けるものをいう。

　パテント・プールは、前掲第9表ボックス1「パテント・プール」で示した通り、「技術を利用させないようにする行為」として「私的独占」に該当するほか、①対外ライセンス条件を共同で取り決め、または改良や相手先を制限する場合、②対価／数量／供給先等を共同で取り決める場合、または、③排他的パテント・プールで、新規参入者や特定の事業者にライセンスを拒絶する場合、3条後段違反の「不当な取引制限（カルテル）」にも該当する。

　技術標準策定維持のためのパテント・プールについては、知的財産指針ではなく、標準化パテント・プール・ガイドライン（後述2.6）が適用される。

(2)　マルティプル・ライセンス[87]

　マルティプル・ライセンスとは、ある技術を複数の者にライセンスすることをいう。マルティプル・ライセンスにおいて、ライセンサーとライセンシーが共通の制限を受けるとの認識のもとに、①当該技術の利用の範囲、②当該技術を用いて製造する製品の販売価格[88]／販売数量／販売先、③当該技術の改良応用研究／改良技術についてのライセンス先／代替技術の採用等を制限[89]する行為は、3条後段違反の「不当な取引制限（カルテル）」に該当する[90]。

(3)　クロス・ライセンス

　クロス・ライセンスとは、技術に権利を有する複数の者が、それぞれの権利を相互にライセンスすることをいう。関与する事業者が少数であっても、それらの事業者が一定の製品市場において占める合算シェアが高い場合に、①当該

---

[87] 「マルチパーティ・ライセンス」とか「アンブレラ・ライセンス」ともいわれる。権利者が司令塔となって、パテント・プールに匹敵する強固な組織を形成することがある。

[88] 「最恵約款」、「ミニマム・ペイメント」、「ランプサム・ロイヤルティ」は、これらを違法とする判例は私の知るかぎり皆無だが、価格固定効果は否定できないので、今後の問題として考える必要があろう。「最恵約款」についてはEUの2004年技術移転契約一括適用除外規則ガイドライン121項が懸念を表明している。

[89] 実態は上から下への一方的拘束が多い。その場合は一般指定12項違反の「拘束条件付取引」が適用される。

[90] General Electric 1926／Masonite 1942／Gypsum1948は日本でも3条後段違反であろう。

1.4. 知的財産指針

製品の対価／数量／供給先等について共同で取り決める行為や、②他の事業者へのライセンスをおこなわないことを共同で取り決める行為、また、③技術の利用範囲としてそれぞれが当該技術を用いておこなう事業活動の範囲を共同して取り決める行為は、3条後段違反の「不当な取引制限（カルテル）」に該当する。

1.4.5. 指針における「不公正な取引方法」

(1) 技術を利用させないようにする行為

前掲第9表ボックス7の「横取り」と、ボックス9「ホールドアップ」の各行為は、3条前段違反「私的独占」とともに、19条違反「不公正な取引方法」にも該当する。ボックス10「差別的ライセンス拒絶」は「不公正な取引方法」だけである。

(2) ライセンシーに対する[91]技術の利用範囲を制限する行為

(a) 権利の一部の許諾

① 区分許諾：特許権ライセンス[92]で、生産／使用／譲渡／輸出等（専有権——第2表）のいずれかに限定するのは○[93][94]。

② 技術の利用期間の制限：○。

---

[91] ここにあげられた諸制限は、すべてライセンシーに対するものであって、転々流通したあとの製品を入手した善意の第三者を拘束するものではない。最近の米国最高裁 *Quanta Computer, Inc., et al. v. LG Electronics, Inc.*, U.S. S.Ct., June 9, 2008, No. 06-937, 2008 U.S. LEXIS 4702（後述6.1）は、「部品Aがいったん販売されると、その部品に実質的に包含されるすべての特許権（システムおよび方法特許をふくむ）は消尽し、それがあとで他の部品Bと組み合わされたからといって、システムや方法にかかわる特許権を侵害することはなくなる」とし、組合わせ特許だから、システム特許だから、方法特許だからなどといって、カテゴリカルに消尽を否認することの誤りを指摘している。

[92] 著作権の支分権には使用権がない（第2表参照）から、使用の禁止や限定はできない。海賊版や還流レコードの輸入、業としての輸出、悪意頒布・所持なども「みなし侵害」（著作権法113条）にすぎず、権利の行使ではないから独占禁止法21条の適用除外にはならない。もっとも21条を確認規定にすぎないとする立場からは、どちらでもいいことになろう。

[93] 本章および各早見表では、●■○△などの表示をおこなっているが、すべて一覧の便を図ったもので、実務ではかならず指針本文を参照されたい（そのため、一覧表では、できるだけ参照パラグラフを表示してある）。

1．知的財産権と独占禁止法

　　③　技術の利用分野の制限：分野（製品の特定等）限定は○。
　(b)　製造にかかわる制限
　　①　製造できる地域の制限[95]：○
　　②　製造数量の制限または製造における技術の使用回数の制限：最低数量制限は、他の技術の利用を排除することにならないかぎり○[96]。最高数量制限は、市場全体の供給量を制限する効果[97]がある場合は●。
　(c)　輸出にかかわる制限
　　①　輸出禁止義務[98]：○。

---

[94] 知的財産を利用した並行輸入妨害につき、たとえば、ドイツ製真正品の日本への並行輸入に対して、メーカーが同社日本特許権を行使しようとした事件で、最高裁は「製品上に日本除外の表示をした場合を除き日本で権利行使できない」と判決した（「BBS事件（ベーベーエス並行輸入事件）」最判平成9（1997）年7月1日。「表示があれば権利行使できる」とはいっていない（後述3.2.2）。メーカーが、判決の反対解釈にもとづいて、日本除外の表示をつけた真正品の並行輸入差止を請求し、並行輸入者が、独占禁止法24条でこの申立ての差止を請求すれば、並行輸入者の請求のほうが容認される可能性が大きいが、法的安定性と予測可能性を高めるためには判例の積み重ねが必要である。この場合、安易な反対解釈や「みなし」による知的財産権の無限膨張を止めるため、EU司法裁の「固有主題」のような知的財産権概念の純化が必要になろう。

[95] 知的財産指針が地域制限に甘いことは、後述の販売地域制限でもみられるところだが、第2表からあきらかなとおり、特許権にも著作権にも、国内の地域制限をおこなう専有権上の根拠はない。知的財産権法が国家法だから国別の制限はできる（後述「BBS事件」3.2.2）としても（私はこれにも疑問だが）、だからといって都道府県市町村別の制限ができるというのは典型的な「分割の誤謬」である。知的財産指針は、製造地域制限については、販売地域制限ほど競争に有害ではなく、また、販売地域制限にしても消尽後にはおよばないのだから、後述「クォーク事件」（4.2）のような消尽の無効化が起こらないかぎり、あまり実害はないと考えているのであろう。

[96] 「ライセンサーが最低限の実施料収入を確保するため」には、ミニマム・ペイメントで十分で、市場の要求より多い製造量を強要する最低数量実施義務の合理性は疑わしい（部品の安定調達が目的であれば、セカンド・ソーシング契約が本筋である）。

[97] 最高数量制限は、ほとんどすべての場合、価格維持が目的なのだが、「市場全体の供給量を制限する効果」の立証は実際には困難なので、本項は数量制限を野放しにしてしまったことになる。この判断の心理的基盤は、General Electric 1926の「特許権者はライセンス拒絶をすることができるのだから、拒絶にいたらないどんな制限でもおこなうことができる」という、米国では半世紀以上も前に克服された知的財産物神論（「商品の呪物的性格（fetishism of commodities）」カール・マルクス、大内訳『資本論――経済学批判』（大月書店1968年）1部1編1章4節）であろう。製造を禁止できるのだから、とうぜん数量を制限できるというのは「分割の誤謬」である。

1.4. 知的財産指針

　② 輸出地域制限：○。
　③ 輸出数量制限：一般には○だが、還流妨害効果がある場合は21条に照らして判断。ただし国内消尽の場合またはノウハウの場合は●。
　④ 輸出業者制限：●。
　⑤ 輸出価格制限：国内市場に影響がある場合●。
(d) サブライセンス制限：○。

(3) ライセンシーに対する技術の利用に関し制限を課す行為
(a) 原材料・部品にかかわる制限：品質／購入先制限は、機能・効用保証／安全性確保／秘密漏洩防止など合理的なものは○。しかしこれらの限度を超えたものは●[99]。
(b) 販売にかかわる制限
　① 販売地域／販売数量制限：21条に照らして判断。ただし国内消尽の場合またはノウハウの場合は●。
　② 販売先制限：●。
　③ 特定商標使用義務：○。
(c) 販売価格／再販価格の制限：●。

---

[98] 2005年特許法改正で、権利者が専有する実施権に輸出権が加えられたことによる変更だが、著作権には輸出権も輸入権もないから、著作権ベースの輸出入制限は21条では逃げられない。知的財産指針第4-3(3)アは輸出禁止を○として、対象を特許品に限定していないが、著作権に適用がないことはあきらかである。いずれにせよ、この2005年特許法改正によって、当該製品について特許が成立していない国、いや特許制度が存在しない国に対しても、特許権者が輸出を禁止でき、それに対して独占禁止法がなにもできないという状況が現出した。もう1つ、国内で転々流通した（消尽ずみ）特許品の善意の第三者による輸出を差し止めることができるという極端な事態が発生する。これは独占禁止法ではどうにもならないので、権利の濫用（民法1条3項「権利の濫用は、これを許さない」）で輸出者を救済するしかないのだが、後述するように、関税法69条には権利の濫用による抗弁がない。消尽ずみ特許品の輸出権に対しては、もう1つ、BBS法理の応用が考えられる（向先国を特定した輸出禁止の合意／表示を要件とする）。特許権にもとづく輸入権はTRIPS協定公認（28条1(a)）だが、著作権には与えられていない。

[99] タイング（抱き合わせる——主たる）商品が知的財産権保護を受けている場合の「抱き合わせ（タイン）」は、米国では伝統的にper se illegalであった（Motion Picture 1917／Morton Salt 1942／International Salt 1947／Data General 1984）が、Illinois Tool Works 2006がこれを修正して、タイング商品の市場力立証を要求するrule of reasonになった（後述4.1)。

1．知的財産権と独占禁止法

　(d)　競争品の製造／販売または競争者との取引の制限：ノウハウの守秘目的以外●。
　(e)　最善実施努力義務：○。
　(f)　ノウハウの秘密保持義務：○。
　(g)　不争義務：原則は○[100]。しかし無効権利が存続し当該権利の利用が制限される場合は●。ライセンシーが権利の有効性を争った場合にライセンスを解除する条項は○。

(4)　ライセンシーに対するその他の制限を課す行為
　(a)　一方的解約条件：独占禁止法違反の手段として用いられる場合は●。
　(b)　技術の利用と無関係なライセンス料の設定：ライセンシーが競争品／競争技術を利用することを妨げる効果あれば●。しかしライセンス料算定方法に合理性あれば○。
　(c)　権利消滅後の制限：●。しかし延べ払いと認められる場合は○。
　(d)　一括ライセンス：効用保証など合理性あれば○。しかしこれらの限度を超えたものは●。If-usedであれば○。
　(e)　技術への機能追加：原則○。しかしプラットフォームにロックインされる場合は●。
　(f)　非係争義務：●。
　(g)　研究開発活動の制限：●[101]。ただしノウハウの守秘に必要な場合は○。
　(h)　改良技術の譲渡義務／独占的ライセンス義務：●。
　(i)　改良技術の非独占的ライセンス義務：○。
　(j)　取得知識・経験の報告義務：○。

---

[100]　不争義務を○とした理由は、「ライセンシーは当該特許権の有効性を認めて契約したのだから、あとで先行技術を発見したからといって無効を主張するのは禁反言（エストッペル）違反だ」という論理で、これもやはり知的財産物神観の産物であろう（後述2.5.8）。

[101]　National Lockwasher 1943／Lasercomb 1990。

54

1.4. 知的財産指針

第10表　知的財産の利用に関する独占禁止法上の指針（知的財産指針）早見表[102]

○白　△灰　●黒　■技術を利用させないようにする行為（黒）　KH：ノウハウ

参照	問題行為	評価	法条
第2	基本的な考え方：		
5	契約者シェア計20％以下または代替技術5以上（安全港）（法3条後段/19条違反には不適用）	○	
第3	私的独占および不当な取引制限（カルテル）		
1(1)ア	パテント・プール（ライセンス拒絶）	■	法3前
1(1)イ	横取り（多数事業者が利用中の有力技術を取得、ライセンス拒絶、パテント・プール）	■	法3前
1(1)ウ	買い集め（自己不使用、不可欠、拒絶による参入妨害など）	■	法3前
1(1)エ	ホールドアップ（多数事業者が利用する技術につき規格策定や発注者を誤導、ライセンス拒絶）	■	法3前
1(3)ア	マルティプル・ライセンス（販売価格・販売数量・販売先等制限）	●	法3前
1(3)イ	必須技術につき代替技術開発禁止	●	法3前
1(3)ウ	必須技術につき別ライセンス・製品購入抱き合わせ	●	法3前
2(1)イ	パテント・プール（対外ライセンス条件共同取決め、改良・相手先制限）	●	法3後
2(1)ウ	パテント・プール（対価・数量・供給先等共同取決め）	●	法3後
2(1)エ	排他的パテント・プール（ライセンス拒絶）	●	法3後
2(2)	マルティプル・ライセンス（利用範囲制限、販売価格・販売数量・販売先等制限、改良技術につき同左）	●	法3後
2(3)イ	シェア計高いクロス・ライセンス（対価・数量・供給先等、ライセンス拒絶共同取決め）	●	法3後
2(3)ウ	シェア計高いクロス・ライセンス（技術利用範囲による事業活動範囲共同取決め）	●	法3後
第4	不公正な取引方法		

---

[102] これはあくまでも早見表にすぎないので、実用にはかならず参照パラグラフを読んでほしい。

1. 知的財産権と独占禁止法

2(1)	横取り（1社でも成立。有力技術を取得、ライセンス拒絶）	■	指2／14
2(2)	ホールドアップ（1社でも成立。ライセンス条件等誤導、ライセンス拒絶）	■	指2／14
2(3)	差別的ライセンス拒絶	■	指4
3(1)ア	権利内区分許諾	○	
3(1)イ	期間限定	○	
3(1)ウ	権利内分野制限	○	
3(2)ア	製造地域制限	○	
3(2)イ	数量製造下限（他技術利用排除しない場合）	○	
3(2)イ	製造数量上限（市場全体供給量制限効果ある場合）	●	指12
3(3)ア	輸出禁止	○	
3(3)イ	輸出地域制限	○	
3(3)ウ	輸出数量制限（還流妨害効果ある場合）（消尽ずみまたはKHの場合）	●	指12
3(3)エ	輸出業者指定	●	指12
3(3)オ	輸出価格制限（国内競争への影響ある場合）	●	指12
3(4)	サブライセンス先制限	○	
4(1)	ライセンス許諾と原材料・部品等抱き合わせ（技術機能・効用保証、安全、守秘等正当化理由ない場合）	●	指10／11／12
4(2)ア	ライセンス製品につき販売地域・数量制限（消尽ずみまたはKHの場合）	●	指12
4(2)イ	同上相手先制限	●	指12
4(2)ウ	特定商標使用義務（他商標使用禁止ない場合）	○	
4(3)	ライセンス製品の販売価格・再販価格制限	●	指12
4(4)	ライセンサー競争品製販禁止・競合技術ライセンス受け禁止	●	指2／11／12
4(4)	同上（KH守秘に必須の場合——契約期間後短期間含む）	○	
4(5)	最善努力義務	○	
4(6)	KH守秘義務	○	

1.4. 知的財産指針

4(7)	不争義務（原則○、無効権利存続・技術利用制限の場合●）	△	
4(7)	ライセンシー無効主張の場合、ライセンス解除権	○	
5(1)	一方的解約権（他の制限行為と一体・手段の場合）	●	指11／12
5(2)	オーバーオール・ロイヤルティ（計算の便宜等正当化理由ない場合）	●	指11／12
5(3)	権利消滅後のロイヤルティ支払義務（延べ払いでない場合）	●	指12
5(4)	パッケージ・ライセンス（効用保証等正当化理由ない場合）	●	指10／12
5(5)	プラットフォーム技術の機能追加による応用技術抱き合わせ	●	指10／12
5(6)	非係争義務（ライセンサー地位強化・新技術開発阻害ある場合）	●	指12
5(7)	研究開発制限	●	指12
5(8)	アサイン・バック、独占グラントバック	●	指12
5(9)	改良技術の非独占グラントバック	○	
5(9)イ	改良技術のライセンス先制限	●	指12
5(10)	取得知識経験の報告義務	○	

2．技術ライセンス取引

2．1．ビジネスとしての技術ライセンス取引

「取得」された知的財産権は、「運用」されて利益を生まなければならない。これが発明創作にインセンティヴを与えるべく設計された知的財産権制度の根幹である。官主導で進められてきた日本の知的財産権政策においては、「取得」のみが重視されて、「運用」がなおざりにされていた。これが、日本でいくら知的財産権の重要性が叫ばれても、私たちビジネスマンにとって空念仏にしか聞こえなかったことの原因である。

知的財産権は独占権である。特許権は技術的思想の実施を、著作権は表現の複製を、それぞれ権利者が独占することを許す。独占権を利用して利益を得る形態は2つある。

1つは、知的財産権を他人にライセンス[103]しないで自分だけが実施し、対象製品や役務の市場を独占して、独占による超過利潤を得る形態である。これは、知的財産権がある製品や役務の全体をカバーする場合であり、医薬品などでひろくおこなわれている。

もう1つは、知的財産権を他人にライセンスし、ロイヤルティ収入を得る形態である。これは、知的財産権がある製品／役務を部分的にしかカバーしない——いいかえると、ある製品／役務が多数の知的財産権によってカバーされる——場合であり、エレクトロニクスなどでひろくおこなわれている。

ライセンス取引が絡むのは後者の形態である。以下の説明は、後者の——つまり、特許権を他人にライセンスし、ロイヤルティ収入を得る——形態にかぎっている。取引相手が大企業の場合も、中堅企業の場合も、1社だけの場合も、多数の場合もあろう。

日本の知的財産権政策において、この形態の「運用」がなおざりにされていた理由は、官僚が、「取得」された特許権を店頭に並べておけば、誰かが買い

---

[103] 本書では、法律や判決でいう「実施許諾」／「使用許諾」／「利用許諾」を、ビジネスマンの慣用である「ライセンス」といいかえることがある。

2．技術ライセンス取引

にきてくれるだろうと思っている——販売といえば店頭販売しか知らない——ビジネスの素人だったことにある。これが60％以上にもおよぶ休眠特許という膨大な国富（と私富）の無駄を招いている。

したたかなビジネスマンには、他人の特許権を盲目的に尊重する——要求もされないのにお金を払う——などという本能はない（有体財産権を尊重する——泥棒はしない——だけの教育は親から受けている）。一般に、知的財産権の侵害と非侵害のあいだには広大なグレー・エリアがあるので、警告ぐらいでお金を払うことはない。裁判に負けて、強制執行を受ける前日になって、やっと払う。権利者の立場からいえば、自分の特許権をTLOのカタログに載せておくだけではぜんぜんだめで、侵害者を発見して、とことんまで追いつめて、やっとお金になるのだ。知的財産権は楽な商品ではない。

権利者の立場からいえば、侵害者をみつけ、追いつめ、ライセンスに引きこむのだが、ロイヤルティ以外のライセンス条件も自分にとって最も有利なものにしたい。自分の商圏を確保するために、販売地域や客先や数量を制限する。材料や部品を自分から買わせる。値崩れによるランニング・ロイヤルティの減収を防ぐために、販売価格を拘束する。あとでライセンシーから無効主張されないように不争義務を課す。多数ライセンシーの場合、おたがいバッティングしないように、非係争義務を課す。改良権利を取り上げるためアサイン・バックを課す。

これらはすべて独占禁止法違反の可能性がある。ただ誤解しないでいただきたい。独占禁止法の目的の1つは「事業活動を盛んにすること」である。上に列挙した諸行為が、ビジネスマンにとって自殺行為だから、独占禁止法が親切にも禁止してくれているのだ。「公正かつ自由な競争」は、あなたをふくむ産業全体を活性化する。

もう1つ、あまりうれしくないことだが、日本の企業は知的財産権を行使される側——つまり侵害訴訟の被告側——にたつことが圧倒的に多い。知的財産権訴訟の被告にとって、独占禁止法は力強い味方である。なにしろ、原告は知的財産権者で、定義上モノポリスト（独占者）なのだから…。彼らは、ライセンス交渉においても、上に列挙したような制限条項を押しつけてくるだろう。うっかり同意すると、彼らの永久奴隷になる。

原告になるにしても被告になるにしても、知的財産権でお金儲けをしようと

思ったら、ビジネスマンのための法律である独占禁止法の感覚だけでも身につけておかなければならない。

2.2. 特許権ライセンスの法的性格

　特許実施権の「権」は、特許権の「権」とは法的性格が異なる。特許権は、世上の誰に対しても、実施の禁止を請求できる物権[104]に準じる権利だが、特許実施権は、ライセンサーに対してだけ、特許権の不行使を請求できる債権（不作為請求権）にすぎない。

　専用実施権は、公開の特許原簿への登録[105]が効力要件である[106]。専用実施権が設定されると、特許権者も実施できなくなる[107]。経済的効果が特許権の譲渡に近いためもあって、親子会社間など以外、あまり利用されていない。

　通常実施権は許諾のみで発効する[108]が、登録すれば、特許権の移転や専用実施権の設定に対抗することができる[109]。登録すると契約者名や条件なども公開されてしまうためもあって、従来はあまり利用されていなかった。しかし、ライセンサー（特許権者または専用実施権者）がM&Aされると、登録していない通常実施権は消滅してしまう[110]ので、特許庁は、登録を促進するため、登録事項をある程度非公開にする法改正をおこなった。<u>登録にはライセンサーの協力が必要なので、契約で義務づけておかなければならない。</u>

　通常実施権には、独占（排他）的と非独占（非排他）的の２種類がある。独占的通常実施権は、登録すれば、実務的には専用実施権に似ている。独占的通常実施権が設定されれば、特約がないかぎり、ライセンサーも実施できない（この場合を「完全独占的通常実施権」と呼ぶこともある）。

---

[104] 民法175条（物権の創設）「物権は、この法律その他の法律に定めるもののほか、創設することができない」。
[105] 特許法27条１項２号。
[106] 特許法98条１項２号。
[107] 特許法68条但書。
[108] 特許法78条１項。
[109] 特許法99条１項。
[110] 法諺：売買は貸借を破る。というより、不作為債権にすぎない通常実施権では、第三取得者に対抗できないということである。

2．技術ライセンス取引

専用実施権と通常実施権のちがいは、第三者からの侵害に対するライセンシーの請求権において顕著である。特許権者がなにもしてくれなくても、専用実施権者は、自分の権利（準物権）にもとづいて、侵害者に対して損害賠償や差止を請求できる。

通常実施権者は、契約にもとづき、特許権者に第三者侵害の排除を請求できるだけで、自分の権利（債権）にもとづく対第三者請求はできないはずである。実際、非独占的通常実施権者はなにもできない（だから契約で特許権者に義務づけておかなければならない）。しかし、独占的通常実施権者は、「独占」という利益が侵されている（不法行為）という理由で、損害賠償請求ができるというのが判例学説[111]である（不法行為だから差止請求はできない[112]）。また、独占的通常実施権者は、特許権者が動いてくれないときは、特許権者に代位して侵害第三者に損害賠償や差止請求ができる可能性がある（契約で明記しておく必要がある）。

第11表　特許実施権の法的性格

特許実施権の種類		法的性格	登　録	権利者実施	侵害第三者への請求		
					損害賠償	差止	債権者代位
専用実施権		準物権的	効力要件	なし	あり	あり	不要
通常実施権	独占的	債権的	対抗要件	あり(明記要)	あり	なし	ありうる
	非独占的			あり	なし	なし	なし

以下、典型的な特許権ライセンス契約の条文ごとに各論するが、実務では、モデル契約や雛型などにとらわれず、取引の実態に応じて、フレキシブルに考えることが重要である。とくに最近では、特許権ライセンスが、M&Aや共同開発の一部としておこなわれることが多くなっているので、特許屋的発想ではなく、ビジネスマンとしての戦略的な発想が必要である。ただ、契約は、強行法規である独占禁止法には劣後する[113]ので要注意である。

---

[111] たとえば「実用新案権侵害差止等請求事件」東京地判平成10（1998）年5月29日。
[112] 民法709条。
[113] 民法90条／91条。

2.3. 特許権ライセンス契約のモデル

(1) <u>前文</u>

　契約要素の明記（後日の錯誤[114]主張を封じる）。まちがえて現地子会社と契約した例がある。

(a) <u>当事者</u>：ここでは甲と乙（競争者——水平関係）を考えている。二者契約が望ましい。第三者を介在させると、法律関係が非常に複雑になる。商社を入れると、立場があいまいで、あとで修正や解除の場合同意が必要になる。どうしてもというなら、二者契約を3本結べばいい。

(b) <u>契約特許</u>：番号を特定する場合と、製品だけを特定してそれをカバーする全特許とする場合がある。後者（パッケージ・ライセンス）は、ライセンシーが求める技術の効用保証など一定の合理性がある場合を除いて一般指定10項「抱き合わせ」／12項「拘束条件付取引」違反●（知的財産指針第4-5(4)）（問題あり——後述2.4.3）。ロイヤルティ計上方式と関連する。グローバリゼーションの現代では、契約特許にすべての対応外国特許をふくめておくのが望ましい。

　共有特許の第三者むけライセンスは国によってちがう（日本では共有者の同意が必要[115]だが、米国では不要なので注意）ので、明記しておいたほうがいい（とくに共同開発の場合）。

(c) <u>発効日</u>：署名日と異なる場合がある（たとえば政府認可日。隔地者間では最終署名日）。発効日を明記しておいたほうがいい（何十年後にはわからなくなる）。

(2) <u>定義</u>

(a) <u>契約製品</u>：ロイヤルティ賦課対象とはかならずしも一致しない。パッケージ・ライセンスで「xx事業部製品」という例があるが、何十年後には変わってくる。

(b) <u>純売上高（net selling price）</u>：返品、各種リベート、見本、展示などを控除。厳密に定義する。

---

[114] 民法95条。
[115] 特許法94条6項／73条1項。

2．技術ライセンス取引

(3) 契約期間

　ライセンスが終了する場合と、期間中出願／登録された全特許を特許期間中ライセンスする場合とがある。どちらにしても明記要。

(4) ライセンス許諾文言

　「甲は乙に対して、契約期間中、契約特許にもとづき、契約製品を製造（外注をふくむ——明記要）、販売、使用（製品の買手に対する使用サブライセンスをふくむ——明記要）、輸出入する（独占または非独占）ライセンスを許諾する」。いずれも、本質は、ライセンサーによる損害賠償／差止請求の不作為を請求する債権である。

　「独占」の場合は定義が必要——「ライセンサーが他に契約特許のライセンスを許諾しない」というのが一般的。ライセンサー自身が実施する場合はそのむね明記要。「独占」が「ライセンシーが他から競合特許のライセンスを受けない」という意味なら、一般指定11項「排他条件付取引」違反●（知的財産指針第4-4(4)）。

　「専用実施権」はまったく別物（譲渡とほとんどおなじ。あまり使われない）。

　サブライセンス許諾はライセンサーの同意が必要だが、国によってちがうので、明記要。

　クロス・ライセンス契約の場合は、「乙は甲に対して…」として同文を併記する。

(5) ライセンサーの権利／義務

(a) ライセンサー実施および第三者むけライセンス：「独占」や「完全独占」では不明確なので、明記要。

(b) 第三者侵害排除義務：「独占」では義務があるとの地判があるが、批判が強いので明記要。債権代位や債権侵害も、明記なければほとんど認められない。ライセンシーの協力義務は明記要。

(c) 通常実施権設定登録義務：登録は第三者対抗要件、ライセンサー破産の場合も対抗できる。最近のM&A／権利転がし／倒産の盛行にかんがみ必要性が増している（最近のM&Aは隠れた技術取得目的が多い）。明記なければ義務はない[116]が、諸説あるので明記要。「独占」は登録できないので、

2.3. 特許権ライセンス契約のモデル

第三者に対抗できない。
- (d) 並行輸入排除義務（絶対的地域保護）：価格維持効果あれば一般指定12項違反●（流通取引指針第3-2(2)）。国内消尽後であれば無条件で一般指定12項「拘束条件付取引」違反●（知的財産指針第4-4(2)ア）。海外での消尽については後述（3.2.2）。
- (e) 商品性／非侵害保証義務：要求されたら断わる。というより、反対に、「ライセンサーは、本ライセンスによって生産された商品の商品性および第三者知的財産権の非侵害については一切保証しない」という保証否認（disclaimer of warranty）文言を入れて、民法や米国UCC（統一商法典）の瑕疵担保責任[117]をあらかじめ遮断しておくのが賢明である。

(6) ライセンシーの権利／義務
- (a) 製造／販売地域（分野）限定義務：特許実施品に限って○——特許実施品以外では市場分割契約で3条後段「カルテル」違反●（知的財産指針に記載なし）。権利消尽後の販売地域限定は一般指定12項「拘束条件付取引」違反●（指針第4-4(2)ア）。知的財産指針は、EUのような積極的販売／消極的販売の区別はしていない（EUでは2年以上の消極的販売地域限定は●）。分野限定は○（指針第4-3(1)ア）。契約書の書きかたに注意。
- (b) 改良特許非独占グラントバック義務：既存特許のグラントバックはクロス・ライセンスとおなじになる。排他的グラントバックやアサイン・バックは一般指定12項違反●（指針第4-5(8)）。
- (c) 販売価格／再販価格維持義務：3条後段「カルテル」／2条9項1号「共同の供給拒絶」／一般指定12項「拘束条件付取引」違反●（指針第4-4(3)）。
- (d) 生産量制限義務：市場全体の供給量を制限する効果ある場合、一般指定12項違反●（指針第4-3(2)イ）。それ以外の場合は知的財産指針に記載なし（たぶん○）（EUでは競争者間は●）。
- (e) 共同ボイコット義務：3条後段／2条9項1号違反●（指針に記載なし）。
- (f) パテント・プール義務：対外ライセンス拒絶は3条前段「私的独占」違

---

[116] 「特許権の通常実施権設定登録等請求事件」最判昭和48（1973）年4月20日。
[117] 民法559条／570条。Uniform Commercial Code (UCC), Article 2, Section 315.

2．技術ライセンス取引

反■（指針第3-1(1)ア）。代替技術／対価・数量・供給先制限／参入妨害は3条後段「カルテル」違反●（指針第3-2(1)イ／ウ／エ）。

(g) <u>抱き合わせ義務</u>：材料購買や不要特許を抱き合わせるのは、それがライセンシーの競争手段を制約すれば、一般指定10項「抱き合わせ」／11項「排他条件付取引」／12項「拘束条件付取引」違反●（指針第4-4(1)）。

(h) <u>契約特許効力不争義務と非係争義務</u>：不争義務は、知的財産指針のパブリック・コメントで大議論あったが、結果は○に近い（指針第4-4(7)）（米国／EU●）。ライセンシー無効主張の場合ライセンサーの契約解除権は○（米国●／EU○）。マルティプル・ライセンスでの非係争義務は、一般指定12項違反●（指針第4-5(6)）。

(i) <u>通常実施権設定登録請求権</u>：(5)(c)参照。明記要。

(7) <u>対価（ロイヤルティ）</u>

(a) <u>一括払い（lumpsum）方式</u>：全ライセンスの価格を一括して払う（分割もある）——後日トラブル最小だがギャンブル性最大。

(b) <u>出来高払い（running royalty）方式</u>：純売上高（「NSP」）が監査される。

① <u>overall方式</u>：契約特許を使っても使わなくても契約製品NSPの一定率または1個あたり一定額払う——後日トラブル中程度（「1個あたり」はあとで値崩れしたとき予想外の高率になる）。ライセンシーが競争技術を使うことを妨げる効果を有することがあるから、一般指定11項「排他条件付取引」／12項「拘束条件付取引」違反●（指針第4-5(2)）（問題あり——後述2.4.3）。

② <u>if-used方式</u>：契約特許を使った契約製品NSPの一定率または1個あたり一定額払う——後日トラブル最大だがギャンブル性最小。

③ 二重払い防止：第一譲渡のみで賦課（製造／再販／使用を免責——(1)(b)参照）。

(c) <u>応用</u>：

① lumpsum（またはadvance）とrunning royaltyの併用。

② minimum royalty。

③ 一時金。いろいろな名目がある（(8)参照）。

(d) <u>契約特許無効の場合</u>、既払いロイヤルティ返還不請求義務（これがない

場合返還請求の可能性あり——学説)。すくなくとも将来に向かっての支払いは止めるべきである。
- (e) 源泉税：国によってちがうので要注意。ライセンシーが源泉税負担（ロイヤルティを税引き額で決めること）は不可能。源泉受領書送付義務。
- (f) 延滞利子：「年xx％または各当事者に適用ある法定最高率のうちいずれか低いほう」と明記望ましい。

(8) 免責
過去の侵害あれば免責。一時金の対価であることが多い（(7)(c)③参照）。

(9) 一般条項
- (a) 最恵ライセンシー条項：「価格固定カルテル」の疑い（少数説）。
- (b) 帳簿・報告・監査：running royaltyの場合だけ。
- (c) 解除・満了：特許譲渡や無効を入れる。満了後の残存支払義務を明記するのが望ましい。
- (d) 仲裁：なくてもいい（訴訟に自信のある大企業は仲裁をきらう）。
- (e) 不可抗力：消極的販売地域制限を緩和するために使えないか？
- (f) 合意の全体：交渉中の言質・仮合意をすべて失効させる。
- (g) 通知：発信主義。
- (h) 準拠法：訴訟が起きそうな土地の法（日本法に固執しない）。なくてもいい（裁判地の抵触法で決まる）。
- (i) 裁判地：ないほうがいい（求める救済の内容によって変わる——たとえば特許国や目的物の所在地）。

2.4. ライセンス取引における「カルテル」

2.4.1. マルティプル・ライセンス

独占禁止法3条後段違反の不当な取引制限（カルテル）とは、「事業者が共同で…相互に拘束し、又は遂行して、公益に反して、一定の取引分野における

2. 技術ライセンス取引

競争を実質的に制限する」ことである。俗に、そのようの行為が一般消費者に向けられる場合を「カルテル」、特定の（とくに公共事業の）買手に向けられる場合を「（入札）談合」と区別される場合があるが、経済学的にも法的にもおなじものである。

カルテルは一般に事業者間の合意（相互拘束）の形態をとることが多い。そのような「合意」は法によって強制できるものではなく、また、カルテルで市場価格が高値に固定すると、「合意」を破って安値をだせば、一気に売上数量を増やすことができる、いいかえれば、カルテル破りのインセンティヴが強いので、そのような「裏切り」を抑えるため、「仕切り人」や「事務局」を置いて、カルテルの運用をコントロールするほか、「合意」に事実上の強制力をもたせるため、さまざまな手段が考案される。たとえば、行政指導を利用したり、政治家や暴力団を介入させたりすることもあるが、そのかわりに、法的な排除力のある知的財産権を利用することがある。とくに、特許権のマルティプル・ライセンスに偽装したカルテルは、特許権者が司令塔になっていて、きわめて安定なシステムといえる。

Column 「カルテル破り」[118]

電力送配電機器の日本における市場占有率（シェア）は、都電工30％、大山重工30％、日本工業20％、西田製作所10％、南ブレーカー10％で、ほかにメーカーはない。電力会社の規格が特殊なためもあって、輸入もない。

じつは、この5社は、30年まえからシェア・カルテルをやっていて、上のシェアも毎年ほとんど変動していない。客先はほとんど電力会社である。電力需要は安定していて、毎年の発注量は予測可能である。年度はじめの発注では、各社がほぼ自由に応札しておいて、年度中の発注で調整し、年度末には所定のシェアどおりに最終調整するというスキームである。このため、毎月10日、各社の業務部長が、東京新橋ホテルの会議室に集まって（「十日会」と称している）、客先の発注予

---

[118] フィクションである。

2.4. ライセンス取引における「カルテル」

想や、受注計画を話し合い、今後の受注者を決める。長年やっていると、メンバーのあいだに友情めいたものが生まれてきていることは否定できない。

これはもちろん独占禁止法違反で、公正取引委員会にみつかると巨額の課徴金をとられるばかりか、場合によっては、会社や個人が刑事罰を受ける。電力会社からも、取引停止や損害賠償請求を受けるかもしれない。

今年、独占禁止法が改正になって（来年1月1日施行）、カルテルのメンバーが、自発的にカルテルの内容を公正取引委員会に通報すれば、課徴金が、最初の通報者が100％、2番目が50％、3番目が30％免除になるという制度になった（このフィクションの時期は2005年である）。最初の通報者は刑事責任も免除される。この法改正はすでに十日会では再三話題になっていて、だれもぜったい通報しないという固い約束ができており、念書まで取り交わしている。

小林道夫（59歳）は、南ブレーカーの業務部長で、十日会のメンバーである。南ブレーカーは中堅企業で、電力送配電機器が主力製品である。損益はいつもトントン。上位3社はみな総合電機メーカーで、社内における電力送配電機器の地位は比較的マイナーだが、高利益をあげている。小林は来年3月定年で、退職金と年金でなんとか妻との老後をやっていけそうなのに、ここで刑事罰など受けて、退職金がもらえなくなったり、かわいい孫から軽蔑されるようなことにはなりたくない。改正法施行まであと1か月という時、このままでいいのか悩んでいる。あなたが小林だったらどう決断する？

小林は、来年1月1日零時1分の日付時間入りファクシミリで通報することに決断した。守るべき価値がかけがえのないものである場合、それを失う確率がいかに小さかろうと、それにすべてをゆだねることはできない。これが決断の根底にある数学である。

今年の忘年会、会場外のソファで、都築五郎（65歳）都電工顧問（カルテルの仕切り役）が小林の眼をじっとのぞきこみながら、「違法と知りながらこんなことをやっているのは、ひとえに南さんや西田さんのことを思うからなんですよ。これがないと、みんなで価格競争に走っ

2. 技術ライセンス取引

て、結局生き残るのは都と大山ぐらいになってしまうんですからね」。

小林（心のなかで）「シェア10%の「限界生産者」を生かさぬよう殺さぬようにしておくのは、なにも愛他心からではなくて、それを踏み台にして都や大山が高利益をあげていくというプライス・リーダーシップのエゴにすぎない。こんな状態が、わが社にとって——そこで働く者にとっても——いいことなんだろうか」。

実際にはいくつかマイナーな不確定性があろう。たとえば、通報の会社代表者印を代印でやっておいてそれを社長が追認する（社長が断わるはずはない。もうばれているのだから…）のが認められるかなど。カルテル仲間に通知するのは公正取引委員会の告発方針違反である。それより、南ブレーカーがやらなければ、きっと都電工が通報するだろう。犯罪者同士には仁義なんてないのだから…。

北九州市鉄蓋事件（1993）[119]

被審人5社は、北九州市の指定業者として、同市が発注するマンホール用鉄蓋（鋳鉄蓋と合成蓋）の全量を、商社経由で工事業者に供給している。同市は、市型鋳鉄蓋の仕様を、被審人日之出水道の実用新案をとりいれたものに改定した。日之出は、他の指定業者4社に対してライセンスを許諾している。5社は、会合（北鉄会）において、①市型鉄蓋の販売先を、北九州市指定の二次製品メーカーからなる協同組合に一本化すること、②鋳鉄蓋については日之出が総需要量の40%を取り、その余の60%を4社で均等配分すること、③合成蓋については5社で均等配分すること、④この比率を確保するため商社の受注情報をすべて日之出に集中し、日之出が各社に出荷指示することに合意、さらに⑤型別の販売価格、商社や工事業者のマージン率を合意した。

審判で、被審人側は、販売数量比率を決定することは、実用新案権の正当な権利行使であって、独占禁止法に違反しない等の主張をおこなったが、委員会

---

[119] 「日之出水道機器㈱ほか4名に対する件」公正取引委員会審判審決平成5(1993)年9月10日。本件被審人および他の3社は、福岡地区において製造販売される福岡市型鉄蓋についても、「福岡鉄蓋会」を組織し、本件とほぼ同様の手口で、販売価格、販売数量比率、販売経路を共同で決定し、それを遂行した。公正取引委員会は、本件と同日づけで排除命令を発した（審判審決平成5年9月10日）。

2.4. ライセンス取引における「カルテル」

はこれらの主張を採用せず、被審人の行為が北九州地区の市型鉄蓋の販売分野における競争を実質的に制限したとして、3条後段違反（カルテル）と認定し、排除措置命令を発した。

知的財産指針は、いわゆるマルティプル・ライセンスによる販売価格／販売数量／販売先等の制限を3条前段違反の「私的独占」（第3-1(3)ア）または3条後段違反の「不当な取引制限（カルテル）」としている（第3-2(2)）が、最高製造数量については、「市場全体への供給量制限効果ある場合」にかぎって、一般指定12項「拘束条件付取引」該当の「不公正な取引方法」としている（第4-3(2)イ）。

仮設的な問題として、ライセンス契約ではなく、実用新案権者が、上記制限に従うことを条件として侵害者を排除しないことを一方的に宣言したらどうだっただろうか（経営学でいう「シグナリング」——相互拘束ではなく一方的宥恕）。知的財産指針によれば、販売の相手先／販売価格／再販価格制限は、カルテルではなく一方的行為であっても、一般指定12項「拘束条件付取引」該当の19条違反である（第4-4(2)イ／4(3)）。

また、公正取引委員会は、ここでも、被審人の行為が、知的財産権制度の趣旨を逸脱し、または同制度の目的に反するかどうかなどの議論をしていない。21条の「権利の行使」を「単独の権利行使」と解釈して、相互拘束による行使をはじめから21条非該当とする立場をとっているものと思われる（前述1.3.3「パチスロ機パテント・プール事件」東京高判参照）。

ダクタイル鋳鉄管刑事事件（2000）[120]

平成8年と9年の期央、クボタ、栗本鉄工所、日本鋳鉄管の担当者9名は、あらかじめ各社内で決定したうえ、会合で、クボタ63％、栗本27％、日鋳10％という基本シェアを、前年および前々年度受注実績での乖離を調整した今年度シェア目標を決定、期末までにシェア実績を目標に合致させるための受注調整をおこなうむね合意した（「本件シェア協定」）。本件製品市場の2割が直需（直売）、8割が間需（特約店経由）である。被告は直需市場での上記受注調整（「名義決め」）については争わず、間需での実質的競争制限を争った。間需は、支

---

[120] 「私的独占の禁止及び公正取引の確保に関する法律違反被告事件」東京高判平成12（2000）年2月23日。

2. 技術ライセンス取引

店レベル受注の翌年繰り越しや強引な値引き（被告はこれが競争の証拠と主張したが、裁判所は受注調整と判断）、本年繰り入れなど（再販価格拘束の証拠はない）で調整した。判決は、本カルテルが全市場のシェアにかかわるものであり、間需（系列支配）が直需（入札談合）での乖離を調整する役割であったと判断して有罪判決。

本カルテルは、戦後米国特許のライセンスを受けつつ自社で研究開発を進めたクボタが栗本に供与した技術ライセンスにもとづく7対3のシェア・カルテルだったのを、日鋳の参入で、これを限界供給者として、大手鉄工の参入を阻止しようとしたスキームだったようである。本件は刑事事件だが、同一原因の課徴金徴収命令事件[121]で、公正取引委員会と被審人側が、シェア・カルテルの性格について激しい議論を展開した。カルテルの複合的性格がよく分かるので、以下にサマライズする。

被審人側は、大要、本件が純粋なシェア・カルテルであって、価格や市場全体への供給量を制限したものではないから、価格や供給量カルテルとおなじような課徴金を課すのは不合理だと主張した（2009年改正でシェア・カルテルも課徴金対象になるまえの事件）のだが、これは、カルテルによって市場のパイ全体が大きくできるならば、社会的損失を相殺できるという主張で、「知的財産権が静態的には社会的非効率をもたらすとしても、動態的には技術革新の原動力になる」という主張とおなじ経済理論にもとづくものだが、これについては後述する。

また、長年にわたって日鋳を10%（損益トントンの線）のマージナル・サプライヤーにとどめている点は、日鋳を生かさぬよう殺さぬように温存することによって、マージナル・サプライヤーのコストを市場価格の下限（均衡価格）に保ち、上位サプライヤーの超過利潤を確保する長期的戦略で、マルティプル・ライセンスのロイヤルティ設定でよく利用される戦略である。

General Electric事件（1926）[122]

白熱電灯の特許権者General Electric（GE）は、製品を、すべて販売代理人を通じて委託方式でユーザーに直売していたが、同特許の製造販売ライセンス

---

[121] 「㈱クボタほか2名に対する件」審判審決平成21（2009）年6月30日。
[122] *U.S. v. General Electric*, 272 U.S. 476 (1926).

2.4. ライセンス取引における「カルテル」

を同業のWestinghouse（ウエスティングハウス）に許諾するにあたって、その条件として、価格その他の販売条件をGEが随時指定するものに制限し、さらに販売方法をGEとおなじ代理人による委託方式に制限した。司法省がシャーマン法1条違反で差止請求をおこなった事件で、最高裁はGEを勝たせた：「特許権者は、彼が特許によって権利を与えられた『報奨』の範囲内で、いかなるロイヤルティをも、いかなる条件をもライセンシーに課すことができる」（489）[123]。「特許権者の専有権の要素は、特許品の販売価格から得られる利益である。価格が高いほど利益は大きい。特許権者がライセンシーに『君は私の特許を使って製造販売してもいいが、私自身が得ることを望む利益を破壊してはならない』というのはまったく合理的である（490）」。

　この判決は、後続の諸判決によって大きな修正を受け、現在、先例としての力はほとんどなくなっている。「価格が高いほど利益は大きい」という判断は、悲劇的なほどに経済学の欠如を示している。

Masonite事件（1942）[124]

　ハードボード建材の特許権者Masonite（メーソナイト）が、一連の特許権侵害訴訟の和解の結果、特許品の販売について、同業数社を「代理人」に指名する契約を結び、随時、販売価格の下限と支払条件の上限を指示した。Masoniteは製品を客先に直送し、「代理人」が販売を完了するまで所有権を留保した。「代理人」の収入は手数料であった。Masoniteは各「代理人」との契約書のコピーを他の「代理人」に渡していた。司法省がシャーマン法1条／2条違反で提訴。地裁はGeneral Electric 1926を根拠としてMasoniteを勝たせたが、最高裁はこれをくつがえし、司法省の差止請求を容認した：「協調的行動が意図され、かつ誘導されたものである場合、…共謀が成立する（275）」。ただし、最高裁は、General Electric事件判決を正面から否定することをせず、「本件は特許権ライセンスの事件ではない（280）」として、これと区別する道を選んだ。

---

[123] カッコ内の数字は引用判例集（この場合は272 U.S.）のページ番号——以下同様。
[124] *U.S. v. Masonite, et al.*, 316 U.S. 265 (1942).

2．技術ライセンス取引

Gypsum事件（1948）[125]

石膏ボードの特許権者Gypsum（ジプサム）が、同業数社に対する特許権ライセンス契約にもとづいて特許品の販売価格下限を制限、かつ流通方法を制限（ユーザー向け直売に限定）した。交渉も契約も個別だが、各ライセンシーは他のライセンシーの条件を知らされていた。許諾特許はパッケージで、ロイヤルティはオーバーオール方式。司法省がシャーマン法1条／2条違反で提訴した事件で、最高裁は地裁判決をくつがえし、司法省の差止請求を容認した（全員一致）：「地裁は、General Electric 1926 やNational Harrow 1902の解釈に依存して、特許の特権と、本件結合／独占企図に対するシャーマン法の禁止とをバランス（比較衡量）しなかった（390）。本法廷は、被告の行為が特許の特権を超えるものであり、シャーマン法が、ここで試みられたような特許の利用を禁止していると結論する（393）」。

Power Dry事件（1986年）[126]

地裁原告Power Dry（パワードライ）は地裁被告International（インタナショナル）の特許（材木乾燥炉）の最初期の非独占的ライセンシー（数量／地域無限定）であった。Internationalは、銀行等と共謀して、世界中各国に独占的ライセンシーを置く特許アンブレラ戦略に転換、原告Power Dryとのライセンス契約を解除した。原告はシャーマン法1条違反で提訴、巡回裁は、被告の「特許法は特許権者が発明のすべての価値を受けとることを許している」という主張をしりぞけ、原告を勝たせた：「特許権者が彼の限定的独占によって授権された以上のものを求めて契約に入るならば、それは一般法に服しなければならない。この地点で、反トラスト法と特許法はコンフリクトする。特許システムは、特許権者の独占権が、ライセンシー段階での垂直カルテル［指令塔つきアンブレラ型の共謀］を維持するためのスクリーンとして利用されることを望まない」。

カルテルのメンバーがメーカーと銀行で、競争者ではないので、日本では、3条後段「不当な取引制限」ではなく[127]、前段の「私的独占」で立件されるこ

---

[125] *U.S. v. U.S. Gypsum, et al.*, 333 U.S. 364 (1948).
[126] *International Wood Processors v. Power Dry*, 792 F. 2d 416 (4th Cir. 1986).

2.4. ライセンス取引における「カルテル」

とになろう[128]。

2.4.2. クロス・ライセンス

Hartford Empire事件（1945）[129]

　ガラス製品メーカー十数社が、トップ・メーカーのHartford（ハートフォード）を中心として、ガラス製造機械に関する特許数百件のクロス・ライセンス網を形成し、特許機械の使用分野を制限、工業会で予想をふくむ統計数字を交換（生産量制限）、非特許ガラス製品の価格を拘束していた行為に対して、司法省がシャーマン法1条／2条違反で差止請求、地裁はこれを認めたが、最高裁は地裁判決を一部緩和した：「地裁差止は、結果的には被告の［知的］財産を没収しようとしており、結合の解消に必要な程度を超えている。政府は、そのような没収が最近のMorton Salt 1942、B. B. Chemical 1942両判決によって正当化されると主張するが、両判決は特許を行使不能（unenforceable）にしただけで、没収したわけではない」。

コンクリート・パイル事件（1970）[130]

　コンクリート・パイル（「パイル」）メーカー6社は、対象地域でパイル製品の大部分を供給している。6社はパイル製造に関する特許／実用新案を多数保有し、これのライセンスを受けなければパイル製造への参入が至難という状況にあった。
　6社の代表者は、会合で、パイル市場の安定をはかるため各社の出荷比率（販

---

[127] 「新聞販路協定審決取消請求事件」東京高判昭和28(1953)年3月9日：「［4条(1953年改正で廃止）で］いう事業者とは法律の規定の上ではなんらの限定はないけれども、相互に競争関係にある事業者と解するのを相当とする」。この判断は、近年の「シール談合刑事事件」東京高判平成5 (1993) 年12月14日によって3条後段とは区別されたが、「事業者は無限定ではない」とされているので、銀行や小売店までふくむかどうかはまだはっきりしない。
[128] 「雪印乳業／農林中金事件」審判審決昭和31 (1956) 年7月28日：中金融資を梃子にして競争事業者を排除、集乳／販売市場を私的独占した。
[129] *Hartford-Empire, et al. v. U.S.*, 323 U.S. 386 (1945).
[130] 「日本コンクリート工業株式会社ほか5名に対する件」公取委勧告審決昭和45 (1970) 年8月5日。

2．技術ライセンス取引

売数量）を決めること、および、6社外に特許等のライセンスをおこなう場合は、ライセンス契約で6社の定める市場安定策を遵守させることに合意し、執行機関として運営委員会を設置した。運営委員会は、各社への購買引き合いを集中し、出荷比率にもとづいて受注者を決定した。また各社は、ライセンシーに対して、それぞれの出荷比率内で数量制限をおこなった。

　公正取引委員会は、審判の結果、上の行為を3条後段違反の「不当な取引制限（カルテル）」として、6社に対して排除措置命令を発した。上の行為が特許権等の行使と認められるかどうかについて、審決書はとくに触れていない。

EU 2004年技術移転契約一括適用除外規則ガイドライン

　和解と不争契約：問題の技術が一方ブロッキング（必須）か双方ブロッキングかの検討が必要（ブロッキングがないときは競争者間の共同行為とみなされる）。市場力ある事業者同士のクロス・ライセンスはEU運用条約101条1項違反の可能性がある（ブロッキング関係でも）。和解がなければライセンスもなかっただろう場合、和解は競争促進的である。

2.4.3．パッケージ・ライセンス

特許パッケージ・クロス契約

　何万件もの特許をもつ会社同士が一々裁判で白黒をつけようとすると、莫大な費用と手間がかかって共倒れになる。これを避けるため、お互いの技術力をリスク・マネジメントの手法で評価して、特許パッケージ・クロス契約（一定の製品について権利行使をしない契約）を結ぶ慣行が、とくに大企業のあいだでひろくおこなわれている。この場合のライセンス料は「バランシング・ペイメント」という形態をとる。これは、取引コストを軽減するうえで不可避な手法である。

　知的財産指針は、第4-5(2)で、技術の利用と無関係なライセンス料（オーバーオール・ロイヤルティ）は、①ライセンシーが競争技術を利用することを妨げる効果を有することがあるとして、一般指定11項／12項違反●とし、さらに、第4-5(4)で、ライセンサーがライセンシーに対してライセンシーが必要とする技術以外についても、一括してライセンスを受ける義務を課す行為（パッケー

2.4. ライセンス取引における「カルテル」

ジ・クロス契約）を、ライセンシーが求める技術の効用保証など一定の合理性が認められる場合以外、②ライセンシーの技術選択の自由が制限され、競争技術が排除される効果をもちうることから、一般指定10項／12項違反●としている。いずれの場合も、「取引コスト軽減」は正当化理由にならない。このことをどう考えたらいいか。

　じつは、この「オーバーオール・ロイヤルティ」と「パッケージ・クロス契約」は、旧指針でも●とされていた（知的財産指針とほぼ同文）。しかし、起草者による解説書は、すくなくとも「パッケージ・クロス契約」は、ライセンサーが一括でなければライセンスを拒絶するというような強制をともなう場合を前提としている[131]。明言はしていないが、「オーバーオール・ロイヤルティ」も同断であろう。とすると、前段の下線部①②を否定できる立証（契約書の文言や交渉議事録など）ができればセーフであろう。

　半導体では、大手メーカー間の複雑な特許パッケージ・クロス契約網が完成しており、鉄鋼ほどの資本力をもってしても参入が不可能だったことがある。米国でならば、大型の独占禁止法私訴が起こっていたかもしれない。

知的財産権による世界市場分割カルテル（仮設ケース）[132]

(1) 課題

　あなたが勤務する都電子㈱は、日本に本社を有し、世界中の支店、営業所、代理店を通じて事業を展開する年商3兆円超の企業で、とくに半導体技術に関して世界トップレベルにあるが、近年は中国企業の追いあげで苦戦している。

　中国の陽子集団は、半導体製品の製造販売を業とする企業で、コストの低さと品質の確かさを武器に、世界中の市場で急速にシェアを伸ばしている一方、進出先々で先行米日企業から特許権侵害訴訟を浴びており、対抗上、いまでは、かなりの技術をみずから開発し、または買い集めて保有している。

　両社長とも技術者で、若いときからの友人同士である。先日、両社長がたまたまスイスのダボスで会ったとき、愚痴話から発展して、両社間で広範な技術

---

[131] 山木康孝『Q&A特許ライセンスと独占禁止法』（2000年、商事法研究会）184。
[132] 私自身が責任者として防御・勝訴した実在の事件 *U.S. v Westinghouse Corp., et al*, 648 F. 2d 642 (9th Cir. 1981) をヒントにして、私が創作した法科大学院演習用の仮設ケースである。ここまでの復習として、解説をみる前にちょっと考えてほしい。

2．技術ライセンス取引

交換関係に入るための交渉を開始することに合意、下のMOU（了解覚書）にサインしてきた（原文日本語）。

　あなたはMOUにいう正式契約交渉において、都電子交渉団の独占禁止法専門家に任命された。MOUの精神をできるだけ生かしつつ、独占禁止法の立場からpassableな正式契約書を作成するための留意点を論じてください。域外適用問題や外国法は無視して、日本独占禁止法だけで考えてください。

Memorandum of Understanding（MOU）

(a)　都電子株式会社（以下単に「都」）と陽子集団（以下単に「陽子」）は、本MOUにもとづき、両社が現在製造／販売／使用している半導体製品についての技術ライセンスを交換するため、可及的すみやかに正式契約書を作成すべく、両社の専門家からなる交渉を開始することに合意する。本MOUは正式契約書の発効と同時に失効する。

(b)　正式契約は、両社代表者による正式契約書の調印か、必要あれば政府許可のいずれか遅いほうの日に発効し、それから5年を経過した日に満了する。

(c)　都は陽子に対して、都が正式契約発効日において保有し、または正式契約期間中保有することとなるすべての技術にもとづいて、正式契約の期間中、半導体製品を中国で製造する排他的ライセンスと、日本を除く世界各国で販売／使用する非排他的ライセンスを許諾する。

(d)　陽子は都に対して、陽子が正式契約発効日において保有し、または正式契約期間中保有することとなるすべての技術にもとづいて、正式契約の期間中、半導体製品を日本で製造する排他的ライセンスと、中国を除く世界各国で販売／使用する非排他的ライセンスを許諾する。

(e)　陽子は、都から許諾された技術ライセンスにもとづいて製造する半導体製品の第三者むけ販売にあたって、同製品の日本国内での再販売／使用ライセンスを許諾しないこととし、そのむね製品上に表示しなければならない。

(f)　都は、陽子から許諾された技術ライセンスにもとづいて製造する半導体製品の第三者むけ販売にあたって、同製品の中国内での再販売／使用ライセンスを許諾しないこととし、そのむね製品上に表示しなければならない。

(g)　両社は、(c)項に定めるライセンスの価値が、(d)項に定めるライセンスの

2.4. ライセンス取引における「カルテル」

価値より高いことを考慮し、かかる価値のちがいを補償するため、陽子から都に対して、陽子が正式契約の期間中に日本を除く世界中で販売するすべての半導体製品の正味販売価格の３％を、米合衆国ドルに換算して支払う。

(h)　正式契約期間中、半導体製品の技術に関して、第三者から陽子または都に対して各国で提起される知的財産権訴訟に対して、都および陽子は、それぞれが保有する知的財産権にもとづく参加／抗弁／反訴などの手段を尽くして、たがいに協力する。

(2)　解説

　この問題は事実にもとづく創作だが、ふつうの技術交換契約にしてはいろいろ不自然なところがある。５か年期間満了まぎわにavailableになった特許ライセンスやノウハウなどもらってもなんの役にもたたない。満了後ただちに実施や使用をやめるなどとてもできない。MOUの真意が、技術協力の美名に隠れた販売地域分割協定（独占禁止法３条後段違反の「カルテル」──したがって６条違反）ではないか──公正取引委員会はこのように考える。できればやめさせたいが、社長同士が約束してきたので、そうもいくまい。これをせめて無害な──できれば有益な──技術交換契約に変えていくことが私たちの任務である。

　そのためには、まず、契約を、①管理契約、②特許権ライセンス契約、③ノウハウ供与契約の３部構成にする（マイクロプロセッサでは著作権や半導体集積回路配置権もありうるが、特許権ライセンス契約に付記するぐらいでいいだろう）。管理契約は共通事項（契約者の同定、期間、ロイヤルティ、準拠法など）を規定する。

　特許権ライセンス契約なら、実施国を限定したライセンスは合法だ（21条）。製造／販売／使用を分けてもかまわない。陽子が日本で、都が中国でそれぞれ販売できないというのは、いずれも販売ライセンスが許諾されていないことの効果にすぎない。

　第三者むけ販売後の再販売使用制限は一般指定12項「拘束条件付取引」に該当する。BBS事件判決は、「向先国除外の合意表示をした場合を除いて権利行使できない」といっているだけで、「合意表示すれば権利行使できる（21条該当）」とはいっていない（逆はかならずしも真ならず）ので、独占禁止法違反の免罪

2. 技術ライセンス取引

符にはならない（後述3.2.2）。

21条をどう拡張解釈してもノウハウは入らないから、ノウハウで地域制限をしてはいけない。また、ノウハウが開示可能になったむねの通知や守秘義務など、特許権ライセンスとはまるで異質な世界である。ノウハウ公知後は守秘義務もふくめてなんの制限もできない。逆に、ノウハウ契約では技術指導などもできて、両社の友好のために有益である。

これだけ広範でかつ近未来技術までカバーする取引となると、パッケージ・クロスとオーバーオール・ロイヤルティは不可避である。知的財産指針は否定的だが、ビジネス上どうしても必要なら、訴訟覚悟で突っ張るべきだ。ガイドラインは法律ではない。知的財産指針第4-5(2)／(4)はいずれも「義務」を要件としているが、MOUは第三者の技術を使うことを制限していないから、訴訟になっても勝算はある。契約中でこの意図を言明しておいたら、多少の役にたつだろう。

期間満了が近づくにつれて交換技術の現在価値が漸減するから、ロイヤルティも漸減させよう（または途中で見直そう）という提案が、陽子交渉団のほうからでてくるかもしれない。たしかに、期間の不自然さを軽減するため、満了後に対するなんらかの経過規定が望ましい。たとえば、一時金で、特許満了またはノウハウ公知までの払いずみ非排他的通常ライセンス（tailoffというおもしろい言葉がある）を付与するなど。この場合は、5年というのは対象技術発生期間であって、ライセンス期間は特許なら最長20年、ノウハウなら公知になるまでということになる（社長さんたちの真意はこちらだったのではないか——性善説）。

知的財産権攻守同盟は履行不可能だ。自分が訴えられてもいないのに、抗弁／反訴などできない。無視しよう。

答案としては、違法や不可能を指摘するだけでは満点はとれない（ビジネスマンとしても不満）。問題文は「passableな正式契約書を作成する」ことを要求している。私たちは法律評論家ではない。みんなビジネスマンとして、社長の顔もたてながら、会社の未来のために、なんとかスレスレで違法にならない契約をまとめようとしている。

2.4.4. パテント・プール

Zenith事件（1969）[133]

　カナダでは、米国会社（General Electric、Westinghouse、Hazeltineなど）の現地子会社出資によるパテント・プール会社が、数千件のテレビ特許をパッケージし、カナダ国内製造のみ（製品輸入は不可）という条件つきでライセンスして、プール会社による監視や提訴などで組織的に製品輸入を阻止していた。アウトサイダーのZenith（ゼニス）が特許不使用を主張して米国からの輸入を開始したのに対して、Hazeltine（ヘーゼルタイン）が、米国内で、米国特許権侵害で提訴。Zenithは特許ミスユースで抗弁しつつ、シャーマン法1条違反で反訴した。地裁は、「ミスユースはかならずしも反トラスト法違反の要件を満たすとはかぎらない」としながら、本件ではパッケージ・ライセンス強要とオーバーオール方式を米国特許権のミスユースと認め、さらにHazeltineと外国プールとの共謀（米国商業を制限——シャーマン法1条違反）を認めて3倍賠償判決を言い渡し、最高裁がこれを容認した。

標準化パテント・プール

　近年、事業者団体による技術標準策定作業が難航している。というのは、Rambus事件（前述1.4.3）、Dell事件（後述6.4）、Hadron事件（後述8.2.4）などにみられるように、メンバー企業が、委員会での交渉に参加していて標準の方向を察知し、標準をカバーする特許を出願してしまうのである。標準が合意されて、産業がその標準にしたがって動きだしてから特許が公開されるが、いったん動きだした技術は止まらない。産業全体がホールドアップ状態になってしまうのである。

　従来の技術標準策定作業では、「特許された技術標準は採択しない」という規約があり、あらかじめ各メンバーから、「そのような特許をもっていないし、今後出願もしない」という内容のいわゆる特許宣言書を取りつけるのが常だったが、まだ決まってもいない標準をカバーする特許を出願するなというほうが無理である。Rambus 2003でCAFCはいう：「メンバーは、JEDECの特許方針を、

---

[133]　*Zenith Radio v. Hazeltine Research*, 395 U. S. 100 (1969).

2．技術ライセンス取引

策定中の標準と漠然と関係がある程度の特許や出願もぜんぶ開示する義務とは理解していなかった」。当時までの標準策定作業は、いわば、技術者の良心で動いていたといってよい。

　米国レーガン政権のいわゆるプロパテント政策は、それまでの牧歌的な標準策定作業を、赤裸々なマネー・ゲームに一変させた。他のメンバーも自衛的に特許出願するので、みんなで「囚人のジレンマ」（後述8.1.2）に落ちこんでゆく。規約違反にもとづいて標準を取り消し、損害賠償を請求しても、産業はあと戻りできない。また、規約違反の出願は特許の無効事由にはならない。

　特許取得を標準策定団体の規約で阻止できないため、次善の策として、特許取得は許すが、それを自動的に一定の組織体に委託またはライセンスして、あらかじめ決まった（RAND——reasonable and non-discriminatory）ルールとロイヤルティ条件で（サブ）ライセンスするという線まで後退せざるをえなくなる。これが標準化パテント・プールである。ただ、これとても、強力なアウトサイダーの存在、事業者の日和見（ひよりみ）戦略、RANDの決めかたなどなど、克服すべき課題は多い[134]。

　公正取引委員会は、標準化パテント・プールを、共同標準化とパテント・プール活動の2段階に分けて、その法執行方針を示している。

第12表　標準化に伴うパテント・プールの形成等に関する独占禁止法上の考え方早見表[135]

参照	問　題　行　為	評価	法　　条
第2	共同標準化段階：		
2①	標準化製品の価格／数量／時期などを協定	●	法3後
2②	競合する標準の開発／採用を制限	●	法3後／指12
2③	標準化メリットを超えて仕様／性能等を共通化	●	法3後
2④	技術提案等の不当な排除	●	法3後
2⑤	特定事業者の参加を拒絶して市場から排除	●	法3前

---

[134] 加藤　恒『パテントプール概説——技術標準と知的財産問題の解決策を中心として』（発明協会、2006年）は、著者および協力者の綿密な実務知識と深い洞察力にうらづけられた、本テーマ屈指の労作である。日々の仕事のなかからでてくるこのような業績に、私はあたらしい学問の息吹をみる。

[135] 『標準化に伴うパテントプールの形成等に関する独占禁止法上の考え方』平成17（2005）年6月29日公表。http://www.jftc.go.jp/dk/patent.html

2.4. ライセンス取引における「カルテル」

3	自己技術の標準採用を積極的に働きかけ、採用後ライセンス拒絶。規約に反して特許出願等[136]。	●	法3前／指2
第3	標準化パテント・プール（PP）の活動段階：		
1(2)	PPのシェアが20％未満または競合技術が4個以上存在する場合	○	
2(1)ア	PPに含まれる特許が必須特許のみの場合（第三者による認定）	○	
2(1)イ	必須（補完）以外の特許をふくむ	●	法3後
①	PP内で相互に代替性あり	●	
②	PP外特許と代替性あり	△	
2(2)ア	合理的必要範囲で参加を制限する	○	
2(2)イ	PPへの独占的ライセンス	●	指12
2(3)	PPとメンバーの情報遮断	○	
3(1)	特定事業者へのライセンス拒絶／差別	●	法3前／法2−9−1
3(2)	研究開発制限	●	法3前／後
3(3)	必須特許のグラントバック義務	△	
3(4)ア	不争義務	●	法2−9−1
3(4)イ	特許効力否認者に当該特許のライセンス解除	○	
3(5)ア	非係争義務	●	法3前／後

EU 2004年技術移転契約一括適用除外規則ガイドライン

　技術プールは競争制限的である可能性がある。技術標準策定の場合でも、排除や参入阻害になる可能性がある。競争制限性の判断にあたっては、まず、プール技術の性質（補完か代替か、不可欠か可欠か）を見定めなければならない。代替技術のプールは技術間競争を阻害する。不可欠（必須）技術だけ、したがって非補完技術だけのプールは概して101条に該当しない。可欠かつ補完技術のプールは第三者技術を排除するす可能性がある。パテント・プールは、また、無効特許の隠れ家になる場合がある。他方、技術プールは競争促進的である可能性もある（取引コスト軽減）ので、ケース・バイ・ケースで個別制限条項を

---

[136] *In re Dell*（FTC-C3658, 1996）はFTC法クロ（同意審決）。*Infineon v. Rambus*, 318 F.3d 1081, 2003は商事詐欺○判決。*In the Matter of Rambus, Inc.*, FTC Docket No. 9302（August 2, 2006）は、FTC法5条●審決が巡回裁で取り消し（再審請求中）。

2．技術ライセンス取引

評価しなければならない。その場合は、①プールの市場ポジション、②ポジションが強いときは、開放性と非差別性、③第三者技術や代替技術を排除しないこと、④プールの制度的フレームワーク（たとえば、異なる利害をもつプレーヤーへの開放、外部専門家の関与、紛争解決メカニズム）などが評価される。

2.4.5．ノウハウ供与

ノウハウは、対世的に権利を主張できる準物権ではなく、他人にノウハウを開示する債務と、かかる他人に守秘と対価支払いを要求できる債権からなる債権契約によって保護される情報にすぎない。したがって、ライセンス／ライセンサー／ライセンシー／ロイヤルティ／実施などの用語も不適切である。かわりに、供与／供与者／受領者／対価／利用などを使うべきである。知的財産「権」ではないから、独占禁止法21条による適用除外はない。知的財産指針は「技術」として両方をカバーしているが、必要に応じて書き分けている。

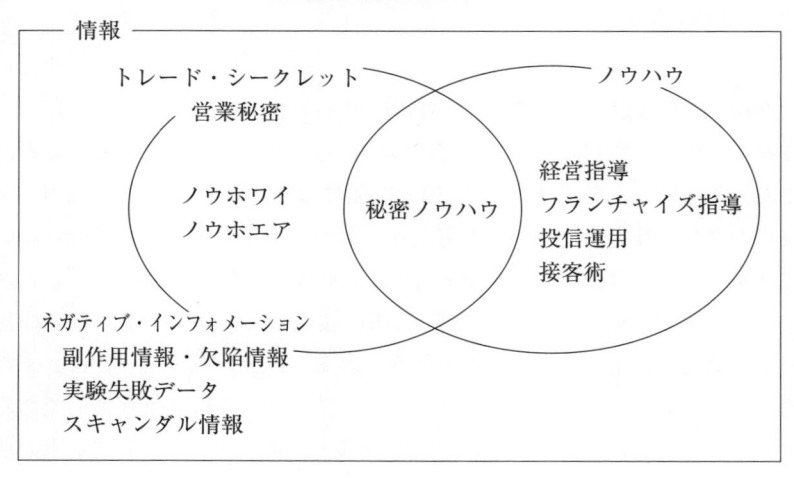

第2図　営業秘密とノウハウ

```
┌─ 情報 ─────────────────────────────┐
│                                              │
│      トレード・シークレット      ノウハウ    │
│      営業秘密                               │
│                                              │
│                           経営指導          │
│     ノウホワイ    秘密ノウハウ  フランチャイズ指導│
│     ノウホエア              投信運用        │
│                             接客術          │
│                                              │
│   ネガティブ・インフォメーション              │
│     副作用情報・欠陥情報                     │
│     実験失敗データ                           │
│     スキャンダル情報                         │
└──────────────────────────────┘
```

特許権ライセンスだけでは特許品を製造できない場合、ノウハウの供与もともにおこなう場合があるが、契約は2本に分けなければならない。これは1つには独占禁止法への配慮もある（特許とノウハウの牽連性が強いと、特許権な

2.4. ライセンス取引における「カルテル」

ら許される取引制限が、ノウハウ供与にともなう取引制限をみなされて違法になることがある）が、契約技術上の要請も強い。よくみかける技術者の教育訓練や、技術者派遣の条件、契約満了に伴う利用禁止や守秘義務の延長など、特許権ライセンスとはまったく異なる世界である。

ノウハウ供与契約のチェックポイント
(1) <u>ノウハウの特定</u>：マニュアル（更新の有無）／教育訓練／ノウホワイの有無など。
(2) <u>守秘義務</u>：具体的に（法的／物理的）。監査権とその実行が必要（判例はこれを厳しく要求）。
(3) <u>期間</u>：特定期間と「受領者の行為によらざる公知化」のいずれか短いほう。
(4) <u>対価</u>：期間終了後の取決めが必要（利用停止かそれとも無料ないし一時金で利用可能か）。期間の定めのないノウハウ契約で、永久の対価支払いを命じられた米国判例がある。
(5) <u>取引制限</u>：製造場所／製造数量は、特許権ライセンスと同様、条件つきで○。販売価格／再販価格制限は、特許権ライセンスと同様一般指定12項「拘束条件付取引」違反●（知的財産指針第4-4(3)）。ノウハウには特許権のような譲渡権がないから、販売地域制限ははじめから一般指定12項違反●（知的財産指針第4-4(2)ア）。

2.4.6. 共同研究開発

共同研究開発指針
　共同研究開発が技術カルテルとみられることをおそれて、事業者の共同研究開発活動が萎縮している懸念があるため、公正取引委員会は、これを共同研究開発、成果技術利用、製品化の3段階に分けて、その法執行方針を示した。

第13表　共同研究開発に関する独占禁止法上の指針早見表[137]

参照	問題行為	評価	法条
第2(1)	共同研究開発段階：		
ア①	業務・費用分担	○	

2．技術ライセンス取引

	②	技術情報の相互開示	○	
	③	守秘義務	○	
	⑤	報告義務	○	
	⑥	開示情報の流用禁止	○	
	⑦	競合（密接関連）研究開発禁止（終了後合理的期間）	○	
	⑧	競合技術導入禁止	○	
	⑪	外部者の参加制限	○	
イ	①	必要外の流用禁止	△	指12／11
	②	発展技術開発禁止	△	
ウ	①	所定テーマ外研究開発制限	●	指12
	②	終了後研究開発制限	●	
	③	既有技術利用制限	●	
	④	成果製品外製販制限	●	
第2(2)		成果技術利用段階：		
ア	①	成果帰属取決め	○	
	②	成果第三者ライセンス制限	○	
	③	同上ロイヤルティ分配取決め	○	
	④	成果守秘義務	○	
	⑤	他参加者への開示・非独占的ライセンス義務	○	
イ	①	成果利用研究開発制限	●	指12
	②	改良技術の譲渡・独占的ライセンス義務	●	
第2(3)		製品化段階：		
ア	①	販売先制限（KH守秘目的・合理的期間に限定）	○	
	②	原料調達先制限（KH守秘・品質保持目的・合理的期間限定）	○	
	③	品質規格維持義務（相互供給品限定）	○	
イ	①	生産販売地域制限	△	
	②	生産販売数量制限	△	
	③	販売先制限	△	
	④	購入先制限	△	
	⑤	品質規格制限	△	
ウ	①	販売価格制限	●	指12

---

[137] 『共同研究開発に関する独占禁止法上の指針』平成5（1993）年4月20日公表。
http://www.jftc.go.jp/dk/kyodokenkyu.html

2.5. ライセンス取引における「不公正な取引方法」

2.5.1. 競業禁止

　一般指定11項「排他条件付取引」は、「不当に、相手方が競争者と取引しないことを条件に当該取引先と取引し、競争者の取引の機会を減少させるおそれがあること」を19条違反とする。ビジネス慣用語では「競業禁止」と呼ばれることがある。この節で考えるのは、「排他条件つきライセンス取引」であるが、よくある「排他的ライセンス（exclusive license）」と混同しないでほしい。後者については前述（2.2）したが、あえてここでくりかえすと、いわゆる専用実施権も独占的通常実施権も、反競争的な目的（排他的グラントバック、絶対的地域保護、競争品（技術）開発制限など）に利用される場合を除いて、それ自体は合法である。

National Lockwasher事件（1943）[138]

　地裁原告National（ナショナル）の特許は、特殊なタイプのスプリング・ワッシャーをクレームする。メーカーに対する製造ライセンス（有償）には、契約期間中、ほかのタイプのスプリング・ワッシャーを製造してはならないという条件がついていた。これに従わなかった地裁被告Garrett（ギャレット）をNationalが特許権侵害で訴え、被告が特許ミスユースで抗弁した事案で、巡回裁は同抗弁を認めGarrettを勝たせた：「特許権者は、特許独占を利用して、特許にカバーされない潜在的競争品の製造を制限している。彼は、…非特許品の独占を創出しているわけではないが、自由競争以外の手段で、彼の特許品がユーザーにとって唯一利用可能な製品である程度にまで、彼の合法的独占の境界を拡張しようとしている。この独占はあきらかに特許にカバーされていない」。

Kammerer事件（1948）[139]

　Kammerer（カンメラー）は油井用パイプ・カッターの特許権者。独占的ライセンシーBaash（バーシュ）はパイプ・カット業の最大手で、パイプ・カッター

---

[138] *National Lockwasher v. George Garrett*, 137 F. 2d 225 (3d Cir. 1943).
[139] *Ira McCullough v. Kammerer, et al.*, 166 F. 2d 759 (9th Cir. 1948).

2. 技術ライセンス取引

の独占的購買者。ライセンス契約中には、「ライセンサー、ライセンシーとも、契約装置と現在および将来競争するいかなる装置についても、製造／使用／賃貸／販売／ライセンス等の事業をしてはならない」という条項がある。両社が地裁被告McCullough（マッキュロー）に対して起こした特許権侵害訴訟で、巡回裁は被告のミスユース抗弁を認め、McCulloughを勝たせた：「独占的な買手と特定の売手との相互拘束的な結合ほど、よりすぐれた製品の開発や製造の意欲を阻害するものはない。本法廷は第3巡回裁のNational Lockwasher1943に賛成する。特許権者がライセンス拒絶権をもつということは、その使用に付随させた条件を利用して、その特許権の独占を拡張していいということではない。自由経済下で、公共は特許品と非特許品を競争させる権利があり、特許を利用してかかる競争を制限することは公共政策に反する」。

少数意見：「特許権者は、特許によって与えられる『報奨』の合理的範囲内で、ライセンシーに対して、いかなるロイヤルティをも、いかなる条件をも課すことができる。販売を禁止できるなら販売方法も制限できるはずだ[140]。特許権者が単独でできることが、契約でなぜできないのか？[141]」。

上の2件とも米国判例で、ミスユース抗弁で特許権を行使不能（unenforceable）とした判決である。行使不能とは、対世的な「無効」とちがって、主張者（特許権侵害訴訟の被告）に対してだけ権利行使ができなくなるとする判例法による一種の強制実施である。日本では、被告側から、民法1条3項[142]（権利濫用）で抗弁するほか、侵害訴訟によって「著しい損害を生じ、又は生じるおそれがある」として特許権行使に対する差止請求（独占禁止法24条）をおこなうことになろう。

EU 2004年技術移転契約一括適用除外規則ガイドライン

<u>競業避止義務</u>：競争上のリスクは、主として第三者技術の排除（既存技術との競争を阻害）とロイヤルティの高値固定である。クロス・ライセンスの場合は、製品市場でのカルテルになる可能性がある。ただ、ライセンサーとライセ

---

[140] 本書のなかで何回もでてくる「分割の誤謬」（fallacy of division）である。
[141] 典型的な「合成の誤謬」（fallacy of composition）である。
[142] 民法1条3項（権利濫用）「権利の濫用は、これを許さない」。

ンシーで市場の50％未満の場合、累積効果は深刻ではない。競業避止義務には競争促進効果もある。これがないと、許諾技術（とくにノウハウ）の流用やロイヤルティのモニタリングが困難になってライセンス意欲を阻害し、技術拡散のディスインセンティヴになる可能性がある。

2.5.2. 差別

差別には、①売手段階（primary-line）の競争を阻害する差別と、②買手段階（secondary-line）の競争を阻害する差別という、経済学的にはまったく異なる２形態があるが、日本ではこれらをとくに区別することなく、２条９項２号で、「不当に、地域又は相手方により差別的な対価をもって、商品又は役務を継続して供給することであって、他の事業者の事業活動を困難にさせるおそれがあるもの」を課徴金該当とするほか、一般指定３項（一般の差別対価──２条９項２号の要件から「継続」と「困難」を除いたもの）と４項（その他一般の差別行為）該当行為を19条違反とする。

Laitram事件（1965）[143]

原告Laitram（レイトラム）は特許シュリンプ殻むき機械の製造／賃貸をおこなっていたが、北西諸州での賃貸料を湾岸諸州の２倍にしていた。原告が北西部の被告King Crab（キング・クラブ）を特許権侵害で訴え、被告がミスユースと反トラスト法違反にもとづく特許権行使不能の積極的抗弁をおこなった事件で、地裁は被告King Crabを勝たせた：「ミスユース法理は、公共目的促進のために排他的特権を付与された者の独占が公共政策に反する場合、その保護を法廷に求めることができないという原則に由来する。特許システムを支配するのは公共政策である。原告は、『特許権者は販売拒否できるのだから、差別もできる』と主張するだけで、差別の合理性（シュリンプの歩留まりなど）についての疎明もしていない。また、この差別は禁止的かつ恣意的なもので、特許ミスユースにあたる」。

---

[143] *Laitram v. King Crab,* 244 F. Supp. 9 (D. Ala. 1965).

2. 技術ライセンス取引

SPS事件（1982）[144]

　SPSは工業用ファスナーの特許権者で、USMはそのライセンシー。ライセンシーは特許権者の特許詐欺による特許無効を理由に、既払いロイヤルティの返還を請求。地裁は特許権者による特許詐欺の事実を認めたが、上記ライセンス契約中の差別ロイヤルティ条項がミスユースにあたるというライセンシーの主張は否認。巡回裁は地裁判決を容認した：「本法廷は、本件ミスユースをper se illegalではなく、…rule of reasonにもとづいて評価すべきだと考える。とくに、特許権者が彼の特許からの収入を最大化しようとして価格差別をおこなうことに対しては、いかなる反トラスト規制もない。法廷が特許による価格差別を違法とした先例はLaitram 1965 ほか一連のシュリンプ殻むき事件だったが、これらの判決は価格差別を抽象的な意味ではなく、それが競争を制限するという意味で違法としたので、本件とは区別される。特許の核心は、特許権者に対して特許発明の使用における競争を排除し、一定の範囲内で、競争者に対して好きなような条件を課すことを許すところにある」。「顧客やライセンシーの自由を制限したい特許権者は、彼らに対して特許使用の価格を安くするという代価を払っている。これらすべての場合において、特許権者の総収入は増加する。しかし特許からの収入をできるだけ多くしてなにが悪いのか？　事実、タイイン（抱き合わせ）は価格差別の一方法である。それによって特許権者は各ユーザーの需要の度合いにあわせて価格をつけ、それをタイド（抱き合わされる）商品の消費によって測定するだけなのだ」。

　以上の2件では、ロイヤルティ差別に対して相反する判決がでたのだが、SPS判決がLaitram判決をくつがえしたわけではない。差別そのものではなく、それによる競争制限が鍵になったのである（rule of reason）。しかし、SPS判決はシカゴ学派の総帥Posner（ポズナー）判事が書いたもので、傍論まで読むと、やはり、差別についての1960年代から80年代への思想の変化がわかる。

　知的財産指針は、第9表ボックス10で「差別的ライセンス拒絶」を「技術を利用させないようにする行為」としているだけで、ロイヤルティ差別については触れていない。上のSPS判決でポズナー判事がいうように、ロイヤルティ差

---

[144] *USM v. SPS Technologies*, 694 F. 2d 505 (7th Cir. 1982).

2.5. ライセンス取引における「不公正な取引方法」

別を19条違反とするためには、それによって、売手段階または買手段階における公正競争阻害性を立証しなければならない。売手段階では、差別が排除型私的独占の要件まで満たしている「USEN事件[145]」(後述5.3.1) が参考になる。買手段階では「アサヒビール事件[146]」がある。知的財産指針がロイヤルティ差別について沈黙しているのは、「価格差別」に関するシカゴ学派の鋭い主張の決着がついていない事情を顧慮したためと思われる。

完全価格差別

　タイイン (抱き合わせ) をふくむ価格差別をrule of reasonで判断しようというシカゴ学派の理論はつぎのようである。このテーマの先駆者といわれる[147]Ward S. Bowman, Jr. (ボウマン) の*Patent and Antitrust Law*[148]から、私なりにまとめた。

---

[145] 詳細は後述するが、次注との比較のために略述すると、カラオケ配信1位 (72%) の有線ブロードが、2位 (20%) のキャンシステムの顧客を狙い撃ちして大幅なディスカウントを提供し、「売手間の競争」を実質的に制限した(一般指定4項「取引条件の差別」を超えて私的独占を適用)。

[146] 「アサヒビールに対する警告」平成15 (2003) 年12月8日：買手段階の差別対価 (認められるのはまれだが、申立てはきわめて多い)。「買手間の競争」が阻害 (というより、一部の競争「者」が損害を受けた)。アサヒビールはディスカウンターに対して、一般酒店の8倍の販売促進費を提供し、小売業者間の公正な競争秩序に悪影響を与えた。一般指定4項該当の19条違反 (のおそれ) 容疑で警告。リベートが取扱数量による効率化によって正当化できれば公正競争阻害性がない。買手段階での差別が、買手段階の自由競争を減殺するか？①被差別事業者 (「競争者」——この場合は一般酒店) が排除されるのを不公正とする説 (ハーバード学派) と、②「競争」そのものが阻害されるかどうかは別だとする説 (シカゴ学派) が対立中。

[147] Robert H. Bork, *The Antitrust Paradox* (Basic Books, 1978)：「Bowmanの著書…はあまりに優秀で明確なので、私は本書のなかでその分野に言及することさえしなかった」。

[148] Ward S. Bowman, Jr., *Patent and Antitrust Law——A Legal and Economic Appraisal* (University of Chicago Press, 1973).

2. 技術ライセンス取引

第1図（再掲）　完全価格差別

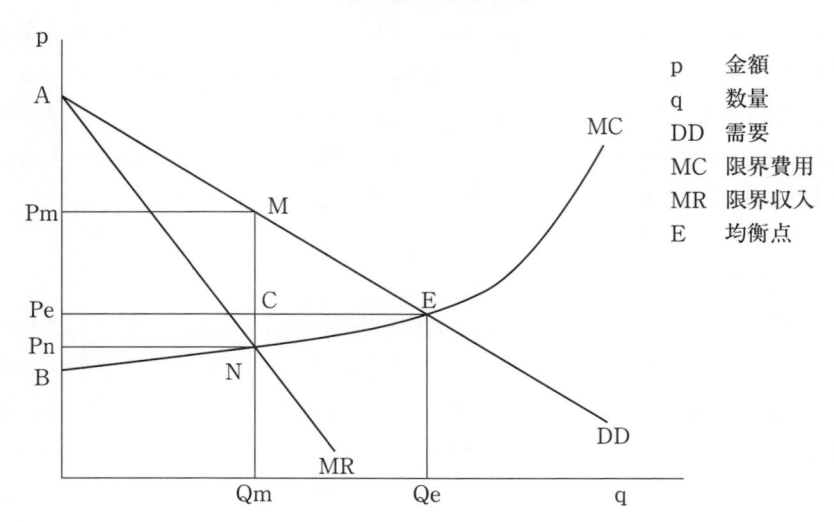

p	金額
q	数量
DD	需要
MC	限界費用
MR	限界収入
E	均衡点

第1図を再掲したが、前回（1.2.1）は知的財産権の社会的コストを示すために使ったもので、ここでは、シカゴ学派のいわゆる「完全価格差別」構想を説明するのが目的である。

このグラフでは、価格差別がない場合、知的財産権者は、限界費用曲線と限界収入曲線の交点の数量Qmに対応する価格（利潤最大化価格）Pmを選択する。この価格では、消費者余剰（図形AMPm）と供給者余剰（図形BNPn）が生じる。それは、差別がないという前提のため、商品価格が1市場のなかで一義的にきまるからである（1物1価）。

シカゴ学派の構想は、価格差別によって、この消費者余剰を、MNPmPn（transfer）とともに知的財産権者に獲得させることである。つまり、高くても買う人には高く売る。そうすると、知的財産権者としてはもはや生産量をQmにとどめる理由がなくなり、自分の限界費用が許す限度のQeまで増産する。この場合は、いままで高くて買えなかった低所得層にも商品がゆきわたって、社会的な死重損失がゼロになる（均衡点E）。

ただ、このためには、各階層の顧客間で横流しが起こらないような流通障壁（「絶対的地域保護」[149]）が必要である。究極的には、顧客1人1人を隔てる障壁（perfect barriers）があれば、知的財産権者の「報奨」が最大になる。ほ

2.5. ライセンス取引における「不公正な取引方法」

かの競争制限行為、たとえばカルテルや独占では価格をつりあげるとほとんど必然的に生産量が減るが、価格差別では生産量が逆に増える（つまり、社会的コストさえ考えなければ、社会的効率が向上する）。シカゴ学派は、この構想をperfect price discrimination（完全価格差別）と呼ぶ。問題は、そのような流通障壁を築き、維持するために必要な社会的コストである。敗戦直後、闇米の流通を取り締まるため、経済警察が県境の橋の上に検問所を置いて、すべての車両を止めていた情景を、私はいま思い出している。ここで登場するのが知的財産権による価格差別で、ボウマンの提案は、これをrule of reasonで判断しようというものである。

　完全価格差別構想は、だから同時に市場分割正当化論でもある。市場分割を特約店契約でやってもあまり実効はあがらない。そこで知的財産権がでてくるのである。「中古ゲーム事件審決」（後述5.4.1）では、著作権者SCEが、市場分割を企図して、小売店間の横流しを禁止した。

　また、シカゴ学派は、抱き合わせ（タイイン）も価格差別とおなじ（つまり、ともに市場差別化market segmentationの一形態）だから、すくなくともper se illegalからははずして、rule of reasonで判断すべきだと主張する。

2.5.3. 価格制限

Bauer事件（1913）[150]

　医薬品の製法／物質特許権者Bauer（バウアー）が、製品に「１ドル以上で販売のこと。違反は特許権侵害を構成する」と表示、１ドル未満で販売した小売店O'Donnell（オダネル）を特許権侵害で訴えた事件で、最高裁は、本件をNational Harrow 1902やA. B. Dick 1912と区別して、被告を勝たせた：「本件表示は使用ライセンスを付与しているが、取引はあくまで販売である。本件では、所有権は十分かつ完全に移転しており、特許法によって与えられた販売権は行使されたので、追加された制限は法の保護と目的を超えている」。

---

[149] *Nungesser & Eisele v. Commission*, [1993] 1 CMLR 278 (European Court of Justice 1982).
[150] *Bauer & Cie v. O'Donnell*, 229 U.S. 1 (1913).

2. 技術ライセンス取引

2.5.4. 数量制限[151]

AEG Telefunken事件

1970年代、PAL方式カラーテレビの特許権者AEG Telefunken（テレフンケン）が、日本各メーカーに対するライセンスの条件として、厳重な国別数量制限をおこなった。なかには、PAL特許が存在しないどころか特許制度が存在しない国までが、<u>日本特許を根拠として</u>、地域数量制限の対象になった。これは、知的財産指針にいうマルティプル・ライセンスによる市場分割で、特許権という強力な司令塔がついていただけ、一般の国際カルテルより競争阻害性が強かった。1980年代、各国のPAL特許が満了するにいたって、AEG Telefuuken自身をふくむ欧州テレビ・メーカーが一瞬にして消滅した。日本でも、2005年特許法改正で、実施権に輸出権が加えられ、日本の特許権者がAEG Telefuukenとおなじような世界市場分割ができるようになったのだが、これが日本産業の国際競争力にとってなにを意味するのか、いずれ歴史の審判を受けることになろう。

いままで述べてきた知的財産権を利用したカルテル事件のほとんどが、価格カルテルと同時に数量カルテルもおこなっていたのだが、水平関係の「不当な取引制限（カルテル）」ではなく、垂直関係の「不公正な取引方法」で数量だけを制限したケースは、セカンド・ソーシングの場合を除いてあまり多くない。おそらく同時に地域制限もしなければ、横流しが起こって数量制限の意味がなくなるという事情であろう。というより、水平にせよ垂直にせよ、取引制限はほんらい複合的なものなのに、知的財産指針が数量制限のみ取り出し、そのうえ最低数量と最高数量に分けて規定したことがどこまで現実的か、疑問なしと

---

[151] Donald F. Turner, "Basic Principles in Formulating Antitrust and Misuse Constraints on the Exploitation of Intellectual Property Rights," *44 New York University Law Review*. (1969) 495／Robert P. Taylor, "Licensing in Theory and Practice: Licensor-Licensee Relationship," *53 Antitrust Law Journal* (1984) 567, 591：「よくわからない歴史的な理由から、法廷は、生産量制限に対しては価格制限に対するほど敵対的でない」。「よくわからない」のではなく、「たとえば特許権者は製造を排除できるのだから、とうぜん生産量を制限できると」いうNational Harrow 1892的な「分割の誤謬」を清算しきれないアナクロニズムの産物であろう。

2.5. ライセンス取引における「不公正な取引方法」

はいえない。

2.5.5. 地域制限

Schwinn事件（1967）[152]

自転車メーカーSchwinn（シュウイン）が、卸店と小売店を選定して、販売地域を制限、同地域での独占的販売権を付与した。所有権移転論（消尽論）でper se illegal（シャーマン法1条——垂直の共謀[153]）。

Sylvania事件（1977）[154]

下位のテレビ・メーカーSylvania（シルヴァニア）が小売店を選定、店舗位置を制限した。本件の垂直的制限はブランド内競争を制限するが、ブランド間競争を促進するとしてrule of reason（消尽論を形式論理として排し、Schwinn判決を修正）。

以上の2件は直接には知的財産権の事件ではないが、地域制限のリーディング・ケースなので、参考までに掲げた。SchwinnからSylvaniaまでの10年間に、「シカゴ学派の勝利」[155]とまでいわれる米国反トラスト法思想の巨大な変化が起こったのである。

ライセンス取引にともなう地域制限には、製造地域制限と販売地域制限がある。知的財産指針は製造地域制限を○としているが、たとえば原料産地との関係（酒造にとっての水質）や、賃金水準の地域格差などを考えたとしても、製造地域だけ制限しても競争全体にとって実害がないということであろう。

販売地域制限について知的財産指針はクリアーではないが、これも第一販売地の制限にすぎず、製造地域制限とおなじく実害がなければいいということで

---

[152] *U.S. v. Arnold Schwinn & Co.*, 388 U.S. 365 (1967).
[153] 「新聞販路協定事件」東京高判昭和28（1953）年3月9日は、「ここにいう事業者とは・・相互に競争関係のある独立の事業者と解するのを相当とする」として、いわゆる垂直の共謀を3条後段違反のカルテルとはしなかった（日本では主として一般指定12項の拘束条件付取引の問題になる）。
[154] *Continental T.V. Inc. v. GTE Sylvania Inc.*, 433 U.S. 36 (1977).
[155] 村上政博『アメリカ独占禁止法——シカゴ学派の勝利』（有斐閣、1987年）。

2．技術ライセンス取引

あろう。権利消尽後の販売地域制限は●である。

　知的財産権を利用した地域制限は、後述の並行輸入事件を除いて、1国1制度の日本や米国では起こりにくい。これが最もラジカルな形で起こっているのが、シングル・マーケットを統合の基盤としているEUである。参考まで2例あげよう。前述（1.2.5）したように、EU運営条約101条は、1項ですべての取引制限的共同行為を違法とし、3項で一定の場合1項の適用を除外するという構造である。

Nungesser事件（1982）[156]

　フランスの公共企業体INRAは、新種メイズとうもろこしの育成者権にもとづいて、ドイツ人Eisele（アイゼレ）にドイツ国内における同産品の排他的生産販売権を許諾し、かつ、同産品が他のルートでドイツ国内に流入しない措置を講じることを約束した。欧州司法裁[157]判決[158]要旨：「一般に、知的財産権ライセンス契約における地域制限は、①『開放的排他ライセンス』（ライセンサーがライセンシー地域内でみずから実施せず、第三者にもライセンスしない）と②『絶対的地域保護』（同地域への契約製品の流入を阻止する）の2種類に分かれるが、①はもともと競争制限的でない一方、②はEEC条約85条（当時[159]）1項に抵触し、同3項による適用除外もない」。

EU 2004年技術移転契約一括適用除外規則[160]

　EUでは、技術ライセンス契約による販売地域制限を、①「積極的販売地域制限」（ライセンサーや他のライセンシー地域で出店や広告宣伝しない義務）と②「消極的販売地域制限」（同地域からの受注を拒絶する義務）の2種類に

---

[156] *Nungesser v. Commission* [1982] ECR 2015. なお、本間忠良「ECの競争法Ⅲ」松下満雄編『EC経済法』（有斐閣、1993年）。
[157] 2009年発効のリスボン条約で「EU司法裁判所」と改称されたが、本書では判決当時の名称（と略称）を使っている。
[158] [1982] ECR 2015.
[159] EEC設立条約85条は、1993年発効のマーストリヒト条約でEC設立条約81条に、さらに2009年発効のリスボン条約で現行EU運営条約101条に、それぞれ名称と条番が変わった。詳細は前述1.2.5.を参照されたい。
[160] http://eurlex.europa.eu/LexUriServ/LexUriServ.do?uri=CELEX:32-004R0772:EN:HTML

分け、①は競争者間（水平）でも非競争者間（垂直）でも合法（3項による一括適用除外を受ける）としながら、②は競争者間では違法、非競争者間では発売後2年間にかぎって合法としている。前述Sylvania 1977の拠点制限は、非競争者間の取引であった。

2.5.6. 抱き合わせ

「不公正な取引方法」一般指定10項「抱き合わせ」は、「相手方に対し、不当に、商品又は役務の供給に併せて他の商品又は役務を自己又は自己の指定する事業者から購入させ、その他自己又は自己の指定する事業者と取引するように強制すること」と定義される。

しかし、ビジネス・モデルとしての抱き合わせ（タイインとバンドリングの両タイプをふくむ）は、上の定義を大きくはみだしており、さらに、2「ライセンス取引」と3「技術を利用させないようにする行為」の両方に関係する問題なので、後述4「情報化時代の抱き合わせ」でまとめて考えることにする。

2.5.7. グラントバック

知的財産指針では、ライセンス契約の条件として、ライセンサーがライセンシーの改良発明を買い取るいわゆるアサイン・バックと、おなじく専用実施権や独占的通常実施権を設定する独占的グラントバックを違法とする。独占的通常実施権の場合は、ライセンサーも実施できることが明記されていれば合法である（この場合は複占になる）。

2.5.8. 不争条項

Lear事件（1969）[161]

航空機メーカーLear（リアー）は技術者Adkins（アドキンズ）に新型ジャイロを開発させ、特許権のライセンスを受ける契約を結んだが、特許審査が難航

---

[161] *Lear v. John Adkins*, 395 U.S. 653 (1969).

2．技術ライセンス取引

したため契約を解除、独自に製品を開発した。特許は結局成立してAdkinsがLearを特許権侵害で提訴。Learの特許無効抗弁に対して、州裁は、「Learはライセンス契約によって特許無効主張から禁反言（estoppel）される」としてAdkinsを勝たせたが、連邦最高裁はこれを破棄差し戻した：「ライセンシーによる特許無効主張を禁反言する原則は連邦政策に反する。下級裁では、第三者が特許無効を立証したら、契約の文言にかかわらず以後のロイヤルティ支払いは不要というのが一般原則になっている。特許権者のほうには有効性の推定があるので不公平にはならない。禁反言をふくむライセンサーのequity（衡平）は、現実には公有の一部であるアイデアにおける完全かつ自由な競争を許すという重要な公共の利益とくらべてそれほど重いとはいえない。<u>ライセンシーは往々にして特許の効力に挑戦するインセンティヴをもつ唯一の人物である</u>。特許効力を争っているあいだはロイヤルティを払えという考えかたもあろうが、それでは、ライセンサーのほうに無限に訴訟を長引かせるインセンティヴを与えることになって、連邦特許法の目的に反する」。

2.5.9. 非係争条項

Microsoft事件（2008）[162]

(1) 違反行為

　米国Microsoft（マイクロソフト）は、国内15社のパソコン製造業者（「OEM業者」）に対するWindows OEM販売契約中で、大要つぎのように規定していた（「本件非係争条項」）。

① OEM業者は、許諾製品に関し、Microsoft（子会社をふくむ）および他のOEM業者に対して、各OEM業者が現に保有しまたは契約期間（1-2年）中保有することになるすべての特許権につき侵害訴訟を提起しない（特許権を主張しない）こと。

② この義務は、契約終了後（販売停止後3年間）も存続し、許諾製品の「特徴および機能」後継品にもおよぶこと。①②中の（　）は別バージョン——2002年以降、Microsoftは、米国司法省との和解契約で、OEM上位20

---

[162] 「マイクロソフトコーポレーションに対する件」審判審決平成20(2008)年9月16日。

2.5. ライセンス取引における「不公正な取引方法」

社との契約を共通化する義務を負ったため、すべての非係争条項を共通化した。

本件非係争条項に対しては、とくにAV機能が充実してきたWindows98以降、パソコン売上げが多くないのにAV特許の開発（とくにMPEG関連必須特許）に多大の投資をしていた家電メーカーからの不満が高まり、数度にわたって改正を提案したが聞きいれられなかった。2004年（XP-SP2）以降のOEM契約には本件非係争条項が入っていないが、それ以前の契約義務は残存している。公正取引委員会による審判での争点は、本件非係争条項の合理性と公正競争阻害性（とくにパソコンAV技術研究開発の意欲阻害と、パソコンAV技術取引市場での競争減殺の蓋然性）に集中した。

(2) <u>Microsoftの主張</u>

(a) 本件市場はAV技術取引市場であって、パソコンAV市場やパソコン市場ではない。

(b) 19条の「おそれ」は厳密に解すべきである：「証拠の優越では不十分で、要証事実が存在することの高度の蓋然性を超えるものでなくてはならず、通常人が疑いを差し挟まない程度に真実性の確信をもちうるものでなければならない」。

(c) 本件非係争条項の適用はきわめて限定されていて（たとえば将来の改良特許などはふくまない）、不合理なものではない：「プラットフォームとして機能すべき一定の技術については、非係争条項を用いてライセンサーとライセンシーまたはライセンシー間の知的財産権紛争を防止する必要がある」。「クロス・ライセンス契約より競争阻害的であるとはいえない」。

(d) かりに審査官が主張するパソコンAV技術取引市場が公正競争阻害性の対象市場として成立するとしても、本件において、OEM業者はパソコンAV技術の開発を活発におこなっており、本件非係争条項を理由にそれを断念したことはない。また、開発したAV技術を巨大な家電製品市場においてライセンスすることが可能であり、かつ実際にもそうしているのであるから、本件非係争条項はOEM業者の研究開発の意欲をなんら損なうものではない：「審査官は、WindowsシリーズがOEM業者の特許権を現実に侵害しているのか否かという点については、…なんら主張・立証を行っていない」。「MPEG規格などの標準化技術については、被審人は既にすべ

2．技術ライセンス取引

　てライセンシーとしてロイヤルティを支払っている」。
(e)　公正取引委員会は、審判開始決定書では「OEM業者のAV機能に関する技術の開発意欲が損なわれることとなり…」としていたのに、審判中パソコンAV技術（パソコンに使われる技術のうち、AV機能に関する技術）の取引市場と狭くしてきたのは手続違反である。AV技術市場をとれば、本件非係争条項の競争減殺効果は軽微である。
(f)　正当化事由として、「本件非係争条項には特許権侵害訴訟の濫用、時機に遅れた提訴を防止し、プラットフォーム製品であるWindowsシリーズの下で多くの業者が安心してビジネスをおこない、利用者が安心して利用するという手段としての必要性・合理性があり、制限の程度も目的を達成するための最小限のものである」。「本件非係争条項は時限的な仕組みであり、Windowsシリーズの新バージョンが普及するまえに知的財産権に係る懸念を解決するための契約条項であった」。

(3)　排除措置命令

　公正取引委員会は、本件非係争条項を一般指定12項「拘束条件付取引」（パソコンAV技術取引市場におけるAV特許についての研究開発意欲の減退＝自由競争減殺）該当の19条違反として排除措置命令を発した（ただし将来に向かっては、AV機能に係る特許権に関する範囲にかぎる）。

(4)　公共の利益対インセンティヴ神話

　2007年2月22日、シアトル連邦地裁の陪審は、Alcatel-Lucentが同社MP3特許（Lucentの一部だった旧ベル研が開発）をMicrosoftが侵害しているとして訴えていた事件で、史上最高の損害賠償額15億2,000万ドルを評決した。MP3はナップスターなどの音楽交換に広く利用されている技術なので（後述5.3.3参照）、この特許のインパクトはMicrosoftにとどまらない。Lucentはコンピューター製造から撤退しているので、同社が受けとる賠償金がコンピューター部門の技術開発に使われることはない。

　プラットフォームや技術標準に関するパッケージ・ライセンスでの非係争条項には巨大な社会的メリットがありうる。これがないと、ライセンシー同士が特許戦争を展開し、技術自体が離陸できない可能性がある。本件においてMicrosoftの非係争条項を非難しているのはどちらかといえば部外者の家電メーカーで、当事者のパソコン・メーカーは不毛な特許戦争をきらって沈黙してい

2.5. ライセンス取引における「不公正な取引方法」

る。審決は、「公正競争阻害性」の認定に当たって、実体の疑わしいインセンティヴ神話などではなく、インターネット社会を麻痺させる現実の危険性を直視すべきであった（なお、「公益性抗弁」については、後述5.2.2「NTT東日本事件」も参照されたい）。

Qualcomm事件（2009審判中）[163]

(1) 問題の行為

　Qualcomm（クアルコム）は、日本の端末メーカーに対し、CDMA携帯無線通信に関する知的財産権のパッケージ・ライセンスを許諾するにあたり、次の①から③までのぜんぶまたは一部を内容とする契約（「本件ライセンス契約」）を締結させている。

① 　国内端末メーカー（親／関連会社をふくむ）の知的財産権について、CDMA携帯電話端末／基地局／それらに用いられる半導体集積回路（「契約製品」）の製造／販売のために、Qualcommに対して、そのライセンスを無償で許諾する。

② 　契約製品の製造／販売／使用につき、当該知的財産権にもとづいて、Qualcomm（関連会社をふくむ）またはQualcommの顧客に対し、権利主張をおこなわないことを約束する。

③ 　契約製品の製造／販売／使用につき、当該知的財産権にもとづいて、Qualcommのライセンシーに対し、権利主張をおこなわないことを約束する。

(2) 審査官の主張

　本件ライセンス契約が締結されたことから、国内端末メーカーは、知的財産権にもとづいて、差止訴訟の提起、ライセンス料の請求などの権利主張をおこなうことを制限されている。このことから、国内端末メーカーの契約製品に関する技術の研究開発意欲が損なわれ、また、Qualcommの当該技術に関する市場における有力な地位が強化されることとなり、当該技術に関する市場における公正な競争が阻害されるおそれがある。

---

[163] 「クアルコム・インコーポレイテッドに対する排除措置命令について」平成21(2009)年9月30日。http://www.jftc.go.jp/pressrelease/09.september/09093001.pdf

2．技術ライセンス取引

(3) <u>排除措置命令</u>

　Qualcommの前記行為は、一般指定12項「拘束条件付取引」該当の19条に違反する。Qualcommは、会社の正式の決定によって、国内端末メーカーとのあいだで締結した本件ライセンス契約における、前記①から③までのぜんぶまたは一部を内容とする規定を破棄し、今後、第4世代移動通信システム（IMT-Advanced規格）に関する知的財産権について、同様の行為をおこなってはならない。

3．「技術を利用させないようにする行為」

　知的財産指針は、「技術を利用させないようにする行為」として、つぎの8類型をあげている（第9表から再掲）。

① 　パテント・プールを形成している事業者が、新規参入者や特定の既存事業者に対するライセンスを合理的理由なく拒絶することにより当該技術を使わせないようにする行為（パテント・プール）。

② 　ある技術が一定の製品市場における有力な技術と認められ、多数の事業者が現に事業活動において、これを利用している場合に、これらの事業者の一部の者が、当該技術に関する権利を取得したうえで、他の事業者に対してライセンスを拒絶することにより当該技術を使わせないようにする行為（横取り）。

③ 　一定の技術市場又は製品市場において事業活動をおこなう事業者が、競争者（潜在競争者をふくむ）が利用する可能性のある技術に関する権利を網羅的に集積し、自身では利用せず、これらの競争者に対してライセンスを拒絶することにより、当該技術を使わせないようにする行為（買い集め）。

④ 　多数の事業者が製品の規格を共同で策定している場合に、自らが権利を有する技術が規格として採用された際のライセンス条件を偽るなど、不当な手段を用いて当該技術を規格に採用させ、規格が確立されて他の事業者が当該技術についてライセンスを受けざるを得ない状況になったあとでライセンスを拒絶し、当該規格の製品の開発や製造を困難とする行為［ホールドアップ］。

⑤ 　公共機関が、調達する製品の仕様を定めて入札の方法で発注する際、ある技術に権利を有する者が公共機関を誤認させ、当該技術によってのみ実現できる仕様を定めさせることにより、入札に参加する事業者は当該技術のライセンスを受けなければ仕様に合った製品を製造できない状況の下で、他の事業者へのライセンスを拒絶し、入札への参加ができないようにする行為［ホールドアップ］。

⑥ 　自己の競争者がある技術のライセンスを受けて事業活動をおこなっていることおよび他の技術では代替困難であることを知って、当該技術に係る

3．「技術を利用させないようにする行為」

　　権利を取得したうえで、当該技術のライセンスを拒絶し当該技術を使わせないようにする行為［ホールドアップ］。
　⑦　ある技術に権利を有する者が、他の事業者に対して、ライセンスをする際の条件を偽るなどの不当な手段によって、事業活動で自らの技術を用いさせるとともに、当該事業者が、他の技術に切り替えることが著しく困難になったあとに、当該技術のライセンスを拒絶することにより当該技術を使わせないようにする行為［ホールドアップ］。
　⑧　ある技術が、一定の製品市場における事業活動の基盤を提供しており、当該技術に権利を有する者からライセンスを受けて、多数の事業者が当該製品市場で事業活動を行っている場合に、これらの事業者の一部に対して、合理的な理由なく、差別的にライセンスを拒絶する行為［差別的ライセンス拒絶］。

　しかし、以上は限定列挙ではなく、いまの産業界で目撃される「技術を利用させないようにする行為」はほかにもまだまだある。私が気づいたものを順不同で数例あげよう。

　⑨　あるシステムの接続方法に関する技術に権利を有する者が、安全確保等の合理的理由がないのに、他の事業者のシステムからの接続を技術的に妨害し、または接続に必要な技術のライセンスを拒絶する行為［接続妨害］（後述6.2「リナックス・サーバー接続拒絶事件」参照）。
　⑩　ある製品の保守方法／操作方法に関する技術に権利を有する者が、安全確保等の合理的理由がないのに、他の事業者による保守／操作を技術的に妨害し、またはこれらの行為に必要な技術のライセンスを拒絶する行為［互換妨害］（後述4.2「Image Technical事件」参照）。
　⑪　前2項の場合において、他の事業者が必要な技術を知るためにおこなうリバース・エンジニアリングを契約で禁止し、または技術的にもしくは知的財産権の行使によって妨害する行為［リバース・エンジニアリング妨害］（後述5.7「Accolade事件」参照）。
　⑫　ある製品とその補用品を抱き合わせて販売している場合に、製品と補用品のインターフェイスを技術的に秘匿し、または知的財産権で保護して、

3.1.「私的独占」

補用品の競争者を閉めだす行為［ロックアウト］（後述4.2「クォーク事件」参照）。

3.1.「私的独占」

パチンコ機パテント・プール事件（1997）[164]

　パチンコ機メーカー10社（合計で全国シェアのほとんどを占める）は、各社の所有する特許権につき、㈱日本遊技機特許運営連盟（「特許連盟」）に、ライセンスの可否決定／契約締結事務／許諾証紙の発行／ロイヤルティの徴収を委託していた。10社は特許連盟の株式の過半を所有し、役員を派遣するとともに、各社および特許連盟の役員からなる審査委員会などの会合において、毎年、ライセンス対象特許の選定などをおこなっていた。特許連盟が管理する特許は重要なもので、これのライセンスがないかぎり、風俗営業法に適合するパチンコ機を製造することはほとんど不可能であった。

　特許連盟は、ライセンス契約にもとづき、メーカーに対して、乱売禁止義務／証紙貼付義務を課し、新型機種の開発／販売価格／販売方法／製造数量を制限して、販売価格の監視をおこなったほか、既存ライセンシー（19社）以外に対するライセンスを拒絶し、会社買収阻止によって新規参入を妨害した。

　公正取引委員会は、審判の結果、独占禁止法3条前段「私的独占」（排除型）違反で、10社および特許連盟に対して排除措置命令を発した。上の行為が特許権等の行使と認められるか否かについて、審決書は、「これは…特許法または実用新案法による権利の行使とは認められない」の一言でかたづけている。

北海道新聞社事件（2000）[165]

　北海道新聞は、北海道全体では過半のシェアを占めるが、帯広では十勝毎日（夕刊専門）に押されて、朝夕セット販売崩壊のおそれがあった（動機）。本件の舞台は函館である。北海道新聞は、函館新聞（夕刊専門）発刊の計画があることを知り、会社の組織をあげて、函館新聞に対するつぎのような排除工作

---

[164]「㈱三共ほか10名に対する件」公取委勧告審決平成9（1997）年8月6日。
[165]「㈱北海道新聞社に対する件」同意審決平成12（2000）年2月28日。

3．「技術を利用させないようにする行為」

をおこなった。
① 函館新聞の題字を商標出願した。
② 時事通信（先行契約者優先の方針あり――同業の共同通信は社団法人のため中小新聞には使いにくい）に対して、先行者権を主張した。
③ 函館地区での夕刊広告料を大幅割引した（コスト割れ）。
④ 北海道新聞が出資する北海道テレビに対して函館新聞のCMを受け付けないよう工作、北海道テレビはいったん受け付けた同CMを変更した。

公正取引委員会の立入り検査により、北海道新聞は上記4行為をすべてとりやめ（商標出願は取り下げ）たが、公正取引委員会は、平成12（2000）年、北海道新聞が、函館新聞の事業活動を排除することにより、函館地区における一般日刊新聞の発行分野における競争を実質的に制限したとして、3条前段「私的独占」（排除型）違反の同意審決をおこなった。

商標法上、他人の事業活動を妨害する目的の商標出願を防ぐ手段はなく、独占禁止法で対処するしかない。審決は、使用予定のない商標をもっぱら妨害目的で出願したことが、商標法の趣旨を逸脱しているとして21条主張を封じた。本件では、北海道新聞が自主的に商標出願を取り下げたが、もしそうしなかったら、排除措置命令で出願取下げを命令しただろう。もし登録ずみであれば、放棄を命ずるか、それとも刑事の有罪判決を経て、100条1号[166]準用で裁判所命令による登録取り消しという手段もあった。

インテル事件（2005）[167]

インテル（株）は、x86系CPUに関し、パソコン・メーカー5社に対して累進忠誠リベート（ユーザーのインテル使用率に応じて、リベート割戻金や、米本社から直接ユーザーに払う奨励金を累進的に増額）を展開、これによって、競争者（AMD／トランスメタ）のシェアが、2002年の24％から2003年の11％まで低下した。

---

[166] 100条：［私的独占で有罪］の場合において、裁判所は、情状により、刑の言渡しと同時に、次に掲げる宣告をすることができる。ただし、第1号の宣告をするのは、その特許権又は専用実施権若しくは通常実施権が、犯人に属している場合に限る。1号：違反行為に供せられた特許権又は専用実施権若しくは通常実施権は取り消されるべきこと。

[167] 「インテルに対する件」公取委勧告審決平成17（2005）年4月13日。

3.1.「私的独占」

　公正取引委員会は、インテルに対して、3条前段「私的独占」（排除型）違反で排除勧告、インテルは違法行為の事実を認めない留保つきで応諾して審決が確定した。

Intel-EU事件（2009）
　2009年5月、欧州委員会（クルス委員）は、インテルに対して、2002-07年における支配的地位の濫用（日本の私的独占に相当）で14億6,000万ユーロ（1回分としては過去最高——対Microsoftでは同一事実について5億、4億、9億ユーロの3回）の過料支払いを命じた。2000年AMD提訴によるもので、前記日本の「インテル事件」と同様の事実が背景にある。

　知的財産権の一方的行使による「技術を利用させないようにする行為」と、「情報を利用させないようにする行為」（後述5）に対する独占禁止法最強の武器は3条前段の私的独占、とくに「排除型」である。いくつか例をあげよう。

東洋製罐事件（1972）[168]：供給拒絶で缶詰メーカーの自家製罐を妨害→排除型。持株等で競争者を支配→支配型。支配の手段として、米社特許権の専用実施権を設定、サブライセンス契約で、機械の設置場所を限定した。

日本医療食協会事件（1996）[169]：登録制→排除型。二次販売業者の販路を制限→支配型。直接には知的財産権がらみではないが、公的な検査認定機関によるサボタージュということで、広義の「技術を利用させないようにする行為」といえる。

パチンコ機パテント・プール事件（1997）：前述3.1。特許権ライセンス拒絶→排除型。

パラマウントベッド事件（1998）：前述1.4.2。発注者仕様を操作→排除型。販売業者を支配→支配型。

北海道新聞社事件（2000）：前述3.1。商標登録等で競争者をターゲティング（狙い撃ち）→排除型。

インテル事件（2005）：前述3.1。忠誠度リベート→排除型。

NTT東日本（2000）：後述5.5.2。不可欠施設の使用料金を競争不可能な高額

---
[168] 「東洋製罐に対する件」勧告審決昭和47（1972）年9月18日。
[169] 「日本医療食協会に対する件」勧告審決平成8（1996）年5月8日。

3.「技術を利用させないようにする行為」

　　に設定→排除型。
　　　　有線ブロードネットワークス事件（1999）：後述5.3.1。ターゲティング
　　　　　→排除型。
　　　　JASRAC事件（2009審判中）：後述5.3.2。ブランケット・ライセンス→
　　　　　排除型。

3.1.1. 排除型私的独占指針[170]

　公正取引委員会は、独占禁止法平成21（2009）年改正で排除型私的独占にも課徴金が導入されたのを機会に、「排除型私的独占に係る独占禁止法上の指針」を公表した。知的財産権の行使が独占禁止法に触れるケースのうちとくに大型の案件ほど、排除型私的独占（とくに第2(2)(c)「抱き合わせ」と(2)(d)「供給拒絶・差別的取扱い」）に該当する可能性がある。

　一般に、公正取引委員会の「指針」は、法律でも政令でもなく、公正取引委員会内部の立件基準にすぎないのだが、とくに課徴金については、公正取引委員会の裁量権はまったくなく、要件を満たした行為に対して機械的に金額を算定するという作業上の必要から、この指針は、公正取引委員会の執務基準としての性格が強い。ちなみに、支配型と排除型の両方の要件を満たす場合、課徴金は支配型の10%（小企業以外・製造業ほかの場合）で頭打ちである。

<u>第1　公正取引委員会の執行方針</u>

　行為開始後のシェアおおむね50％超（「抱き合わせ」では主たる商品、「供給拒絶・差別的取扱い」では川上商品）で国民生活に影響がおよぶ事案を優先的に審査する。

<u>第2　排除行為</u>
(1)　基本的考えかた

　排除／参入阻止は蓋然性でいい。

　意図は要件ではないが、排除行為の推認事実になる。意図があれば合わせ技

---

[170]　『排除型私的独占に係る独占禁止法上の指針』平成21（2009）年10月28日公表。http://www.jftc.go.jp/dk/haijyogata.pdf

3.1. 「私的独占」

一本（単独の行為では違反にならないが、複数の行為で違反が成立する）もある。

取引先経由の間接的な排除もある。

不公正な取引方法とは重畳する場合としない場合とがある。

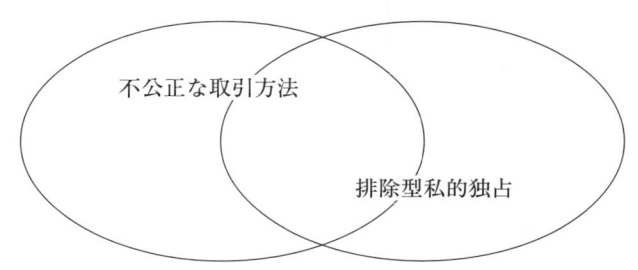

第 3 図　法の重畳

（不公正な取引方法／排除型私的独占　ベン図）

(2)　類型

指針は、排除型私的独占の例として、(a)コスト割れ価格設定、(b)排他的取引（競業禁止）、(c)抱き合わせ、(d)供給拒絶・差別的取扱いという 4 類型を解説しているが、これがすべてではない。たとえば、有線ブロードネットワークス事件（ターゲティング）、東洋製缶事件（顧客の自家製缶を断念させるため製品供給拒絶）、日本医療食協会事件（検定機関が地域・販売先制限）、北海道新聞事件（妨害目的の商標登録）などもある。

(a)　コスト割れ価格設定[171]

該当行為：

① 変動原価[172]未満の供給は正常な競争ではなく、排除になりうる。

② 変動原価以上総原価[173]未満であれば、長期間、大量など特段の事情がないかぎり、排除の可能性は低い［米国のアリーダ・ターナー・テストに近い］。

　　ここで、変動原価＝製造原価（材料費＋加工費）または仕入原価＋変動管理費[174]（運送費／倉庫費／コミッションなど）。総原価＝製造原価

---

[171] この類型は知的財産権と直接関係がないが、参考まで略述する。
[172] 指針では「平均回避可能費用」。以下いずれもビジネス慣用語にいいかえた。
[173] 指針では「その供給に要する費用」。
[174] 指針では「密接関連費用」。

3．「技術を利用させないようにする行為」

　　　　または仕入原価＋販売費＋一般管理費。いずれも合理的な期間を設定。
　　　　外部からの援助は無視する。別事業との共通費は便益比で配賦。
　　参考例：「ゼンリン事件」警告平成12 (2000) 年3月24日。一般指定6項「不
　　　　当廉売」違反。

(b) 排他的取引（競業禁止）
　該当行為：
　　① 排他条件を課された事業者が、ほかに代わりうる取引先をみつけることができる場合は排除とはいえない。
　　② 排他条件は明示とはかぎらない。事前承諾制や能力限度に近い達成リベートなどもそうである（単なる値引きと同視できるリベートは問題にならない）。
　　③ メーカーによる販売業者の囲い込みが多いが、逆もある。
　具体例：「ノーディオン事件」勧告審決平成10(1998)年9月3日。排除型私的独占。
　　　　「ニプロ事件」審判審決平成18(2006)年6月5日。排除型私的独占。
　　　　「インテル事件」勧告審決平成17(2005)年4月13日。排除型私的独占。
　　　　（前述p.106）

(c) 抱き合わせ
　該当行為：
　　① 従たる商品の市場においてほかに代わりうる取引先を容易にみいだすことができない場合は、従たる商品の市場での競争を制限し、排除になりうる。
　　② 一般指定10項（前述2.5.6）でいう「他の商品」は、それぞれが独自性を有し、独立して取引の対象とされているかどうかで判断。補用品のアフターマーケットもこれに該当。
　　③ おなじく「強制」は形式論ではなく、主たる商品の供給量が少ないため従たる商品を買わざるをえないこと［ムチの「経済力」］や、抱き合わせ商品を2品合計より安くすること［アメの「経済力」］は、この要件を満足する。

3.1.「私的独占」

参考例:「マイクロソフト事件」勧告審決平成10(1998)年12月14日。(後述p. 132)
「東芝昇降機サービス事件」大阪高判平成5(1993)年7月30日。(後述p. 165)

(d) 供給拒絶および差別的取扱い
該当行為:
① 行為者が、川上（たとえば原料）市場で、合理的な範囲を超えて供給を拒絶し、または差別的取扱いをして、川下（たとえば製品）市場での事業者が、川上市場においてほかに代わりうる供給者を容易にみいだせない場合（ネットワーク効果／公共不可欠施設など）は、川下市場での競争を制限し、排除になりうる。
② 行為者が川下市場でも事業活動をおこなっている（垂直統合の）場合、川下市場の競争者が対抗できないほどの価格を設定すること（マージン・スクイーズ）、および、川下市場の販売業者が、川上市場の製造業者に対して、合理的な範囲を超えて、販売サービスを拒絶し、または差別的取扱いをすることも排除になりうる。
③ 「合理的な範囲を超えて」とは、たとえばコストで正当化できない廉価販売や価格差別。
具体例:「パチンコ機パテント・プール事件」勧告審決平成9(1997)年8月6日。排除型私的独占。(前述p. 105)
「東日本NTT事件」東京高判平成21(2009)年5月29日。排除型私的独占。(後述p. 236)

上記4類型いずれにおいても、判断要素として、①商品市場全体の状況（集中度／ロックインなど）、②行為者の地位（シェア／ブランド力など）、③競争者の地位、④行為の期間／数量／継続性／態様／意図／目的、⑤参入牽制の有無、⑥代替可能性、⑦川上川下市場の状況などを考慮する（rule of reason）。もちろん、「一定の取引分野における競争の実質的制限」が要件である。

3.「技術を利用させないようにする行為」
3.1.2. ライセンス拒絶

　単独の一方的ライセンス拒絶が独占禁止法からの聖域だという主張が依然としてありそうである。特許権者は、自分の特許権をだれにもライセンスしないで、特許品の市場を独占する権利がある——これこそ特許権の「本来的行使」であり、「固有主題」なのだという議論である[175]。だが、もうすこし深く考えよう。

　有体財産の販売拒絶は、それが、公益に反して、一定の取引分野における競争を実質的に制限するなら、私的独占である。神聖不可侵とされる有体財産でそうなら、擬制財産にすぎない知的財産権のライセンス拒絶に対して、独占禁止法が適用されない理由がどこにあるのだろうか。

　また、ライセンス拒絶の社会的コストは、じつはそれほど大きくない。企業者はライセンスが得られなければ、彼／彼女の資本や才覚を他の入手可能な技術の商品化に向けるか、それともライセンスを拒絶された技術と競争する技術の開発に向けるだろう。ライセンス拒絶の社会的コストがそれほど大きくないから、私的独占を適用した判審決がすくないだけなのではないか。

　米国におけるこのテーマの諸判決をつらぬく知的財産権者側の基調的な主張は、「知的財産権者は、ライセンス拒絶ができるのだから、それにいたらないライセンス制限はなんでもできる」という議論[176]だが、これは「分割の誤謬」である。ライセンスしておきながら、企業者の資本や才覚を拘束する行動は、単なるライセンス拒絶より反社会的である。米国最高裁は、一貫して、「ライセンス制限は、場合によっては、単純なライセンス拒絶より社会にとって有害だ」といっている[177]。この世界では、部分の総和が全体より大きいのである［再掲］。

　この点についてのマージナルな例として、いまほとんど判例としての力を

---

[175] Donald F. Turner, "The Patent System and Competitive Policy," 44 *New York University Law Review* 450 (1969).
[176] *E.g.*, A. B. Dick 1902. Also, Motion Picture 1917, 519 (Holms, J. dissenting).
[177] *E.g.*, Masonite 1942：「特許権者はライセンス拒否ができるのだから、特許品の再販や再使用制限なども当然できるという議論をよく聞くが、…その分析はそれほど単純ではない。…通常、ライセンサー、ライセンシー以外の第三者に対する経済的インパクトがある」。

失ったとまでいわれるいわゆるexorbitant royalty(不当に高額のロイヤルティ）を価格固定と認定したRovico 1966について再考しよう。競争者に損益限界すれすれの高額のロイヤルティを課して、これを生かさぬよう殺さぬような状態においておくこと（寡占市場における限界供給者の意図的な温存による価格固定）は——「競争者」にとってはそれでもいいかもしれないが——社会的な「競争」にとっては損失であり、行為者にとっても非効率的である。exorbitant royaltyを強要していた湿式コピー機の覇者APECOが、乾式コピー機で敗者になった経緯をXerox 1981が雄弁に物語っている。

Xerox事件（1981）[178]

普通紙コピー機の特許権者Xeroxが競争者SCMに対してライセンスを拒絶、SCMがシャーマン法2条違反でXeroxを訴えた事件で、巡回裁は特許権者を勝たせた：「特許品が一定の商品市場で競争する多くの商品の1つにすぎない場合、反トラスト問題はほとんど起こらない。しかし、本件のように、特許品が成功してそれ自身の経済市場に成長する場合、特許法と反トラスト法は必然的に衝突する。しかし、合法的に取得された特許権の、特許法にもとづく行使を反トラスト法違反に問わないとするのが、両法の最良のバランスであろう」。

3.2.「不公正な取引方法」

3.2.1.「競争者に対する取引妨害」

Walker Process事件（1965）[179]

Food Machinery(フード・マシナリー）社は、下水処理装置について、それが出願より1年以上まえに米国内で一般に使用されていたことを隠して特許を取得、これにもとづいて、ライバルのWalker Process(ウォーカー・プロセス）社に対して侵害訴訟を提起した。Walker Processは、Food Machineryが、「詐

---

[178] *SCM v. Xerox*, 645 F. 2d 1195 (2d Cir. 1981).
[179] *Walker Process Equipment, Inc. v. Food Machinery and Chemical Corp.*, 382 U. S. 172 (1965).

3.「技術を利用させないようにする行為」

欺的にかつ悪意で取得した特許権を利用して、不当に市場を独占しようとした」として反訴、シャーマン法2条違反にもとづく3倍賠償を請求した。連邦地裁はWalker Processの反訴を棄却し、第7巡回裁もこれを容認したが、連邦最高裁は、これをくつがえし、「シャーマン法2条「独占行為」事件に必要な他の諸要件（関連製品市場の画定と排除力の存在）さえ立証できれば、特許商標庁に対する詐欺によって取得された特許権の行使は、同条違反を構成する」と判断、事件を下級審に差し戻した。

Handguards事件（1984）[180]

Ethicon（エチコン）社は、先使用による無効を知りながら、染料用使い捨てプラスチック手袋の製法特許にもとづいて、ライバルのHandguards（ハンドガーズ）社を訴えた。Handguardsは、Ethiconが悪意の提訴によって市場を独占しようとしたとして、シャーマン法2条「独占行為」違反で反訴。地裁は、「証拠の優越」によってEthiconの同条違反を認定、Handguardsを勝たせた。巡回裁は、「Ethiconの提訴は善意の推定を受けるものであり、この推定をくつがえすためには（証拠の優越では不足で）、『明白かつ説得力ある（clear and convincing)』証拠が必要」と判断、原判決を破棄差し戻したが、地裁の差戻判決は、明白かつ説得力ある証拠によって、ふたたびHandguardsを勝たせ、巡回裁もこれを容認した。

Column「内(ない)交渉」[181]

近藤和夫（45歳）は都電工川崎工場の特許部員。おもな仕事は、工場の主力製品である電力送配電機器について、特許庁からでているオンラインの出願公開公報を毎日通読して、自社製品が抵触するおそれのある出願をみつけたら、対策を上司に提案することである。

今日たまたまみつけた出願は、ライバル会社である大山重工のエンジニアの発明によるもので、このままでは都電工の主力である回路遮断器がもろに抵触する広いクレーム（特許権請求の範囲）をもってい

---

[180] *Handguards v. Ethicon*, 601 F. 2d 986（1979）／748 F. 2d 1282（1984）.
[181] フィクションである。

る。審査請求されており、いつでも特許になる可能性がある。

　なんとかしなければ…。ただ、この発明は、近藤の長いキャリアのなかで、どこかでみたことがある——デジャビュー（既視感）。近藤は、自分の膨大なノートを手掛かりに必死に考え、文献やデータベースをあさり、ついに、自分が若いときに集めていた20年まえのチェコスロバキアの専門誌に、問題の出願とそっくりのアイデアが掲載されているのを発見した。大山重工の出願はこれのデッド・コピーといってよい。

　これがあれば、問題の出願が特許になっても、無効審判でつぶせる。だが、当時はチェコスロバキアがまだ共産圏だったこともあって、この記事を知っている者は、日本では、おそらくこの出願の発明者以外には、自分だけだという自信がある。あなたが近藤だったらどう決断する？

　近藤の世界観によって、2つの可能性がある。1つは、①この記事のコピーを大山重工の特許部に送って出願を取りさげさせるか、②特許庁に情報提供して拒絶査定させるか、③特許が成立してから無効審判をかけて特許をつぶす…という可能性である。いずれの場合も、ほんらい無効なはずの特許が成立して市場を独占しないように、近藤が、いわば公益的な立場から、市民として行動するものである。しかし、この場合は、特許がつぶれてしまうので、大山重工はがっかりするだろうが、ほかのライバル会社はみんな喜ぶだろう。都電工にとってこれはおもしろくないかもしれない。

　だから、もう1つの可能性は、近藤が、大山重工にひそかに接触して、この記事を秘匿することを条件に、特許が成立したら、都電工にだけ無償のライセンスをよこすという約束を取りつけることである（内交渉）。これなら、この回路遮断機の市場を、大山重工と都電工で独占（複占）できる。この場合、近藤は脅迫者として行動することになり、できあがった約束はカルテルである。

　近藤の相談を受けた上司がいう：「それはぜったい内交渉でやるべきだ。きみの努力でほかのメーカーを喜ばせてやることはない。資本主義はきれいごとじゃないよ。社会公共なんてきみ個人と関係ないだ

3.「技術を利用させないようにする行為」

ろう」。このアドバイス、あなたはどう思う？
_____

3．2．2．並行輸入妨害

　並行輸入妨害は、公正取引委員会の実務では、一般指定14項「競争者に対する取引妨害」で立件されることが多い（流通取引指針第3）が、問題別に記述するという本書の方針に従って、この節でまとめて考えることにする。

オールドパー事件（1978）[182]
　被審人オールドパー㈱はスコッチ・ウィスキー「オールドパー」の輸入総代理店で、商品を特約店7社に販売、特約店は二次卸店または小売店に販売している。被審人は、特約店会議において、特約店に対して、商品の価格を維持するため、①並行輸入品の販売店には商品を卸さないこと、②被審人所定の標準小売価格をいちじるしく下回って販売する小売店にも商品を卸さないこと、③それらの販売店に商品を横流しする販売店にも商品を卸さないことを指示、それぞれ対象店を指名、商品の特定位置に番号を記入して、指示に違反した特約店に対して、出荷を停止し、買戻しを指示した。
　公正取引委員会は、被審人の行為を、一般指定12項「拘束条件付取引」該当の19条違反として、上記行為の取りやめとその周知を命じた。

ラジオメータートレーディング事件（1993）[183]
　被審人ラジオメータートレーディング㈱は、デンマーク製血液ガス分析装置および試薬を輸入、販売業者に卸している。業界第2位である。被審人は、販売業者に対して、①並行輸入された試薬を取り扱わないこと、②これに従わなければ、分析装置の保守管理を中止することを文書で通知した。
　公正取引委員会は、被審人の行為を一般指定14項「競争者（この場合は並行輸入業者）に対する取引妨害」該当の19条違反として、通知の撤回とその周知を命じた。

_____

[182] 「オールドパー事件」勧告審決昭和53（1978）年4月18日。
[183] 「ラジオメータートレーディング事件」勧告審決平成5（1993）年9月28日。

3.2.「不公正な取引方法」

星商事事件（1996）[184]

　被審人星商事㈱はハンガリー国ヘレンド社製の高級食器を輸入し、デパートに販売している。被審人は希望小売価格を提示、ほぼ守られている。ヘレンド社は被審人に日本における一手販売権を与え（輸入総代理店）、商品底部に国番号を表示している。並行輸入業者は、外国（ハンガリーとはかぎらない）で、総代理店や小売店から購入して日本に輸入（「並行輸入品」）、価格は被審人による輸入品（「正規品」）より30-50％安い。被審人は、店頭調査によって突き止めた並行輸入品の国番号をヘレンド社に通知、ヘレンド社をして、外国の販売業者に対し、日本の並行輸入業者（社名特定）への販売を拒絶させた。
　公正取引委員会は、被審人の行為を一般指定14項「競争者（この場合は並行輸入業者）に対する取引妨害」該当の19条違反として、上記行為の取りやめとその周知を命じた。

　一般に、輸入総代理店契約には、投資回収をある程度保証することによる参入インセンティヴという競争上のメリットがあり、それ自体として違法ではない。ただ、これは契約だから、契約相手（メーカー）以外の第三者を拘束しない。かかる第三者による輸入（並行輸入）や並行輸入品の販売を、知的財産権によって阻止しようとする試みがあとを絶たない。
　並行輸入品の販売業者は通常弱小で、商品の確保が不安定なため、「正規品」の入手も必要である。審決は公正競争阻害性を明示していないが、被審人たちが「価格維持のため」といっているので、当然違法で判断しているものと思われる。ちなみに、流通取引指針は、並行輸入妨害を違法とするため、価格維持目的を要件としている。
　被審人たちによる並行輸入品取扱店むけの供給制限に、法律上の合理性はない。たしかに「売らない自由がある」といわれることがある。しかし、それが不当であれば、一般指定2項「単独の取引拒絶」または12項「拘束条件付取引」に該当する。
　ビジネスマンのあいだに、特許品／著作物なら並行輸入制限ができるという誤解がみられる。だがそうではない。著作物については、「101匹わんちゃん事

---

[184]「星商事事件」勧告審決平成8（1996）年3月22日。

3.「技術を利用させないようにする行為」

件地判」が「BBS事件最判」と「中古ゲームソフト事件最判」で修正されている。特許品についてのリーディング・ケースである「BBS事件最判」は、日本除外の合意表示があれば権利行使してもいいとは言っていない（後述）。商標品については、「パーカー万年筆事件地判」が健在である。

オールドパー事件の小売店は14項「競争者に対する取引妨害」でいう「競争者」ではないので、総代理店に対して一般指定12項「拘束条件付取引」を適用したのである。ほかに、価格維持目的の立証が難しかったという考慮もあっただろう（ラジオメーター事件の試薬などとちがって、競争品はいくらでもある——ブランド間競争活発）。流通取引指針は「価格維持目的」を要件としているが、これは法律上の要件ではないし、ガイドラインとしても狭すぎるので、「競争者排除」とすべきであろう。

以上3件とも並行輸入妨害事件であるが、ラジオメーターと星商事は14項「競争者に対する取引妨害」該当とされた。ただ、オールドパーとラジオメーターは特約店や販売店に対する供給拒絶の誘導だが、星商事は外国メーカーに対する供給拒絶の誘導なので、一般指定2項「単独の取引拒絶とその誘導」も重畳して適用できたであろう。

3件とも、知的財産権は表面にはでてきていないが、実際はいずれの行為も商標権を根拠とした並行輸入妨害行為であり、これに加えて、ラジオメーターはおそらく特許権も根拠にできたであろう。かりにそれぞれの外国メーカーが、彼らが日本で所有する知的財産権にもとづいて、並行輸入業者に対して輸入または販売の差止を請求したら（直接妨害）、並行輸入業者としては、商標権にはパーカー万年筆、特許権にはBBS、著作権には中古ゲームソフトの各事件判決を援用して抗弁することになるが、それだけでは受け身一方になるので、いずれの場合も、独占禁止法24条にもとづいて、妨害行為の差止を請求すべきである。

BBS事件（1997）[185]

ドイツBBS（ベーベーエス）社は、乗用車用アルミ・ホイール（「製品」）のメーカーで、ドイツと日本における特許権者である。日本では輸入総代理店を通して販売していたが、日本の並行輸入業者が、ドイツの小売市場から製品を買い取って日本に輸入した。BBSが並行輸入業者を同社日本特許権侵害で提訴、東

3.2.「不公正な取引方法」

京高裁は、いわゆる国際消尽論（製品が特許権者によって正当にドイツ市場に置かれたことによって、特許権者の利得機会が果たされ、いわば特許権が消尽しており、製品が日本に輸入されても、そこでまた特許権を主張して、二重に利得することは許されない）によって並行輸入業者を勝訴させたが、最高裁は国際消尽論を否定（特許権は国別だから、ドイツでの消尽を日本で援用できない）しながらも、いわゆる黙示許諾論（特許権者が製品を市場に置くときに、日本除外の合意も表示もしなかったことによって、黙示の許諾がなされている）によって、結果的には並行輸入業者を勝訴させた。

(1) 国際消尽論の不採用と黙示許諾論

最判の重要なポイントは、まず、判決理由の三の3「しかしながら」ではじまる部分である。

「3　しかしながら、我が国の特許権者が国外において特許製品を譲渡した場合には、直ちに右［国内消尽］と同列に論ずることはできない。すなわち、特許権者は、特許製品を譲渡した地の所在する国において、必ずしも我が国において有する特許権と同一の発明についての特許権（以下「対応特許権」という）を有するとはかぎらないし、対応特許権を有する場合であっても、我が国において有する特許権と譲渡地の所在する国において有する対応特許権とは別個の権利であることに照らせば、特許権者が対応特許権にかかわる製品につき我が国において特許権にもとづく権利を行使したとしても、これをもって直ちに二重の利得を得たものということはできないからである」。

この部分はいわゆる二重利得機会論を否定したものである。高裁判決は二重利得機会論によって並行輸入業者を勝訴させた。二重利得機会論は「国際消尽論」の根拠の1つで、知的財産権の消尽という擬制が、国内とおなじく国際間でも通用するという議論である。高裁は、最初に製品を市場に置いたドイツと日本とで2回利得する機会を得るのは論理的におかしい、機会とは本来1回かぎりのものだとして並行輸入を認めたのだが、最高裁はこれを否定した。

利得機会論にもとづく消尽論というのは、1900年ごろドイツのライヒ裁判所

---

[185] 「BBS（ベーベーエス）事件」最判平成9(1997)年7月1日。本項は、日本機械輸出組合平成9年度第1回知的財産権問題専門委員会（1997年10月14日）における私の講演録（日本機械輸出組合平成9年度報告書『通商関連知的財産権をめぐる諸問題』（1998年6月）所載）と一部類似の構成をとるが、本書のために大幅に改訂したものである。

119

3．「技術を利用させないようにする行為」

判決ではじめてでてきたものだが、それ以来、利得機会（知的財産権者が利得を得る機会）は1回しかないという条理が1世紀近くも定説となっている。最高裁は、特許権が国ごとに別個だから、二重利得を否定するほうがむしろおかしい、二重に利得してもかまわないという立場をとった。これによっていわゆる国際消尽論の重要な柱の1つが切り倒されたことになる。最高裁、高裁いずれも判決そのものは変わらず、アルミ・ホイールの並行輸入業者を勝訴させているが、問題は、最高裁判決が判決理由のなかで国際消尽論をほとんど否定したことである。

BBS最判に対する学者の論評はこの3に集中している。たしかに大きな問題ではあるが、最判がもうでてしまったので、将来大法廷で変更されるか、または立法で変更されることがないかぎり、3に書かれている二重利得機会否定論は所与の条件であって、いまさらこれを非難してもあまり実益がない。ビジネスマンはもっとプラクティカルなところに眼をむける必要がある。

実務的には、判決理由の三の4が大きな問題を提起している。

「4　そこで、国際取引における商品の流通と特許権者の権利との調整について考慮するに、現代社会において国際経済取引が極めて広範囲、かつ、高度に進展しつつある状況に照らせば、我が国の取引者が、国外で販売された製品を我が国に輸入して市場における流通におく場合においても、輸入を含めた商品の流通の自由を最大限尊重することが要請されているものというべきである。そして、国外での経済取引においても、一般に、譲渡人は目的物について有するすべての権利を譲受人に移転し、譲受人は譲渡人が有していたすべての権利を取得することを前提として、取引行為がおこなわれるものということができるところ、前記のような現代社会における国際取引の状況に照らせば、特許権者が国外において特許製品を譲渡した場合においても、譲受人又は譲受人から特許製品を譲り受けた第三者が、業としてこれを我が国に輸入し、我が国において、業として、これを使用し、又はこれを更に他者に譲渡することは、当然に予想されるところである。

「右のような点を勘案すると、我が国の特許権者又はこれと同視し得る者が国外において特許製品を譲渡した場合においては、特許権者は、譲受人に対しては、当該製品について販売先ないし使用地域から我が国を除外するむねを譲受人との間で合意した場合を除き、［また］譲受人から特許製品を譲り受けた

3.2.「不公正な取引方法」

第三者及びその後の転得者に対しては、譲受人との間で右のむねを合意したうえ特許製品にこれを明確に表示した場合を除いて、当該製品について我が国において特許権を行使することは許されないと解するのが相当である。すなわち、(1)先に説示したとおり、特許製品を国外において譲渡した場合に、その後に当該製品が我が国に輸入されることが当然に予想されることに照らせば、特許権者が留保を付さないまま特許製品を国外において譲渡した場合には、譲受人及びその後の転得者に対して、我が国において譲渡人の有する特許権の制限を受けないで当該製品を支配する権利を黙示的に授与したものと解すべきである。(2)他方、特許権者の権利に目をむける時は、特許権者が国外での特許製品の譲渡にあたって我が国における特許権行使の権利を留保することは許されるというべきであり、特許権者が、右譲渡の際に、譲受人との間で特許製品の販売先ないし使用地域から我が国を除外するむねを合意し、製品にこれを明確に表示した場合には、転得者もまた、製品の流通過程において他人が介在しているとしても、当該製品につきそのむねの制限が付されていることを認識し得るものであって、右制限の存在を前提として当該製品を購入するかどうかを自由な意思により決定することができる。そして、(3)子会社又は関連会社等で特許権者と同視し得る者により国外において特許製品が譲渡された場合も、特許権者自身が特許製品を譲渡した場合と同様に解すべきであり、また、(4)特許製品の譲受人の自由な流通への信頼を保護すべきことは、特許製品が最初に譲渡された地において特許権者が対応特許を有するかどうかにより異なるものではない」。

　最判は、3で二重利得機会論を否定し、かわりにいわゆる黙示許諾論をもってきている。権利者、この場合はBBS社が、まずドイツでアルミ・ホイールを市場に置いた。現代のようなグローバリゼーションの時代では、権利者がいったん市場に置いたものが流通して世界中に転がっていくことは当然のことであり、製品を最初に市場に置く人が、地域限定条件をつけないでそうしたならば、その製品が世界中に転がっていくことを承知していたことになる（黙示許諾論）。それが日本に転がってきても今さら権利行使はできない。この黙示許諾論が最判の理由3であった。しかし、権利者の意思を問題にしたために、こんどはあたらしい問題——つまり最初に市場に置いた時に地域限定をしている場合、いいかえれば、世界中に転がっていくことを積極的に拒否する意思表示をしていた場合はどうなるのかというつぎの問題——がでてきたのである。これ

3．「技術を利用させないようにする行為」

がまさに4で論じられている。

(2)　地域限定合意・表示の例外

　(a)　判決のトリック

　　判決理由の三の4は、「輸入を含めた商品の流通の自由は最大限尊重する」ことを判決全体の基本的前提としており、そのような製品が世界中に転がっていくことが「当然に予想される」という認識の上にすべての議論を構築している。

　　さて、「右のような点を勘案すると」ではじまる4の第2パラグラフが問題である。同パラグラフには、「特許権者は、譲受人に対しては、当該製品について販売先ないし使用地域から我が国を除外するむねを譲受人との間で合意した場合を除き、［また］譲受人から特許製品を譲り受けた第三者及びその後の転得者に対しては、譲受人との間で右のむねを合意したうえ、特許製品にこれを明確に表示した場合を除いて、当該製品について我が国において特許権を行使することは許されないものと解するのが相当である。」とある［再掲］。

　　ここはわかりにくいが、「譲受人」と「第三者／転得者」についてそれぞれ分けて述べている。直接の譲受人に対しては、当該製品について販売先ないし使用地域から我が国を除外するむねを譲受人とのあいだで合意した場合を除き、輸入国での権利行使ができないとしている。また、譲受人から特許製品を譲り受けた第三者およびその後の転得者に対しては、譲受人とのあいだで上述のような合意をした上に、特許製品にこれを明確に表示した場合を除き、輸入国での権利行使ができないとしている。このパラグラフが最高裁判決の最重要ポイントである。

　(b)　論理解釈の必要性（裏命題かならずしも真ならず）

　　このパラグラフは、「これこれをした場合を除いて、これこれすることが許されない」という表現をとっているのでわかりにくい。前提も結論も否定形なのである。下の表は論理学の本の最初のほうにでてくるアリストテレスの対当表である。

　　　　　　　（正命題）p→q　　　　（逆命題）q→p
　　　　　　　（裏命題）not p→not q　（対偶命題）not q→not p

　　たとえば「pならばqである」という正命題が真だとする。「女学生ならば

3.2.「不公正な取引方法」

女である」は真である。しかしその逆命題「qならばp」「女ならば女学生である」はかならずしも真ではない。女学生ではない女はいくらでもいる。裏命題「pでなければqではない」「女学生でなければ女ではない」もかならずしも真ではない。最後に対偶命題「qでなければpでない」「女でなければ女学生ではない」は真である。したがって、正命題に対してつねに真である命題は対偶命題しかない。逆命題も裏命題もかならずしも真ではない。このような論理学の初歩の分解をしてみると、最高裁判決が裏命題で書かれていることがわかる。つまり「そのような合意や表示がなされた場合を除き」(not p→)、「権利行使ができない」(not q) というように裏命題で書かれている。

(c) 早くもでてきた反対解釈

さて、4の解釈についてはすでにいろいろな解説がでている。私が問題だと思うものをいくつか紹介しよう。

① 「このたびの最高裁判決は、特許権者が望めば並行輸入を阻止できる方策を理由中で述べることにより、特許権者を救済し、特許権者が日本の独占市場を保持することを可能にしている点で、東京高裁判決を是正したものと評価することができる」[186]。

② 「BBS事件において、最高裁が…並行輸入を一定の条件の下で認める判決を下す…」[187]。

③ 「[判決] 理由は、どのような場合に並行輸入が許容され、どのような場合に並行輸入が禁止されるかという要件について、主張立証責任の配分も含めて述べている」[188]。

④ 「…以下に示す特許権の行使は許される…」[189]。

⑤ 「『特許権者は、[一定の] 場合、当該製品について我が国において特許権を行使することができる』という判断が読み取れます」[190]。

---

[186] 知的財産協会特許委員会第2小委員会「並行輸入訴訟最高裁判決（平成9年7月1日判決言渡）について」『知財管理』47巻9号（1997年9月）。
[187] 立花信孝（大蔵省関税局業務課知的財産専門官）「税関における知的財産権侵害物品の水際取締制度について」『特技懇』1997年11月号。
[188] 近藤恵嗣「判例解説——BBS特許並行輸入事件最高裁判決」『CIPICジャーナル』69巻（1997年10月）。
[189] 知的財産研究所研究部「判決紹介と争点整理—アルミホイール並行輸入事件最高裁判決」『知財研フォーラム』（1997年秋号）。
[190] 小野昌延「BBS特許並行輸入事件判決」『AIPPI』42巻8号（1997年8月）。

3.「技術を利用させないようにする行為」

⑥ 「本判決は、特許権者のために、並行輸入防止の方法を教えてしまったようなものである」[191]。

いずれも、今回の最高裁判決が、日本除外の合意と表示さえあれば、特許製品の並行輸入を禁じることができるという解釈をとる。②は、一定の条件の下で並行輸入を認めるとして、原則（並行輸入の自由）と例外（知的財産権の行使）を（したがって立証責任を）逆転させている。⑥は、長年にわたる並行輸入擁護者の言であるだけに、そこには一抹の絶望感さえ漂う。

判決は、「…合意した場合を除いて、…許されない」と裏命題で書いているのに、この人たち（便宜上「反対解釈論者」といおう）は、これを「…合意した場合、…許される…」と、その正命題がかならず真だと考えている。裏命題から正命題を反対解釈しているのである。

反対解釈論者は、極端にいうと、特許権者が製品を最初に市場に置く時に、「譲受人」に対しては日本を除外する合意だけでかまわない、また、「第三者や転得者」に対しては第1譲受人との合意プラス製品上に除外を明確に表示しさえすれば日本で権利を行使してもよいといっている。前述のように、裏命題はかならずしも真ではないが、真の場合もありうる[192]。反対解釈論者は、それがつねに真だと考えている。

反対解釈論、つまり裏命題の裏（正命題）がつねに真であるというのは論理的に正しくない[193]。では「地域除外合意があり、かつ製品上にそれを明確に表示した場合」について、判決はいったいどう考えているのだろうか。おもしろいことに今回の判決はそのことについてひとこともいっていない。要するに今回の最判は裏命題でしかいっていないのである。

4の(2)ではじまる部分のなかに「特許権者が、右譲渡の際に、譲受人との間で特許製品の販売先ないし使用地域から我が国を除外するむねを合意し、製品上に明確に表示した場合には」とある。ここは正命題で書かれている。

---

[191] 渋谷達紀「BBSアルミホイール事件最高裁判決」『ジュリスト』1119号（1997年9月）。

[192] 裏命題が真の場合はpとqが同値（等価）である。「絶対値a＝絶対値b」をpとし、「aの2乗＝bの2乗」をqとすると、pとqは同値である。この場合はたしかに逆も成立するし裏も成立する。

[193] 論理学ではこのような形式の推論を「前件否定の虚偽」と呼び、「正しくない（＝恒真命題ではない）論理」とする。

3.2.「不公正な取引方法」

そこでよろこんで読み進むと、それに続いて「転得者もまた、製品の流通過程において他人が介在しているとしても、当該製品につきそのむねの制限が付されていることを認識し得るものであって、右制限の存在を前提として当該製品を購入するかどうかを自由な意思により決定することができる」とはぐらかされる。要するに前提は肯定形で書いてあるのだが、結論はqではなくてrなのである。これは最高裁が１ページちかくを費やして構築した巨大なトリックである[194]。「最初の販売時に地域除外合意をおこない、かつ製品上に明確に表示した場合を除いて権利行使はできない」ことははっきりと書いてある。しかし、「最初に地域除外合意をおこない、かつ製品上に明確に表示した場合には、権利行使ができるのか」という質問には答えていない。「自由な意思により決定することができる」と書いてあるだけである。ここでは「pならばrである」といっているのであり、「pならばqである」とはひとこともいっていない。

では結論はどうなのか。最初の販売時に日本除外合意をし、かつ製品上に明確に表示をした場合は白紙である。今回の判決を反対解釈論者のように解釈すると、最初の合意で日本除外合意をおこない、製品上にステッカーでも貼っておけば、転がっていった先々で権利行使ができることになる。しかし、シビアな論理分析をしてみるとそうではない。白紙なのである。最初の販売時に日本除外合意をおこない、かつ製品上に明確に表示した場合について、最高裁はなにもいっていない。今後そのような問題が起きた時にあたらしく裁判をやるということなのだ。

反対解釈が正当化される場合がある。それは反対解釈によって法（この場合は判決）の趣旨が実現できる場合、たとえば例外的な前提を否定して原則が帰結される場合である。「最初の販売時に日本除外合意をおこない、製品上に明確にそれを表示した場合は、白紙である」という場合、「白紙」ということはもとの原則に戻るということだが、もとの原則とはなにか。今回の最判が、「輸入を含めた商品の流通の自由を最大限尊重する」ことを原則（趣旨）としたことを想起されたい。

話が飛ぶようだが、GATT 11条は数量制限を一般的に禁止している。日

---

[194] 最高裁はあきらかに意図して反対解釈を排除している。名を捨てて実をとったのである。.

3.「技術を利用させないようにする行為」

本もドイツもGATT加盟国であり、GATT 11条のもとでは数量制限をおこなうこと、たとえば輸入品を税関で止めることは原則違法である。では贋物や海賊版はどうか。贋物や海賊版についてはGATT 20条(d)という一般的例外があり、「[国家]知的財産法の遵守に必要な場合は止めてよい」となっている。11条と20条(d)の優劣関係はどうか。GATTパネルではいくつも前例があり、GATT 11条のほうが原則で、20条(d)は例外である。したがって、20条(d)の「知的財産法の遵守に必要な」というところの「必要な」という言葉を非常に厳密に解釈するのがGATTパネルの伝統である[195]。GATT加盟国間では輸入品を止めることができないのが原則で、20条(d)に該当する例外的な場合だけ輸入を禁止することができる（後述7.4）。最高裁が、このような自由貿易体制を原則と考えていたことはあきらかである。

(d) 日本除外合意・表示の程度と限界

つぎに、日本除外合意・表示の程度と限界という問題である。日本除外の合意・表示がなければ、日本での権利行使ができないのだが、それがどの程度のものであれば白紙、つまり「自由な意思による決定」ということになるのだろうか。

「明示がなくても、特許権者と譲受人間で特許製品の販売先ないし使用地域から我が国を除外するむねが合意され、転得者がその制限を一定の事情から知っている場合は並行輸入を阻止し得ると解されることになる」という主張がある[196]が、そのように読めるのだろうか。判決理由三の4のすでにとりあげた文章「譲受人に対しては、当該製品について販売先ないし使用地域から我が国を除外するむねを譲受人にとの間で合意した場合を除き」に続くところに「譲受人から特許製品を譲り受けた第三者及びその後の転得者に対しては、譲受人との間で右のむねを合意した上特許製品にこれを明確に表示した場合を除いて」とある。最高裁としては、表示は不要で「一定の事情から知っている場合は」と読ませたいのであれば、判決には「特許製品に明確に表示した場合及びそれに準ずる場合を除いて」と書いたはずである。「明確

---

[195] "Report by the Panel," reported on November 23, 1988 and adopted on November 7, 1989（L/6439）, *Basic Instruments and Selected Documents*, GATT, 36S／345

[196] 小野前掲論文。

3.2. 「不公正な取引方法」

に表示した場合を除いて」とだけ書いていることから判断すると、上の主張は正しくない[197]。

　また、強制実施の場合や価格規制のある場合が問題になる。これは通常、製薬会社に関係することで、「強制実施の場合、価格規制のある場合には、…自由な意思によることができない、これらの場合は例外に当然ふくまれることになる」という主張がある[198]。はたしてそうだろうか。最高裁判決の4の第2パラグラフは非常に明確で、「これに準ずる場合」などとは書いていない。

　また、一般的な代理店契約で販売地域制限をし、または特定製品に関して「For Use in Germany Only」などと合意・表示しただけでは、判決の「当該製品について販売先ないし使用地域から我が国を除外するむねを合意・表示」という条件を満たさない。特定製品に関して日本を特定して除外する合意・表示をおこなって、はじめて白紙になる。

　さて「最初に日本除外合意をおこない、それを製品上に明確に表示した場合は白紙」なのだが、白紙ということになるとそこに独占禁止法がでてくる。知的財産権の行使と認められる行為には独占禁止法が適用されない（21条）が、それ以外の取引制限には、独占禁止法が適用される。

　公正取引委員会の流通取引指針には、「並行輸入の不当阻害」としてつぎの行為が列挙されている。

① 　海外の流通ルートからの真正商品輸入妨害。
② 　販売業者に対する並行輸入品取扱い制限。
③ 　並行輸入品を取り扱う小売業者に対する契約対象製品の販売制限。
④ 　並行輸入品を贋物扱いすることによる販売妨害。
⑤ 　並行輸入品の買占め。

---

[197] 関税法基本通達「第8節知的財産侵害物品（輸入）、輸入差止申立ての取扱69の10-1、(1)輸入差止申立の手続き、ハ添付書類等、(ロ)追加資料等、ⅴ並行輸入に係る資料等」は、「特許権、実用新案権又は意匠権を侵害すると認める物品に係る並行輸入品の差止を求める場合は、…「輸入差止申立書」の6の(2)「並行輸入に関する参考事項」欄につぎの事項を必ず記載させるものとする。」として、「A　当該製品の販売先又は使用地域から我が国が除外されていること」「B　当該製品の販売先又は使用地域から我が国が除外されているむねの表示方法」を要求している。

[198] 小野前掲論文。

3．「技術を利用させないようにする行為」

⑥　並行輸入品の修理等の拒否。

いずれの場合も、それが価格維持のためにおこなわれる場合は、「不公正な取引方法」として排除されることになる[199]。

(3) 「同視し得る者」

判決理由の三の4の第2パラグラフに「同視し得る者」が2か所ででてくる。「右のような点を勘案すると、我が国の特許権者又はこれと同視し得る者…」とあり、さらに(3)ではじまる文章に「子会社又は関連会社等で特許権者と同視し得る者…」とある。並行輸入は権利者自身が最初にマーケットに置いた場合の話であるが、この「子会社又は関連会社」に関しては、権利者自身でなく権利者が子会社や関連会社を使って市場に置かせた場合も本人とみなされる。

問題はライセンス生産品である。権利者自身は生産をしないで、他人に製造販売ライセンスを与えてライセンス生産をさせたとする。ドイツでライセンシーができて、そのライセンシーが製品を生産し、それが日本へ転がってきた時に、BBSが日本特許にもとづいてその輸入や販売を差し止めることができるのかという問題である。最高裁判決はどう考えているだろうか。最初に市場に置く者として、「我が国の特許権者又はこれと同視し得る者」のなかにライセンシーがふくまれるのかどうかという問題である。

この答は判決理由の三の4の第2パラグラフ(3)の「同視し得る者」のところにでている。「子会社又は関連会社等で特許権者と同視し得る者により」とある。「子会社又は関連会社」という大きい集合があってそのなかに「同視し得る者」という小さい集合がある。しかし子会社や関連会社のなかには、子会社であっても資金をだしているだけで日常のコントロールをしていない場合など、本人とは同視できず、本人と「同視し得る者」に入らない場合もある。ライセンシーはさらにその外の集合であり、子会社・関連会社以外の集合になる。したがって、子会社・関連会社であって本人と同視し得る者のなかにライセンシーは入っていない。最判はライセンス生産品については沈黙している（やはり白紙なのである）。いずれにせよ、関税法69条の11以下にもとづく輸入差止という絶大

---

[199] 指針のこの箇所は、商標権ベースの並行輸入妨害についてのものだが、特許権ベースに準用できない理由は考えられない。また「価格維持」という条件だが、たいていの並行輸入妨害は価格維持が目的で、それ以外の場合としては医薬品や化粧品のような健康維持などが考えられるだけである。

3.2. 「不公正な取引方法」

な権力を握る税関には、十全の慎重さが期待されるところである（後述8.2.2.(8)）。

Quality King事件（1998）[200]

　L'Anza（ランザ）はカリフォルニア州のヘア・ケア製品メーカーで、米国内では、特定テリトリー内のL'Anzaショップにだけ卸す独占的特約店を使い、集中的な宣伝と販売員訓練によって高値を維持していた。外国ではそんな差別化販売をしていないので、価格は米国より安い。製品ラベルはL'Anzaの著作物である。L'Anzaの英国代理店が、L'Anza製品をマルタ経由でQuality King（クオリティ・キング）に販売、Quality Kingはこれを米国内のディスカウント店へ安売りした。

　L'AnzaはQuality Kingを著作権法602条[201]等違反で提訴、地裁はQuality Kingのfirst sale（109条(a)）抗弁を却下して原告有利のsummary judgment[202]を言い渡し、巡回裁がこれを容認したが、最高裁は、ここでいう「所有者」が外国人であってもかまわないから、109条(a)は輸入された複製物にも適用があると判断して下級裁の判決をくつがえした。日本が国際消尽論を捨てた翌年、米国は国際消尽論に踏み切ったのである。

　ここで疑問になるのは、この判決が、本件事実のような還流ケースにかぎられるのかどうかという点である。判決文からはそのような限界は読みとれないが、判決とは論理的な関係のない傍論（dicta——後審を拘束しない）で、起草者のStevens（スティーヴンズ）判事は、「first sale doctrineの保護は「所有者」に与えられるものであって、受寄者、ライセンシー…にはおよばない」とか、「外国法のもとで適法に作成された複製物にはおよばない」といい(Ⅳ)、また、Ginsburg（ギンズバーグ）判事の賛成意見は、著作権法の領土的性格を理由に、

---

[200] *Quality King Distributors, Inc. v. L'Anza Research International, Inc.*, 118 S. Ct. 1125（1998）.

[201] 米国著作権法602条(a)「外国で取得された複製物を、著作権者の承諾なく輸入する行為は、106条に定める複製物の譲渡権を侵害する」。「106条は109条(a)にしたがう」。109条(a)「…本法のもとで適法に作成された（lawfully made under this title）複製物の所有者は、著作権者の承諾なしに、同複製物を売却およびその他処分することができる」。

[202] Federal Rules of Civil Procedure 56(a)「原被告いずれも、請求原因の全部または一部について、トライアルを待たずにsummary judgmentを求めることができる。このためには、まず、申立人が『重要な事実に関する真の争点』の不存在を疎明することが必要」。「略式判決」と訳されることもあるが、やや不正確。

3.「技術を利用させないようにする行為」

「本法のもとで適法に作成された複製物」と「米国で作成された複製物」とを同義に解釈する学説を引用するなど、判決の自由貿易志向を謙抑的に限界づけようとする努力がみられ、並行輸入問題を取り巻くはげしい利害対立をまえにした司法部の苦衷が推察される。特許権ベースの並行輸入妨害に関する日本最高裁のBBS判決（1997年）もそうだった（判決で並行輸入を容認しながら、傍論で国際消尽を否定——名を捨てて実をとった）。

この2人の発言については深く考える必要がある。まず、いま生産品を並行輸入しようとして109条(a)を援用しているのは、ライセンシーではなくて生産品の「所有者」である。つぎに、109条(a)は、法文上、消尽の対象を、権利者自身による米国内での生産品に限定しているわけではない。L'Anza自身が外国で生産する場合（さらには米国内で他にライセンスして生産させる場合）もあろう。いずれの場合も、法文上、L'Anza自身による米国内生産と区別することはできない。権利者自身によって、または権利者の承諾にもとづいて海外でライセンス生産された複製物を、「本法のもとで適法に作成された複製物」でないから、したがって「米国法上違法な複製物」だというのは詭弁であろう。ライセンス生産は米国法上違法でないから、ライセンス生産品は「本法のもとで適法に作成された複製物」である。また「本法のもとで」と「適法に」は文理上従属関係にあるから、これらを切り離して論理操作することはできない。だから、「本法のもとで適法に」の否定形は、「外国法のもとで適法に」ではなくて、「本法のもとで違法に」（たとえば無断複製品）である。109条(a)の「本法のもとで適法に作成された複製物」を「本法に違反することなく作成された複製物」と読みかえるのが論理にも常識にも整合する。

4．情報化時代の「抱き合わせ」—タイインとバンドリング

　公正取引委員会の「不公正な取引方法」一般指定10項「抱き合わせ」は、「相手方に対し、不当に、商品又は役務の供給に併せて他の商品又は役務を自己又は自己の指定する事業者から購入させ、その他自己又は自己の指定する事業者と取引するように強制すること」と定義される[203]。ここでのキーワードは「強制」である。

　ここでいう「強制」には2種類あることが観察される。1つは契約によるもので、知的財産権関連でいうと、「相手方」が同意したライセンス契約の義務として、ライセンスという「主たる」役務に、別の「従たる」商品・役務を抱き合わせることである。これは拘束条件付取引の一形態で、いわば古典的な抱き合わせである。知的財産指針や米欧のガイドラインが想定しているのは、主としてこのタイプである。

　もう1つはより現代的な抱き合わせモデルで、「相手方」の同意にかかわりのない物理的強制や、（知的）財産権の一方的行使による強制がある。

　ビジネスマンの慣用では、前者を「タイイン」、後者を「バンドリング」と区別しているようである。バンドリングは、「相手方」と「強制」の両概念におさまりきれないため、公正取引委員会の実務では、一般指定10項「抱き合わせ」ではなく、14項の「競争者に対する取引妨害」で立件することがある。ビジネス・モデルとしての抱き合わせは、「ライセンス取引」と「技術を利用させないようにする行為」の両方が適用される行為なので、とくに情報化時代における抱き合わせの重要性にかんがみ、講学的な分類を犠牲にして、この4でまとめて考えることにする。

---

[203] 差別対価とおなじく、競争上の被害者が同業者（primary line）の場合と小売店以下（secondary line）の場合があり、原告適格と被害立証に関して、米国では判例の動揺がみられる。

4. 情報化時代の「抱き合わせ」——タイインとバンドリング

4.1. 契約による強制

ドラクエⅣ事件（1992）[204]

　被審人㈱藤田屋はゲームソフトの卸店（シェア10％）であるが、前人気の高い「ドラゴンクエストⅣ」の仕入数量77,600本に対して、小売店からの要望がはるかに多いことから、仕入れ数量の94％を過去の仕入数量比例で各小売店に配分し、残り約1,700本を、在庫になっていた不人気ソフト3本に対して1本の割合で抱き合わせ、希望する小売店25店に販売した。

　公正取引委員会は、一般指定10項の「不当に」について、ドラクエⅣが人気の高い商品であることから、その市場力を利用して他のゲームソフトを抱き合わせて販売したものであり、買手の商品選択の自由を妨げ、卸売業者（売手）間の能率競争を侵害することによって、競争手段として公正を欠くとし、また「強制」について、本件抱き合わせ販売は事業者の独占的地位あるいは経済力を背景にするものではなく、ドラクエⅣの人気そのものに依存するものであるため、人気商品を入手し得る立場にある者は、容易に実行することのできる行為であるとして、独占禁止法違反の抱き合わせと認定した。この事件は表面的にはモノとモノとの抱き合わせであるが、ゲームソフトの販売が厳密には著作権ライセンスだという主張もありうる（後述6.1）ことから、ここでとりあげた。

マイクロソフト事件（1998）[205]

　被審人マイクロソフト（株）はMicrosoft社（米国法人）の全額出資子会社である。マイクロソフトは、わが国のパソコン製造業者とのあいだで、Microsoftが契約する基本ソフト（「ウインドウズ3.1」）などに関するライセンス契約の交渉をおこなうほか、ワープロ・ソフトの「ワード」および表計算ソフトの「エクセル」などの応用ソフトを開発し、ライセンスを供与している。

　表計算ソフト市場では、「ウインドウズ3.1」発売時の1993年ごろから「エクセル」の人気が高く、シェア第1位であったが、ワープロ・ソフトでは、「ワード」のかな漢字変換機能が十分ではないなどの理由から、ジャストシステム社

---

[204] 「㈱藤田屋に対する件」審判審決平成4（1992）年2月28日。
[205] 「マイクロソフト㈱に対する件」勧告審決平成10(1998)年12月14日。

の「一太郎」がシェア第1位であった。一般消費者がパソコンを購入する際、搭載または同梱されている表計算ソフトまたはワープロ・ソフトが選択の基準の1つとなっている。

　パソコン製造販売業者である富士通は、ワープロ・ソフトとして「一太郎」を搭載したパソコンを発売していたが、マイクロソフトは、富士通に対して、「エクセル」と「ワード」をあわせてパソコン本体に搭載するライセンス契約の締結を申し入れた。これに対し、富士通は、当時表計算ソフトとして最も人気があった「エクセル」と当時ワープロ・ソフトとして最も人気があった「一太郎」をあわせて搭載したパソコンを発売することを希望し、「エクセル」のみの契約締結を要請したが、マイクロソフトはこの要請を拒絶した。富士通は、「エクセル」をパソコン本体に搭載するためには「ワード」をあわせて搭載せざるを得ないと考えて、マイクロソフトの提案を受諾し、「エクセル」と「ワード」をあわせてパソコン本体に搭載して出荷するライセンス契約を締結した。マイクロソフトは他のパソコン製造業者とも同様の取引をおこなっている。この結果、ワープロ・ソフトの市場において「ワード」のシェアが上昇し、1997年には1位を占めるにいたった。

　公正取引委員会は、マイクロソフトの行為が一般指定10項「抱き合わせ」に該当し、独占禁止法19条に違反するとして、マイクロソフトに対して、抱き合わせ行為の取りやめ等の排除措置を命令した。

ポットカッター事件（2003）[206]

　地裁原告アンドウケミカル㈱は、①「プラスチック製育苗ポット」および②「連結育苗ポットの切り離し装置および方法」という2件の特許の権利者で、特許①にカバーされる製品を製造販売するとともに、特許②を実施する「ポットカッター」を製造して地裁被告㈲空閑園芸に貸与していたが、貸与契約で、同機械をアンドウケミカル製以外の連結育苗ポットに使用することを禁じていた（「本件禁止事項」）。空閑園芸が、貸与契約に反して、ポットカッターをアンドウケミカル製以外の連結育苗ポットに使用したため、アンドウケミカルは、空閑園芸に対して契約解除を申し入れるとともに、特許②侵害にもとづくポッ

---

[206]「特許権侵害差止等請求控訴事件」大阪高判平成15(2003)年5月27日。

4．情報化時代の「抱き合わせ」——タイインとバンドリング

トカッターの使用差止および損害賠償を請求。地裁は空閑園芸の行為が特許権侵害にあたらないとしてアンドウケミカルの請求を棄却。アンドウケミカルは控訴したが、高裁はこれを棄却した。以下は判決の要旨である。

「本件貸与契約は、実質的にはアンドウケミカル特許の使用を許諾する通常実施権契約である。通常実施権の法的性格は、通常実施権者が特許権者から差止や損害賠償請求権の行使を受けないことを本質的な内容とする債権関係と解され、契約では、特許権の全範囲に設定することもできるし、その一部に制限して設定することもできる（特許法78条2項）。上記制限としては、期間、実施場所、分野、実施態様（生産／使用／譲渡別、請求各項別）（特許法2条3項）などあり、通常実施権者がかかる制限範囲を超えて実施すれば特許権侵害となる。

「しかし、契約で、原材料購入先、製品規格、販路、標識使用などについて約定がなされることがあるとしても、これらは特許発明の実施行為とは直接かかわりなく、その違反は債務不履行となるにとどまる。本件禁止事項は、他社製連結育苗ポットの分離に用いてはならないというものだが、本件特許②の特許請求の範囲は、同ポットの供給先を限定したものではない。したがって、本件禁止事項は、通常実施権の範囲を制限するものではなく、それとは別異の約定であるというべきである。したがって、空閑園芸の行為はアンドウケミカル特許の侵害を構成しない。

「つぎに、空閑園芸の行為が債務不履行とのアンドウケミカル主張について、本件禁止事項が独占禁止法2条9項に定める不公正な取引方法に該当し、公序良俗違反により無効かどうかを審理する必要がある。無効ではないと判断されれば、アンドウケミカルはあらためて損害の有無および額について立証する必要があるが、アンドウケミカルの当審における請求の変更は著しく訴訟手続きを遅滞させるものであるから、民事訴訟法143条1項但書[207]により、これを許さないことにする」。

判決は19条違反としかいっていないが、より具体的には、一般指定10項「抱

---

[207] 民事訴訟法143条1項（訴えの変更）「原告は、請求の基礎に変更がない限り、口頭弁論の終結にいたるまで、請求又は請求の原因を変更することができる。ただし、これにより著しく訴訟の手続きを遅滞させることとなるときは、この限りでない」。

4.1. 契約による強制

き合わせ」と12項「拘束条件付取引」の双方に重畳的に該当しよう。

IBM作表機事件（1936）[208]

作表機等の賃貸にカード（汎用品）の購買を抱き合わせたクレイトン法3条事件で、被告IBMは「製品」（穿孔後のカード）特許にもとづく正当化理由を主張したが、最高裁は司法省の差止請求を容認した：「クレイトン法3条の『特許品と否とにかかわらず』という文言が、まさにかかる戦略——特許の有効性推定を利用して賃借人が他のカードを使うことを抑止し、かつタインで訴えられるたびに特許有効性の審理をさせること——を封じるためにある」。

EU 2004年技術移転契約一括適用除外規則ガイドライン

タイングとバンドリング[209]：タイングの制限効果は、①タイド（従たる）商品の競争供給者の排除（foreclosure）、②ライセンサー市場力の維持（参入障壁アップ——新規参入者が複数の市場に同時に参入しなければならない）、③ライセンサーによるロイヤルティ引き上げ（とくにタイング（主たる）商品とタイド（従たる）商品が部分的に代替的である場合）、④ライセンシーがロイヤルティ引き上げをきらって代替インプットに逃げられないこと——である。競争者間／非競争者間を問わない。ただ競争制限が起こるためには、ライセンサーが市場力をもたなければならない。また排除が起こるためには、ライセンサーがタイド（従たる）商品市場で、ある程度のシェアをもたなければならない。タイングは効率ゲインをもたらし（たとえば、タイド（従たる）商品が許諾技術の利用や品質維持のために必要な場合など）、競争促進的である場合がある（タイド商品がライセンシー許諾技術の利用効率化のために有用な——ライセンサーから触媒を買う——場合など）。

---

[208] *International Business Machines v. U.S.*, 298 U.S. 131 (1936).
[209] EUでは、A商品・役務とB商品・役務において、Aは単独で買えないがBは単独で買える場合をタイング、どちらも単独では買えない場合をバンドリングとして区別しているようである。Penelope Papandropoulos, "Article 82: Tying and Bundling," *Competition Law Insight* (6 June 2006). Also, U.S. Department of Justice and the Federal Trade Commission, *Antitrust Enforcement and Intellectual Property Rights: Promoting Innovation and Competition* (April 2007).

4．情報化時代の「抱き合わせ」——タイインとバンドリング

　一般指定10項「抱き合わせ」でいう「強制」手段の１つは契約によるもので、知的財産権から離れて一般的にいえば、主たる商品の売買契約などの義務として、従たる商品役務を抱き合わせることである。

Illinois Tool Works事件（2006）[210]
(1) 事件の概要

　これは、米国の、しかも、日本の独占禁止法や特許法にはなじみの薄い争点ををめぐる判決であるが、情報化時代における「知的財産権と独占禁止法」問題を先取りしている重要な判決で、かつ米国における判例法の総復習にもなるので、やや詳細にわたるが、１項を設けたものである。これは地裁のsummary judgment[211]を日本の知財高裁にあたる連邦巡回（区）控訴裁判所（CAFC[212]）が逆転し、それを最高裁が再逆転したもので、最高裁では、１人がno positionだったほか８人全員が賛成であった。CAFCと最高裁判決の大要を下記する。

(2) CAFC判決（2005）[213]

　バーコード印刷用プリントヘッドの特許権者で、プリントヘッドとインクのメーカーでもある被告Illinois Tool（イリノイ・ツール）社は、プリンター・メーカーに特許プリントヘッドを販売し、その使用ライセンス契約で、プリンター・メーカーに対して、非特許インクを同社から購入するよう義務づけていた。原告Independent（インデペンデント）社はインク・メーカーである。

　原告Independentは、本件のような継続的義務を伴うタイイン（requirement tie）は、１回かぎりのタイインより悪質などと主張して、Illinois Toolのシャーマン法１条違反によって特許権が無効または行使不能になったことの確認を求

---

[210] *Illinois Tool Works, Inc., et al v. Independent Ink, Inc.*, 2006 U.S. LEXIS 2024 (S.Ct., March 2006)。本項は、2006年３月28日公正取引協会外国法研究会での私の講演録（『公正取引』667号（2006年５月）所載）と一部類似の構成をとるが、本書のために大幅に改訂したものである。

[211] ［再掲］Federal Rules of Civil Procedure 56（a）：「原被告いずれも、請求原因の全部または一部について、トライアルを待たずにsummary judgmentを求めることができる。このためには、まず、申立人が『重要な事実に関する真の争点』の不存在を疎明することが必要」。

[212] 「Federal Circuit」の方が正式な略称だが、本書では日本での慣用「CAFC」を使っている。

[213] *Independent Ink v. Illinois Tool Works and Trident*, 396 F.3d 1342 (Fed. Cir. 2005).

4.1. 契約による強制

める訴訟を提起したが、地裁は、Independentがタイング商品（プリントヘッド）における被告Illinois Toolの市場力をまったく立証していないとして、Illinois Tool有利のsummary judgmentを言い渡した。Independentが「特許／著作権ベースのタイン事件では被告の市場力が推定される」としたInternational Salt 1947[214]/Loew's 1962[215]/Jefferson Parish 1984[216]を援用したのに対して、地裁は、上の諸判決に対する学者（シカゴ学派）からの強い批判、とくにJefferson Parishでの上の言明がdicta（傍論）にすぎないとする評価を採用したのである。

　CAFCは、このsummary judgmentを破棄して、上の諸判決の覊束力を再確認し、推定はrebuttable（反論可能）だから、被告Illinois Toolに反論の機会を与えるようにとの指示つきで地裁に差し戻した[217]。ただ、この反論は、同機能のプリントヘッドがほかにもあるという程度ではだめで、需要の交差弾力性などの経済的立証を要すると付言している。Illinois Tool 上告。

(3) 最高裁判決

　最高裁は、CAFC判決をくつがえし、特許法281条(d)(5)を類推適用して、「シャーマン法１条違反のタイングにおいても、原告Independentにタイング［主たる］商品の市場力を立証する責任がある」として事件を差し戻した：「特許法1988年改正は、明文では反トラスト法に言及していないが、International Salt 1947で宣言されたper se ruleの再評価を促していることはたしかである。特許権者の差止請求権を否認するだけのルール［ミスユース］が、その行為を最高禁固10年の連邦法違反の犯罪とするルール［反トラスト法］よりきびしいということはありえない。議会が、［反トラスト法違反の］重罪としての処罰に値する特許の利用がミスユースにあたらないという認識を持っていたというのはばかげた想定だ。…我々の結論は、特許製品に関するタイングが、Morton SaltやLoew'sで適用されたper se illegalではなくて、Fortner II[218]やJefferson Parishで適用された［rule of reason］基準で評価されるべきだということ

---

[214] *International Salt v. U.S.*, 332 U.S. 392 (1947).
[215] *U.S. v. Loew's, et al.*, 371 U.S. 38 (1962).
[216] *Jefferson Parish Hospital v. Hyde*, 466 U.S. 2 (1984).
[217] *Independent Ink, Inc. v. Illinois Tool Works, Inc., et al*, 396 F.3d 1342 (Fed. Cir. 2005).
[218] *United States Steel Corp. v. Fortner Enterprises, Inc.*, 429 U.S. 610 (1977).

4．情報化時代の「抱き合わせ」——タイインとバンドリング

だ。…特許はかならずしも特許権者に市場力を与えるとはかぎらないから、タイインに関するすべての事件で、原告は、被告がタイング商品で市場力（つまり、買手をして、競争市場ではしないであろうことをさせる力）を持っていることを立証しなければならない」。

(4)　タイイン判例の歴史的概観

　この判決はいくつもの先例を援用しており、しかもミスユース法理と反トラスト法の関係をおもな争点にしているので、十分な理解には歴史的な観点が必要である。

　抱き合わせのことを英語ではタイインとかタイイングという。タイインにはミスユース法理と反トラスト法の両方が競合適用される。ミスユースは、日本民法1条3項[219]の「権利の濫用」に対応するが、米国では衡平法（equity）の一部である（日本法との混同を避けるため、本項では、それぞれ「タイイン」、「ミスユース」という）。

　シャーマン法が刑事法だったこともあって、制定（1890年）直後の一時期、知的財産権を利用した反競争行為は野放し状態だった。Button Fastener 1896[220]とA. B. Dick 1912[221]は、特許品の販売やリースに非特許材料の購入を抱き合わせた事件で、裁判所はこの行為がミスユースであることを否定した。理由は、これ以後1世紀にわたって、知的財産権の行使にともなう取引制限を合法だとする主張に一貫してでてくるもので、「知的財産権者はライセンスを拒絶する権利があるのだから、それにいたらないいかなる取引制限も合法だ」という論理である。

　この論理は一見理屈に合っているようだが、じつは、当時の財産権至上主義を反映したイデオロギーにほかならず、マルクスが資本論のなかで「財産権フェティシズム」と呼んでいるものである[222]。ライセンスを拒絶すれば、拒絶された企業者は、自分の資金と人材をほかの分野に投入するか、それとも、競合技術の開発に向けるであろう。しかし、ライセンスしておきながらその条件とし

---

[219]　民法1条3項（権利濫用）「権利の濫用は、これを許さない」。
[220]　*Heaton-Peninsular Button-Fastener v. Eureka Specialty*, 77 F. 288 (6th Cir. 1896).
[221]　*Henry v. A. B. Dick*, 224 U.S. 1 (1912).
[222]　「商品の呪物的性格（fetishism of commodities）」カール・マルクス、大内訳『資本論——経済学批判』（大月書店1968年）1部1編1章4節。

4.1. 契約による強制

て取引制限を課すのは、単なるライセンス拒絶よりも社会的な損失が大きいのである［三掲］。

　クレイトン法3条はタインを違法としている。ただ、これはモノとモノとのタインに閉じているので、知的財産権ライセンスとモノ、または知的財産権ライセンスと知的財産権ライセンスのタインには、ミスユースかシャーマン法1条が適用される。

　1914年のクレイトン法と連邦取引委員会法の制定を頂点とする米国反トラスト法中興運動のなかで、それまでのタイン諸判決を一掃したのがMotion Picture 1917[223]であった。これは今でも広く援用されている記念碑的な判決だが、論理としては、いまからみると不可解な点がある：「本法廷は、裁判基準として、憲法1条8項8号[224]…を使う。特許権者は、法の目的・文言いずれからしても、特許品の最初の販売後、…その再販条件を制限することはできない。特許機械は、単一かつ無条件の販売によって特許法の独占の外に運びだされ、販売者が課そうとするいかなる制限からも自由になる。特許機械を原価で売って補用材料で稼ぐという商法も、法が独占権を与えた発明からではなく、特許のない補用材料から利益を得るという点で、制定法の文言に反する」。結論はタインを違法としているのだが、その理由において、特許品の販売による権利消尽と使用ライセンスの切り分けが不徹底であった。いわば逆フェティシズムである。

　これ以後タインをミスユースとする判例が現在まで続いているのだが、はじめのころ、たとえばCarbice 1931[225]やLeich 1937[226]は、タインが特許権を非特許材料まで拡張しているから公共政策違反だという論理をとった。

　Morton Salt 1942[227]とB. B. Chemical 1942[228]両判決が、はじめて、タインを衡平法equityのunclean hands法理[229]の違反とした。さらに、International

---

[223] *Motion Picture Patents v. Universal Film Manufacturing*, 243 U.S. 502 (1917).
[224] 合衆国憲法1条8項8号（抄）「［人民は議会に対してつぎの立法をおこなう権限を与える：］著者や発明者に対して、一定期間、彼らの著書や発見に対する専有権（exclusive Right）を与えることによって、科学や有用技芸の発達を促進すること」。
[225] *Carbice v. American Patent Development, et al.*, 238 U.S. 27 (1931).
[226] *Leitch Manufacturing v. Barber*, 302 U.S. 458 (1937).
[227] *Morton Salt v. G. S. Suppiger*, 314 U.S. 488 (1942).
[228] *B. B. Chemical v. Elmer Ellis*, 314 U.S. 495 (1942).

4. 情報化時代の「抱き合わせ」——タイインとバンドリング

Salt 1947[230]は、5年まえのMorton Saltとほとんどおなじ事案を反トラスト法（シャーマン法１条）のper se illegalとした。これ以来、知的財産権ベースのタイインには、ミスユースと反トラスト法が競合適用されて最近にいたる。

ミスユース・タイインのなかでも、タイド［従たる］商品がタイング特許実施のための専用品であるケースは、これをミスユースとしたMercoid 1944[231]を否定するために制定された特許法271条(c)によって、特許権の寄与侵害か侵害の誘引（日本でいう間接侵害）になったが、これは特許法プロパーの問題なので、ここではこれ以上深入りしない。

ここで、Illinois Tool判決のなかで援用されている反トラスト・タイインのLoew's 1962、Jefferson Parish 1984、Data General 1984に触れておく必要がある。違法な取引制限のrule of reasonによる経済的立証は、手間がかかり、結果もはっきりしないことが多いので、判例は、いくつかの違法行為については、経済的立証を不要とし、その行為の存在さえ立証されれば当然違法（per se illegal）としている。per se illegalの行為としては、一般的に、①価格固定協定、②数量制限協定、③市場分割協定、④入札談合、⑤共同ボイコット、⑥垂直的最低価格制限協定、⑦タイインという７種の行為類型がある［再掲1.2.4］が、いずれも歴史的には動揺があり、そのなかでも、シカゴ学派からの攻撃がいちばん激しいのが、この最後のタイインである。

Loew's 1962は著作権にもとづくタイインで、映画会社が映画を数十本一括してテレビ局にライセンスしたいわゆるblock booking事件である。最高裁はいう：「タイイン契約には競争抑圧以外の目的がほとんどない。タイインとは、供給者のタイング［主たる］商品市場における地位を梃子（leverage）にして、消費者にタイド［従たる］商品を買わせる行為であり、その要件は、タイド商品市場において自由競争を実質的に減殺するに十分な、タイング商品に関する経済力（economic power）である。ここで必要な経済力はユニークネス（uniqueness）または消費者アピールで認定され、シャーマン法２条でいう市

---

[229] equityの法諺：「衡平法法廷に訴訟や請願をおこなう者は、彼／彼女の請求の主題に関して、アンフェアな行為から無縁（クリーン・ハンズ——いかなる悪事もおこなっていない状態）でなければならない」。See, The American Law Institute, *Restatement of the Law*, Third—Unfair Competition, Paragraph 32 (1995).

[230] *International Salt v. U.S.*, 332 U.S. 392 (1947).

[231] *Mercoid v. Mid-Continent Investment*, 320 U.S. 661 (1944).

4.1. 契約による強制

場力（market power）の立証を要しない。このことはタイング商品が特許や著作権で保護されている場合とくにあてはまり、十分な経済力が推定される。特許法の目的の1つはユニークネスに対する報奨だが、著作権でもおなじである。タインは個々の著作者への報奨を差別化するかわりに平準化してしまう。本法廷は、著作権の存在それ自体に由来するユニークネスの推定を確認する」。

Jefferson Parish 1984は、病院が一般医療サービスに麻酔医サービスを抱き合わせた事案で、直接には知的財産権事件ではないが、タイング商品における知的財産権の存在が、タインの要件たる経済力を推定させることを確認した点で重要である：「政府が売手に対してその商品上に特許や同様の独占権を付与している場合、その商品を他で買えないこと自体が売手に市場力を与えていると推定するのがフェアであろう」。

Data General 1984は、ミニコンで大きなシェアを持つData Generalが、人気のあるOSに、不人気なハードウエアを抱き合わせた事案で、裁判所は、ユーザーが、このOSからほかのOSに乗り換えるためには大きなスイッチング・コストを必要とする——いわゆるlock-in（ロックイン）という状態になっているとして、このOSで動かされるハードウエアをそのまま製品市場として（「小さな市場」）、シャーマン法1条のper se illegalとした。

1980年代以来、米国反トラスト法学会の多数を占めるにいたったいわゆるシカゴ学派の世界観については随所で触れているが、知的財産権にもとづくタイン、差別、市場分割、ライセンス拒絶（これらを総称して市場差別化market segmentationと呼ぶ人もいる[232]）が合理的な場合がある——したがってper se illegalではなく、rule of reasonで判断しようという主張である。シカゴ学派のターゲットはタインだけでなく、市場差別化全体をふくみ、日本でいう「不公正な取引方法」をひろくカバーする。

前述（1.2.4）したように、1980年代におけるいわゆるシカゴ学派の勝利の結果としてできた司法省／FTC共同の1995年知的財産ライセンシング・ガイドラインは、1970年代のいわゆるナイン・ノー・ノーズにおける行政府の基本的認識——つまり、知的財産権は本質的に独占権だから、行政の任務はその独占

---

[232] *E.g.*, Jack Hershleifer, et al., *Price Theory and Applications*, 5th ed. (Prentice Hall, 1992) 227.

4．情報化時代の「抱き合わせ」——タイインとバンドリング

の弊害を最小限に押さえこむことだ——を180度転換し、シカゴ学派の知的財産観——つまり知的財産権は本質的に競争創出的[233]だから、ミスユース法理や反トラスト法による干渉は最小限にとどめるべきだ——を前面に押し出した。ガイドラインは、知的財産権ライセンシングに関しては、per se illegalアプローチを廃して、すべてrule of reasonで、つまり、①問題の取引制限が反競争的か、②競争促進効果が反競争効果を上回るかどうかを考慮する。

ガイドラインは、脚注で、判例原則とちがうことがあると自認しており、これ以後、とくに「知的財産権と独占禁止法」テーマに関して、司法省と裁判所は緊張関係にあった——たとえば、知的財産権による市場力の推定などが典型的——のだが、このIllinois Tool最判で、司法が行政のほうに歩み寄ったのである。

(5) <u>知的財産権による経済力の推定</u>

タイインにはかならず2つの商品が関与する。抱き合わせる商品（タイング商品）と抱き合わされる商品（タイド商品）である。タイインとは、タイング商品の経済力（economic power）を利用してタイド商品を買わせることである。Loew's 1962はいう。［再掲］「タイング商品の経済力は、ユニークネス（uniqueness）または消費者アピールで認定される。このことはタイング商品が特許や著作権で保護されている場合とくにあてはまり、十分な経済力が推定される」。Jefferson Parish 1984、Data General 1984両判決はLoew's 1962を追認した。ただ、この後に公表されたシカゴ学派の司法省／FTCによる1995年知的財産ライセンシング・ガイドラインは、Jefferson Parishのこの部分をdicta（傍論）だといって相対化しようとしている。

1988年の米国改正特許法271条(d)(5)[234]は、特許権者が、<u>タイング商品で市場力（market power）をもっていない場合に限って、タイインによる特許ミスユースを否定した</u>。まわりくどい言いかただが、立証責任が問題になる点なので、正確に引用した。ここでは、いままで判例でいわれていた経済力（economic power）が市場力（market power）に変わっている[235]。最高裁は、この特許法271条(d)(5)の類推解釈で、半世紀以上続いてきた知的財産権による市場力の推定という反トラスト法の判例原則を廃止したのである。

---

[233] 厳密には、新製品を創出するだけで、競争に対してはニュートラルである。

4.1. 契約による強制

(6)　最判の評価

(a)　市場画定：最高裁は、特許はかならずしも特許権者に市場力を与えるものではないという経済的観察を判決の根拠にしたのだが、ここで問題になるのが市場画定である。

　Image Technical 1992[236]（後述4.2）は、シャーマン法2条「独占行為の禁止」事件である。独占行為というからには、どういう市場で独占行為をしたのかを画定しなければならない。「市場画定」という作業は、経済力（economic power）、市場力（market power）、独占力（monopoly power/market dominance）を認定するうえで、反トラスト法適用の大前提である。Kodakは、販売したコピー機の保守契約を重要な収益源にしており、独立の保守業者を排除しようとして、特許部品の販売を拒絶した。Kodakのコピー機は10％くらいのシェアしかなかったのに、裁判所は、市場を「Kodak製コピー機に使用可能な保安部品」と画定したため、そこでのKodakのマーケット・シェアはほぼ100％になった（「小さな市場」）。「特許の存在は、典型的な関連市場分析と市場力評価を大きく変えた。…Image Technical最判は、1つのブランドないし1種類の製品が、とくにそ

---

[234] 米国特許法271条（抄）：(a)–(b)略。
(c)　特許機械／製造物…の部品、もしくは特許方法の実施に使用する材料または装置が特許発明の実体的部分を構成する場合において、それらがかかる特許の侵害のために特別に作られ、または特別に改造されたものであり、もしくは実質的な非侵害使用に適した汎用品または商用品でないことを知って、それらを売るものは、寄与侵害者として有責である。
(d)　本来であれば特許権侵害や寄与侵害からの救済を受ける資格のある特許権者は、彼がつぎの行為のいずれかをおこなったからといって、救済を拒否され、またはミスユースや特許権の違法な拡張で有罪とされることはない：
(1)　彼の許可なしに他人がおこなったとしたら特許権の寄与侵害になるような行為から収入を得ること；
(2)　彼の許可なしに他人がおこなったとしたら特許権の寄与侵害になるような行為につき、他人にライセンスし、または権限を与えること；
(3)　侵害または寄与侵害に対して彼の特許権を行使しようとすること；
(4)　特許権のライセンスや使用を拒絶すること；
(5)　別の［タイド］特許権ライセンスや製品の購買を、［タイング］特許権ライセンスや特許品の販売の条件とすること。ただし、これは、その状況に応じて、特許権者が［タイング］特許や特許品の関連市場で市場力をもっていない場合にかぎる。
[235] ただ、これは「市場力」をもっていないが、「経済力」はもっている場合についてはなにもいっていない。Loew's 1962によると、「市場力」＞「経済力」である。
[236] *Eastman Kodak v. Image Technical Services*, 504 U.S. 451 (1992).

143

4. 情報化時代の「抱き合わせ」——タイインとバンドリング

の製品が1つの供給源からしか入手できない場合、それ自身で1つの独立の市場と考えられる状況が存在する可能性を認めた」[237]〔再掲1.2.2.(3)(a)〕。

この「小さな市場」アプローチは、さっきのData General 1984でも使われた。顧客が特許製品にlock-inされた状態にあるとき——つまりスイッチング・コストが十分大きいとき——、著作物の市場を、反トラスト法上の製品市場と画定したのである。ということは、タイインが有効に維持されているということ自体が、lock-inの存在を推定させるので、これは「知的財産権による経済力（＜市場力）の推定」そのものではないか。

Illinois Tool事件の地裁差戻審では、互換インク・メーカーのIndependentが、特許プリンター・ヘッドの市場力を立証することになるのだが、かならずこの「小さな市場」アプローチを使ってくるであろう。

(b) <u>市場力</u>：最高裁は、特許がかならずしも特許権者に市場力を与えるものではないというAreedaやHavenkampfの学説を採用した。たしかに、日本でいえば、登録特許の3分の2がだれも使わない——権利者自身も使わない——いわゆる休眠特許なので、そんなものがそれ自体として市場力をもつわけはない。

しかし、このいいかたは両刃のナイフである。なにも特許一般のことでなく、タイインに利用されるほどの特許に限定したら、結論がちがってくるであろう。だから、ここでは返すナイフで、タイインに利用されるほどの特許であれば市場力が推定されることになり、今回の最高裁判決が空振りになる——もともと、最高裁判決のターゲットになっている一連の判例——International Salt /Loew's/Jefferson Parish/Data Generalなど——も、特許と名がつけば経済力が推定されるなどといっていたわけではなく、タイインを維持できるほどの有力な特許／著作権には経済力が推定されると、当然のことを同語反復的にいっていたにすぎないのである。もとFTCのチーフ・エコノミストで現ハーバード大教授のF. M. Scherer（シャーラー）が、Independent側のアミカス[238]でそう書いている。

---

[237] Section of Antitrust Law, American Bar Association, *The Antitrust Counterattack in Patent Infringement Litigation—Antitrust Practice Handbook Series* (1994).

[238] amicus curie法廷助言書。

4.1. 契約による強制

　市場力（market power）についてもうすこし深く考えよう。Illinois Tool最判によると、市場力とは、「買手をして、競争市場ではしないであろうことをさせる力」である。このような力はいろいろな形態をとる。米国の文献では、これをワイロ（bribe）と脅し（threat）に分類することがある。ワイロの形態としては、値引きやユニークネスなどよくあげられるが、後述するネットワーク外部性もここに入る。脅しの形態としては、販売拒絶、契約の拘束力、知的財産権などがよくあげられるが、次章のメイン・テーマであるインターフェイス独占もここに入る。Microsoft事件におけるOSとブラウザーのタイインは、ネットワーク外部性とインターフェイス独占を市場力としたタイインであった。DRMやICタグを利用した物理的なタイインもよくみられる。

(c)　タイインとライセンス拒絶：つぎに、今回のIllinois Tool最判がライセンス拒絶に与える影響について考えよう。特許法271条(d)(4)は、「ライセンス拒絶はミスユースにならない」と規定する。これはタイインとちがって無条件である。Illinois Tool最判は、特許法271条(d)(4)を類推して——ミスユースにならないのだから、とうぜん反トラスト違反にもならない——という論理で、ライセンス拒絶を反トラスト法の適用除外にしてしまったのだろうか。

(d)　立法経緯：1988年の特許法改正は、もともと、1988年オムニバス通商競争力法の上院案のなかにあったもので、これが両院協議会で否決されて一度消えたのに、会期末すれすれに特許商標庁職員の俸給法案と抱き合わせで急浮上して成立したものである[239]。「経済力」を「市場力」へシフトアップする条項も、「知的財産権による経済力推定」を否定する条項もこの上院案のなかにあり、いずれも両院協議会で否決されたものである。提案者のKastenmeier議員は、「改正法は判例を変更していない」といっている。これに不満な知的財産権ロビーの圧力で、これ以後も、同内容の法案（Data General法案などと呼ばれた）が2度にわたって議会に上程されたが、ど

---

[239]　Donald S. Chisum, *Patents*（Matthew Bender 1991）19-101：「この改正法の上院案は、『反トラスト法に違反する場合を除き、特許権者は、彼のライセンス慣行・作為・不作為のゆえにミスユースで有罪とみなされない』として、ミスユース法理を事実上廃止することをねらっていた」。

145

4．情報化時代の「抱き合わせ」——タイインとバンドリング

ちらも廃案になっている。これらの立法経緯からみて、1988年オムニバス通商競争力法案は、反トラスト法を改正する意図はまったくなかった——議会の否定的意思が推測される——ので、Illinois Tool最判が、特許法改正の類推で反トラスト法の判例を変更したことは、いわば司法権による立法である。

(e) <u>判決の射程</u>：Illinois Tool最判は、地裁原告のIndependentに対して、被告Illinois Toolの特許インクヘッドの市場力（つまり、買手をして、競争市場ではしないであろうことをさせる力）を立証せよといっているだけで、司法省のいうrule of reason、つまり①問題の取引制限が反競争的か、②競争促進効果が反競争効果を上回るかどうかの経済的立証までは求めていない。rule of reasonという証拠基準にはもともと幅があって、per se illegalでなければぜんぶrule of reasonだから、タイインのrule of reason は、ゆるいrule of reasonだということができよう。

(7) <u>情報化時代への投影</u>

以下は、タイイン問題が、私たちがこれから突入しようとしている情報化時代にとってどういう意味があるのかを考える。ローテクの抱き合わせ時代から、ハイテクのインターフェイス時代へのちょうど移行期に、知的財産権による市場力の推定を、やや強引な論法で否定してしまったこのIllinois Tool最判には、タイミングとしても、いろいろ考えさせられるところがある。

いま最も今日的な情報市場に目を向けると、そこでの主たる違法行為はやはりタイインである。Illinois Tool はインク詰替え事件だった。有名なMicrosoft事件もタイインが主役だった（巡回裁でrule of reasonになったが…）。情報市場における反競争行為は、ほとんどがインターフェイスがらみで、インターフェイスという技術情報が、タイング商品（たとえばインク・カートリッジやOS）とタイド商品（たとえばインクやブラウザー）との連結素になっているのである。だからインターフェイス情報を知的財産権で保護——つまり独占——すると、連結素が不可侵になって、内外に向かって非常に強固なタイインができる[240]。

Sega 1992[241]で、Segaはゲーム・プレーヤーとカセットの両方を売っており、互換カセットを閉めだすため、カセットが一定の合言葉（バイナリー・コード）をいわないとプレーヤーが反応しないようにしていた。独立ゲーム・メーカー

4.1. 契約による強制

のAccoladeは、リバース・エンジニアリングでこの合言葉を突き止め、自分のカセットに搭載して売り出した。ところが、この合言葉を実行すると、プレーヤーの画面に、「Segaのライセンスにもとづき製作」という表示がでて、商標の不実表示になってしまうのである。うまく考えたようだが、裁判所は、この商標を機能そのものだから行使不能ということで、Accoladeを勝たせた（後述5.7）。

　レーザー・プリンターのメーカーが、トナー・カートリッジに搭載したICタグによって、トナーの残量を測定して本体に送信、トナー残量ゼロの場合本体がストップするようにして、トナー再充填（リサイクル）品を排除しようとする動きがある。さらに、ICタグのコード（インターフェイス）を暗号化してリバース・エンジニアリングを不可能にし、コードを書き換えると著作権侵害になるというスキームで、インターフェイス独占によるプリンターとトナーの強固なタイインを形成しようとしている（後述6.3.1「Static Control事件」）。

　情報市場の最大の構造的特徴は「ネットワーク外部性」だといわれる。需要サイドの規模の利益とか、収穫逓増の法則などともいわれる。これの2財モデルであるコンピューターでは、OSのシェアが大きくなるほど、そのOSのうえで動くAPの数が増えて、そのことが逆にそのOSのシェアを押しあげてゆく（正のフィードバック）。WindowsとOfficeやInternet Explorerの関係はあきらかにこのケースである。

　2財のネットワーク外部性を媒介する情報がインターフェイスである。コンピューターの場合は、Microsoft事件の用語ではAPI（Application Program Interface)である。だから、タイング商品市場におけるネットワーク外部性が、インターフェイスを介して、タイド商品市場における市場力（market power）に転化するのである。インターフェイスが知的財産権保護を受けている場合は、その権利者がタイング（主たる）商品とタイド（従たる）商品の両方の市場を独占する。

---

[240] 私的な体験だが、大宣伝しているエスプレッソ・コーヒー・メーカーを買ったことがある。コーヒー・メーカーは安いのだが、コーヒーはカセット入りで、そのメーカーからしか買えない。カセットとコーヒー・メーカーの接合部分がはめ込みになっていて、実用新案を登録していた。互換カセットを作ると実用新案の侵害になるのである。

[241] *Sega Enterprises v. Accolade*, 977 F.2d 1510 (9th Cir. 1992).

4．情報化時代の「抱き合わせ」——タイインとバンドリング

　Illinois Tool最判によると、市場力とは、買手をして、競争市場ではしないであろうことをさせる力である。このような力はいろいろな形態をとる。ワイロ形態としては、値引きやユニークネスなどのほかにネットワーク外部性、脅し形態としては、販売拒絶や契約の拘束力や知的財産権などのほかにインターフェイス独占があげられる［再掲］。Microsoft事件におけるOSとInternet Explorer、OSとWindows Media Playerは、ワイロのネットワーク外部性と脅しのインターフェイス独占を市場力としたタイインであった。今後でてくるのは、物理的な鍵をかけたインターフェイス（たとえば暗号で書いたコード）による市場差別化の問題であろう（後述4.2「キヤノン事件」）。

　これらの独占シナリオについて2つのアプローチが考えられる。1つは、この独占をほどくために知的財産権を強制ライセンスする。そうすると、強制ライセンスによって独占利潤をとれなくなるという予想のもとに、だれもインターフェイス開発のためにイノベーション投資をしなくなるというシナリオである。

　もう1つは、インターフェイスを独占しても、つぎのイノベーションが起こってその独占が崩れるので、中期的には独占の弊害がなくなるというシナリオである。ここでおおざっぱな概念分類をしてみよう[242]。

第14表　ネットワーク外部性とイノベーション

	イノベーションなし	イノベーションあり
ネットワーク外部性なし	古典的ケース	知的財産権の最適保護
ネットワーク外部性あり	自然独占と規制	IT市場

　ネットワーク外部性もない、イノベーションもないという古典的市場が、伝統的な独占禁止法が考えている世界である。

　ネットワーク外部性があって自然独占になるけれども、イノベーションはないという世界が、電力のような市場で、ここで独占を制御する手段は政府規制しかない。

　イノベーションはあるけれども、ネットワーク外部性はないという市場が、

---

[242] 競争政策研究センター共同研究——ネットワーク外部性の経済分析（2003年9月）より。

4.1. 契約による強制

伝統的な知的財産権の世界で、独占の弊害とイノベーションのインセンティヴの静態的なバランスをどこにとるかという課題がある。

最後に、ネットワーク外部性があり、かつイノベーションにさらされているという市場が、いま問題にしているIT市場である。ここでは市場画定やタイインといった古典的な反トラスト概念が通用しないという批判が、とくに経営学者などからだされている[243]。Microsoft事件の巡回裁判決はこの批判を受け入れたものになった。

Microsoft事件の巡回裁判決は、インターフェイス情報の公開を命じた。これではあたらしいインターフェイスの開発に投資する者がいなくなるというインセンティヴ仮説からの主張に対しては、インターフェイス情報が方式にすぎず、生産的な意味での技術ではないという反論が可能であろう。インターフェイス独占がイノベーションによって崩れるというオプティミズムに対しては、独占が、いつも、自分をおびやかすイノベーションを阻み、逆に独占を永久化するイノベーションに大投資している（レント・シーキング）という経験則からの反論が可能であろう。

米国のMicrosoft事件はOSの支配的事業者によるブラウザーの支配を、EUのMicrosoft事件はおなじくメディア・プレーヤーの支配を、いずれも競争法違反として問擬した事件であった。ブラウザーはもう決着がついたが、メディア・プレーヤーのほうはまだ残っている。いま情報市場で起こっていることの核心は、Microsoftがはたしてこのメディア・プレーヤーをも支配できるのか、さらにそれを梃子にしてコンテンツ市場をも支配できるのかという問題である。

映像コンテンツ市場はまだまだこれからだが、Illinois Tool事件は特許事件だったのにもかかわらず、最高裁あてのアミカス（法廷助言書）のなかには、映画業界やテレビ業界からのものもあった。業界は、Illinois Tool事件の判決次第では、Loew's 1962が修正されるので、半世紀続いた映画業界とテレビ業界の勢力均衡が崩れるとみたのであろう。

---

[243] *E.g.,* Richard Schmalensee, "Antitrust Issues in Shumpeterian Industries," *American Economic Review*, v. 90, n. 2, May 2000, 192-6.

4．情報化時代の「抱き合わせ」——タイインとバンドリング

4.2．インターフェイス独占による強制

　公正取引委員会の「不公正な取引方法」一般指定10項でいう「強制」が、契約義務であるモデルについては4.1で論じた。ここでは、「相手方」の同意にかかわりない物理的または法的強制、つまり抱き合わせる（主たる）商品・役務と抱き合わされる（従たる）商品・役務のあいだのインターフェイス（ハードウエアの場合と情報の場合がある）を物理的に秘匿し、またはその利用に対して（知的）財産権を主張して、競争者による従たる商品・役務の供給を阻止する行為を考える。情報化時代において最も顕著にみられるカスタマー・ロックイン行動である。これの典型が、プリンター・インク（トナー）・カートリッジのリサイクル妨害である。

レプトン事件（仮設ケース）[244]
(1)　ビジネス・モデル
　レプトン㈱は、我が国におけるレーザー・プリンターの市場において有力な事業者である。レプトンは、同社トナー・カートリッジHT-3000を「環境推進トナー」と命名、ホームページで、「①お客様にはトナー代をご負担いただき、使用ずみカートリッジはレプトンが回収・再利用いたします。②「環境推進トナー」カートリッジの所有権は、レプトンが保有しています。③「環境推進トナー」のご使用にあたり、「環境トナー使用許諾契約」に同意していただく必要があります。④「環境推進トナー」カートリッジは、ご使用後レプトンへご返却いただくことを前提にしており、お客様ご自身または第三者の手による再利用はできません」と表示、ダンボール内のカートリッジ包装袋上に、下の文書を貼付している。
　■開封するまえにかならずお読みください。本「環境推進トナー」のパッケージを開封すると下記の「環境推進トナー使用許諾契約」に同意されたとみなされますので、開封まえに下記の「環境推進トナー使用許諾契約」をかならずお読みください。

---

[244] 実在の事件をヒントにして私が創作した法科大学院演習用の仮設ケースである。学生には、ユーザーから使用ずみカートリッジを取得したリサイクル業者の弁護士の立場で考えるよう指示してある。

4.2. インターフェイス独占による強制

環境推進トナー使用許諾契約：

　本「環境推進トナー」（以下「本製品」といいます）はレプトン㈱がトナー・カートリッジ（容器）の所有権を保有し、使用後のトナー・カートリッジ（容器）をご返却いただくことを条件に、本製品に充填されているトナーを使い切るまでの間、お客様にトナー・カートリッジ（容器）の使用を無償にて許諾するものです。

　お客様は本製品の使用にあたって、以下の事項に同意するものとします。

・お客様は、「トナー・カートリッジを交換してください」のメッセージが表示されるまで、本製品をご使用いただけます。

・お客様はトナー・カートリッジ（容器）を改造、再生利用、賃貸、貸与、売却することはできません。またその他の方法で他に譲渡ないし移転することもできません。

・お客様が前号記載の許諾されていない方法により本製品の使用を試みた場合、当社は本製品の使用または使用不能から生じた直接、偶発的、特別、間接損害の一切の責任を負いかねます。

■お客様へのお願いとご注意

・本製品使用後はかならずトナー・カートリッジ（容器）をご返却ください。返却（無料）の方法は同梱の案内書をご覧ください。

・本製品はトナー・カートリッジ（容器）をご返却いただくことを条件に、売り切り方式の製品よりも安価な価格で提供させていただいております。したがってご返却いただけない場合には、売り切り方式の製品との差額を請求させていただく場合があります。

・本製品使用後にトナー・カートリッジ（容器）にお客様ご自身または第三者によりトナーを再充填したとしてもプリンター上で作動いたしません。

(2) <u>分析</u>

　この「環境推進トナー使用許諾契約」と称するビジネス・モデルに対する法的評価は、カートリッジの流通形態によって、つぎの２つのケースに分かれる。

(a) <u>ユーザーがカートリッジを販売店から入手する（以下「業販」）ケース</u>：レプトンと販売店の卸取引が、いわゆる「売り切り買い切り」であることはほぼ確実なので、卸取引によって本件トナー・カートリッジ（以下「カートリッジ」）の所有権は販売店に移転している。したがって、レプトンが、

4．情報化時代の「抱き合わせ」——タイインとバンドリング

販売店に対して、「環境推進トナー使用許諾契約」でいうようなカートリッジの対ユーザー無償貸与（民法でいう「使用貸借」）取引を強要することは、拘束条件付取引として一般指定12項に、また競争者に対する取引妨害として14項に該当し、19条違反を構成する可能性がある。

(b) ユーザーがカートリッジをレプトンから直接入手する（以下「直販」）ケース：レプトンは、「環境推進トナー使用許諾契約」のユーザーによる開封によって、カートリッジの使用貸借契約が成立すると主張しているが、「環境推進トナー使用許諾契約」（以下「使用許諾表示」）は、いわゆるシュリンクラップ表示にすぎず、これを開封しても契約（民法176条）が成立したことにはならないというのが、日本での多数説である。使用許諾表示は契約ではなく、レプトンの契約申込みにすぎない。ユーザーがパッケージを開封する行為は、契約申込みを承諾する意思表示とはみなされず、契約は成立していない。カートリッジの処分を制限する契約が成立していなければ、トナー（主物）の売買契約だけが生きて、カートリッジ（従物）の所有権もユーザーに移転する[245]。

シュリンクラップ表示の拘束力を認める少数説——および米国の若干の下級審判決[246]——も、すべてプログラム著作権かトレード・シークレット（以下「知的財産権」）の存在を前提としている。一般のプログラム・シュリンクラップ取引は、メーカーが自分の知的財産権をユーザーに直接ライセンスし、その条件としてライセンシーの使用態様を制限するものである。しかるに、本件使用許諾表示は、容器の所有権がユーザーに移転してしまったあと、メーカーが、もはや自分のものではない所有権を留保すると称する表示であり（民法526条2項にいう「慣行」は成立していない）、一般のプログラム・シュリンクラップより脱法性が強く、虚偽表示と思われる。同表示は、レプトンが、資源保存ではなく、リサイクル事業者からの競争を妨害することが真の目的と思われるので、訴訟になった場合、本件ビジネスに対するレプトンの社内認許関連文書の提出を要求[247]する。この立証が成功すれば、同表示は、レプトンとユーザーによる通謀虚偽表示[248]を構

---

[245] 民法87条2項（主物及び従物）「従物は、主物の処分に従う」。
[246] たとえば、*ProCD, Inc. v. Zeidenberg*, 86 F.3d 1447 (7th Cir., 1996).
[247] 民事訴訟法221条。

成し、無効であるばかりでなく、競争者に対する取引妨害として一般指定14項該当の19条違反を構成する可能性がある。
- (c) (a)(b)いずれの場合も、カートリッジ使用貸とトナー販売の抱き合わせであり、一般指定10項該当の19条違反を構成する可能性がある。
- (d) (a)(b)いずれの場合も、レプトンの行為は、排除型私的独占として3条前段違反の可能性がある。
- (e) (a)(b)いずれの場合も、リサイクル事業者は、ユーザーから入手した使用ずみカートリッジの所有権を即時取得し[249]、レプトンからのいかなる民事請求にも服することはない。ユーザーも、拘束条件付取引の被害者であり、また通謀虚偽表示は通謀者間でも無効なので、おなじくレプトンからのいかなる民事請求にも服することはない。

(3) 補論
- (a) 所有権留保つき売買：自動車や建設機械の割賦販売でみられるいわゆる所有権留保つき売買は、債権担保が目的なので、債権担保に関係のない本件カートリッジ取引は、所有権留保つき売買ではない。売主が所有権を留保して、買主に賃貸または使用貸をする取引はほかにもいろいろあるが、すべて担保目的である。担保目的の所有権留保は、すべて代金未払いの状況でおこなわれるが、本件取引では代金が完済されている。本件取引の目的は、担保とは無縁で、競争者に対する取引妨害（一般指定14項該当）が目的と思われる。
- (b) 即時取得：リサイクル事業者は、使用ずみカートリッジをユーザーから入手したとき、その所有権を即時取得する。即時取得の要件である「平穏、公然、善意、無過失」を否定する立証責任はレプトン側にある[250]。平穏、

---

[248] 民法94条（虚偽表示）「相手方と通じてした虚偽の意思表示は、無効とする」。
[249] 民法192条（即時取得）「取引行為によって、平穏に、かつ、公然と動産の占有を始めた者は、善意であり、かつ、過失がないときは、即時にその動産について行使する権利を取得する」。
[250] 最判昭和41（1966）年6月9日「船舶引渡請求事件」。A（原告）が小型船舶を所有権留保でBに譲り渡した。Bが代金未払いのところ、Bの債権者Cが強制執行、競落人からD（被告）が買い受けた。民法188条により、譲受人である占有取得者Dが無過失と推定された事例。「本条により動産の上に行使する権利を取得したことを主張する占有者は、本条にいう「過失ナキ」ことを立証する責任を負わない」

4. 情報化時代の「抱き合わせ」——タイインとバンドリング

公然は問題がないので、善意、無過失について考える。使用許諾表示をみたことが「善意」の否認になるか？　いや、ならない。使用許諾文言が虚偽表示だという強い確信があれば、「善意」が成立する。所有権留保つき売買で、無過失を立証できず、即時取得が否認された判例がある[251]が、すべて自動車や建機のような、登録や譲渡証書が慣行となっている割賦販売取引での債権担保が目的であり、本件取引に適用はない。

(c)　使用貸借：レプトンとユーザーのあいだに販売店が介在する業販の場合、本件取引をレプトンからユーザーへのカートリッジ使用貸とする主張が予想されるが、これは正しくない。使用貸契約とすると、あいだに入る販売店が、代理人か、転貸権つき使用借人ということになるが、いずれも当事者にその意思はなく、実体もない。レプトン、ユーザーとも使用貸借の経理処理をしているとは思えない。販売店、ユーザーとも、使用貸借の意思表示をしていない。

レプトンとユーザーが直接取引する直販の場合は、本件取引が使用貸借取引と認められる可能性はあるが、上記(2)(a)で論じたとおり、それがシュリンクラップで実現する法的な可能性はきわめて小さい。

(d)　ワースト・ケース・シナリオ：リサイクル事業者にとって最悪のケースとは、レプトンとユーザーが直接取引する直販の場合であって、裁判所が「環境推進トナー使用許諾契約」（以下「契約」）を使用貸借契約としてその拘束力を認め、かつ独占禁止法違反ではないと認定する場合である。

この場合、レプトンは、リサイクル事業者に使用ずみカートリッジを供給したユーザーと、そのリサイクル事業者に対して、どのような救済を求めることができるか？

まず、ユーザーに対して、「契約」は、①品質保証を拒絶し、②売切り品との価格差額を請求すると規定しているだけである。もちろん一般の民事救済はあるが、差止請求はなく、損害賠償請求も返還期限から１年以内である（民法600条）。

---

[251]　東京高判平成 8（1996）年12月11日「動産引渡請求控訴事件」：高価な建設機械については、そのほとんどが所有権留保特約つきで取引されており、機械を転売する際にはメーカーの発行する譲渡証明書を付けて取引される慣行となっていることなどから、所有権留保つきで売買された建設機械の買受人には、占有をはじめるに際し過失があったとして、その即時取得が否認された事例。

つぎに、リサイクル事業者は「契約」の当事者ではないから、契約違反に問われることはない。唯一考えられるのは債権侵害（不法行為）だが、債権侵害は、ふつう債権の目的物を故意／重過失で滅失したような場合に成立するもので、本件取引のように、ユーザーが自発的に使用ずみカートリッジを供給したような場合には、レプトンがリサイクル事業者の故意／重過失を立証しなければならない。上記(c)で論じた善意無過失の抗弁がここでも有効である。また、いかなるワースト・ケースを想定しても、刑事責任は生じない。

(e) 　FUD：レプトンの「環境推進トナー使用許諾表示」のような競争妨害商法は、ほかにもいくらでも考えられるが、むかしからモノポリスとが新規参入者を牽制するのに使うFUD（fear, uncertainty, doubt）作戦であろう。リサイクル事業者が自分のビジネスに対していたずらに懐疑的になると、法的にも「善意」を自己否定することになる。リサイクル事業者が、自己の立場の正当性を確信して、敢然とかかる表示に従わないことが、むしろ、自己の善意無過失を立証し、その立場を強化することになる。

キヤノン事件（2004）

　以下は、公正取引委員会が平成16（2004）年10月21日公表した「キヤノン株式会社に対する独占禁止法違反被疑事件の処理について」のサマリーである[252]。

(1) 　ビジネス・モデル

　キヤノン㈱は、レーザー・プリンターおよびそのカートリッジの開発および製造販売をおこなっており、我が国におけるカラー・レーザー・プリンターの市場において有力な事業者である。カートリッジには、プリンター・メーカーが販売するいわゆる純正品のほか、再生業者によって販売される再生品がある。再生品の市場シェアは、モノクロ・レーザー・プリンターで約25％、カラー・レーザー・プリンターで約4％であり、いずれも増加傾向にある。再生品の価格は、純正品の価格の半分程度となっていることが多い。

　一般的なプリンターの例では、カートリッジにICチップが搭載されている

---

[252] 見出しは本書のスタイルに変えてある。

4．情報化時代の「抱き合わせ」——タイインとバンドリング

場合には、ICチップにカートリッジのトナーがなくなったむねのデータ（以下「寿命データ」という）が記録されていれば、カートリッジにトナーが充填されても、プリンターが作動しないように設計されている。このため、再生業者は、通常、回収した使用ずみカートリッジの寿命データを書き換えて初期状態に戻し、プリンターがカートリッジを新品であると認識する状態にして、再生品としてユーザーに販売している。

　キヤノンは、平成14年に発売を開始したカラー・レーザー・プリンターに使用されるカートリッジに特殊なICタグを搭載し、その内部のICチップに寿命データを記録して、トナーがなくなるなど寿命に達したカートリッジが装着された場合には、プリンターが作動しないようにしている。このICタグは、無線通信等のセキュリティが高いことから、再生業者が解析し、ICチップの寿命データを書き換えて初期状態に戻し、再生品として利用することは困難になっている。このため、当該ICタグが搭載されたカートリッジについて、ICチップの寿命データを書き換える方法により再生品として販売している再生業者はいない。

(2) <u>審査</u>

　公正取引委員会は、キヤノンが当該ICタグを利用して再生品の取引を妨害している（一般指定14項「競争者に対する取引妨害」）との疑いで審査をおこなった。公正取引委員会による審査の過程において、つぎのことが判明した。

(a) キヤノンは、前記のカラー・レーザー・プリンター本体のソフトウェアによって、ICチップに寿命データが記録されていても、トナーが充填された再生品を当該プリンターに装着した場合には、純正品ではないと認識し、プリンター本体のパネルに「カートリッジフセイ」と表示するものの、ユーザーが所要の操作をおこなうことにより、印刷が継続できるようにしており、再生業者がICチップの寿命データを書き換えなくても、カートリッジを再生利用することは可能であること。

(b) ただし、この場合であっても、ユーザーの動作が一定の条件を満たした場合、当該再生品が寿命に達した純正品と認識され、プリンターが作動しないことがあること。

(c) 前記(a)により、一部の再生業者は、カートリッジに搭載されたICチップの寿命データを書き換えて初期状態に戻すことなく、回収したカート

リッジを再生し、再生品として販売を開始している一方で、前記(b)により、再生品であってもプリンターが寿命に達した純正品であると認識して作動しない場合があることから、再生業者が、ユーザーに対して再生品を販売するにあたり、支障が生じていること。
(d) キヤノンは、前記のような再生品の使用を希望するユーザーの存在を考慮し、再生品の使用に支障が生じることのないよう、つぎのように対応していること。
　① 再生業者の団体に対し、前記(a)の再生品が装着されたプリンターが作動する条件について説明をおこなった。
　② プリンターの取扱説明書のこれら動作に関する説明を一部修正するとともに、再生品が装着された場合にプリンター本体のパネルに表示される「カートリッジフセイ」との表示についても、ユーザーが再生品を使用することをためらわせることのないような表現に修正することとした。
　③ 一部のプリンターでは、再生品が装着された場合には色調整の機能が働かない場合があったが、キヤノンは、本修正に併せて、その原因となっていたソフトウェアのプログラムの誤りを修正することとした。

公正取引委員会は、前記(d)①ないし(d)③の事実にかんがみ、これまでに、当該カラー・レーザー・プリンターに使用されるカートリッジの再生品の利用を望むユーザーに対し、再生業者が再生品を提供することは可能になっている実態にあり、独占禁止法上の問題が解消していると認めて、審査を終了したが、審査終了にともない、「当委員会としては、今後とも、公正かつ自由な競争の促進の観点から、レーザー・プリンター向けカートリッジの取引における競争の状況を見守っていく」とし、レーザー・プリンターのメーカーがレーザー・プリンターに使用されるカートリッジにICチップを搭載することについて、カートリッジの再生利用との関係で生じ得る問題に関する独占禁止法上の考えかたを大要別紙のとおり公表した。

(3) 別紙
近年、レーザー・プリンターに使用されるトナー・カートリッジ（以下「カートリッジ」という）にICチップが搭載される事例が増えている。レーザー・プリンターのメーカーがその製品の品質・性能の向上等を目的として、カート

4．情報化時代の「抱き合わせ」——タイインとバンドリング

リッジにICチップを搭載すること自体は独占禁止法上問題となるものではない。しかし、プリンター・メーカーが、例えば、技術上の必要性等の合理的理由がないのに、あるいは、その必要性等の範囲を超えて——

(a) ICチップに記録される情報を暗号化し、またはその書換えを困難にして、カートリッジを再生利用できないようにすること
(b) ICチップにカートリッジのトナーがなくなった等のデータを記録し、再生品が装着された場合、レーザー・プリンターの作動を停止し、または一部の機能が働かないようにすること
(c) レーザー・プリンター本体によるICチップの制御方法を複雑にし、またはこれを頻繁に変更することにより、カートリッジを再生利用できないようにすること——

などにより、ユーザーが再生品を使用することを妨げる場合には、独占禁止法上問題となるおそれがある（一般指定10項「抱き合わせ」または14項「競争者に対する取引妨害」)。

なお、前記の考えかたは、インク・ジェット・プリンターに使用されるインク・カートリッジにICチップを搭載する場合についても、基本的に同様である。

クォーク事件（仮設ケース）[253]

(1) ビジネス・モデル

クォーク㈱は、プリンターとインク・カートリッジの有力メーカーで、プリンター用インク・カートリッジとその生産方法をクレームする特許3456789号（発明の目的：開封時のインク漏れ防止）の権利者である。リソーシズ㈱は、同インク・カートリッジの使用ずみ製品をユーザーから買い取って、洗浄乾燥させたうえ、インクを再充填して販売している。クォークがリソーシズを上記特許権侵害で提訴。

(2) 当事者の主張と判決

(a) 消尽論

地裁における被告リソーシズの主張は、「特許製品がいちど特許権者によって販売されると、特許権はその目的を達したものとして消尽し、それ以後の

---

[253] 実在の事件をヒントにして私が創作した法科大学院演習用の仮設ケースである。学生には、被告リソーシズの訴訟戦略を批判的に考えるよう指示してある。

流通や修理に対して行使されることがない」といういわゆる消尽論を前提として、本件インクの再充填がそこでいう「修理」であって、特許権侵害にあたる「生産」ではないというものである。

　地裁は、本件リサイクル品が、あらたな生産か、それに達しない修理の範囲内かの判断は、「特許製品の機能／構造／材質／用途などの客観的な性質、特許発明の内容、特許製品の通常の使用形態、加えられた加工の程度、<u>取引の実情</u>等を総合的に考慮して判断すべきである」との基準（総合考慮論）を採用し、「本件インク再充填はあらたな生産にあたると認められない」と判断して非侵害判決。クォーク控訴。

　<u>知財高裁</u>は、地裁の判断基準を採用せず、消尽が中断して特許権が復活する原因を、①耐用期間の経過（第１類型）、②本質的部分の加工／交換（第２類型）に分け（類型論）、本件リソーシズの行為が第２類型に該当すると判断して侵害判決。リソーシズ上告。

　<u>最高裁</u>は、消尽の判断を地裁の基準に戻して、「特許製品の属性、<u>特許発明の内容</u>、<u>加工／交換の態様</u>、<u>取引の実情</u>等を総合考慮する」（総合考慮論）としながら、「本件インク再充填は、発明の本質的部分に係る構成を再び充足させ、その実質的な価値を再び実現し、その作用効果をあらたに発揮させるからあらたな生産にあたる」として侵害判決。

　最高裁は、地裁の基準に復帰しながら、地裁とは逆の結論を導いた。とくに、知財高裁による第２類型該当（本質的部分の加工／交換）という事実認定に依拠して、差戻しではなく自判し、地裁判決をくつがえしたのである。この最判は、クレームの文言よりも、発明の本質やその実質的な価値を重視する点で、均等論を認めた「ボールスプライン軸受け」判決と軌を一にする。この意味でも、「取引の実情」による消尽抗弁がふたたび重要になった。

(b) <u>取引の実情</u>

　リソーシズは、消尽に関する地裁基準のうち「取引の実情」に関して、本件インク・カートリッジのリサイクルが、①消費者に支持されている、②海外でも成長している、③社会にとって有用であるなどと主張、地裁原告クォークはいずれをも否認したが、地裁は、「本件インク再充填はあらたな生産にあたると認められない」と判断した根拠の１つとして、「取引の実情」に関するリソーシズの主張を採用した。

4. 情報化時代の「抱き合わせ」——タイインとバンドリング

　知財高裁は、消尽の有無について、地裁とまったく異なる基準を採用したため、「取引の実情」を審理しなかった。ただ、傍論で、リサイクルの状況についての原被告の主張を詳細に検討したうえ、「使用ずみ品を廃棄せずに再使用することは、環境の保全に資するものであって、…広く奨励されるべきものであり、…これを禁止する法令等は存在しない」といいながら、これに、「特許権等の他人の権利や利益を害する場合を除いて」という留保を前置することによって、リサイクルによる環境保全という抗弁が、特許権の行使には対抗できないという法的判断をとっている。

　最高裁は、法律については地裁の判断基準を採用しながら、事実については知財高裁の認定に依拠して、「上告人製品の製品化の工程に於ける加工等の態様は、単に費消されたインクの再充填にとどまらず、本件発明の本質的部分に係る構成を欠くにいたった状態…を再び充足させる」として、「加工／交換の態様」基準に拠ったのである。リソーシズは、上告受理申立てにおいて、知財高裁が、地裁が認定した「取引の実情」より特許権を上位においたこと（法律問題）についても争ったのだろうか？

(c)　独占禁止法

　三審を通じて、リソーシズから、クォークの行為が、インク・カートリッジとインクの（広義の）抱き合わせにあたるという主張／立証がおこなわれた形跡はない。この主張は、「取引の実情」の一部として、リサイクル問題を補強する効果があったばかりでなく、独占禁止法24条による差止請求（反訴）の理由にもなったはずである。

　知財高裁は、傍論で、「特許製品や他の取扱製品の価格をどのように設定するかは、その価格設定が独占禁止法等の定める公益秩序に反するものであるなど特段の事情のない限り、特許権者の判断にゆだねられているということができるが、本件において、そのような特段の事情をうかがわせる証拠を見いだすことはできない」として、特許権の行使より独占禁止法を上位においているのだが、これを最高裁でフォローするチャンスはなかった（差戻判決であれば、差戻審でチャンスがあっただろうに）。

　米国 *Lexmark Int'l, Inc. v. Static Control Components, Inc.* 387 F.3d 522 (2004)（後述6.3.1）類推で、クォークの本件特許が、いわゆるロックアウト・パテントである——したがって、その行使は独占禁止法違反、すくなくとも

4.2. インターフェイス独占による強制

権利の濫用にあたる——という被告側主張が有力だったと思われ、また、最高裁の「特許発明の内容」基準にも影響を与えたはずである。

　クォークによるロックアウトの意図を立証するため、リソーシズは、本件開発／製品化についてのクォークの社内記録（インク漏れクレーム情報やその対策をふくむ）や技術者の証言をとったのだろうか？　輸送中の転倒によるインク漏れ予防という程度の目的のため、インク・カートリッジをこれほど複雑な構造にしたためのコストアップが、社内で正当化できたのだろうか（本件特許の「発明の実施の形態」の項には、シリンダーによる押し込みのような複雑な工程が記述されている［米国なら、ベスト・モード開示義務違反になった可能性がある］）。文書提出命令は、民事訴訟法221条／特許法105条の手続きによるのだが、記録が隠滅改ざんされないよう、民事訴訟法234条以下／特許法105条2項の無警告の証拠保全手続きもためらうべきではなかった。また、中立専門家の証言をとったのだろうか？　さらに、本件特許は外部にライセンスされているようだが、ライセンシーの証言をとったのだろうか？　もしロックアウト・パテントだとすると、同業者へのライセンスは技術カルテルになった可能性がある。以上の戦略は完全に有効な特許が相手でも通用するが、念のため、本件特許の無効主張は検討されたのだろうか？

(d)　特許

① 　無効：総合考慮論において、「取引の実情」よりはるかに本筋に位置する基準が「特許発明の内容」である。この点で、本件特許の無効主張（審判または抗弁）は検討されたのだろうか？　すくなくとも無効審判の記録はみあたらない。

　　本件特許3456789号は、先行技術として、ピープル社の特開平06-12345とクォーク自身の特開平07-13579を引用している。ピープル発明は、毛管力の異なる複数の繊維を圧接し、界面において空気混入を防ぐ単槽構造である。その約1年後に公開されたクォーク発明（発明者は別）は、インク貯留と負圧発生の二槽構造でインク漏れ課題を解決しようとしているが、複数の負圧発生材圧接というピープル発明には想到していない。

　　本件特許の発明は、画期的なものではなく、上のピープルとクォークの両公開の組み合わせ発明にすぎず、当業者なら容易に想到できた可能

4．情報化時代の「抱き合わせ」——タイインとバンドリング

性がある（進歩性の欠如による無効）。一般に、審判および侵害訴訟における無効主張の勝率は60%を超えるといわれる。

　有効性と抵触の否認は、特許権侵害事件における被告側戦略のイロハなのだが、リソーシズがこれらをどこまで追求したか、疑問なしとはいえない。

② <u>非抵触</u>：リソーシズは、非抵触主張もしていないようである。クォーク発明の本質的部分とは、知財高裁および最高裁がいっているような「インク」（非特許汎用品）などではなく、「異なる毛管力を有する2種の負圧発生材を圧接して、圧接界面の毛管力をいずれの負圧発生材よりも大きくした構造」（特許構造——要件H）であるが、リソーシズは、この構造に対してはいかなる加工／交換もしていない。

　知財高裁は、本件特許が「機能」をクレームしていないのにもかかわらず、クォーク主張をそのまま引用して、「圧接界面が…インクと共同して…気体導入阻止手段として機能している」から、インクが発明の本質的一部だと（均等論的に）いっている。

　均等論的な抵触主張に対しては、均等論的に対応しなければならない。均等論の天敵は審査履歴である。審査履歴を調べれば、無効とまでゆかなくても、請求項を狭く解釈して、インク再充填が「本質的部分の加工／交換」にあたらないとする非抵触主張が構築できた可能性がある。知財高裁と最高裁が「本質的」といっているのは、請求項1の要件HとKであるが、これらはいずれも他人の発明なのである。これが、インク再充填を特許権侵害とするために考案されたいわゆる「うしろ向きの発明」であって、Static Control判決でいわれた「ロックアウト」目的の特許権（その行使は一般指定14項「競争者に対する取引妨害」に該当）ではなかったのか？——こんなことが発想できるフォーラムは独占禁止法だけである。

③ <u>間接侵害</u>：本件特許請求項1の要件K「圧接界面全体が［濡れる］量の液体が充填されている」は両刃のナイフである。というのは、これがあるから、非特許汎用インクが本件特許の「本質的部分」だということになるのだが、一方、つぎの3つの行為が、本件特許権の直接侵害にならないのである。①本件クォーク製品をコピーしたインク・カートリッ

4.2. インターフェイス独占による強制

ジ容器だけを製造販売する（ユーザーが別売りインクを充填）。②使い終わった本件クォーク製品に穴を開け、内部を洗浄乾燥して販売する（ユーザーが別売りインクを充填）。③使い終わった本件クォーク製品に、ユーザーが穴をあけて別売りインクを再充填するキットを販売する。

しかし、上の3行為は、特許法101条1-6号のすべての要件を満たすから、一見間接侵害が成立しそうである。問題は、インクを充填して要件Kを完成させるのがユーザーであって、「業としての実施」ではないということである。101条の解釈に関するいわゆる従属説によれば、この場合は間接侵害が成立しない。しかし、いわゆる独立説によれば、間接侵害（擬制侵害）が成立する。一般には独立説のほうが通説だが、本件の場合は、発明者が、非特許汎用インクをクレームに取りこむためにわざわざ要件Kを設けたのだから（ロックアウト・パテント）、そのデメリットにも服すべきだ（両刃のナイフ）という主張が、かなり有力である（具体的には非抵触確認を求める反訴になろう）。

一般に、クレームの要件を多くするほど保護範囲が狭くなる（要件はand接続だから）。クォークは、要件Hだけでは新規性がないので、わざわざ要件Kを入れて組み合わせに新規性を持たせ、ついでにインクを発明の本質的部分として取りこんだのであろう。だから、K要件を入れるにあたって交わされた発明者、特許部、弁理士間の交信（弁理士には秘匿特権がない）や、特許庁での審査履歴をディスカバーしたいのである。

(e) 最判の射程

最高裁は、消尽中断事由の法的原因として、知財高裁の類型論を排して地裁の総合考慮論を採用しながら、差戻しではなく、知財高裁の事実認定を採用して、本件消尽中断を自判した。もし、知財高裁が類型論でなく総合考慮論に拠っていたとしたら、最高裁は、知財高裁の事実認定（「取引の実情」を考慮せず「本質的部分の加工／交換」を認定したこと）が法令違背かどうかを審理したはずである。実際は、最高裁が、知財高裁が「取引の実情」を無視して認定した事実——いわば瑕疵ある事実——をそのまま採用した。このようなfact-intensiveな事案を、最高裁は自判すべきではなかった。

それはともかく、知財高裁の一刀両断的な類型論が最高裁で否認され、総合考慮論が復活したので、今後同様の訴訟においては、リサイクル問題や競

4．情報化時代の「抱き合わせ」——タイインとバンドリング

争問題をふくむ「取引の実情」の主張・立証が、ますます重要になったと思われる。

(f) 戦略的考察

リソーシズは、地裁においては、入念な「取引の実情」主張をおこない、これが地裁判決にも採用されている。しかるに、知財高裁が「取引の実情」を無視したあたらしい判断基準を採用したため、上告受理申立てでは、このあたらしい基準（類型論——法律問題）に目線が集中してしまい、「取引の実情」（法律問題）に関する主張をしなかったのではないか。文系の裁判官による総合的考慮を重視する地裁・最高裁と、技術論に傾きがちな知財高裁のねじれ状態は今後も続くであろう。弁護士としては、この「ねじれ」のなかで主張の一貫性を見失わない覚悟が必要である。

新聞などでは、インク再充填が特許侵害になる基準が拡大されて、プリンター・メーカーに有利になった——穴をあけただけで侵害になる——というようなパニック的論調がみられるが、そんなことはない。最高裁は、法の適用を地裁の「総合考慮論」に戻し、事実認定を知財高裁の「本質的部分の加工／交換」に戻しただけである。むしろ、最高裁が、「取引の実情」について徹底的に受け身（法律審としては当然だが…）で、差戻しでなく自判を急いだ様子が推察できるので、逆に、今後の同種訴訟においては、独占禁止法をふくむ「取引の実情」の主張・立証を強化して、裁判所を追いつめる戦略の重要性が高まっている。

米国の特許権侵害訴訟では、被告側から、原告の行為が、独占禁止法やRICO法[254]違反、ミスユース、黙示のライセンスなどにあたるとの抗弁／反訴がなされることが通例で、しかもこの成功率が高い（判事はいやがるが…）。法廷侮辱罪にでもならないかぎり、自分から取り下げることはない。とくに陪審員は、どちらが善玉でどちらが悪玉かという点に判断力を集中しているので、技術論だけでは、被告が絶対に不利である。知的財産権事件で被告になったら、総力戦に引きこむのが基本戦略である。

以上の3件はトナー（インク）カートリッジとトナー（インク）の抱き合わ

---

[254] 本間忠良「米国における特許関連違法行為と民事RICO法」http://www17.ocn.ne.jp/~tadhomma/RICO1..htm

4.2. インターフェイス独占による強制

せで、抱き合わせの連結素にあたるインターフェイスが、機械的にまたは（知的）財産権で独占されていた事件であった。以下の4件は、機器本体と保守サービスの抱き合わせであるが、インターフェイスが部品の設計仕様そのもので、部品の供給拒絶が抱き合わせを「強制」する連結素になっている事件である。

東芝昇降機サービス事件（1993）[255]

(1) 甲事件：地裁原告はビル所有者で、訴外独立保守業者Aと保守契約をしていた。ビル所有者が東芝昇降機サービス（以下単に「東芝」）に部品（システム基板）を注文したが、サービスと一体でないとだめだ、その場合でも納期は3か月先だと断わられ（供給拒絶）、損害賠償を請求した（一般指定10項「抱き合わせ」と14項「競争者に対する取引妨害」）。

東芝主張：①安全性確保（取付けと保守が一体でなければ安全性が確保できない）、②事業上の正当化（独立業者を育成する義務はない）、③技術論（本体と保守は技術的に一体である）。

判決はいずれをも否認、「①Aは資格者である。東芝自身、輸出では独立保守業者を使っている。同業者の三菱と日立は単体でも販売している。安全性に関するビル所有者とAの能力不足や過失の立証不十分。②部品保存・供給は本体販売者としての東芝の義務である。③本体と保守は技術的にも独立している」として、一般指定10項「抱き合わせ」該当の19条違反で請求を容認した。

(2) 乙事件：地裁原告Aは独立保守業者。A（訴外ビル所有者と月1.6万円で保守契約をしている）は、契約エレベーターの故障に際し、部品不良を発見したが、直接部品を注文しても拒絶されると考えて、ビル所有者名義で東芝にサービスを依頼した（甲事件）。東芝は応急修理をしたが、部品納入は3か月後と断った。しかるに1か月後おなじ故障でビル所有者社長が缶詰になった。社長経由ビル建築請負（清水）から督促してもらったところ、東芝はただちに部品を持参して修理。Aはこのあと保守契約を解約された（ビル所有者は東芝と月3万円で契約）ため、不法行為による損害賠償を請求。判決は、「部品常備は民法上東芝の義務である。一般指定14項「競争者に対する取引

---

[255] 「東芝昇降機サービス事件」大阪高判平成5（1993）年7月30日。

4．情報化時代の「抱き合わせ」——タイインとバンドリング

妨害」に該当する」として請求を容認した。

三菱ビルテクノ事件（2002）[256]

　三菱ビルテクノは、保守契約率の低下、料金の下落に対応するため、社内に対策チームを作って、独立保守業者むけの部品販売につき、①納期は、在庫があってもメーカー発注扱いとして、2-4か月とする、②価格は、自社顧客に対する価格（仕入れの2倍）の1.5倍とすることを決定、実際の引き合い（独立保守業者からの場合とエレベーター所有者からの場合がある）に対してこの方針を貫いてきた。審決書記載4例のすべてで、実際には在庫があったのに、方針通りの長い納期を答えている。4例すべてが独立保守業者からの注文である（1例でオーナーからなら可能と示唆）。3例で、独立保守業者が保守契約を解約されている。審決は一般指定14項「競争者に対する取引妨害」該当で排除措置命令。

東急パーキングシステム（2004）[257]

　東急パーキングシステムは、機械式駐車装置の販売／保守サービス／保守部品の販売において、パレット受け装置／基板など重要な部品につき、最低在庫数量を定め、これを割らないように在庫調整をおこなうとともに、保守部品の販売価格を仕入れ価格の2倍と定め、独立保守業者に対しては、原則として保守部品を販売しない方針をとった。のち、これが問題ありとの指摘を受けたため、方針を変更して、部品を販売することとしたが、納期はメーカーに発注する「生産出荷」ベースで3か月、価格は一般の1.5から2.5倍（仕入れ価格の3－5倍）、販売数量をメーカー発注の最低発注数量とした。その後、納期を1か月に短縮、販売数量制限を撤廃したが、その間、独立保守業者は、部品購買をあきらめて、駐車装置の所有者に依頼して予備部品を入手し、または最低数量で不要な部品を購買するなどの困難におちいり、低廉な価格での保守契約を維持できなくなった。前記三菱ビルテクノ事件と本質的におなじ行為である。公

---

[256] 「三菱ビルテクノサービス㈱に対する件」勧告審決平成14（2002）年7月26日。
[257] 「東急パーキングシステムズ㈱に対する件」勧告審決平成16（2004）年4月12日。

4.2. インターフェイス独占による強制

正取引委員会は、一般指定14項該当で排除措置命令を発した。

　以上の3件では、とくに知的財産権の行使と認められる行為の適用除外（21条）は問題になっていない。しかし、いずれもソフトウエア（著作物）が関与しており、かつ、広義では典型的な「技術を利用させないようにする行為」なので、ここで考えることにする。

　東芝甲事件は本体とサービスの抱き合わせで、被害者を本体の購入者（買手段階での公正競争阻害）として、一般指定10項「抱合せ販売」が適用された。乙事件の独立保守業者は、顧客に契約を解除された（売手段階での公正競争阻害）という点で14項「競争者に対する取引妨害」が適用された。甲事件は購入者が提訴、乙事件は競争者が提訴したものである。

　判決はいずれも「公正競争阻害性」を特定していないが、「手段の不公正」ということで、市場における競争への影響まで認定する必要ないという立場であろう。

　いずれの事件も19条違反だけだったが、「小さな市場」アプローチをとれば、いずれもほぼ100％シェアで、ほかからの部品入手が不可能なので、私的独占も成立したであろう（米国の同様事件*Image Technical v. Kodak*最判は日本でいえば私的独占事件である）。

　一見の客と長年の顧客とで、取引条件に差をつけることがなぜ不公正なのかという疑問があろう。たしかに、差別対価とおなじく、取引条件の差それ自体は違法ではない。しかし本件では競争者に対する取引妨害を意図し、それを達成しているから「手段の不公正」が成立する。

　三菱／東芝事件ではシステム基板の販売拒絶もあった。基板は著作物だから21条の適用除外にならないか？　著作権のライセンス拒絶ではなく、モノの販売拒絶だから、21条には該当しない。かりに百歩を譲って、著作権のライセンス拒絶だとしても、競争者に対する取引妨害の手段だから、21条の「認められる」に該当しない。

Image Technical事件（1992）[258]

　コピー機等のメーカーで、保守サービスもおこなっている地裁被告Kodak（コダック）は、保守サービス専門の地裁原告Image Technical（イメッジ・テク

4. 情報化時代の「抱き合わせ」——タイインとバンドリング

ニカル）への補修部品の販売を拒絶、部品メーカーからの入手を妨げた。Image Technicalは、Kodakがコピー機の販売（タイング商品）と保守サービス（タイド商品）を抱き合わせたとしてシャーマン法2条「独占行為」違反で提訴。Kodakは、市場画定問題や本体部品一体論にもとづいてsummary judgment申立て、地裁がこれを容認したが、最高裁が破棄差し戻した。

事実審の地裁で、Kodakは本件販売拒絶が特許権の行使であることを主張、地裁はこれを認めなかったが、巡回裁は、Kodakの主張を一部認めつつ、Kodak互換補用品という「小さな市場」を画定し、結論的にはImage Technicalの請求を認めた[259]：「反トラスト法と知的財産法の独占を調和させるためには、モノポリストの知的財産権に対してある程度の重みを与えなければならない。特許権者のインセンティヴを減殺することは、知的財産法と反トラスト法の持つ基本的・相補的目的に反する。したがって、知的財産権の存在を無視した地裁判事の説示は誤りだった。しかし、知的財産権にもとづく主張はKodakの弁論中にふくまれており、陪審はそれにもかかわらずKodakの正当化理由をしりぞけたのだから、この誤りは無害である」。

---

[258] *Eastman Kodak v. Image Technical Services*, 504 U.S. 451 (1992).
[259] *Image Technical Services v. Eastman Kodak*, 125 F. 3d 1218 (9th Cir. 1997), cert. denied, 523 U.S. 1094 (1998).

5．「情報を利用させないようにする行為」

 5で考える「情報を利用させないようにする行為」は、標準的な独占禁止法の教科書にも、ガイドラインにも載っていない。判審決例もほとんどない。だが、急速に進展するいわゆる情報化社会のなかで、インターネットのユーザーが日常的に直面するこの問題は、判審決がでてきてから議論したのでは手遅れである。ここでは、次世代の「知的財産権と独占禁止法」問題を先取りして、思いきったビジョンを提示する。ここで考える知的財産権の主役は著作（隣接）権である。

5.1．著作権におけるインセンティヴ仮説の検証[260]

5.1.1．インセンティヴ仮説

 まず、著作権の本質が情報の独占であることについては異論がないであろう。著作権法は著作物という情報の複製等を、著作（隣接）権者に独占させるために考案された法的ツールである（第2表参照）。
 つぎに、なぜそんな独占権を私人に与えるのかという疑問に対して、現在最も有力な答がいわゆるインセンティヴ仮説である[261]。これは、著作権とは、それによって作りだされる独占的利潤を著作者に与えて、さらなる創作のインセンティヴに転化しようという文化政策の一部だという仮説である。以下本章の議論は、すべてこの仮説の検証の試みである。
 インセンティヴ仮説について、最初に遭遇する疑問は、では、著作権をどのぐらい保護すれば、最も有効な創作インセンティヴになるのかという最適問題である。よくある答は、「①著作権保護が弱いと、創作の意欲がわかない。だから、②創作を促進するためには、著作権保護をもっと強くしなければならな

---

[260] 本章は、2008年11月15日明治大学法科大学院でのJASRAC寄付講座での私の講演録（『著作権制度の現状と展望』（明治大学法科大学院、2009年3月）所載）と一部類似の構成をとるが、本書のために大幅に改訂したものである。

5.「情報を利用させないようにする行為」

い」というものだが、これは答になっていない。①が真だとしても、②は逆命題だからかならずしも真ではないのである。この主張は、インセンティヴを最大化するには、著作権の保護を無限大にすればいいという結論を導いてしまう。これが無意味であることは直感的にも分かるのだが、念のため、すこしていねいに考えてみよう。

本章における記述も意見もすべて私の責任だが、たまたま2003年に出版されたシカゴ大学のランデス（Landes）教授と第7巡回裁のポズナー（Posner）判事の共著による「知的財産法の経済的構造[262]」を追試する意味もあり、同書の配列にほぼ沿って考えているので、いちいち何ページという面倒を避けて、最初に包括的に引用表示する。

5.1.2. 著作権の社会的費用

まず著作物という商品の供給のために必要な費用（原価）について考える。ここでいう著作物としては、とりあえず書籍のことを考えて、適宜ほかの著作物に応用する。

書籍が、著者によって創作されてから読者の手に渡るまでの費用は2種類あ

---

[261] ［一部再掲1.1.3］ほかに、いわゆる自然権仮説というのがある。これは、創作が、なにもないところから人の頭脳が作りだしたものだから、とうぜんその人に原始的に帰属するという、ジョン・ロックが土地とその生産物の所有について提示した仮説の類推である。

自然権仮説の神がかり的なところをきらって、これをもっと現代的に構成したのがいわゆる情報商品仮説である。著作（経済）権の目的は、情報という無体物に対して物権に類似する権利を与えて商品化し、その取引を活発化しようという経済政策、つまり、フランス革命による（有体）財産権の神聖不可侵化に対応する歴史的過程だという仮説である（情報商品仮説）。自然権仮説は検証不可能だし、情報商品仮説は歴史的検証が必要で、市場が立ちあがったばかりのいま議論するのは時期尚早と思われるので、いずれもここではこれ以上触れない。

また、著作権とは、創作促進目的で支出される国の補助金だというドライな仮説もあって、旧ソ連や東独が産みだしていたハイレベルの芸術が思い起こされる。

ほかに、フリーライド抑止仮説というのもある。つまり著作権は著者個人の利益を保護するのではなくて、創作投資に対するフリーライドを抑止することによって、あらたな創作投資を促進する投資政策なのだという仮説である。しかし、投資だからという理由だけで保護するという思想は、結局マネー物神観であろう。

[262] William M. Landes & Richard A. Posner, *The Economic Structure of Intellectual Property Law* (The Belknap Press of Harvard University Press, 2003).

5.1. 著作権におけるインセンティヴ仮説の検証

る。まず創作費用で、これは、著者に一時金で払う原稿料、出版社のオーバーヘッド（宣伝費がここに入る）、製版費など、複製を何部作っても変わらない費用で、固定費用である。つぎが複製費用で、これは、著者に発行部数に応じて払う印税、出版社の印刷費、流通費など、複製部数に比例して増える費用で、変動費用である。

特定のジャンルの書籍は不完全代替財だから、その需要の価格弾力性[263]は負の有意な値で、需要曲線は右下がりになる。つまり、価格が安ければ需要数量が増える。

説明を補足しよう。代替性がほとんどない商品の需要の価格弾力性はゼロにちかくなって、需要曲線はほとんど垂直になる。砂漠のなかの１杯の水が例である。この商品は、価格が高いから買わない、価格が安いから買うというものではないのである。

反対に、完全にちかい代替性をもつ商品の価格弾力性はマイナス無限大にちかくなって、需要曲線はほとんど水平になる。これは安ければ買うが、すこしでも高くなったら買うのをやめるという商品である。

この「完全にちかい代替性をもつ商品」の好例が、喫茶店でのCD演奏やデパートのBGM演奏であろう。1999年、著作権法附則14条を廃止して、それまで許されていたこのような演奏を演奏（禁止）権の対象にした。これは、あればいくらか心の安らぎになるが、なくてもべつに困らないので、価格が安ければ買うが、すこしでも高くなったら買わないという顕著な特性をもつ商品である。

附則14条の廃止によって、喫茶店はCDをかけなくなったし、デパートではBGMを流さなくなくなった[264]。JASRACの収入がわずかに増えたかもしれないが、これによって失われた社会的利益は膨大なものであったろう。自分が子供のとき聞いたメロディがどこからかかすかに聞こえて、ふっと思い出にふけるというようなプルースト的効用が、１億３千万人から失われたのである。もっ

---

[263] 需要の価格弾力性とは、需要量の変化を価格の変化で割った値である。価格を１％上げたとき、需要量が１％減れば、需要の価格弾性値は －１ である。Jack Hirshleifer, et al., *Price Theory and Applications*, 5th ed. (Prentice Hall 1992) 121ff. 不完全競争下では、価格が上がると需要量が減るので、需要の価格弾力性はマイナスで、需要曲線は右下がりになる。

[264] というより、市場全体が、権利の「元栓処理」ができる有線配信サービスに移行し――それがCD売上げの落ち込みに拍車をかけたのである。

5．「情報を利用させないようにする行為」

ともこれはベルヌ条約の義務だからしかたがなかったのだという人もいるが、120年以上もむかしのベルヌ条約が作りあげた産業構造を無批判に固守していることへの疑問はないのだろうか。

　2004年、附則4条の2を廃止して、江戸時代から日本文化の一翼を形成してきた（現代アニメの原点であるコミックの揺籃でもあった）貸本屋を貸与（禁止）権の対象にした。これで新本の売上げが増えたという話は聞かない。やることがぜんぶ逆効果になっている。著作権保護が自己目的化して、著作権保護のための著作権保護になっている。日本の著作権法は、「情報を利用させないようにする」方向にどんどん走っている。

Column「秋の日の喫茶店」

　私のグレン・グールドとの出会いは、ある秋のあかるい昼下がり、通りすがりの喫茶店でふと耳にしたバッハのフランス組曲であった。駒場の高台にある小さな喫茶店で、どういう事情か知らないが、若い姉妹が2人だけでやっていて、冬になると休業し、春になるとどこからか帰ってきて再開するという店であった。

　そばを通ったら、ちょうどひらいていた南欧風の小窓からピアノの音が流れてきた。フランス組曲だとは分かったが、いつも聞いているチェンバロの典雅な響きとはちがう、速いテンポでスタッカート気味に弾くあかるい演奏だった。なんとピアノの音にハミングの声が、聞こえるか聞こえないかぐらい音量で混じっている。ピアニストが弾きながら歌っているのだ。

　入口から覗くと、レジに妹がいたので、「だれが弾いているの？」と聞くと、LPのジャケットをみもせず「グレン・グールドよ」と教えてくれた。当時の私はドイツびいきで、英語名の演奏家にはとっさに不信感を抱いてしまうのだったが、いま私はグールドのCDを何十枚も持っている。グールドのフランス組曲を聴くたびに、あのあかるい昼下がりが私の眼前によみがえる。

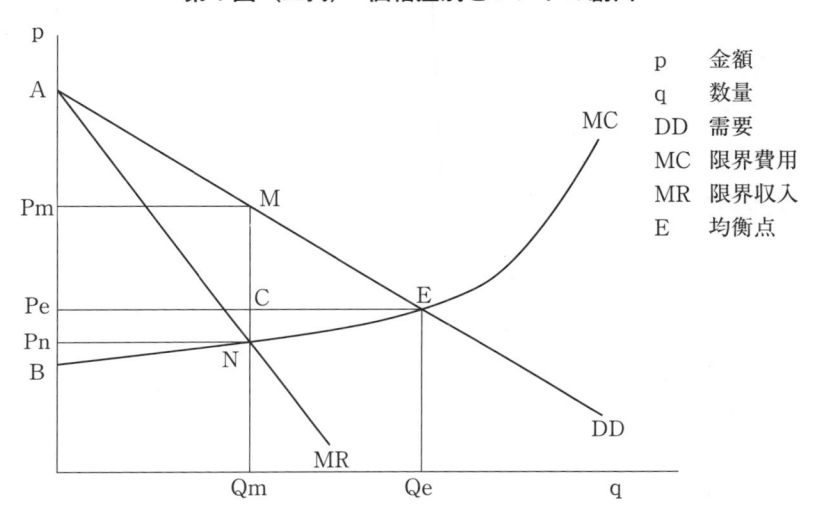

5.1. 著作権におけるインセンティヴ仮説の検証

第1図（三掲）　価格差別とレントの創出

p　金額
q　数量
DD　需要
MC　限界費用
MR　限界収入
E　均衡点

　第1図は、市場原理と完全価格差別の説明に使った図とおなじものである。価格差別がおこなわれていない場合、この商品は、需要曲線DDと限界費用曲線MCの交点E（均衡点）に対応する数量Qeが供給され、そのときの価格はPeである。価格差別がおこなわれていないので、社会的に1物1価が成立するのである。この均衡点では、価格と限界費用がイコールなので利潤がでない（平均費用では利潤がでている）。限界費用＝変動費用と考えると、固定費の分が赤字になる。価格と数量が、競争を通して、社会的（他律的）に決まってしまうので、供給者の自由にはならないのである。この均衡点では、これ以上の価格を払ってもいいと思っていた（つまりこの商品にPe以上の効用を認めていた）需要者は、望外の得をしたことになる。これが消費者余剰で、図形AEPeの面積であらわされる。余剰は投資されて経済を拡大する。

　著作権という独占権を——出版権の設定または出版許諾契約を通して——行使する出版社は、利潤ゼロ（固定費用赤字）ではとうぜん不満である。独占者だから、自分で供給数量とそれに対応する価格を決めることができる。そこで、出版社は、供給数量Qmと価格Pmを、限界費用が限界収入MRにひとしくなる点Nに対応する需要曲線上の点Mに設定する。つまり、これ以上の数量を生産すると、増刷1冊分から得られる収入が、その1冊分にかかる費用より少な

5．「情報を利用させないようにする行為」

なってしまうので、この点Mに生産数量（したがって価格）を設定するのである。

この点での出版社の1冊あたりの利潤はMNで、これが出版社の最大利潤である[265]。ここでは図形PmPeMCの面積の分だけ、消費者余剰が出版社の利潤に移転している。つまり、消費者は損をするのだが、その分出版社が得をするので、社会全体では損得がない。

ところが、この点での消費者余剰は図形AMPmの面積になって、出版社への移転と加えても、均衡状態のときの消費者余剰よりすくない。この不足分が図形MNEの面積であらわされ、deadweight loss（死重損失）といって、どこへもつけをまわせない社会的な純損失になる。これが著作権の社会的費用である（以上再掲1.2.1）。

第1図は価格差別がないという前提だったが、この前提をはずしてみよう。出版社は独占者だから、高値設定ばかりでなく、<u>価格差別もできる</u>。高くても買おうと思っていた消費者には高く売る。この場合は1物多価になる。横流しを防ぐために流通障壁が必要である。そこで、ハードカバーとペーパーバックという2種の商品を作る。同時に発行したら、みんなペーパーバックのほうを買ってしまうので、時間の障壁を置く。

映画でもおなじことが起こっている。ロードショー館、一般館、地方館という順序で上映して、しばらくしてDVDをだし、最後にテレビに流す。すべて、価格差別による独占者の利潤最大化行動である。価格差別によって、図形AMPmの消費者余剰が、さらに出版社の利潤に移転してゆく。

以上の例は時間による障壁（temporal barrier）だったが、よりありふれた例は地理的障壁（local barrier）である。これらが併用されることもある（映画のロードショー日を国別に変える例）。地理的障壁の大規模な例が、すでに述べた並行輸入妨害である。

独占と価格差別によって生まれるこのような超過利潤を「レント」と呼ぶことがある。ただ、ランデス＆ポズナーも私も、これらの価格設定や価格差別行動を悪いとか、法律違反だとかいっているのではない。このような行動から発生する死重損失が、著作権という独占権の社会的費用だということを示してい

---

[265] 図を見やすくするため、点Nで、限界費用＝平均費用と仮定している。

るのである。

　価格差別を効率性の観点からper se legal（原則合法）にしようという有力な提案が、1980年代以来、いわゆるシカゴ学派の学者からだされている。SPS 1982におけるポズナー判事の「特許権者が価格差別してはならないという原理はない」という発言がその例である。シカゴ学派のいわゆる完全価格差別構想については前述した（2.5.2）。

5.1.3. ブレイン・ストーミングによる検証

　ここで、インセンティヴ仮説を検証するため、ランデス＆ポズナーにならって、ブレイン・ストーミングを試みることにする。つまり、著作権がなければ創作のインセンティヴがなくなってしまうのか、いいかえれば、著作権によらない創作のインセンティヴもあるのではないかという質問を順不同で設定して、自由に答えてみるのである。

(1) 創作者の先行者利益が大きい
　出版社は、複製者が現われてくるまでの一定期間、市場で独走できる。とくに、複製者は、一般に、その著作物が成功するかどうかを見定めてから複製しようとしているので、この先行期間は貴重である。この意味では、さっき触れたロードショーの時間差作戦は、映画会社にマイナスにはたらく。反対に、新聞記事やポップ音楽など、その効用がephemeralな（短時間で消える）ものでは、この先行者利益が決定的なので、長期間の著作権保護は不要ともいえる。
　一般に、自然独占者は知的財産権保護にあまり熱心ではないといわれる。IntelやMicrosoftが特許の取得にあまり熱心でないことは有名である。ソニーのウォークマンは、構造的にはただのテープレコーダーにすぎず、特許などはほとんどないが、1979年発売以来、追随者が現われるとモデル・チェンジで引き離すという軽快なフットワークで、現在まで首位を保っている。

(2) 品質の劣る複製物はオリジナルの完全代替財ではない
　複製物は一般にオリジナルより品質が劣る。これは私の経験だが、私はかつてむかしのNapsterの愛用者だった。これは無料だったのだが、だれかが楽曲

5．「情報を利用させないようにする行為」

のうしろのほうを卑猥な替え歌にしてp2pしたものを聞いてしまって、いやな思いをしたことがある。これもあって、有料のApple iTMSに変えてしまった。これこそ品質プレミアムの勝利であろう。YouTubeはあいかわらず画質音質とも悪く、コンテンツもこま切れである。JASRACや民放連の抗議がボディ・ブローのように利いているのだろうか？

(3) パブリック・ドメインは創作を促進する

著作権保護によって可能になる超過利潤は、たしかに、あたらしい著作物の創作と生産に資源を呼びこむインセンティヴになる。しかし、そのインセンティヴは社会的な損失を発生する。くりかえしになるが、これが著作権の社会的費用（コスト）である。そのような社会的費用の1つがパブリック・ドメインの減少である。ほとんどの創作は先行者の創作に依拠している。これは二次的著作物――翻案――の問題である。歴史的にみて、観念的なオリジナリティ（創作性）が、いまほど、すべての価値の上に置かれたことはない。

文芸や音楽の歴史は翻案の歴史だった。ランデス＆ポズナーは、文芸における翻案の膨大な例をあげている。たとえばシェークスピアは、プルターク英雄伝のせりふをそのまま大量に使っている。ただそのことがシェークスピアの価値をいささかでも低めることにはならないともいっている。

音楽でいえば、バッハは、彼の音楽のなかに当時のルター派プロテスタントの賛美歌（コラール）を大量に使っている。彼の（というより西欧音楽の）最大傑作の1つといわれるマタイ受難曲がいい例である。だからといって、バッハの偉大さがすこしでも割り引かれるものではない。ただ、いまだったらマタイ受難曲はできなかったであろう。

(4) 契約は著作権を超える利潤を与える

コンピューター・プログラムのライセンス契約では、複製やその譲渡が制限されており、また、トレード・シークレット契約を兼ねていることが多く、大企業間ではよく守られている。しかし、著作権の支分権にない使用制限や、複製権に触れないリバース・エンジニアリング禁止など、著作権ではできない取引制限が大手を振っておこなわれている。

あるソフトウエアの業界団体は、法人内の契約違反者を1人でも発見すると、

彼を訴訟で脅してほかの違反者を密告させ、最終的にはこの法人そのものを脅して、法人全体の定期監査を受けさせるという、社会常識からかなり離れた苛酷な契約エンフォースメントをやっているといううわさがある。

(5) <u>DRMは著作権をはるかに超える独占を創出する</u>

かつて、ある高名な著作権法の教授が、DRM（デジタル権管理システム Digital Rights Management）や暗号化が発達すれば著作権は要らなくなるといっていたが、その見方は楽観的すぎたようである。DRMを迂回し、暗号を解読するソフトがすぐにでてくる。そこで、そのような行為を非合法化することになって、それが1996年のWIPO著作権／実演家レコードの両条約、米国のDMCA（デジタル・ミレニアム著作権法）、日本の著作権法120条の2第1－2号／不正競争防止法2条1項10-11号になった[266]。

DRMは、デジタル形式のあらゆる情報に適用され、①著作物ではない事実情報や②著作権の保護期間が満了した作品などパブリック・ドメインに属する情報までコンテンツ流通業者が囲いこめるばかりでなく、③著作権法30条以下に規定する家庭内複製や教育用複製などの公正利用[267]抗弁まで技術的に取り上げることができ、④使用態様／回数制限など、著作権の支分権の行使をはるかに越えた取引制限まで可能にする。憲法（情報の自由）や独占禁止法からの批判もでている[268]。

現在、音楽のインターネット配信で、なだれ的にDRM廃止の動きが起こっ

---

[266] 著作権法120条の2（2条1項20号に定義）：技術的保護手段（権利者の意志に基づくコピー・コントロール）を回避するための専用装置やプログラムを公衆に譲り渡しまたはその目的で製造などし、または業としてかかる回避をおこなう者に対する刑事罰。

不正競争防止法2条1項10号/11号：営業上用いられる技術的制限手段（全ユーザー対象（10号）および特定以外のユーザー対象（11号））を回避する専用装置やプログラム等を譲渡（「製造」はない）する行為に対する差止と損害賠償請求権（刑事罰はない）。

著作権法はまだしも著作権侵害防止のため必要というコンストレイントをもっているが、不正競争防止法は著作権侵害に関係のない——たとえば「本を読む、音楽を聴く」という行為まで抑圧する可能性を秘めている。

[267] fair useは「公正使用」と訳されることがあるが、著作権には使用権がないので、私はあえて「公正利用」といっている。

[268] たとえばhttp://www17.ocn.ne.jp/~tadhomma/DigiConComp.htm

5．「情報を利用させないようにする行為」

ている。これは、性能抑圧装置であるDRMがコンテンツ業界からもきらわれつつある——つまり品質競争がはじまっているという意味で、著作権がらみでは憂鬱な[269]話ばかりのなかで、わずかなあかるいニュースである。

　2007年4月、世界第3位の音楽レーベルEMIとAppleが革命的な共同声明を発した。EMIがAppleのiTMSで配信する楽曲に、高音質のクラスを設け、これにはDRMをつけないというのである。価格は低音質クラスの30%アップである（なお後述）。翌月、こんどはインターネット小売り最大手のAmazonが年内に音楽配信に参入すると発表した。DRMなしで、しかも圧縮フォーマットはDRMが利かないMP3（後述5.3.3）である。MP3はAppleも追随するもようである。10月、Appleは、Amazon（および同様の音楽配信をはじめたWal-Mart）に対抗するため、DRMなし（前述）の価格をDRMつきとおなじ99セントに値下げした。これが競争である。2008年1月、自社独自の不人気Codecを、スパイウエアを使ってまで頒布しようとしていたSony BMGもついに屈服して、DRMなしMP3に踏み切った。3月、こんどはオーディオ・ブック最大手のランダム・ハウスがDRMなしのMP3に踏み切った。ペンギン・ブックスもこれに追随するもようである。なだれが起こっている。これからのコンテンツ配信は、DRMなしが標準になるだろう。人口の一定割合でかならずいる海賊は、リスク・マネジメントの手法で確率的に押さえこめる。AppleとAmazonといういずれも根っからのビジネスマンたちと、長年著作権に寄生してきたコンテンツ流通業の経営者たちの差がついてきた。

(6)　複製には建設的側面がある

　あらゆる複製を悪の権化のように排斥する神がかり的な精神状況から脱けだして、複製のアクセス（販売）促進的側面にも眼を向けるべきである。

　米国のAmazonが書籍のページをpdfで掲載している。Googleもはじめている。インターネットでの音楽交換はCD音源の価値を高める。逆説的のようだが、音楽交換フリーのCDを作って、3割ぐらい高く売ればいいのである——ネッ

---

[269] 中山信弘『著作権法』（有斐閣、2007年）の冒頭は「著作権法の憂鬱」と題して、5ページにわたって、著作物の多様化にもかかわらず、著作権法が、依然として、硬直的な19世紀的パラダイムにしがみついていることを、やや絶望感をこめて指摘している。

5.1. 著作権におけるインセンティヴ仮説の検証

ト配信ではすでにやっている（前述）。図書館での複製も、むやみに禁止するのではなく、一定の例外を除いてフリーにしたらいい。定期刊行物以外の「全部」複製は不可という著作権法31条1号と、それを文字通りにとった「土木工学事典一審（事典の1項目の複製は不可）」判決[270]など、「法と経済学」の見地からは愚劣というほかはない。コンピューター・プログラムでも、Microsoftの独占を可能にしたネットワーク効果には、何百万というクラック版も貢献しているのである。お金が払えないから、または払う気がないから無断複製するのだとすると、無断複製によって、創作者は損をしていないことになる。

(7) <u>著作者には印税を超えた利益がある</u>

　著作者には、印税のほかに、名声や権威というような非金銭的利益と、講演料、コンサルティング料、パブリシティやキャラクター権料金のような金銭的利益がある。創作力の落ちた作家は、講演や文学賞の審査員をして食べている（出版社の固定費からでている）。

　著作者と出版社のコンフリクト[271]についてはここでは深入りしないが、学術的な著作ではこれがかなり顕著である。一般的に、学者は、彼／彼女の業績を多くの人にみてもらいたいため、著作権保護にはあまり熱心ではない。

　手塚プロが手塚治虫の特定作品をネット上で公開して、二次的著作と公衆送信を無料で許諾する（キャラクター権で収入を確保する）方針に切り替えたそうである[272]。ミッキーマウスの著作権が切れそうなために、著作権の保護期間をロビイングで強引に延長させたDisney（ディズニー）とくらべて、手塚プロのしなやかさが目立つ。

(8) <u>複製技術の進歩は出版社を利している</u>

　情報複製通信技術の進歩は、無断複製者よりも正規の出版社に対して、はるかに大きな効率化利益を与えている。この利益が著作者や消費者に適正に還元されているのだろうか？　いや、それは、著作権による独占的利潤（レント）として、大量かつ集中的な宣伝によるスーパースターの創出と、書店の陳列ス

---
[270] 東京地判平成7（1995）年4月28日。
[271] たとえば*New York Times Co., et al. v. Jonathan Tasini, et al.*, 533 U.S. 483 (2001).
[272] http://www.itmedia.co.jp/news/articles/0811/04/news052.html

5.「情報を利用させないようにする行為」

ペースを占拠するための過剰生産（そして40％にもおよぶ返品）に投入されている——後述するレント・シーキングの疑いがある。出版社がインターネット配信に消極的なのは、この古い産業組織を固守しようという時代錯誤のあらわれなのではないか？

(9) スーパースターがすべてをとる

　情報流通の発達が、いわゆる「スーパースター現象」を作りだしている。2人のピアニストAとBを考える。音楽的にはAがBよりわずかに（たとえば2％）勝るとする。2人のレコードはきわめて近い代替物なので、レコードの価格がおなじなら、すべての消費者がAのほうを買ってしまう。それは、現代の情報流通の速さのため、AB間の評価情報のギャップ（非対称）がなくなっているからである。著作物の流通は「勝者がすべてをとる」システムで、1位だけが巨大な報酬を受け取り、2位以下はゼロに近い状態まで落とされる。日本の著作物の再販価格拘束は、こんな点でも、文化の健全な発展を硬直化させている。再販制がなくなって、Bのレコードが2％安い価格で売られるなら、Bにも生きるチャンスができるのである。

5.1.4. 保護期間

　前節のブレイン・ストーミングを通して、私は、著作権が、時には、その目的である文化の発展にむしろマイナスにはたらく可能性があることを示唆してきた。情報化時代に入って、いろいろなあたらしい著作物が出現しつつある現実があるのに、すべての著作物に一律に適用される著作権法が適応不全になっていることはあきらかである。

　ランデス＆ポズナーも私も、著作権法を廃止しろと主張しているのではない。ただ、いまの著作権のこれほど強くて硬直的な保護が、ほんとうに創作のインセンティヴとして最適なのかという疑問を投げかけているのである。

　著作権のこのような硬直性をいくらかでも緩和するため、まず、著作権に内在する自浄機能を活用するのが順序であろう。そのような自浄機能として、「アイデア不保護」、「フェア・ユース」、「ミスユース」、「保護期間」の4つが考えられるが、最初の3つについては後述（6.3）するので、ここでは保護期間に

5.1. 著作権におけるインセンティヴ仮説の検証

ついて考える。

最初に示したように、「創作のインセンティヴを最大化するには、著作権の保護を無限大にすればいい」という命題は無意味で、どこかに最適値があるはずである。

著作権の保護も、収穫逓減の法則という物理的法則に服する。いま、日本でも著作権の保護期間延長についての議論がはじまっているが、ランデス&ポズナーがおもしろい試算をしている。

いま、著作権者が、保護期間中１年に１ドルづつロイヤルティをもらうとする。年利（年減価率）$i=10\%$とする。保護期間を永久とすると、この全ロイヤルティの現在価値 $r=1／i=10$ドルである。保護期間 $t=25$年とすると、これの現在価値 $r=(1-(1+i)^{-t})／i=9.08$ドルになって、永久保護との差が１割以下になる[273]。これ以上保護期間をいくら伸ばしてもロイヤルティの現在価値（インセンティヴ効果）はほとんど増えない。このへんが保護の最適値であろう。

すでに述べたように、著作権は独占権だから、独占的利潤（レント）を作りだし、それが創作のインセンティヴに転化する。しかし独占はそれ自体、社会的非効率（deadweight loss）を生みだす。インセンティヴ効果のほうは収穫逓減則に服するが、社会的非効率は保護の強さに比例する（第１図において、$\triangle MCA \propto MC$）。たとえば、保護期間を長くすると、その分だけパブリック・ドメイン作品が少なくなり、著作権期間が満了した本をpdfでアップロードして、無料閲覧／ダウンロードを許しているGutenberg.comのライブラリーが比例的に減るという意味で、社会的非効率が増える[274]。

インセンティヴ効果と社会的非効率の差、つまり社会的純効率が最大になる

---

[273] ランデス&ポズナーは期首払いで計算しているが、私がためしに期末払いで計算してみたもの。

[274] Landes & Posner, *op. cit.* 214。ランデス&ポズナーの名誉のためにいっておくのだが、彼らはこのような仮説操作ばかりでなく、米国著作権局の１世紀におよぶ著作権登録更新件数の統計を使って、綿密な量的検証もおこなっている。結果の一部だけ記すと、1934-1999年における著作権の年平均減価率は、美術（写真をふくむ）で13.4％、文芸で9.2％、音楽で4.1％である（美術は商業美術がほとんどなので減価が早く——ミッキー・マウスは稀有の例外である——、音楽は編曲やナツメロがあるので賞味期間が長い）*Id.* 253。

5.「情報を利用させないようにする行為」

第4図 著作権保護の最適値

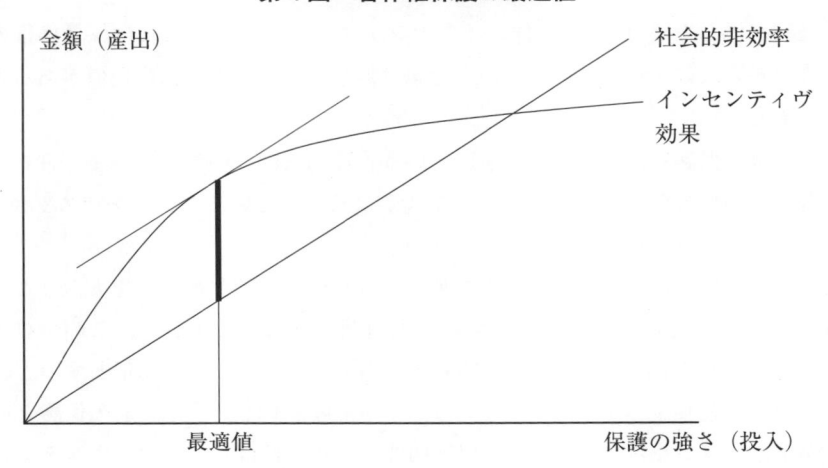

(図：縦軸「金額（産出）」、横軸「保護の強さ（投入）」、曲線「社会的非効率」と「インセンティヴ効果」、最適値の位置を示す)

点が、知的財産権保護の最適値である。最適値は、両曲線の交点ではなく、各曲線の微分係数がひとしくなる横軸の値である。この点で、メリットとデメリットの差（社会的な純利得）が最大になる。もちろん、第4図は概念図なので、たとえば保護期間として何年が最適なのかを定量的に求めることはできないが、どこかに最適値があることはたしかである。著作権法の歴史は、この最適値を求めるための、供給者と需要者の間の綱引きだったといってよい。

5.1.5．レント・シーキング

ここでは、まず、「レント・シーキング」という問題を提示する。これは著作権法内部の自浄機能（フェア・ユースやミスユースなど——後述6.3）で対抗できるささやかな問題ではなく、著作権法の外側にある独占禁止法で戦わなければならない巨悪である。

ランデス&ポズナーは、知的財産権のトップ・プロデューサーたちの収入を調べている。クリントン前大統領が3,300万（回想録の印税）、ブリトニー・スピアーズが3,900万、トム・クランシーが4,800万、ジョージ・ルーカスが2億（すべて米ドル）などなど。これほどの金額が、彼らの創作費用（コスト）として正当化されるのだろうか——それがさらなる創作のインセンティヴになってい

5.1. 著作権におけるインセンティヴ仮説の検証

るのだろうか——という疑問である。宣伝費などは出版社の固定費でべつに計上されている。これほどの所得は、「レント」として考えるほかに説明がつかない。

レントのもともとの意味は地代、つまり、なにも労働をしないで受けとる利潤のことである。この概念を準用して、経済学では、レントを、利潤を得るための費用を超えた純利潤と定義する。レントの特徴の1つは、その供給が非弾力的なことである。つまり地代をいくら高くしても土地の供給は増えないし、地代をいくら安くしても土地の供給は減らない——インセンティヴ効果がない——のである。ブリトニー・スピアーズが得たレントは「供給増加努力を呼び起こすのに必要な量をはるかに超える、需要量だけから決定される金額[275]」である。

ジョセフ・スティグリッツがいう：「独占［者］が、みずからが稼いだ超過利潤を…非生産的に使ってしまう場合…、とりわけ、独占［者］がその独占的地位を獲得し、または維持するため…資源をつぎこむときに、社会的な損失が発生する[276]」。レントを得るための費用がその社会的なベネフィットを上回るとき、そのような行動をレント・シーキングという。

ランデス＆ポズナーも私も、レントが悪いとは言っていない。著作権法が創作のためのインセンティヴとして人為的に作ったレントは、法目的から演繹される必然の帰結である。だが、レントを使ってあたらしいレントを作りだすレント・シーキングは、市場の怪物を連鎖拡大的に作りだしてしまう（市場の失敗）。

たとえば、著作権法104条の8で、私的録音録画補償金の2割以内で政令で決める額を権利保護／創作振興普及に支出できることになっているが、これは本来はサンプリング漏れなどに対する補償などの財源なので、ロビィング資金ではない。これを補償金の対象拡大のようなロビィングに流用しているとすれば、あきらかにレント・シーキングである。

著作権の自浄機能として、さきほど、アイデア不保護、フェア・ユース、ミスユース、保護期間の4つをあげたのだが、これらはみな侵害訴訟での抗弁と

---

[275] ジョセフ・E・スティグリッツ、藪下等訳『ミクロ経済学』（東洋経済新報社、1995年）283。
[276] 同上書432。

5.「情報を利用させないようにする行為」

してしか使えない弱い防御用の兵器で、レント・シーキングによって巨大化した怪物を阻止するための攻撃用兵器としては無力であった。これができる唯一の法的ツールが独占禁止法である。もっとも、ここでは日本の法律である「私的独占の禁止及び公正取引の確保に関する法律」に視点を限定していない。いままであげた判例もほとんどが米国のものだったが、これ以後も、競争政策の先進国である米欧での経験を中心に考える。

著作権を利用した独占事件はたくさんあるが、ここではいちばんの大物だったMicrosoft（マイクロソフト）事件に焦点をあてることにしよう。Microsoft事件判決は有名で、だれでも知っているようだが、じつは、その本質が、著作権とトレード・シークレットを利用したレント・シーキング事件だったという点はあまり知られていないと思うので、あらためてサマライズする。

Microsoft-US事件——会社分割より強制実施

この事件は、1998年5月、クリントン民主党政権の司法省による提訴ではじまった。2年後の地裁判決[277]は、MicrosoftによるOS（オペレーティング・システム）市場独占維持行為（シャーマン法2条違反）などの違法行為を認め、Microsoftに対して、会社をOSとAP（アプリケーション・プログラム）の2事業に分割すること（構造規制）を命じるとともに、分割までの経過措置として、一定の行為を禁止した（行為規制）。

判決が認定した事実はつぎのようである。

Microsoftは、ネットスケープのブラウザーNetscape Navigator（NN）を排除しようとして、いろいろな手段をとった。

① ネットスケープに対して、NNをプラットフォームとして設計しないよう説得し、受け入れなければ技術情報（インターフェイス情報）を提供しないと脅した。

② OEM（パソコン・メーカー）に対して、WindowsとInternet Explorer（IE）の結合を契約で義務づけ、IEアイコンの削除を禁止し、その他NNを排除するような流通／販売／技術的措置に引きこんだ。

③ ISP（インターネット・サービス・プロバイダー）に対して、IEとその

---

[277] *U.S. v Microsoft*, 97 F. Supp. 2d 59 (D.D.C. 2000).

5.1. 著作権におけるインセンティヴ仮説の検証

アクセス・キットを無料でライセンスし、その他NNを排除するような流通／販売／技術的措置に引きこんだ。

④　コンテンツ・プロバイダーや独立のソフトウエア・メーカーに対して、IEを無料でライセンスし、Microsoftのアプリケーション・インターフェイス・ファミリーに引きこんだ。

⑤　特定のOSに支配されないプログラム言語Javaについては、Intelに圧力をかけて、Sun Microsystems（サン・マイクロシステムズ）等による汎用アプリケーション（AP）の開発を妨害させ、互換性のないMicrosoft版JavaによってAPメーカーをWindows依存に引きこんだ。

地裁判決から1年後の2001年6月、巡回裁判決[278]が言い渡された。

①　OS独占維持については地裁判決を容認。

②　ブラウザー市場独占企図については地裁判決を破棄（市場画定と参入障壁の立証不十分）。

③　OSとブラウザーの抱き合わせについては地裁に差し戻し（地裁が使った当然違法per se illegalではなく、ソフトウエア事業の不確定性にかんがみ、競争制限の立証を必要とする合理の原則rule of reasonを使うべき）。

④　分割については破棄差戻（審理不尽）。

地裁差戻審では、民主党から代わったブッシュ共和党政権の司法省が、上の③OS／ブラウザー抱き合わせ（請求原因）と、④会社分割（請求——構造規制）という2つの主張を取り下げた。したがって、請求原因としては独占維持、請求としては技術情報公開をふくむ一定の行為規制だけが残った。

巡回裁判決の半年後、司法省とMicrosoftは、連邦地裁の勧告を受けて、以下の同意判決案について合意に達した。

①　技術情報開示：Microsoftは、XP発売後1年以内に、同社ミドルウエア製品（Internet Explorer／Java Virtual Machine／MediaPlayer／Messenger／Outlook Expressおよびそれらの後継システム）とWindowsとのインターフェイス情報（API）、および、サーバー・プロトコル情報をネット上で公開する。ミドルウエアの将来版については、その最後のベータ・テストまでにAPIを開示する。Windows将来版については、ベータ・テス

---

[278]　*U.S. v Microsoft*, 253 F. 3d 34 (D.C. Cir. 2001).

5．「情報を利用させないようにする行為」

　　ト版15万本配布後にAPIを開示する。これらを利用するにあたって必要な知的財産権は有償でライセンスする。ただし、コピー防止、デジタル権管理（DRM）、暗号、認証、第三者知的財産権保護メカニズムなどについてはAPIを開示しない（例外）。また、Microsoftが、開示先を、ソフトウエア海賊版販売や知的財産権の故意侵害歴がなく、十分な事業計画を有するなどの条件をみたす相手に限定し、かつ、APIを使ったプログラムを Microsoftが承認する中立の第三者に提出して、Microsoft仕様への適合を認証してもらうなどの義務を課すことを妨げない。

② 　デスクトップ「不動産」：PCメーカーが非Microsoftミドルウエアを搭載し、またはMicrosoftミドルウエアのアイコンを削除しても、Microsoftから報復を受けない。

③ 　ライセンス条件：PCメーカー上位20社への基本ライセンス条件を公開する（大口割引などは別段）。

④ 　排他的取引：Microsoft対応ソフトウエアの開発／支援につき独占契約はしない。

⑤ 　監視機関：中立委員３名からなる技術委員会を設置、Microsoftのソース・コードをふくむ機密情報へのアクセスを許す。

⑥ 　期間：５年（違反あれば２年延長）。

　地裁判事は、同意判決案が公共の利益にかなうものと判断してこれを承認した[279]。同意判決のうちとくに重要なのは「技術情報開示」であるが、開示の例外が示唆的である。ここから、ミドルウエアでの市場力を利用してコンテンツ市場に参入、コンテンツ取引の必須情報、たとえばコピー禁止や課金システムなどのライフラインを抑えようというMicrosoftの戦略がみてとれるのである[280]。「監視機関」は画期的なもので、司法省がいままでやってきた対IBM／AT&T（いずれも1956年と1982年）など独占事件の歴史のなかではじめて、モノポリストに対する技術面からの監視が登場した。ついでにいうと、対IBM／AT&T事件も、真の争点は、被告の保有する知的財産権であった（後述6.4）。

---

[279]　2002 U.S. Dist. LEXIS 22864.

5.1. 著作権におけるインセンティヴ仮説の検証

Microsoft-EU事件——文化政策としての競争政策

　Microsoft世界売上げの1／3を占めるEUでは、1998年、米国のサーバー大手サン・マイクロシステムズが、サーバー用OSとAPのバンドリングを理由に、Microsoftを欧州委員会（現EU委員会）に提訴。2000年8月、欧州委員会は、Microsoftが、Windows 95／98／NTにおける支配的地位を濫用してサーバー用OSの独占を企図している（EEC条約82条違反容疑）とする最初の異議告知書（Statement of Objections）を発出した。2001年8月、欧州委員会は、上記にWindows 2000を加えるとともに、Windows Media Player（WMP）とOSのバンドリングについての条約82条違反容疑で第2回異議告知書を発出。2003年8月、多数の事業者とのインタービューにより、上記2回の異議告知書における事実認定に確証が得られたとして、最終異議告知書を発した。

　欧州委員会のプレス・レリースによると、Microsoftはつぎの2点で、EEC条約82条（現EU運営条約102条）に違反している。

① 競争者のサーバーOSがWindowsと交信するために必要なインターフェイス情報の開示を制限し、サーバー用OS市場で競争者を不利な立場に置いた（パソコンOS市場における支配力を梃子にして、サーバーOS市場での独占を企図した）。

② AV再生用ソフトWMPをWindowsにバンドルして販売（かんたんに削除できない）することにより、AV再生ソフト市場での競争を阻害し、技

---

[280] 2000年6月、Microsoftは「.NET」（ドット・ネット）という構想を打ちだした。.NETは、OSもAPもすべてネットから提供しようというサービスである（会費制）。.NETによるインターネット市場戦略が、2001年3月発表されたHailStormイニシアティヴである。ヘイルストーム（霰嵐）とはよくもつけた名前だが——のち悪評を気にしてMyServicesというこんどはひどくへりくだった名前に変えた——、これは、まず、ソフトウエア・メーカーに対して、.NETシステムの「ビルディング・ブロック」を開示し、これを使ったe-メールやインスタント・メッセージング・システムの開発を慫慂する。他方、ユーザーに対して、Passport（パスポート）による本人認証サービスを提供する。一見いいことずくめだが、ライバル各社は、Microsoftの真の意図にきわめて懐疑的である。まずビルディング・ブロックの開示といっても、リナックス（Linux）系とちがって、依然としてMicrosoftの著作権とトレード・シークレットで保護されているので、いちどこれを使うと、そこから抜けだせなくなる（*The Economist,* April 28, 2001）。Passportに加入した顧客は、それとは知らずに.NETにロックインされる。これで、e-コマース・サイトやコンテンツ・プロバイダーを、顧客管理とセキュリティの両面から支配するという壮大な野心が浮かびあがってくるが、現実にはこの野心をCitiGroupなどに見抜かれて、うまくいっていないようである。

5．「情報を利用させないようにする行為」

術革新を停滞させた。

プレス・レリースは、また、Microsoftがとるべき対策の概要をつぎのように示している。

① Microsoftの競争者がWindows パソコンとサーバーとの完全な互換性を確立するために必須のインターフェイス情報を開示すること。

② WMP(Windows Media Player)をWindowsからアンバンドルすること。

異議告知書とは、欧州委員会による事実認定と法の適用を被疑者に示し、防御の機会を与えるもので、違反事件の正式審査ではかならずとられる手続きである（日本の審判開始決定書にあたる）。被疑者がこれに異論ある場合は、文書で反論することができ（反論しないとこれによる事実認定を後日欧州司法裁判所（現EU裁判所）で争うことができない）、欧州委員会が所有する文書を閲覧することができる（営業秘密を除く）。本件ではMicrosoftに反論のため2か月が与えられ、この間、Microsoft は具体的対策について欧州委員会と協議を続けた。

サーバーOS事件は米国とおなじleverage(梃子——支配的地位の濫用) 事件だったが、WMPの抱き合わせ事件は、欧州委員会が職権でとりあげたもので、委員会の超長期的な先見性（ビジョン）がみてとれる。欧州委員会は（Microsoftも）、次世代の争点が、コンピューター産業とコンテンツ産業の主導権争いにあることを知っている。本件は、コンピューター産業（ハードとOS）はもたないが、アプリケーションとコンテンツでは米国に対抗する力をもっている欧州が、ポルトガルからギリシャにいたるヨーロッパ文明の多様性を防衛しようとしている巨大な文化戦争の一環ととらえることができよう。

Microsoftと欧州委員会の協議は失敗した。2004年3月、欧州委員会は、MicrosoftがWindowsによる支配的地位を濫用したとして、①WMPのアンバンドル（バンドル版とアンバンドル版の両方を、後者が不利にならない条件でPCメーカーにオファーすること）および②サーバーOSの接続情報（コード）開示ならびに ③5億ユーロ弱（約650億円）の過料支払いを命じた[281]。①と②の命令は欧州内にかぎられる。欧州委員会競争総局のMario Monti委員長（当時）は、「命令を『世界中』とすることもできたが、米国や他国の競争当局の顔を

---

[281] http://europa.eu.int/comm/competition/antitrust/cases/decisions/37792/en.pdf

5.1. 著作権におけるインセンティヴ仮説の検証

立てて『欧州内』とした」といっている。Microsoftの弁護士によると、協議のなかで、Microsoftは競合するメディア・プレーヤーも搭載した版のWindowsを「世界中」でオファーするという提案を出したのだが、欧州委員会が聞きいれなかった由である。

2004年6月、Microsoftは、この決定の無効を主張して欧州司法裁に提訴したが、2007年9月、第一審裁判所はMicrosoftの訴えを却下した。その間の2006年7月、欧州委員会は、Microsoftが接続情報の開示義務を果たしていないとして、追加過料4億ユーロの支払いを命じた。2007年10月、Microsoftは欧州司法裁への上訴を断念、欧州委員会に対して措置命令の完全実施――技術情報の大幅開示と知的財産権利用料の大幅値下げ――を約した。2008年2月、欧州委員会は、Microsoftが2004年是正命令を期限の2007年10月までに果たしていなかったとして、追加過料9億ユーロ弱の支払いを命じた。

5.1.6. 検証の結果

「知的財産権と独占禁止法」と題する本書だが、私は、いずれの章においても、独占禁止法21条を意識して、特許法であれば「産業の発達」、著作権法であれば「文化の発展」というそれぞれの法目的を考えてきたつもりである。

芸術は、人間が、その本性を超えた高みに作りだした所産である。その意味では、温室咲きの花で、市場原理という寒風のなかでは育たない。18世紀まで、芸術は、王侯貴族や教会の庇護のもとに生き延びてきた。フランス革命以後、芸術は、国家が著作権という形で与えた独占によって、市場原理から隔離された温室のなかで生きてきた。

20世紀後半、芸術が大衆（ポップ）化するにつれて、それはメディアという巨大ビジネスのレント・シーキングのなかに囲いこまれていった。

21世紀、インターネットの到来によって、巨大メディアによる芸術の独占が破れ、あたらしいポップ・カルチャーの花が開こうとしている。これに対して、20世紀に獲得した既得権益（レガシー・アセット）にしがみつく既成メディアが必死の抵抗を試みているという情景が、私の目にはみえてくる。

結局「インセンティヴ仮説」は検証されただろうか？ 本章の前半では、この仮説で説明できない現象をランダムにあげてきた[282]が、だからといって、仮

5．「情報を利用させないようにする行為」

説が偽（false）であるという決定的な事実があったわけではない。ただ、著作権保護に最適値があること、現状はそれをかなり超えている——著作権法の目的である文化の発展にマイナスになっている——らしいことは示唆できたのではないだろうか。

5.2. デジタル・コンテンツ[283]

5.2.1. 流通業としてのメディア

「情報を利用させないようにする行為」として、①音楽、②映像、③通信と放送、④インターネット、⑤プログラムの各分野を考えるまえに、本章では、これらの各分野に共通する消費者側の環境についてまず考える。その環境とは、21世紀の開幕とほぼ同時にはじまったいわゆるポップ・カルチャーの爆発ともいえる現象である（後述5.6.1）。

つぎに、このような現象に直面した既成メディア側の反応について考える。メディア側の反応はとっさに拒否的で、すくなくともつぎの3つの現象にそれがみられる。①DRM（Digital Rights Managementデジタル権管理システム）、②機器認証[284]、③送信可能化権[285]（「アップロード禁止権[286]」）とダウンロードの公正利用除外[287]（「ダウンロード禁止権」）。

これらの現象を考えるにあたっての私の基本的なスタンスは、もちろん、独占禁止法の目的である「①公正かつ自由な競争を促進することによって、②事業活動を盛んにし、③もって消費者利益を確保する」ことである。いいかえれ

---

[282] 前述したように、ランデス＆ポズナーは、このあとで綿密な実証作業をおこなっている。ただ、これは米国の著作権登録（ベルヌ条約に加盟した1988年以前は効力要件だったが、その後もひろくおこなわれている）の分析なので、そのような制度のない日本では、実証手段としては参考にならない。

[283] 本章は、2006年11月25日明治大学法科大学院でのJASRAC寄付講座での私の講演録（『デジタルコンテンツと諸課題』（明治大学法科大学院、2008年12月）所載）と一部類似の構成をとるが、本書のために大幅に改訂したものである。

[284] ①と②は、それぞれ、㈶デジタルコンテンツ協会『コンテンツ保護技術とその法的評価』（2003年3月）の分類「コピー及びアクセスをコントロールする技術」、「コピー及びアクセスを抑止・追跡する技術」に対応する。

5.2. デジタル・コンテンツ

ば、日本のデジタル・コンテンツ産業を、世界のなかで、米国やフランスに負けないレベルにまでティクオフさせるためには、デジタル・コンテンツ事業における思いきった競争の導入が必要だというのが、私の結論である。

デジタル・コンテンツ産業を振興するためには、そのまえに、日本のポップ・カルチャーを育てなければならない。デジタル・コンテンツ産業といっても、いま支配的地位にある事業者はすべてデジタル・コンテンツ商品の流通業（メディア）である。

デジタル・コンテンツ商品の生産は、無数のポップ・アーティスト──たとえばアニメ映画のプロダクション（たいていは10数人のクリエーターたちが制作している零細企業）──が担っている。デジタル・コンテンツ商品の消費者

---

[285] 著作権法2条
「9の4　自動公衆送信　公衆送信のうち、公衆からの求めに応じ自動的に行うもの（放送又は有線放送に該当するものを除く。）をいう。
　9の5　送信可能化　次のいずれかに掲げる行為により自動公衆送信し得るようにすることをいう。
　　イ　公衆の用に供されている電気通信回線に接続している自動公衆送信装置（公衆の用に供する電気通信回線に接続することにより、その記録媒体のうち自動公衆送信の用に供する部分（以下この号及び第47条の5第1項第1号において「公衆送信用記録媒体」という。）に記録され、又は当該装置に入力される情報を自動公衆送信する機能を有する装置をいう。以下同じ。）の公衆送信用記録媒体に情報を記録し、情報が記録された記録媒体を当該自動公衆送信装置の公衆送信用記録媒体として加え、若しくは情報が記録された記録媒体を当該自動公衆送信装置の公衆送信用記録媒体に変換し、又は当該自動公衆送信装置に情報を入力すること。
　　ロ　その公衆送信用記録媒体に情報が記録され、又は当該自動公衆送信装置に情報が入力されている自動公衆送信装置について、公衆の用に供されている電気通信回線への接続（配線、自動公衆送信装置の始動、送受信用プログラムの起動その他の一連の行為により行われる場合には、当該一連の行為のうち最後のものをいう。）を行うこと」。

[286] サーバーへのアップロードばかりでなく、インターネットと接続している自分のパソコンの共有ファイルへの保存（peer-to-peer（p2p））まで禁止できる強力な専有権だが、本書では、簡明をはかって、単に「アップロード禁止権」と略称する。

[287] 著作権法30条
「著作権の目的となっている著作物（以下この款において単に「著作物」という。）は、個人的に又は家庭内その他これに準ずる限られた範囲内において使用すること（以下「私的使用」という。）を目的とするときは、次に掲げる場合を除き、その使用する者が複製することができる。
　　三　著作権を侵害する自動公衆送信（国外で行われる自動公衆送信であつて、国内で行われたとしたならば著作権の侵害となるべきものをふくむ。）を受信して行うデジタル方式の録音又は録画を、その事実を知りながら行う場合」。

5.「情報を利用させないようにする行為」

は、ほかの代替可能なエンターテインメント商品（たとえば旅行や外食）とつねにコスト・ベネフィット比較をしている無数のユーザーである。この両者を直結する高効率の新メディアがインターネットである。

5.2.2. ポップ・カルチャーの爆発

　2005年からサービスをはじめたYouTubeが、日本のメディアから著作（隣接）権侵害の温床だと非難されている。日本にも同種のサービスがあるが、著作（隣接）権を侵害するかもしれない動画の事前チェックに人手を使って、たいへんなコストアップになっている[288]。日本では「はじめに管理ありき」なのである。この市場はネットワーク外部性がもろにはたらく分野なので、スタート地点でのこのハンディキャップは致命的である[289]。

　デジタル・コンテンツ産業といっても、まだどこの国でも、エスタブリッシュされたものはない。いずれはこれが巨大な産業になるという期待のもとに、各国とも、新旧メディアが入り乱れて先陣争いをしているところである。ただ、そのなかでも、インターネットによるコンテンツ流通に関しては、米国が圧倒的なエネルギーをみせている。Napsterが2年で6,000万人の会員を集めた。これが非合法化されると、この6,000万人は、第2世代ファイル・シェアリングのGrokster／Morpheus／KazaAに流れた。これも非合法化されそうな状況[290]

---

[288] 日経2006年8月7日「動画投稿、撮ってみて」。日本のメディアは、YouTubeにまで、投稿の事前審査と投稿者の個人情報登録を要求したらしい。日経2006年9月30日「テレビ局など19団体、投稿動画「掲載前に審査を」、ユーチューブに要請検討」。悪名高いデジタル・ミレニアム著作権法（DMCA）も、権利者からの具体的な要求で侵害情報を削除することまでで、事前スクリーニングまでは要求していない（17 USCS 512(c)(3)）。日本のいわゆるプロバイダー責任法も同様である。

[289] 2010年6月、ニューヨーク南部連邦地裁は、メディア大手のViacomがGoogle（YouTube）に対して起こしていた著作権侵害による10億ドルの損害賠償訴訟で、YouTubeの行為がDMCAの要件を満たしていたとして、Viacomの請求を棄却した（*The New York Times*, June 23, 2010）。Viacomの請求は、2008年初YouTubeが「コンテンツID」なるフィルタリング・システムを導入した以前の期間に対応するものであった（だから、「コンテンツID」は過剰防衛だったのである）。

[290] *MGM v. Grokster*, 545 U.S. 913 (June 2005)／*MGM v. Grokster (StreamCast)*, 2006 U.S. Dist. LEXIS 73714 (D.C.Ca. 2006)。KazaAは2億ドル払って和解（2006年6-11月）。

5.2. デジタル・コンテンツ

で、この一部がiTMS（iTunes Music Store）に流れ、そのなかのビデオ派がYouTubeを離陸させた。

米国でのこのポピュリスト・エネルギーの爆発にくらべて、日本では、ファイルローグもWINNYも、離陸するまえに撃墜されている。音楽のインターネット配信も米国勢のiTMSに圧倒されている。なぜいつもこうなるのか？　結局、日本のコンテンツ産業が、著作（隣接）権のマイクロ・マネジメントで自滅しているという情景がみえてくる。

米国では市場爆発があってから規制が追いかけてくるのに対して、数年遅れの日本では、官僚や業界団体が、米国の状況に過剰反応してさきに規制をかけるという先取り行動（infanticide嬰児殺し）が定着している。ファイルローグなど会員4万人でとどめを刺された。これは、日本としては、喜ぶべきことなのか、それとも悲しむべきことなのか。

5.2.3. DRMによる市場分割

いま、デジタル・コンテンツ商品の流通がロボットの手に握られつつある。DRM（Digital Rights Management）——不正競争防止法でいう「技術的制限手段」や、著作権法でいう「技術的保護手段」だが、私はもうすこし広く、認証システムまでふくめている（携帯電話のSIMロックもここに入る）[291]——が、いまや、設計者の意図を越えて怪物化しつつあり、DRMによるマイクロ・マネジメント（経営学でいう「部分最適化」）が、デジタル・コンテンツ産業の生産基盤であるポップ・カルチャーを窒息させようという勢いである。

人手ではとてもできないマイクロ・マネジメントが、ロボットでならできるのである。ロボットは、一般的には、人間生活を豊かにする技術なのだが、それを使う人間の卑小な心が、滑稽というしかないマイクロ・マネジメントを現出させている[292]。ロボットが、人間生活を豊かにするために使われないで、人間を管理する道具として、「うしろ向き」に進化している。

飲酒運転を予防するために、ドライバーの息を検知して、アルコールが一定レベルを超えたらエンジンがかからなくなるようにする。工作機械がテロ国家

---

[291] Lawrence Lessig, *Code and Other Laws of Cyberspace*（Basic Books 1999）にいう「コード」より広い概念で考えている。

5．「情報を利用させないようにする行為」

へ輸出されるのを予防するため、機械にチップを装着して、移動したら機械が動かないようにする。子供がアダルトサイトをみないよう、フィルタリング・ソフトをプレインストールする。YouTubeの著作権侵害ブログを自動的に削除する[293]。目的はいいのかもしれないが、その手段があまりに非人間的である。

ただ、私はDRMの使用をやめるべきだと主張しているのではない。それでは私的規制に代えて、公的規制をもちこむことになるからだ。この状況で、私の提案は、せめて、DRM同士を競争させ、アーティスト（生産者）とファン（消費者）にとって最適の均衡を作りだすことである。

(1) 家電DRM

DRMに関してまず気がつくのは、家電メーカーとパソコン・メーカーの気質のちがいである[294]。私は、ここでいうDRMを広い意味にとって、デジタル・コンテンツの暗号復号方式や、プリンターのロックアウト・チップや、さらに

---

[292] スナックの経営者（73歳）が、客にせがまれて、ビートルズの曲など33曲をハーモニカやピアノで弾いて、著作権法違反で警察に逮捕された（読売2006年11月9日）。演奏権侵害にはちがいないが、カラオケとちがって、この程度の実演で、著作権者に実害が発生するとは思えない（欧州の都市でよくみかける辻音楽師と同程度）。人間がDRM化しているのである。著作権法違反を非親告罪（告発を待たず自動的に刑事立件）にしようという内閣の知的財産推進計画なども、知的財産権を神聖視する自然権思想の産物である。

[293] 日経2010年7月21日「番組ネット配信、不正を自動検知」によると、総務省は、放送業界などと協力して、インターネット上で不正に配信されているテレビ番組を、パターン認識技術を使って自動的にみつけだすシステムを構築する由である（現在は放送局が動画サイトや個人の共有ファイルをみていて、個別に削除を要請している）。「不正」とは送信可能化権侵害のことだろうが、送信可能化権などない外国のサイトには手がだせまい。結局日本でのストリーミングを妨害して（「情報を利用させないようにする行為」）、日本のコンテンツ鎖国を推進するだけである。こんなマイクロ・マネジメントで喜ぶビジネスがあるのだろうか。不正配信を阻止したところで、放送局にはもともと二次利用のインセンティヴがないし、DVDは1枚3話1時間そこそこで5-8,000円もする。この価格はあきらかにレンタル・ビデオ・ショップ向けで、よほどのことがないかぎりふつうのユーザーが払うとは思わない。ユーザーはレンタルに走って、ますます買わなくなる。有料配信もレンタル料金を基準にしている。こんなうしろ向きのビジネス・モデルを保護しようとして、ポップ・カルチャー全体を敵にまわしている。日本では、あたらしいビジネスを立ちあげる意欲がないまま、権利意識だけが先走っているのである。

[294] 「マイクロソフトコーポレーションに対する件」審判審決平成20（2008）年9月16日の審判で、家電各社がマイクロソフトに不利な参考人意見を述べたのに対して、パソコン各社は一定の距離を置いていた。

5.2. デジタル・コンテンツ

はICタグまでふくめて考えている。

　家電メーカーは、コストアップにもかかわらず、また法的義務ではない[295]にもかかわらず、オーディオ再生装置にSCMS(Serial Copy Management System)チップを組みこんで、CDのコピー世代数を制限している。結局、こんなことをしても、というよりおそらくこんなことをしたからこそ、DATはもとよりMDすら大きな市場にならなかったのではないか。ユーザーが、SCMSでカーオーディオ用のコピーができないからといって、もう1枚おなじCDを買うだろうか。いや、車で音楽を聴かなくなるだけであろう。

　いま音楽ファンがインターネット配信のほうにどんどん流れて、オーディオ機器もネット音楽の再生機に変貌しつつあるなかで、レコード会社が生き延びるためには、CDの価値を高め、価格を安くしなければならない。だからSCMSも再販制もやめる潮時なのではないか。もっとも、このような規制は、公的なものにせよ私的なものにせよ、いちどできると、それが分泌する超過利潤に寄生する強固な利権（レガシー・アセット）ができてしまうので、みんなで共倒れになるまでぜったいやめられないのである（囚人のジレンマ）。

　DRM全体についていえることだが、コンテンツへのアクセスを制限する（「情報を利用させないようにする」）ことが、なぜ著作（隣接）権者の利益になるのだろうか。著作権全体が、アクセスを拒否すれば、ユーザーはいくらでも高い身代金を払ってくれるという誤った経済学にもとづいている。コンテンツなどは、生きるための必需品ではないから、アクセスを拒否すれば、消費者はすぐ代替品（たとえば旅行や外食）に移動してしまう。

---

[295] 米国では法的義務である。Audio Home Recording Act（AHRA）, 17 USCS 1002 (a) [要約]：「SCMSを装着しないデジタルオーディオ機器を製造／輸入／販売してはならない」。ほかのDRM関連規則はすべて（WIPO著作権条約（WCT）8条／WIPO実演レコード条約（WPPT）10条もふくめて）、DRM回避行為を禁止しているだけで、DRM装着を義務づけてはいない。1989年のいわゆるアテネ合意は、特定の私企業間の合意にすぎず、むしろ技術カルテルの疑いがある。AHRA制定当時（1992年）、米国にはすでにオーディオ機器のメーカーがなく、AHRAが日本をターゲットとした「重商主義的立法」（Landes & Posner, *op. cit.* 410）だったことはたしかである。2005年5月、連邦巡回控訴裁によって無効判決を受けた連邦通信委員会（FCC）のデジタル・テレビ放送フラグ規則なども同様の発想である。

5．「情報を利用させないようにする行為」

(2)　リージョン・コード

　映画DVDのリージョン・コードも、おろかなロボットを使った「情報を利用させないようにする行為」である。いまのハリウッドが、収入の半分以上をDVDに頼っており、劇場ロードショウの時差システムなど神話になってしまったのに、いまだにリージョン・コードに固執して、せっかく価格競争段階に入ったDVDが世界商品になるのを妨げている。異なるリージョンで再生できる作品の品揃えが圧倒的に少ないのである。

　いま外国語がわかる人が世界中でどんどん増えているのに、言葉の壁をわざと作っているのである。もっとも、プレーヤーも中国製（基幹部品は日本製）のリージョン・フリー機がネットで買えるし、米国製ソフトもリージョン・フリーのものがあって、もともといいかげんな私的規制だったのである。ただ、ユーザーにとっては、大金を払って（とくにネットで）買うDVDが自分のプレーヤーで再生できるかどうかわからないなどという状況は、購買意欲を減退することがはなはだしい。近年、映画DVDの売上げが頭打ちないし漸減というのもリージョン・コードの不確かさに一因があろう。

　それなのに、家電メーカーであるソニー／松下のBlu-rayがいまだにこんなものにとらわれていて、こんどは米日韓を同一コードにしてもらった（名誉米人扱いになった）といって喜んでいるようだが[296]、それではこんどはフランス映画が見られなくなるので、まったくの改悪である。東芝／日電のHD-DVDはリージョン・コードを無視していたのだが、（たぶんこれが）ハリウッドにきらわれて、Blu-rayとの規格競争に敗退した。ソニー・コンピューター・エンターテインメント（SCE）のPS3はBlu-rayを使っているが、発売がだいぶ遅れた（2006年11月発売）。その原因の1つがDRMだという噂が当時あった[297]。もし機器認証や本人認証などをやって、ソフトの個人間貸し借りや、中古ソフトの売買を禁止することなど考えていたのだとしたら、法律的よりもビジネス的に破滅的なリスクを冒すことになったはずである。そうならなかったことは、メーカーにとってもユーザーにとっても幸せであった。

---

[296]　日経（夕）2006年8月17日。
[297]　日経2006年3月15日。

(3) ロボットによる流通支配

　デジタル・コンテンツを財産権として擬制するための手段として、さまざまなDRMがもちいられている。ここで問題になるのは、最近のDRMが、コピー防止マシーンをはるかに超えて、市場分割マシーンの性格をあらわにしはじめていることである。配信した音楽の保持時間、メールや外部媒体への転送の回数、MP3（後述5.3.3）への変換の可否、視聴可能地域（後述5.5.3）、年齢、性別、流通経路などなど、機械的にまたはサブスクリプション情報にもとづいて、こまかく分割／差別できる。ロボットによる流通の分割支配——マイクロ・マネジメントが可能になっているのである。

　なぜ供給者が流通を分割／差別したいのかについては、「完全価格差別」（前述2.5.2）で考えたので、ここではくりかえさない。著作（隣接）権をどこまで分割ライセンスできるか、いいかえれば著作権の行使と認められるライセンシングでどこまで消費者を差別できるかという問題は、著作権法の教科書のなかで論じられているが、著作権法の内側でしか考えられていないようである。そこでは、たとえば、「著作権は支分権のバンドル（第2表）だから、支分権別に分割ライセンスできる」といわれているが、これにはすくなくともつぎの留保が必要であろう。

① そのようなライセンス拒絶やライセンス差別を排除や支配の道具として使えば「私的独占」である。

② 共同でライセンスを拒絶すれば「カルテル」か「不公正な取引方法」である。

③ 著作権の保護期間が有限だということから、時間を限ってライセンスすることも当然だといわれるが、だからといって、ひどく短いのや利用回数を限定するのは疑問である[298]。

④ 著作権法の属地性から、国別にライセンスするのも合法だともいわれるが、著作権の支分権には輸出権も輸入権もないから、海賊版以外の輸出入を禁止できない。また、この理由からは、国内の地域や客層を分割してもいいという結論はでてこない（分割の誤謬）。著作権の本質から直接演繹できる以外の分割利用は著作権の行使とはいえないので、独占禁止法21条

---

[298] 送信可能化権では回数限定ができない——著作権法63条5項。

5.「情報を利用させないようにする行為」

の適用除外を受けられず、独占禁止法がもろに適用される。民放連の会長さんが、テレビ番組のインターネット配信は地域限定が条件だ——つまりテレビとおなじ地域割りにしろ——と新聞でいっていた[299]が、周波数割り当てという正当化理由がないのに、インターネットの視聴可能地域をDRMで制限することは、これを単独で実行したら「私的独占」だし、テレビ局間の話合いで実行したら「カルテル」である。

　DRMは、デジタル形式のあらゆる情報に適用され、①著作物ではない事実情報や②著作権の保護期間が満了した作品などパブリック・ドメインに属する情報までコンテンツ流通業者が囲いこんでいるばかりでなく、③著作権法30条以下に規定する家庭内使用や教育用使用などの公正利用権まで技術的に取り上げている［再掲］。この点からも、無断コピー禁止目的以外のDRMは、独占禁止法21条の適用除外を受けず、独占禁止法が適用される。

　ある情報がパブリック・ドメインかどうか、その利用が公正利用かどうかなどの判断は裁判官でさえ悩むのに、それをDRMという原始的なロボットに執行させているのである。原始的だからこそ、すべて彼らの主人である流通業者にとっての安全サイド——つまり「情報を利用させないようにする」方向——に落として、グレーな領域までクロとして止めてしまっている[300]。

　DRMは本質的には性能抑圧システムなので、全メーカーが採用しないかぎり維持は不可能である。そのためには法律（たとえばSCMSなら米国家庭内録音法Audio Home Recording Act[301]）による強制——de jure standard——が必要だが、これを業界内や業界間の合意で、またはMicrosoftのような独占的供給者の市場力を利用して——de facto standardで——強制している。これらはそれぞれ「カルテル」と「私的独占」の可能性がある。

---

[299] 日経2006年7月16日「そこが知りたい」。
[300] 2006年12月1日早朝、首都圏JR各駅の非接触自動改札SUICAがメーカーのプログラム・ミスで止まった。トラブルのとき安全サイドに落とすデッドマン・スイッチは常識だが、乗客の通過を止めてしまうシステムは愚かな設計思想である。この場合の安全サイドとはフリーパスであった。
[301] 17 USC § 1002(a).

5.2.4. 機器認証による管理の時代

(1) ネットテレビ

　最近、家電メーカーが、テレビ受像機にパソコンもどきのサブシステムを組みこみ、リナックスをOSに使って、テレビも受かる、インターネットもある程度使えるというシステムを、いろいろな名前をつけて売りだしている[302]。

　「地デジ・チューナーをつけたパソコンでテレビをみるのとどうちがうの？」という疑問がとうぜんでてくる。キーボードがないから老人でも使いやすいなどという笑わせるフィーチャーを別とすると、唯一ちがう点は、これがユーザーのテレビ端末を個別に識別できるハード認証（つまりハードの総背番号制）が可能で、料金を確実に徴収できる副産物として、著作権侵害者がつきとめられる点である。

　このシステムは有料で、1台1台のネットテレビでみた番組の履歴が認証センターのサーバーに常時記録される。パソコンとちがって、著作権管理どころか、公私の権力による情報管制もできる。パソコンとインターネットは、ほんらいそんなことができないアーキテクチャーになっている。

(2) プライバシー

　パソコンとインターネットは、もともと自然発生的に成長してきた技術なので、その匿名性が生命線であった。これが「グーテンベルク以来の自由のための技術」といわれるゆえんである[303]。「2ちゃんねる」も、KazaAに代表されるp2p音楽交換もそうである。このポピュリズム（人民主義）[304]こそが、パソコンやインターネットの急成長の源泉だったのである。

　しかし、ここにも情報管制の波が押し寄せている。いま米中間で問題になっているGoogleの検閲がいい例であろう（Googleはすでにホームページを国別にして、公私の検閲に備えている）。かつてIntelが自社の製造するマイクロプロ

---

[302] 日経2006年8月3日
[303] Ithiel de Sola Pool, *Technologies of Freedom* (The Belknap Press, Harvard University, 1983)／Lessig, *op. cit.* 218。
[304] populismは、マスコミなどでは、おそらく故意に「大衆迎合政治」と誤訳されている。

5.「情報を利用させないようにする行為」

セッサに総背番号をつけようとして、ユーザーの大反対を受け、断念したことがある。

MicrosoftがWindows XP以降採用しているproduct activationというハード認証方式は、ユーザーのパソコンのコンフィグ状態をコード化した「ハードウエア・ハッシュ」という情報をメーカーに送信する。この情報はパソコンの指紋のようなものなので、ほかのサブスクリプション情報、たとえばPassportの情報とつきあわせることによって、末端のパソコンを同定できるといわれている。

米国のインターネット・プロバイダー大手AOLが、個人会員がAOLサーチで過去3か月間に使った多数のキーワードを総合して、6,000万人の顧客のなかからその個人AOL Searcher No. 44177246を突き止める実験に成功したという情報がリークされた[305]。

これらは孤立した例ではない。2006年はじめ、米国司法省が、幼児性愛者を割りだすため、検索各社に召喚状を出し、Googleは裁判所に申し立ててこれを却下させたが、召喚状に応じた会社もあった。

ネット広告では、以前から、アクセスのあったパソコンに特定のcookiesを送信しておいて、つぎのアクセスでそれを返信させる「ターゲット広告」というシステムを使っているが、現在ではこのシステムが非常に高度化し、かつ情報の集積が進んでいるのに、ネット広告会社は、ユーザーの反発を恐れて、これの活用を自制していると聞く。

以上のような事態を、米国のプライバシー・グループは非常に憂慮して、禁止立法の働きかけをしているが、私はいまここではイデオロギーとしてのプライバシー問題には触れない。ただ、指摘しておきたいのは、コンテンツ著作権保護のためのDRMと、国家による情報管制システムが、技術的にはおなじもので、いずれもポップ・カルチャーとは文化的な対極にあるということである。

国家権力は、日本のような一見benignな（おとなしい）国家権力でも、情報管制には乗り気で、国にまかせておいたのでは、この傾向はどんどん進むであろう。総務省の研究会が、インターネットの匿名性を問題視している[306]。

---

[305] "A Face Is Exposed for AOL Searcher No. 4417749," *The New York Times*, August 9, 2006.
[306] 日経2006年9月6日「ネット技術——匿名発信など問題視」。

5.2. デジタル・コンテンツ

　2010年施行の著作権法改正で、家庭内でのダウンロード行為が複製権侵害になった（「ダウンロード禁止権」）が、これは、国家権力がついに家庭内にまで踏みこんできたという画期的な意義をもつ。

　私はイデオロギー問題に触れないといったが、イデオロギーのほうがビジネスを取りこんできているという現象に気づいている。音楽無料交換システムのKazaAというドメインは、オーストラリア法人のLEFインタラクティヴで登録されているが、このLEFというのはフランス革命のスローガン「liberté, egalité, fraternité 自由、平等、友愛」の頭文字である。

　インターネットで音楽を交換している何千万人の若者は、あたらしいデジタル・コンテンツ市場の中核である。彼らを無視してコンテンツ市場はない。彼らを矯正して「著作権いい子ちゃん」にしてから市場をたちあげようという発想は本末転倒である。著作権法のほうが、あたらしい時代に対応して変わっていかなければならない。

(3)　ワン・マシーン・ライセンス

　WindowsやOfficeのproduct activation に話を戻そう。Microsoftが、こんなハード認証を、かなりのコストをかけ、ユーザーに不便を強いてまで（ハード・ディスクのフォーマットなどすると、認証が消えて、復活に大変な手間がかかる）、なんのために続けているのかという疑問がある。これの本心は、著作権保護などではなくて、ソフト供給業者が、いわゆるone-machine-one-software license（ワン・マシーン・ライセンス）をロボットで強行しているということに尽きる。モノポリストにしかできない傲慢である。

　ワン・マシーン・ライセンスというのは、ソフト供給業者の側からいえば、昔からやっていたことである。ただ、これはいままではシュリンクラップ・ライセンスだった——つまりユーザーの順法精神に訴えていたのが、それが信用できないということで——いまやハード認証というロボットで強行するようになったという点に大きなちがいがでてきている。

　いまハード認証のおかげでワン・マシーン・ライセンスの問題点が顕在化してきた。すきまのない管制（gapless control）が可能になった——マイクロ・マネジメント化してきたのである。音楽CDを買って、特定の１台のコンポでしか聴けないのとおなじことである。これがプログラムだから許されるという

5.「情報を利用させないようにする行為」

根拠は著作権ではない。

たしかによくいわれるように、ソフトを1枚買って会社みんなで使うという極端なケースは市場を崩壊させる。しかし実態はどうか？　会社なら、シュリンクラップではなくて、ちゃんとした契約でグループ・ライセンスするというきめこまかな使い分けができるはずだし、実際そうしている。

それを単細胞のハード認証で強行するから、犠牲になるのはパソコンを2台3台もっている家庭である。パソコンの家庭への普及が頭打ちになっている。ポップ・カルチャーの原動力は、会社ではなくて個人である。こんなところにも、日本のような限定列挙ではなく、米国のような一般条項の公正利用（fair use）システムが必要だという理由がある[307]。

また、ワン・マシーン・ライセンスを、市場力の強弱にもかかわらずみんなが採用している、しかもハード認証という国民のプライバシーの権利に直接かかわるような大仕掛けで強行していることに、事業者の競争感覚の欠如がみられる。MicrosoftやAdobeのようなモノポリストはproduct activationを本気でやっている。だが、市場力の弱い中堅メーカーまでがワン・マシーン・ライセンスを採用しているというのが、「ワン・マシーン・ライセンス＝著作権の遵守」という思いこみにとらわれているとしか思えないのである。

たとえば、日本のウイルス対策ソフトは、以前はSymantec、MicroTrend、McAfeeの寡占だったが、SourceNextが参入して競争的になってきた。だが、新規参入のSourceNextまでが、Microsoftとおなじようなヘビーなユーザー登録を要求しているところに、競争感覚の貧困をみるのである。SourceNextがワン・マシーン・ライセンスを緩和して（たとえば4台目以降を無料にして）困るのは、最下位のSourceNextでなくて大手3社であろう。

プリンター・インクやトナーの詰め替えでも、米国では、ロックアウト・チップやロックアウト・コードとして違法判決を受けているものが日本では健在である。一般の商品流通でも、ICタグを使えば、究極の流通管理ができる。日本の流通が、できの悪いロボットに支配されようとしているのである。

DRMやハード認証が、ロボットを使った流通支配であり、それが「私的独占」

---

[307] Landes & Posner, *op. cit.* 46は、家庭内でのプログラム流用を禁止することは、買手にとってのプログラムの価値を下げる一方、そのぶん創作者の収入を増やさないので、創作者にとって損になることを分析している。

5.2. デジタル・コンテンツ

や「カルテル」や「抱き合わせ」を維持しているのではないかという懸念がある。ただ、私は、いまのDRMやハード認証を、いますぐ公正取引委員会が立件できるとは思わない。そうではなくて、事業者の反競争的な行動が自分自身をだめにしているのではないか、日本のコンテンツ産業が飛躍できないでいるのは、自分自身のなかにある反競争的な性格のせいではないかという疑問をもつのである。

　デジタル・コンテンツ産業が盛んになるためには、そのまえにポップ・カルチャーの花が開かなければならない。米国では、インターネットが、まさにポップ・カルチャーのゆりかごだった。日本が希望をつなぐジャパン・クール・アニメも、日本の産業保護政策の結果でてきたものではなく、若者のなかから自然に萌えだしてきた文化なのである。このエネルギーをより大きく育てるための産業政策はありがたいのだが、これが流通業にすぎない既成メディアの保護政策になってしまって、逆効果になっているのが現状である。

　こういうと、では海賊版の横行を許してもいいのかといういつもの居丈高な非難が飛んでくる。もともと、DRMは海賊版防止のために考案されたものである。だが、それなら、DRMは海賊版防止に専念すべきであって、図に乗って流通支配や情報管制に乗りだすのは、産業にとっての自傷行動である。ただ、海賊版防止の技術が、流通支配や情報管制の技術と共通であることはたしかである。米国の映画産業は、消費者の劇場離れと、海賊版の横行という2つの問題を抱えて苦悩している。どうしたらいいのか？　デジタル・コンテンツの流通業者が「競争」というビジネス感覚を取りもどしてくれることがその解答である。

　AppleのiTMSは有料だが、これだけ爆発的に伸びている。私はかつて無料のNapsterを愛用していたが、いまはiTMSで、まあまあの価格で、安心して聴いていられるので一応満足している。「一応」といったのは、再生機がクローズドでiPodにlock-inされているし、音楽の価格がまだまだ高く横並びで、「カルテル」や「抱き合わせ」や「再販価格維持」がにおうからである[308]。不満は

---

[308] 日経2005年3月25日「着うたで排除勧告、レコードなど5社」（後述5.3）。日経2005年12月24日「楽曲ネット配信、販売価格不当拘束か、NY州司法当局大手音楽会社を調査」。*Music Firms, U.S. Hold Settlement Talks, FTC Inquiry into Prices of Retail CDs,* The Wall Street Journal, December 16, 1999.

203

5.「情報を利用させないようにする行為」

ありながらiTMSを使っているのは、Appleがコンピューター・メーカーの気質を失っていず、「Rip, Mix, Burn」と宣伝しているだけあって、ほかの日本の音楽配信にくらべて圧倒的に使いやすいからである。日本の音楽配信のように、使用できるパソコンを1台に限定したり、CD焼きを1枚とか3枚とかに限定したりするマイクロ・マネジメントは、いったいどういうビジネス上の根拠があるのだろうか——競争上、自分自身を負け組のほうに追いやっているとしか思えない。「情報を利用させないようにする行為」は、行為者自身をもだめにする。

5.2.5. 送信可能化権とクラウド・コンピューティング

送信可能化権（「アップロード禁止権」）もマイクロ・マネジメントの産物である。これはもともとインターネットなど影も形もなかった1986年、テレテキストや通信カラオケなどを取り締まるために有線送信権という権利を創設したものをずるずる膨張させて、1997年、送信可能化権という、米国にもないオールマイティな権利を創設して既成メディアに与えたものである。WIPOの著作権（WCT）／実演家レコード（WPPT）両条約調印の半年後、発効の4年まえという信じられない速さであった。教科書の解説によると、これは無断複製の予防とのことである[309]が、実際の運用をみると、無断複製とは関係のないp2pをどんどん刑事告発している。

いま放送番組のインターネット配信が現実化してくると、送信可能化権はテレビ局にとっても桎梏になっているのだが、これができるように著作権法を改正すると条約違反になる[310]という自縄自縛におちいっている。

米国は両条約の調印国だが、さすがに、送信可能化権などという粗大な私権の創設をきらって、ダウンロードしてCDに焼く行為を複製権侵害とし、利益目的という理由で公正利用抗弁を押さえこんで、さらに「寄与侵害」法理を使って、結果的に音楽CDの無料交換p2pサイトを違法化している[311]。米国のこのスロー・ペースはコモンローの知恵といえよう。このスロー・ペースを利用して、

---

[309] たとえば、文化庁著作権法令研究会『著作権法不正競争防止法改正解説』（有斐閣1999年）62。
[310] 日経2006年6月23日「ゆれる著作権保護」。

5.2. デジタル・コンテンツ

情報革命のエネルギーが別のフロンティアをみつける余裕を与えている。

　日本は、条約上の義務でもないのに、2002年、放送事業者にまで送信可能化権を与えたうえ、WIPOでこれを追認する新条約の交渉を進めている[312]。2010年施行の著作権法改正は、ついに、家庭内でのダウンロード行為を著作権法30条の公正利用から外すことに成功した（「ダウンロード禁止権」）。

　サーバーを使わないいわゆる第2世代のp2pファイル・シェアリングでは、プロバイダーはユーザーの情報が通過するだけの導管（conduit）にすぎないのだが、このプロバイダーに対してユーザーの氏名住所を開示させる法制も、日米で差がではじめている。

　2003年12月、通信大手Verizonのネットで1日600曲の音楽をアップロードした人物の名前を開示するよう米国レコード産業協会（RIAA）が求めていた訴訟で、DC巡回裁は、デジタル・ミレニアム著作権法（DMCA）がp2pにおけるプロバイダー責任を想定していなどとして、Verizonを勝訴させた[313]。

　日本では、日本レコード協会が、プロバイダー3社に対して、WinMXでヒット曲を送信可能化したユーザー19人の住所氏名を開示するよう求めた訴訟で、東京地裁が、プロバイダー責任法にもとづいて、開示を命ずる判決を言い渡した[314]。新聞によると、同様の判決が相次いでいるらしいが、プロバイダー側が、判決がなければ開示しないという態度を貫いているのに対して、レコード協会や業界弁護士は、もっと簡易な手続で開示させるべきだと主張している由であ

---

[311] 米国は、WCT8条／WPPT10条の文言"exclusive right of—making available to the public"を字義通り「公衆送信権」と解して、独立の送信可能化権を創設していない。uploadについて、映像は「公の実演権（right of public performance）」（17 USCS 106(4)）でテレビ放送とおなじ扱い、音声は「デジタル音声送信による公の実演権」の対象となる（17 USCS 106(6)）。要するに、日本でいえば、送信可能化権をふくまない公衆送信権である。downloadについては、譲渡権（distribution right）を適用しているが、譲渡権は法文上有体媒体（copies or phonorecords）が前提である（17 USCS 106(3)）。「公の実演権」を送信可能化権まで拡張解釈した最判はない。*A&M Records v. Napster*, 239 F.3d 1004（9th Cir. 2001）as amended by 2001 U.S. Dist. LEXIS 2186も*MGM v. Grokster*, 545 U.S. 913（2005）も、p2pによるユーザーの直接侵害行為を認定してない。

[312] 日経2006年8月19日「テレビ・ラジオ放送番組海賊版ネット配信規制、WIPO新条約採択へ」。同2006年9月14日「放送番組の無断ネット配信、規制条約を來夏採択」。

[313] *Recording Industry of America, Appellee v. Verizon Internet Services, Appellant*, 351 F.3d 1229（DC Cir. 2003）.

[314] 日経2006年9月26日「発信者名開示を、東京地裁接続業者3社に命令」。

5．「情報を利用させないようにする行為」

る。日米のマイクロ・マネジメント度の差が歴然としてきた。

　YouTubeに対しては、米国の映画産業は日本のメディアほど敵意をもっていないようで、LucasFilmなどは、Star WarsのパロディをYouTubeが削除してしまったのを復活させた由である。ハリウッドの大手映画会社Sony Pictures Entertainment（SPE）が、動画投稿サイト第2位のGrouperを買収した[315]。インターネット配信は、テレビ番組より映画のほうがはるかに先行している[316]。日本のテレビ産業は、このままでは、結局インターネット時代に取り残されることになる。

　総務省のアンケート調査[317]で、テレビ番組の二次利用の阻害要因としてテレビ関係者があげた理由に、第1位「権利処理ルールが未整備だから」に続いて、わずかの差で第2位「二次利用に値するようなソフトがないから」というのがあった。これは「テレビ番組がくだらないから」というたいへん率直な自己認識である。くだらないテレビ番組の無断アップロードを罰するとばっちりで、ポップ・カルチャーの芽生えを摘み取ってはいけない。くだらない著作権侵害が100あっても、いい創作が1あれば、「文化の発展」のためにはいいのではないか。このへんは制度設計や判決の賢さが問われるところである。送信可能化権に触れたらただちに逮捕というマイクロ・マネジメントではなく、「文化の発展に寄与」という著作権法1条の目的にさかのぼって判断すべきである。

　今後の情報技術の主流になるクラウド・コンピューティングでは、パソコンとサーバーのあいだで、デジタル・データのアップロードとダウンロードが絶えまなくおこなわれる。データのなかには他人の著作物がふくまれることがあろう。たとえば自分が所有する音楽CDのデータをサーバーに送信保存しておいて携帯端末で聴くとか、記者や編集者がサーバー上のグループウエアを使って共同で記事を制作するなどのあたらしいアプリケーションが不断に出現しよう。このようなアプリケーションを萎縮させている送信可能化権とダウンロードの公正利用除外という硬直症を緩和するには、一刻も早く公正利用一般条項を立法する必要がある。

---

[315] 日経（夕）2006年8月24日「米の映像投稿サイト買収」。
[316] 日経（夕）2006年9月13日「映画ネット配信本格化、米アップルが参入、アマゾン・AOLも開始、日本でも成長市場に」。
[317] 『放送ソフトの振興に関する調査研究会報告書』（総務省、1997年）。

5.2.6. ロボットの競争

　ここでただ１つ残された希望が「競争」である。過剰なDRMは性能抑圧とコスト高で自滅する。DRMをなくしてしまうことは不可能だろうから、せめて次善の策として、彼ら同士を競争させ、市場における自由な競争を通して、消費者の選択によって淘汰し、最適化してゆかなければならない。DRMが性能抑圧とコスト高だというまさにその理由で、社会は、DRM技術標準を複数必要としている。技術標準同士を競争させなければならない。むりに技術標準を統一する必要はない。

　2006年、フランス議会は、WIPO両条約に準拠した著作権法改正で、音楽や画像のファイル交換とDRM迂回を違法化したかわりに、再生システム間の互換性を確保するためDRM技術情報の公開を義務づけた[318]。フランスらしいラディカリズムである。これで、いままでiPodに閉じこめられていたiTMSがアンバンドルされて、競争が活発になる可能性がある。フランス議会は、iTMSとiPodのバンドルを、音楽配信サービスとハードウエアの「抱き合わせ」だと判断したのである。これなら日本でもできる[319]。知的財産権を口実としたinteroperability（相互接続）拒否は、日本でも「権利濫用」[320]である。2006年、経済産業省が、「権利濫用」を具体化する「準則」を発表した[321]が、一般条項のない日本の公正利用のマイクロ・マネジメントをいくらかでも緩和できる希望がでてきた（後述6.2）。

　DRMとの関連で興味深いエピソードがある。2006年11月、Microsoftは、新発売の音楽端末Zuneについて、Universal Musicとのあいだで、配信音楽のライセンス料とはべつに、Zune １台あたり１ドルの課徴金を払う契約を結んだ由である。これは、1999年のダイアモンド・マルチメディア事件巡回裁判決[322]で、デジタル端末は1992年のオーディオ家庭内録音法（AHRA）の対象でないとされたことを承知のうえでの契約だから、私的な家庭内録音録画補償金と

---

[318] 日経2006年７月１日「仏、改正著作権（DADVSI）が成立」。
[319] 一般指定10項。
[320] 民法１条３項。
[321] 『ソフトウエアに係る知的財産権に関する準則について』（経済産業省商務情報政策局情報処理振興課2006年10月16日）。
[322] *RIAA v. Diamond Multimedia*, 180 F.3d 1072 (9th Cir. 1999).

5.「情報を利用させないようにする行為」

しては米国でははじめてのケースである。Microsoftとは対照的に、Appleはこれの支払いをがんとして拒否している。Microsoftのこの行動にはまだよくわからないところがあるが、米国では、これがメジャーのDRM離れを促進するという見方がある[323]。つまり、課徴金というのは一種の報酬請求制度で、「情報を利用させないようにする」アクセス制限DRMとは論理的に矛盾するのである。いまiPodに保存されている音楽の90%以上が、iTMSからダウンロードされた音楽ではなくて、CDからリップされたMP3だという事実が、Universalを報酬請求のほうに踏み切らせたという説である。日本では私的録音録画補償金とSCMSが並存していて、だれもその矛盾に気がつかないのだから、上の説は楽観的にすぎるようだが、いずれにせよ、ネット音楽における競争が、DRMの存否にまでおよんできたという評価はできる。

5.3. 音楽

5.3.1.「ジャングルの掟」

インターネットで配信されるデジタル・コンテンツは——ビジネスとしても法的係争としても——まず音楽がそのトップを切った。しかし、数千万人のユーザーが市場を底から突きあげてくる米国（後述5.6.1）とちがって、日本では、まだ幼児期にある市場を少数の既成メディアが奪い合うというトップダウンの形ではじまった。本節で紹介する3つの独占禁止法事件は、有線ブロードネットワークス事件が3条前段「排除型私的独占」、第一興商事件が一般指定14項「競争者に対する取引妨害」、着うた事件が2条9項1号「共同の供給拒絶」と、適用法条はそれぞれちがうが、いずれも伝統的な製造品市場における競争よりもはるかに激しい市場争奪戦である（後述「ジャングルの掟」）。おそらく、長大な流通経路を抱える製造品よりも、デジタル・コンテンツという無体商品のほうが、はるかに機動的かつ露骨に、トップの戦略的決断が市場に到達するのであろう。それだけに、公正取引委員会としては、デジタル・コンテンツに対

---

[323] www.drmwatch.com/drmtech/article.php/3642921.

しては、従来以上に機敏な対応を迫られている。

有線ブロードネットワークス事件（2004）[324]

有線ブロードネットワークス（「USEN」）とキャンシステム（「キャン」）は、音楽有線放送事業の市場で競争している（国内業務店むけ）。USENは契約件数72%で1位、キャンは20%で2位である。USENは、その代理店ネットワークヴィジョン（「ヴィジョン」）と通謀して、2003年8月から、「キャンの顧客に限って」狙い撃ち（加入金無料、競合商材それぞれごとの月額聴取料を2/3、無料期間1か月を6か月、さらにこれらをつぎつぎとディスカウント）、顧客を組織的に奪取した。USENは、さらに、ヴィジョンをして、キャンの社員の30%にあたる496人をいっせいに引き抜かせた。キャンは1年でシェアを26%から20%に落とし、USENは68%から72%に上げた。

2004年6月、公正取引委員会が東京高裁に対して緊急停止命令申立て、USENがすべての狙い撃ち行為を取りやめたため、公正取引委員会も申立てを取り下げて勧告（月額聴取料と無料期間の下限を設定）、USENがこれを応諾して審決が確定した（3条前段「通謀による排除型私的独占」）。

他方、キャンは、東京地裁で、売手段階の差別対価（独占禁止法違反）と引き抜き（不法行為）で113億円の損害賠償を請求（独占禁止法25条ではなく民法709条で——ヴィジョンの書証で故意を立証）。2008年12月、東京地裁はUSENに対して、20億5,000万円の損害賠償（キャンシステムの営業利益から前後理論で逸失利益を算定）支払いを命じた（控訴中の2010年7月、20億円で和解成立）。いずれにおいても21条は問題になっていない。

本事件は、正常な競争行動と違法な略奪行動の限界事例である。自分の直下順位の競争者を叩くのが最も効率的な競争戦略だという説がある（ランチェスター戦略）。「競争とは、ほんらい、競争者がお互いを排除しようとする過程にほかならない」[325]。本件では、キャン側も一方的な被害者というわけではなく、手段を尽くして戦っている。

競争と略奪の境界線を画定した有名な判例がクリストファー事件巡回裁判

---

[324] 「有線ブロードネットワークスに対する件」勧告審決平成16（2004）年10月13日。
[325] Robert H. Bork, *op. cit.* 49.

5.「情報を利用させないようにする行為」

決[326]である。被告クリストファー兄弟は、訴外第三者の依頼で、原告デュポン社が建設中のエタノール工場上空を軽飛行機で旋回、写真16枚を撮影して依頼主に渡した。デュポンは近所の空港の飛行記録を調査、撮影ずみフィルムのこれ以上の開示禁止および撮影禁止ならびに損害賠償を求めてクリストファーを提訴した。デュポンは、クリストファーに対するディスカバリーで、依頼主の名前を開示するよう要求したが、クリストファーはこれを拒否、地裁はデュポンのディスカバリー強制申立てを認めたが、クリストファーの抗告も許可、すべて巡回裁の判断にゆだねた。この事件は、被告の行為に形式的悪性がないばかりか、原被告間に信頼関係もなく、さらに、原告の守秘努力が不可能だったという点で、従来のトレード・シークレット事件とはちがう困難な裁判になったが、巡回裁は、「私たちが産業における自由競争を標榜するからといって、商業関係における道徳の基準として、ジャングルの掟を採用しなければならないというわけでもあるまい」とし、「かかる商業道徳のより高い基準」に照らして、クリストファーの抗告を却下した。

第一興商事件（2009）[327]
(1) 背景

　業務用の通信系カラオケ事業とは、スナックやバーなど（「ナイト市場」）、カラオケボックス（「ボックス市場」）、旅館・宴会場など（「その他の市場」）むけに、再生機器を販売または賃貸し、公衆回線網を使ってカラオケ・ソフトを配信する業態で、通信技術の発達によって、1992年ごろから、客先に機器とソフトを常置するパッケージ系を駆逐する勢いであった。2002年のシェア1位が第一興商（44%）、2位がユーズBMB（27%）、3位がエクシング（13%――ナイト市場では4%）である。

　「管理楽曲」とは、レコード会社が、作詞家または作曲家との専属契約によって録音権を独占的に保持する楽曲（ナイト市場でとくに好まれる歌謡曲が中心）で、1971年著作権法（将来に向かって専属楽曲の録音・譲渡権を裁定許諾できる――69条1項）施行以前に商業用レコードに録音されたものをいい、レコード8社中、日本クラウンと徳間ジャパン・コミュニケーションが強い。一般に、

---

[326] *E. I. du Pont de Nemour v. Christopher*, 431 F. 2d. 1012 (5th Cir. 1973).
[327] 「㈱第一興商に対する件」審判審決平成21（2009）年2月16日。

通信カラオケ業者は、商業用レコードを音源に使用していないため、楽曲の著作権はJASRACだけで処理できる（別件「着うた」事件における「着メロ」もおなじ）が、管理楽曲だけはレコード会社とのライセンス契約も必要である。

　第一興商はパッケージ系カラオケで先行していたが、通信系で急速にシェアを伸ばしてきたエクシングに脅威を感じ、すでに1992年から、レコード8社に対して、管理楽曲の対エクシング・ライセンスを遅らせるように要請していた。そのため、エクシングがライセンスを得たのは、第一興商が2年遅れで通信系をはじめてからさらに3年後であった。2001年、第一興商がクラウン株式の過半、徳間の全株式を取得したが、その後、クラウン、徳間両社から、エクシングに対して、それまでの管理楽曲ライセンス契約を更新しないむね申し入れがあった（エクシング側にも未払い、契約切れ利用継続などの過失あり）。

　その間、エクシングは、親会社ブラザーの「歌詞色変え特許」侵害で、第一興商に対する差止請求訴訟を起こしたが、同請求は棄却された。第一興商は、和解交渉の決裂を受けて、エクシング攻撃の方針を固め、クラウン／徳間に管理楽曲のエクシングに対するライセンスを拒絶させ、卸売業者やユーザーに告知した。エクシングは、これ以後も交渉を続け、2007年、クラウン、徳間それぞれとの管理楽曲ライセンス契約を、期間を遡及して締結した。

(2)　21条の適用についての審査官の主張

　独占禁止法21条は、排他性をもつ知的財産権を対象とするものである（第2表参照）。しかるに、クラウン／徳間の管理楽曲のうち、JASRACが著作権者から全支分権の信託譲渡を受けているものについては、クラウン／徳間は債権的な独占的ライセンスを受けているにとどまり、通信カラオケ事業との関係において排他性をもつ法的権利を有していると認められない。

　かりに、クラウン／徳間が、[管理楽曲についてライセンスを拒絶することが]外形上または形式的には著作権法による権利の行使にあたるとみられるとしても、行為の目的、態様および競争秩序に与える影響を勘案すると、知的財産権制度の趣旨を逸脱し、または同制度の目的に反するものであって、独占禁止法第21条にいう「権利の行使」にあたらない。…本件の拒絶行為は、…権利者が単にその権利を行使する目的でおこなったものではない。管理楽曲のライセンスをこのような形で利用することは、現行著作権法の趣旨に反するものであり、行為の目的を正当化することはできない。

5．「情報を利用させないようにする行為」

(3) 被審人の主張
  (a) 知的財産権保護が国際的に強調される現在においては、独占禁止法21条の適用範囲については知的財産権の行使を過度に萎縮させないように慎重に考慮されるべきである。…単独の企業による特許権／著作権等の排他的独占権とそれに伴うライセンスについては、一般的には権利保護を強化する方向にあり、特許権／著作権等の権利行使が独占的地位にある者の取引拒絶の形態で行われた場合であっても、それに対する独占禁止法の規制は慎重になってきているという傾向がみられる。…本件の問題は、単独の企業による権利行使であり、しかも市場独占を形成するものでもないのであるから、単独事業者の著作権のライセンス拒絶をもって独占禁止法に違反するとすることはできない。
  (b) また、知的財産権の行使の態様を権利侵害に対する権利行使だけに限定する審査官の主張は、知的財産権法の実務からかけ離れたものである。クロス・ライセンスを典型とするように、今や、知的財産権が競争相手の知的財産権行使の威嚇としての意味を有していることは、常識である。したがって、<u>権利侵害以外の問題について相手方を牽制し、優位に立つ材料として知的財産権を使用することは、権利行使そのものなのであり</u>、およそ「外形を装う」ことなどではない…。
  (c) …ブラザー／エクシングは、被審人に比して強大な企業規模、資金力、技術力を背景に、…その市場で有力な地位を築き、…のちに特許無効とされる程度の特許により、被審人に対して通信カラオケ機器の製造販売差止を求める…特許訴訟を提起し、被審人のカラオケ事業の存続自体に対する脅威を与え…被審人をカラオケ市場から強制的に退場させることを企てた…。このような切迫した強力な不正妨害に対して、被審人は、和解による平和的解決を模索するべく、そのための切り口として管理楽曲のライセンス拒絶という態度を示したにすぎない…。
  (d) 審査官は、レコード制作会社の管理楽曲についての独占的権利について、債権的ライセンスであることを強調し、第三者に対抗できないと主張するが、著作権について独占的ライセンスの設定を受けた者は、民法423条にもとづき債権者代位権を行使することも認められており［かならずしもそうではない。前述2.2参照］、この法理は、レコード制作会社の管理楽曲に

ついての独占的権利についても妥当すると考えられる。
(4) 審決
 (a) <u>独占禁止法21条の趣旨</u>：著作権法等による知的財産権の行使に対する独占禁止法の適用について、独占禁止法21条は、著作権法等による権利の行使と認められる行為には独占禁止法を適用しないむね規定しているところ、この規定は、著作権法等による権利の行使とみられるような行為であっても、行為の目的、態様、競争に与える影響等を勘案したうえで、知的財産権制度の趣旨を逸脱し、又は同制度の目的に反すると認められる場合には、当該行為が同条にいう「権利の行使と認められる行為」とは評価されず、独占禁止法が適用されることを確認する趣旨で設けられたものであると解される（…「ソニー・コンピュータエンタテインメントに対する件」p. 224参照）。…
 (b) <u>本件違反行為に対する21条の適用の可否</u>：…当該ライセンス拒絶は、エクシングの事業活動を徹底的に攻撃していくとの被審人の方針の下で行われたものであり、また、被審人による卸売業者等に対する前記告知と一連のものとして行われ、エクシングの通信カラオケ機器の取引に影響を与えるおそれがあったのであるから、知的財産権制度の趣旨／目的に反しており、著作権法による権利の行使と認められる行為とはいえないものである。…このような行為は、価格／品質／サービス等の取引条件を競い合う能率競争をむねとする公正な競争秩序に悪影響をもたらす不公正な競争手段である。また、本件違反行為は、通信カラオケ機器の取引分野における有力な事業者である被審人が会社をあげておこなったものであり、通信カラオケ機器にとって重要なクラウン／徳間の管理楽曲が使えなくなることへの懸念から、卸売業者等がエクシングの通信カラオケ機器の取扱い又は使用を中止することにより、エクシングの通信カラオケ機器の取引機会を減少させる蓋然性が高いというべきである。
 (c) <u>結論</u>：このように、本件違反行為は、競争手段として不公正であるとともに、当該行為により、妨害の対象となる取引に悪影響をおよぼすおそれがあるものであって、一般指定第14項「競争者に対する取引妨害」の「不当に」の要件に該当する。

5.「情報を利用させないようにする行為」

着うた事件（2008／2010）

(1) 違反行為

　被審人ソニー・ミュージック・エンタテインメント（SME）、エイベックス・マーケティング、ビクター・エンタテインメント、ユニバーサル・ミュージック、東芝EMIの5社はいずれもレコード会社で、音曲のネット配信事業もおこなっている。2005年3月、公正取引委員会が排除措置勧告、東芝EMIのみ勧告を応諾して審決が確定した[328]。

　着うた提供事業とは、音楽CDの原盤を使用して録音の一部を携帯電話で配信し、着信音としてダウンロード（録音）を許諾するものである。5社はいずれも著作隣接権者として原盤権（送信可能化権をふくむ）を有する。音曲の配信およびダウンロードには、JASRAC等を通して作曲家や作詞家の著作権許諾を受けるほか、原盤権者のライセンスまたは業務委託を受ける必要がある［なお、前身の着メロはMIDI形式で配信し、CD原盤は使っていないので、隣接権者のライセンスは不要だった。そのため多数の配信事業者が参入し、価格競争が活発だった］。

　携帯電話の性能向上にともない、原盤を使用する着うたの可能性が現実化してきた2001年、エイベックスの発案で、5社均等出資の共同配信事業会社レーベルモバイルを設立、「レコード会社直営♪」サイトを開設した。この過程でさまざまの提案や議論がなされ、それらを記載した書証が多数押収されている。公正取引委員会の審査官は、これらを、①「レコード会社にしかできないビジネス」で、かつ、②「価格競争の起こらない安定したビジネス」にするために、③「参入障壁を築き、競合他社が参入する余地を排除」するという文言（「3つの文言」）に整理している。

　レーベルモバイルの実質的な運営方針を決定したのは「運営委員会」（5社およびレーベルモバイル幹部が常時出席）。レーベルモバイルは、5社それぞれと業務委託契約を締結、他のレコード会社にも呼びかけて、「配信価格の決定権は各レコード会社にあること、各レコード会社はレーベルモバイルと業務委託契約を締結すること、配信価格は100円を目安とし前後50円の幅をもっていることなど」と説明している。

---

[328]　「東芝イーエムアイ㈱に対する件」勧告審決平成17年4月26日。

5.3. 音楽

　2002年、レーベルモバイルが着うた配信サービスを開始。競合他社も着うた配信の検討を開始、5社の楽曲のライセンス申込みが殺到したのをみて、これを拒絶し、かわりにアフィリエート（ユーザーが当該他社のサイトに配信申込みをすると、それが自動的にレーベルモバイルにリンクされる）として取りこむため、運営委員会で「アフィリエート戦略案」として、「競合サイトの発生防止を第一義とする戦略であり、提携先は厳選、限定することとなる。従って、交渉戦術上でのネガティブ条件を事前設定する」ことを決定。「望む、望まないに関わらず周囲からの攻勢が顕在化してきており、拒否することも、のらりくらりとかわすことも難しい状況にいたっている」こと、「防衛的なアフィリエート戦略が至急必要」であることなどが討議され、「アフィリエート戦略の目的が、競合サイトの発生防止であることを再確認」などしている。

(2)　被審人側の反論
　(a)　上記の断片的な事実から、5社が「他の着うた提供業者にはライセンスを行わない」との共同の認識を形成し、維持している事実を推認することはできない。
　(b)　著作権法は、原盤製作者が、当該原盤に関し、その固定費用たる初期投資を回収できるよう、複製費用［＝限界費用］を上回る価格ないし原盤権ライセンス料を設定可能とすべく、著作隣接権を創設しており、原盤権者は、著作隣接権としてレコードを複製ないし送信可能化する排他的権利を有しているのであって（著作権法第96条等）、他の業者に対して着うたを提供するにあたり、かかる排他的権利を自由に行使することができる。［単独でライセンス拒絶ができるのだから、共同でもできるという推論は、典型的な「合成の誤謬」である］。

(3)　審決[329]
　5社がライセンス拒絶を共同して決定し、実施していたことが問題とされているのであるから、(b)の主張はあたらない。19条違反（2条9項1号「共同の供給拒絶」）で排除措置命令。

(4)　取消請求訴訟における原告主張
　本件審決が採用する2条9項1号における「共同して」の判断基準は、本件

---

[329]　「㈱ソニー・ミュージックエンタテインメントほか3名に対する件」審判審決平成20（2008）年7月24日。

5．「情報を利用させないようにする行為」

が原盤権という著作権法による権利の行使の場面であって独占禁止法の適用はできるかぎり差し控えなければならないという独占禁止法21条の趣旨から、また、着うたの配信という市場においては原盤権ライセンスの申込みを拒絶することが極めて一般的であるという市場の特殊性を考慮すれば、本件において「意思の連絡」があるというためには、少なくとも、①原盤権ライセンスの拒絶に関連する5社間の事前の連絡交渉が存在すること、②原盤権ライセンスの申込みに対する拒絶行為の一致が不自然なものであること、③…独自の判断によって原盤権ライセンスの拒絶をおこなったものではないこと、の3つの要件を全て満たす必要があるというべきだが、本件審決は、このような判断基準によっていない。

(5) 裁判所の判断[330]

　この場合の「意思の連絡」とは、複数事業者が同内容の取引拒絶行為をおこなうことを相互に認識ないし予測しこれを認容してこれと歩調をそろえる意思であることを意味し、「意思の連絡」を認めるにあたっては、事業者相互間で明示的に合意することまでは必要ではなく、他の事業者の取引拒絶行為を認識ないし予測して黙示的に暗黙のうちにこれを認容してこれと歩調をそろえる意思があれば足りるものと解すべきである。…これらの事情を総合考慮すれば、5社は、それぞれ、他の着うた提供業者が価格競争の原因となるような形態で参入することを排除するためには他の着うた提供業者への原盤権のライセンスを拒絶することが有効であること（他の業者に対する楽曲の提供を拒絶しきれない場合にはアフィリエートを認めることが対応策であること）を相互に認識し、その認識に従った行動をとることを相互に黙示的に認容して、互いに歩調をそろえる意思であった、すなわち、5社には原盤権のライセンスを拒絶することについて意思の連絡があったと認めることができるものである。…本件に表れた一切の事情…を考慮すれば、5社が意思の連絡の下に共同してレーベルモバイル以外の着うた提供業者に対してライセンスを拒絶する行為をおこなっていたことは優に認められるというべきであって、そのようなライセンス拒絶行為を5社が個別におこなっていた場合にはそれが著作権法の観点から適法で

---

[330] 「エイベックス・マーケティング㈱ほか3名による審決取消請求事件」東京高判平成22（2010）年1月29日。

あって経済的合理性を有する行為であると評価できるとしても、そのことは、本件において5社が意思の連絡の下に共同してライセンスを拒絶していたとの事実認定やそれが独占禁止法に違反する違法な行為であるとの評価を左右するものではないというべきである。原告請求を棄却する」。

21条については、審決取消訴訟における原告主張のなかで背景的に触れられているだけで、議論の核心は、ライセンスのまえに「共同」（意思の連絡）があったかどうかに集中している。このことからも、21条による独占禁止法の適用除外は、権利者の単独行為としての権利行使だけであって、それが「共同」や「相互拘束」の結果としておこなわれる場合は、適用除外のまえに19条（2条9項1号「共同の供給拒絶」）や3条後段「カルテル」違反が成立しているという公正取引委員会の立場が、裁判所にも支持されていることが分かる。

5.3.2. 音楽著作権の集中管理

公正取引委員会は、デジタル音楽コンテンツ市場の現状を、競争の視点から、大要以下のようにみている[331]。

著作権等の集中管理は、コンテンツの取引コストを軽減できる点で社会的に望ましいものだが、1939年の「著作権に関する仲介業務に関する法律」が、①小説、②脚本、③楽曲をともなう場合における歌詞、④楽曲の4分野について、著作権の集中管理業をそれぞれ1団体に限定していた。規制緩和の大きな動きのなかで、2001年の「著作権等管理事業法」によって、分野を問わず一定の要件を満たせば登録だけでこれができるようなったため、2005年7月現在、たとえば音楽では13社が登録しており、ある程度の競争環境が生じつつある。

しかし、音楽では、旧法時代の権利者と利用者のロックイン（lock in）状態がまだ解消していないとみられるため、独占禁止法による監視——および場合によっては積極的関与——が必要である。たとえば、①利用者の店舗面積などによる年間包括契約、②差別的なネットワーク料金、③権利者との包括または

---

[331] 「デジタルコンテンツと競争政策に関する研究会報告書——デジタルコンテンツ市場における公正かつ自由な競争環境の整備のために」（平成15（2003）年3月、公正取引委員会から公表）。本項は私が主観を交えてまとめたもので、文責は私にある。

5.「情報を利用させないようにする行為」

排他的契約による新規参入阻害、④団体による排他的料金設定などの古い慣行がまだ残っており、さらに、⑤包括契約の場合、利用者が複数の権利管理事業者と契約しなければならないことがあって権利料金が重複するなどのあたらしい問題点が指摘されている。制度上は個別契約も可能なのだが、まだ古い時代の惰性が残っているとみられる。

個別ライセンスは、以前は手間がかかって不可能といわれていたが、いまは、コンピューターとインターネットによって取引コストが激減し、これが現実化しつつある。権利者への配分にしても、従来のサンプリング方式から個別計算方式への動きがある。

各利用区分のうち、特定の管理事業者の市場占有率が高い場合、文化庁長官が一定の管理事業者を「指定著作権等管理事業者」と指定し（現在、JASRACや日本レコード協会など6事業者）、一定の資格をもつ「利用者代表」との協議に応じる義務を課し、協議が整わない場合、裁定をおこなう。利用者代表が事業者団体である場合、指定管理事業者とのあいだで、使用料にかかわる協議をおこなうことについて、公正取引委員会は、①利用者は指定管理事業者と個別交渉も可能である、②ライセンスという財は排他性がない——という理由で、独占禁止法適用除外規定をおく必要がないと、国会で答弁している。

商業用レコードの放送用二次使用料についての実演家団体／レコード製作者団体と放送事業者との交渉や、貸レコード報酬についてのレコード製作者団体と貸レコード業界との交渉に関しては、それぞれ独占禁止法適用除外規定がある。

デジタル・コンテンツのインターネット配信についても、いろいろな業界団体が動いているが、おたがい綱引きになっていて、なかなか展望がひらけない。技術だけがどんどん進んで、米国の独走態勢になっている。日本で権利処理がもたついているうちに、BMI／ASCAP権利処理による米国からの送信に走るだろうという観測もある。

経団連は、2006年3月、「映像コンテンツのブロードバンド配信に関する著作権関係団体と利用者団体協議会の合意」として、テレビ・ドラマのストリーミング配信について、翌年3月までの暫定合意ということで、文芸、音楽、レコード、実演それぞれの団体の取り分として合計8.95%と決めた。

このような動きが独占禁止法の眼からはどうみえるだろうか。同業者が集

まって値段を決めているのだから、どう考えても独占禁止法3条後段違反のカルテルである。業界団体はよほど慎重にしなければならない。カルテルは、①顧客から盗み、②社会全体に損害をもたらす行為である以上に、③行為者にとって自殺行為である[332]。

ASCAP／BMI同意判決（1941／1966）[333]

1914年（実演時代）、音楽著作権者たちがASCAP（非営利団体）を設立、劇場に対してブランケット・ライセンスを開始した。1939年（ラジオ時代）、ASCAPが相手にしていなかったカントリー、ブルース、ロックなどの集中処理機関として、ラジオ局がBMI（営利法人）を設立、おなじくブランケット・ライセンスを開始した。

1941年、司法省は、ASCAPとBMIを、彼らが唯一のビジネス・モデルとしていたブランケット・ライセンスを、シャーマン法1条／2条違反として提訴（刑事は被告不抗争申立て[334]で結審）。1941年のASCAP同意判決は、①ライセンスを非排他的にすること、②個々のメンバーの直接契約を許容すること、③ユーザーによって価格その他の条件を差別しないこと、④ブランケット・ライセンスに代わって単曲もオファーすること——を命じている。1950年（テレビ時代）、あたらしい同意判決で、⑤ライセンシーのタイプによる差別を禁止、⑥同様の条件下にあるライセンシー間の差別禁止、⑦ライセンス期間を5年以内に限定すること、⑧ASCAP側にreasonableness立証責任——が追加された。1966年、BMIとも同趣旨の同意判決。1994年、料金設定法廷をニューヨーク南部連邦地裁内に設置した。

ASCAP／BMI対CBS事件（1979）[335]

ASCAP／BMI（いずれも政府との同意判決（1941／66）下にある）は、数万

---

[332] 本間忠良「カルテルはなぜ悪いか」http://www17.ocn.ne.jp/~tadhomma/ProCartel02.htm

[333] Amended Final Judgment entered in *United States v. Broadcast Music, Inc.*, 1966 U.S. Dist. LEXIS 10449 (S.D.N.Y.1966), modified by 1994 U.S. Dist. LEXIS 21476 (S.D.N.Y.1994).

[334] 不抗争の申立て（plea of nolo contendere）：違反事実は認めないが、制裁には服するむねの申立て。抗争の費用や労力を節約し、民事請求を遮断するねらい。

5．「情報を利用させないようにする行為」

人の音楽著作権者から非独占的ライセンスを受け、これにもとづいて、ラジオ／テレビ局に対して、一定期間、管理楽曲を自由に放送できる権利（料金は広告収入の何％または固定額で、曲数に比例しない）を許諾する著作権集中管理業者である。放送事業者CBSは、「ASCAP／BMIが、数万の音楽著作権者たちによる価格カルテル組織であり、ブランケット・ライセンスが、音曲を使わない番組からも料金をとる硬直した収奪システムで、原則違法（per se illegal）の価格固定にあたる」と主張して提訴。

最高裁は「このシステムは効率達成のため不可欠なので合理の原則（rule of reason）が適切。個別許諾の可能性も十分ある（同意判決の主内容）から競争制限ではない。著作権者からのライセンスが非排他的であることが決定的である」とし、差戻審も「著作権者は架空の競争者」として、CBSの請求を棄却した。

これは、何万人もの著作権者を競争事業者と考えることはできないという認識で、前述の指定著作権等管理事業者についての公正取引委員会の国会答弁もこれを意識したものであろうが、窓口権（後述5.4.2）をそのままにしておいたら5大キー局間のカルテルになるし、包括契約にしても、いまのITを使えば、個別処理の可能性はASCAP／BMI判決当時よりはるかに大きくなっている。

JASRAC事件（2009 審判中）[336]

㈳日本音楽著作権協会（JASRAC）は、音楽著作権者（作曲家、作詞家、音楽出版社など）から著作権（第2表参照）の信託譲渡を受け、音楽のユーザー（演奏家、放送事業者、レコード製作者、ネット配信事業者など）に対して、著作権（演奏権や公衆送信権、それらに随伴する複製権など）をライセンスする事業をおこなっている[337]。

本件で問題になっているユーザーは放送事業者である。現在、JASRACは、放送事業者に対して、JASRAC管理楽曲すべてについての包括利用を許諾し、

---

[335] *Broadcast Music, Inc., et al. v. Columbia Broadcasting System, Inc., et al.* 441 U.S. 1 (1979).
[336] 「社団法人日本音楽著作権協会に対する排除措置命令書」平成21（2009）年2月27日。
[337] 安藤和弘『よくわかる音楽著作権ビジネス（基礎編）』（リットーミュージック 2002年）16。

放送使用料を包括的に算定して徴収している（包括ライセンス／包括徴収）。使用楽曲ごとの個別徴収方式も用意されているが、手間がかかり、1曲ごとの使用料を総計すると包括徴収の場合よりかなり高額になることから、実際には利用されていない。

　問題は、包括徴収する放送使用料の算定において、放送利用割合（その放送事業者が使用した音楽著作物の総数に占めるJASRAC管理楽曲の割合）が、放送使用料に反映されていないことである（ライセンシング・ビジネスの慣用語でいう「オーバーオール・ロイヤルティ」）。そのため、その放送事業者が他の管理事業者（たとえばイーライセンス）にも放送使用料を支払えば、放送事業者の負担がその分だけ増加することにる。

　これによって、JASRAC以外の管理事業者は、自分が管理する楽曲が、放送事業者にほとんど利用されず、したがって、著作権者からの管理委託がこなくなって、事業が困難になっている。たとえば、イーライセンスは、音楽出版社エイベックスと、包括ライセンス／個別徴収で管理委託契約を結んだのだが、エイベックスに所属する大塚愛のヒット曲「恋愛写真」が、使用料の追加負担をきらう放送事業者によってほとんど放送されなかった（「情報を利用させないようにする行為」）ため契約を解除されたといわれる。

　公正取引委員会は、上の行為によって、JASRACが、他の管理事業者の事業活動を排除し、公共の利益に反して、我が国における放送事業者に対する放送利用に係る管理楽曲の利用許諾（ライセンス）分野における競争を実質的に制限している（3条前段「私的独占」）として、JASRACに対して、「…放送等使用料の算定において、放送等利用割合が…反映されないような方法を採用することにより、…放送事業者が他の管理事業者にも放送等使用料を支払う場合に、…放送事業者が負担する放送等使用料の総額がその分だけ増加することとなるようにしている行為を取りやめなければならない」との排除措置命令を発した（審判中）。

　上記命令主文「　」は具体的にはなにを意味するのだろうか？　考えられることはすくなくとも3つある。

①　包括徴収をやめて、すべて個別徴収にする。
②　包括徴収と個別徴収を選択性にして、個別料金を包括料金とcomparableなレベルまで引き下げる。

5．「情報を利用させないようにする行為」

　③　なんらかの合理的な方法によって、JASRAC管理楽曲の放送割合を推定し、包括料金から控除する。

　しかし、②③では排除措置が不徹底なので、公正取引委員会がめざしているのは①であろう。これは、かつては手間がかかってほとんど不可能だといわれていたのだが、いまは、コンピューターとインターネットを使えばできるはずなのに、その開発努力もしていないという点が、立件の動機になったと思われる。これができれば、アーティストとユーザーが直結し、音楽コンテンツ商品の価格が市場原理で決まる（価格が多様化する）ことによって、いままでスーパースターの陰に隠れて陽の目をみなかった中堅アーティストにもそれなりのチャンスが与えられ、日本のポップ・アートにとって、はかりしれない活性化効果がある。

5.3.3．MP3問題

　本節で考えるのは、音楽コンテンツの未来を担うインターネット配信である。これの鍵を握る技術がCodecとDRMである。コンテンツのネット配信で必要なものにCodec（コーデック）というプログラムがある。Codecはcompression-decompression（coding-decoding）programの略で、コンテンツをまず配信側で圧縮し、ユーザー側でこれを伸張するプログラムである。とうぜん送信側と受信側で一対になっていて、異なる圧縮方式間、Codec間で競争が起こる。一般にはCodecとDRMと再生ソフトが一体となって供給されている。

第15表　CodecとDRM

供給者	Microsoft	Apple	Real Networks	ソニー	ISO-MPEG
Codec	WMA	AAC	AAC	ATRAC 3	MP 3
DRM	DRM10	Fair Play	Helix	Open MG	なし
供給形態	オープン	クローズド	オープン	クローズド	オープン

　Codecのなかでいちばんひろく使われているのはMP3で、個人間の送受信やNapster／KazaA／WINNYなどの無料音楽交換サービスもこれである。これはオープン・ソースでDRMが利かない。

5.3. 音楽

　有料配信では、現在、AppleのiTMSが大躍進中だが、AppleのCodecはクローズドなので、ほかの事業者はほとんどすべてWindowsにバンドルされているWMA（Windows Media Audio）である。ネットワーク外部性——シェアが大きくなると、そのこと自体がシェアをさらに押し上げていく現象——から考えると、OSやブラウザーのときとおなじく、WindowsにバンドルされているWMAがいずれ市場を制圧しそうだが、ここでは事情がちがう。ＭＰ３という圧倒的な先住民がいるのである。つまり、ネット音楽市場では、大量の無料商品と競争しなければならないので、有料商品の価格が、品質（音質と使いやすさ）による付加価値分だけをプレミアムとする均衡価格にまで下落する。

　このような競争状態に不満なコンテンツ流通業者としては、なんとか邪魔なＭＰ３を抹殺したいのであろうが、かんたんにはいかない。先進国に類のない送信可能化権を創設しても、特定少数のグループ（たとえばMySpaceなどのSNS）内でのp2pは止められない[338]。たいていの人は複数のグループに属しているので、音楽はグループからグループへ拡散していく。圧縮率ではＭＰ３の１/１１よりWMAの１/２０のほうがいいのだが、ブロードバンド化やメモリーの大容量化で、圧縮率はあまりメリットではなくなっている。

　2008年９月、SNS（Social Networking Service）大手のMySpaceがAppleのiTMSに対抗してはじめたオンライン・ミュージック・ストアは、アーティストが指値できる点で、iTMSとちがう（MySpaceはプラットフォームを提供しているだけ）。フォーマットはＭＰ３である。DRMフリーなので、メジャー（大手レコード会社）はあまり熱心でなく、インディーズ系の有力な流通パイプになるものと期待されている[339]。メジャーが１人か２人のスーパースターを作りあげて、大宣伝で何百万枚も売る重いビジネスの世界とは別の、多様なポップ・アート[340]の世界がＭＰ３のおかげで可能になっている。

　いまMySpaceがＭＰ３なのでメジャーが熱心でないと述べたが、ポップCDのヒットなどは半年しか続かないので、あとのいわゆる「ロングテイル[341]」段階では、ＭＰ３で流せば、けっこういいお金になるかもしれない、ためしてみ

---

[338] 著作権法２条１項９号の５／２条５項。
[339] たとえばhttp://news.bbc.co.uk/2/hi/7635416.stm
[340] 「ポップ・アート」といっても、Pollock（ポロック）やReinhardt（ラインハート）のようなポストモダン派のことではない。「J-Pop」というときの「ポップ」の意味である。

223

5．「情報を利用させないようにする行為」

ようと考えるのが競争原理である。

いま音楽コンテンツにおける大きな法律問題はp2p（パソコン間の音楽交換）であるが、これの基盤がMP3である。ここではproprietary（財産的）保護を受けるインターフェイスと、オープンソースのインターフェイスが競争している。競争当局は、この競争が公正かつ自由におこなわれるよう監視しなければならない。Microsoftが、OSに依存しないプログラム言語Javaを改悪して、互換性を失わせようとした事例が想起される。

5.4. 映像

5.4.1. 商品としての映像コンテンツ

中古ゲームソフト事件審決（2001）[342]

被審人（ソニー・コンピューターエンターティンメント「SCE」）は、同社ゲーム機新製品（プレイステーション「PS」）用ソフトの発売にあたって、小売店に対して、①値引き禁止、②横流し禁止、③中古品取扱い禁止という3つの方針を示し、これに従わない小売店に対しては制裁ないし不利益措置をとることを示唆したうえ、実際にも出荷停止や特約店契約解除などをおこなって、同方針を実行した。審査官は、上の①が2条9項4号「再販価格拘束」、②と③が一般指定12項「拘束条件付取引」に該当し、したがって独占禁止法19条違反を構成すると主張した。

審判において、被審人は、「まず、ゲームソフトは著作権法でいう著作物にあたるから、その再販価格拘束は独占禁止法23条4項の適用除外に該当する。また中古品取扱い禁止は著作権（映画著作物の頒布権）の行使だから独占禁止

---

[341] 一般のコンテンツ商品は、ほんの一握りのベストセラーが、売上げのほとんどを稼ぎだすというスーパースター・システムになっているが、ネット書店アマゾンの売上げの半分は、ベストセラー以外の——出版社がとっくに宣伝しなくなって、取次ぎが書店から引き上げてしまった——本だそうである（梅田望夫「シリコンバレーからの手紙」『フォーサイト』（新潮社2005年））。

[342] 「㈱ソニー・コンピューターエンタティンメントに対する件」公取委審判審決平成13（2001）年8月1日。

5.4. 映像

法21条によって同法の適用をまぬがれる。つぎに、これらの理由によってすくなくとも公正競争阻害性の要件を欠く」と主張した。

委員会は、まず23条4項について、「独占禁止法の1953年改正により導入された著作物の再販適用除外制度は、当時の書籍、雑誌、新聞およびレコード盤（著作物4品目）の定価販売の慣行を追認する趣旨で導入されたものとされており、ゲームソフトは、1953年当時には存在しておらず、また、上記著作物4品目のいずれともその機能・効用を同一にするものではないし、また、著作物再販制度が、独占禁止法上原則違法として禁止されている再販価格拘束行為に対する例外的措置であることからすると、その適用対象を拡大することは適当でなく、ゲームソフトを再販適用除外の対象とすべき著作物に該当するということはできない」として、被審人の主張を認めなかった。

つぎに、21条について、「同条の規定は、著作権法等による権利の行使とみられるような行為であっても、競争秩序に与える影響を勘案したうえで、知的財産保護制度の趣旨を逸脱し、または同制度の目的に反すると認められる場合には、当該行為が同条にいう『権利の行使と認められる行為』とは評価されず、独占禁止法が適用されることを確認する趣旨で設けられたものであると解され、そして、本件においては、中古品取扱い禁止行為が再販売価格の拘束行為と一体としておこなわれ、同行為を補強するものとして機能しており、中古品取扱い禁止行為をふくむ全体としての再販売価格の拘束行為が公正競争阻害性を有するものである以上、仮に被審人の主張するとおり、PSソフトが頒布権の認められる映画の著作物に該当し、中古品取扱い禁止行為が外形上頒布権の行使とみられる行為にあたるとしても、知的財産保護制度の趣旨を逸脱し、あるいは同制度の目的に反するものであることはいうまでもない」として、被審人の主張を認めなかった。

ただ、中古品取扱い禁止単独の「公正競争阻害性」について、委員会は、「中古品の取扱いを禁止することは、新品あるいは中古品をめぐる販売段階での競争にさまざまな悪影響をおよぼし得るものではないかという疑いはあるものの、本件においては、被審人が特約店に対して中古品の取扱いを禁止したことにより、PSソフトの販売段階での競争が実際にどのような態様でどの程度影響を受けるものであるかを具体的に判断するためには、中古品市場の状況、ゲームソフト販売業者の事業活動におよぼす影響、さらには一般消費者の購買行動

5．「情報を利用させないようにする行為」

を含めて幅広い実態把握とその分析が必要になると考えられるところ、本件記録上、こうした具体的な認定・判断をするに足りる証拠は十分ではない」と判断して、主文では同行為単独での排除は命じていない（再販価格拘束と横流し禁止は排除措置命令）。

　1人のユーザーがパソコンを2台、3台所有し、ゲーム機も旧型ハードを子供にまわして新型を買うというように、ユーザーの層が厚くなってくると、旧型ハードに適合する旧型ソフトの需要がなくならないのに、店ではもう売っていない。中古車市場は、新車の市場とコンフリクトするところが、それを下支えしている。ゲームをふくむコンピューター市場は、まだ車ほどに成熟していないのである。この審決が、中古品取扱い禁止行為単独の排除措置命令を、「公正競争阻害性」立証不十分として避けて通ったことには不満が残るが、これが、中古ゲームソフトの頒布権が消尽するとした画期的な最判[343]の半年まえ、原審の東京高判[344]と大阪高判[345]が、判決はいずれも販売店側勝訴だが、理由が大きくいちがっているという法の混乱状態にあったことで（後述6.1）、苦渋の審決であったろう。

20世紀フォックス事件（2003）[346]

　映画配給業者20世紀フォックスは、映画館との基本契約で、配給対価の「映画料」を入場料の一定割合としているが、入場料を割引かれるとそのまま収入減になることから、基本契約および付属契約で、①入場料を規定の金額にすること（人気／年齢層などによってその都度決める——例：スターウォーズでは従来の1,800円を2,000円にした）、②入場料を割り引かないこと（キャンペーンは事前許可制——スターウォーズではチラシ印刷の割引券を不適用にした）、③割引いた場合は①の規定金額を支払うこと（割引分は映画館負担）として、本来映画館が自由に決定すべき入場料を拘束した。公正取引委員会は、この行為を一般指定12項「拘束条件付取引」該当の19条違反として排除措置命令。

---

[343] 「著作権侵害差止請求事件」最判平成14（2002）年4月25日。
[344] 「著作権侵害差止請求権不存在確認請求事件」東京高判平成13（2001）年3月27日。
[345] 「著作権侵害差止請求事件」大阪高判平成13（2001）年3月29日。
[346] 「トエンティース・センチュリー・フォックス・ジャパン、インコーポレーテッドに対する件」勧告審決平成15（2003）年11月25日。

「商品」の「再販価格」ではないので、2条9項4号「商品再販価格の拘束」は使えない。情報化時代における主要な商品となるべきデジタル・コンテンツのインターネット配信料金の拘束に対しては、一般指定12項で対処するしかない。この場合は「公正競争阻害性」の立証が必要であるが、本審決はそれを省略している。per se illegalの2条9項4号を先取りした趣旨解釈であろう（準司法機関の公正取引委員会だからできることで、司法裁判官がおなじ判断をしてくれる保証はない）。

著作権（上映権と頒布権——劇場用映画だから消尽しない）の行使だから21条で適用除外ではないかという点について、審決は触れていない。本件行為は「著作権の行使」に形式的に該当しない。21条はあくまでも競争秩序内の適用除外である。著作権は上映または頒布を一方的に禁止する権利だが、これには再販価格をコントロールする権利はふくまれない。「権利者は、ライセンスを拒絶できるのだから、条件をつけてライセンスすることもできる」といういつもの主張は、その「条件」が独占禁止法違反であれば通らない。23条4項の類推解釈はないかという点についても、適用除外は限定的な例外規定だから、類推解釈はできない。

5.4.2. 映像コンテンツの産業構造

テレビ映像コンテンツについて、競争の視点からみた現状は、大要、以下のようである[347]。

(1) コンテンツの制作

いまテレビ映像コンテンツの大半が、テレビ局から番組制作会社への委託契約で作られている。民放でいうと、制作費は広告収入という上限が決まっており、いわゆる「渡し切り」という形態なので、放映してからの視聴率などは事後的にしか考慮されない。

---

[347] 「デジタルコンテンツと競争政策に関する研究会報告書——デジタルコンテンツ市場における公正かつ自由な競争環境の整備のために」平成15（2003）年3月、公正取引委員会から公表［再掲］。本項は私が主観も交えてまとめたもので、文責は私にある。

5．「情報を利用させないようにする行為」

　だから、一次利用、つまりテレビ放映の段階では、いい番組を作ろうというインセンティヴが働かない。二次利用、とくにインターネット配信でインセンティヴが確保できるといいのだが、この二次利用がぜんぜんおこなわれていない。その原因の1つが権利帰属問題だという指摘が、番組制作会社側からあった。

(2)　権利帰属問題
　テレビ局からの委託で番組制作会社が作ったコンテンツの著作権が、どちらに帰属するのか法律上はっきりしていないため、やはり資金力の豊富なテレビ局のほうが交渉力が強く――
　①　はじめからテレビ局に帰属する契約になっている、
　②　はじめは番組制作会社に帰属するのだが、テレビ局に譲渡する契約になっている、
　③　番組制作会社に帰属するのだが、その二次利用の交渉は、専属的にテレビ局がおこなう契約になっている（「窓口権」）、
　④　あとで二次利用のお客をみつけてきたのだが、窓口権をもっているテレビ局が動いてくれない、
　⑤　そもそも番組を納品してから契約書に調印するのが現実だ――
など、たしかに、独占禁止法2条9項5号「優越的地位の濫用」の問題がありそうである。優越的地位は、規模の格差、依存度、流動性など個別的に判断するが、テレビ局は、稀少な資源である電波周波数の割り当て[348]を受けており、したがって寡占構造で、市場力market powerの推定を受けるため、本来的に優越的地位にあると考えられる。
　そこで、たとえば、著作権の帰属については、番組制作委託契約の締結において――
　①　著作権法上、発注者に原始的帰属が認められているわけでもないのに、それを主張する、
　②　譲渡を強要する、
　③　契約を故意に不明確なものにしておいてあとで譲歩を強要する、

---

[348] 全国131、都道府県あたり1-5。

5.4. 映像

④　窓口権を取り上げる、
⑤　取り上げた窓口権を使わないでサボタージュする——

などの行為は、優越的地位の濫用になる可能性がある。

ただ、テレビ局のほうにも——

①　そもそも財産権はお金をだした者がとるのだ、
②　番組制作はいわゆる「完パケ」ばかりではなく、局側がイニシアティヴをとるものもある、
③　窓口権にしても、実際には番組制作会社から二次利用の申し出がほとんどない——

などの言い分があるので、どちらが正しいかはケース・バイ・ケース、つまり、優越的地位にはちがいないが、それに「公正競争阻害性」があるかどうかという事実問題になる。だから契約書をしっかりすることが、独占禁止法発動の前提である（後述「ジャパン・クール・アニメ(2)下請法『情報成果物』改正」の「書面交付義務」）。

(3)　拘束条件付取引

　これは映像コンテンツだけでなく、すでに動きだしている音楽のインターネット配信や、これから大市場になると予想されているいわゆる電子書籍でも懸念されることであるが、コンテンツ・プロバイダーと、コンテンツの流通／集客／認証／課金／決済をおこなうプラットフォーム事業者が排他的な関係を結んで、それが競争事業者の事業活動を困難にし、または新規参入を阻害するような場合は、一般指定11項「排他条件付取引」に該当する可能性がある。

　とくに、再販タイプの取引で、コンテンツ・プロバイダーがプラットフォーム事業者の対ユーザー料金を拘束する行為は、一般指定12項「拘束条件付取引」に該当する（委託タイプでは、そもそも拘束していない）。独占禁止法23条4項の著作物再販に関する適用除外はインターネット配信には与えられていない（適用除外は、公正取引委員会の実務上、新聞、雑誌、書籍、音楽レコードの4品目に限定されている——法文上ではかならずしもそうは読めない点が今後の問題ふくみ）。電子書籍もここでいう「書籍」ではない。本書執筆現在、AmazonのKindleは再販タイプ、Appleのi-Padは委託タイプのようである。

5．「情報を利用させないようにする行為」

ジャパン・クール・アニメ

(1)　ジャパン・クール・アニメの危機

　周知のように、いま日本製のアニメが欧米の若者たちのあいだでブームになっている。そのひろがりと深みは、日本での想像を超える。世界各地でジャパン・ポップ・カルチャー・エキスポなどと名づけたイベントが、何十万人もの若者を動員している。日本文化というと能や歌舞伎を思う人にとっては心外かもしれないが、世界的なポップ・カルチャーのたかまりを底流として、「日本文化［が］世界での普遍性を認められつつある」[349]のである。だが、冒頭で「周知のように」と書いたものの、じつは、その「ジャパン・クール・アニメ」を、だれが作り、だれが世界に流通させているのかを知っている人はすくない（流通についてはColumn「ファンサブ」参照）。

　英国の経済誌エコノミスト特集「時代に忘れられた国——日本」[350]は、日本でソフトウエアが育たないのは、大企業をトップにいただく下請け、孫請け、曾孫請けというピラミッド構造のせいだと評している。シリコン・バレーではこの産業構造がはるかにフラットで、一介のSEが書いたソフトが大ヒットして億万長者になったというような話がいくらでもあり、自由で活気に満ちた競争環境こそがすぐれたソフトやコンテンツを生みだすことがあきらかである。日本では、ほんとうのクリエーターたちがピラミッドのいちばん底辺で希望のない日々を送っているといわれる。ポップ・カルチャーは、その祖国では、まともな産業として受け入れられていないのである。

　「いま原画と原画の間をつなぐ動画の仕事の9割以上が中国や韓国など海外に流出し、主に2‐3年目の若手が担う基礎の仕事がない。さらには原画を補佐する『第2原画』も海外に流れ出している。…『7割以上の第2原画がすでに韓国などに流出した』…『コストは同程度だが、数をこなしてきただけあって、作画の質が日本より高くなってきた。原画の大部分も近い将来海外に出る』。…1980年代なかば以降、多くのアニメ作品が製作委員会方式で作られている。製作委員会に出資しないかぎり作品の著作権を得られず、ヒットしても収益の分配を受けられない。だが、零細企業が大部分を占める制作会社には資金力がない。…『制作に回る割合は最終売上高の4分の1程度。…放送局等から支払

---

[349] 渡邊啓貴「経済教室—『文化外交』の体制整備急げ」日経2010年8月23日。
[350] "The Land That Time Forgot," *The Economist*, June 30, 2001.

5.4. 映像

われる制作費の水準が低いことが、適正を下回る単価を規定している』。…アニメーターの給与…20代の平均年収は110万円」[351]。

「海外が新たな日本の魅力を発見したのと入れ替わるかのように、日本の作り手の独創性は停滞期に入った。…原因は多岐にわたる。…現場の作り手に利益が還元されにくい仕組み。…さらに、合意を重視する日本的経営が作品の魂を吸い取る」[352]。「表現…の自由にも黄信号がともる。今後増加が見込まれるコンテンツ・ファンドが、過去の実績とファンドの利益を重視した投資と回収をおこなえばアニメ業界はますます衰退する」[353]。

政府が、コンテンツ産業振興政策として、既成メディアにつぎつぎとあたらしい独占権を与え、お金をつぎ込む政策は、そこで創出された超過利潤の争奪をめぐって、商社や銀行までが「権利ころがし」に参入し（製作委員会方式）、コンテンツの価格を押し上げて、逆効果になっている。産業のほんとうの資産は人である。流通業界保護ではなくて、ピラミッドの最底辺にいるほんとうのクリエーターたちに、直接補助金をだすような政策に転じるべきである。

Column 「ファンサブ」

本書の読者のどれほどの方が、いわゆるジャパン・クール・アニメをご覧になったことがおありだろうか。アカデミー賞をもらったジブリ作品のことではない。民放で、週1話25分、長いもので70話以上も続いているが、午前0-4時ごろ放映されるので、ふつうの人がみているとは思えない（先行番組のしわ寄せで時間がよく変わるので、定時録画もたよりにならない）。内容的には、おとながみてもじゅうぶん楽しめるハイレベルのものが多い（1例だけあげるなら、日本のクラシック音楽人口を倍増させたといわれる「のだめカンタービレ」）。

驚くのは、各話がすぐ<u>送信可能化権などない外国</u>で、自動翻訳システムによる字幕つきで、インターネットに流れることである。

---

[351] 日経2010年7月10日「守れ！日本のアニメ制作」。
[352] 日経2007年7月22日『書評』石鍋仁美「今を読み解く――自由が生んだジャパンクール」に引用されたローランド・ケルツ『ジャパナメリカ』。
[353] 同上大塚英志『ジャパニメーションはなぜ敗れるか』

5．「情報を利用させないようにする行為」

　「FanSub (fan-subtitled)」（ファンサブ）といって、ファン個人がp2pでやっているのである（ディレクトリー・サイトもある——ということは、ナップスター事件はまだ終わっていない）。言語は、英語、フランス語、ドイツ語、スペイン語、ポルトガル語、イタリア語、ロシア語、トルコ語とさまざまで、私がみたこともない言語もある。音声を文字に変換して翻訳するので変な表現もあるが、かえってジャポニズムの玄妙と解釈されているかもしれない。

　世界中のファンサブをGoogle USAでローマ字検索して閲覧することができる。このいわばゲリラ・ルートが、ジャパン・クール・アニメを世界に流通させたのである。この巨大な視聴を、著作（隣接）権で盲目的に圧殺するのではなく、ビジネスに利用するという発想が浮かばないのだろうか？　たとえば、ファンサブには、テレビ放映時のスポンサーCMがついたままになっている——スポンサー料金の追加なしで世界中何百万人の若者に見られているのである。ファンサブにはファンの感想が書きこまれていて、これがまたおもしろい。ポップ・カルチャーの巨大な世界がそこに広がっている。

　中国語と韓国語のファンサブ・サイトには「貴国では閲覧できません」と表示されていて、ストリーミングもできない（パソコンのIPアドレスで国名を判別し、配信を停止するGeo-IP Technologyという一種のスパイウエアを使っている）。日本の既成メディア団体が、海賊版防止のためと称して、中国・韓国のインターネット業界になにか要求しているようだが、その結果として、中国・韓国業界が日本のパソコンだけを対象に配信を停止しているのかもしれない。もしそうだとすると、これはあきらかに共同の供給拒絶（2条9項1号該当）か供給拒絶カルテル（3条後段違反）である。どこの国の著作権法だろうと、ストリーミング（「使用」）を禁止できる専有権はないから、21条の適用除外は受けられない（「情報を利用させないようにする行為」）。著作権法113条5項の音楽CD還流「みなし侵害」とおなじ日本鎖国化の陰謀である[354]。ジャパン・クール・アニメのあと釜を虎視眈々と狙っている中国と韓国は、日本業界の要求に嬉々として従っている。

5.4. 映像

(2) 下請法「情報成果物」改正

これほどの文化の動きに対して、独占禁止法ができることはかぎられているが、それでも、エコノミスト誌に指摘されたピラミッドの締めつけをいくらかでも緩和できるよう、法改正をおこなった。

独占禁止法19条（2条9項5号「優越的地位の濫用」）の特別法として、1956年の下請代金支払遅延等防止法（「下請法」）は、従来から、製造および修理委託における親事業者と下請事業者（資本金3億円、1,000万円で区分）とのあいだの取引（「下請取引」）に関し、親事業者に対して、下請代金の支払期日や書面の交付について一定の義務を負わせ、給付の受領拒絶、下請代金の支払遅延や減額などの行為を禁じるなど、一般に中小企業に属する下請事業者を保護してきた。

平成15（2003）年改正は、製造および修理委託に加えて、①情報成果物（プログラム、放送番組等）の作成委託および②役務（情報処理等）の提供委託[355]にかかわる下請取引を追加した。いずれも知的財産を創出し、その保護に依存する産業である。この場合における親事業者と下請事業者のあいだの資本金区分を引き下げ（5,000万円、1,000万円──プログラムと情報処理については政令で据え置き）、書面交付時期を「直ちに」と厳格化する[356]とともに、禁止行為に「給付をやり直させること等によって下請事業者の利益を不当に害する」ことを追加、親事業者による「優越的地位の濫用」に対する規制を強化した。

---

[354] 本間忠良「ネット音楽とアナルコ・キャピタリズム」http://www17.ocn.ne.jp/~tadhomma/AnarchoMusic.htm
[355] ならびに金型の製造委託。
[356] 情報成果物では、発注と給付がある程度相互依存的であったり、プログラムの場合はオンラインであったりすることがあるので、「正当な理由」を条件としてこの「直ちに」の要件を緩和している。

5.「情報を利用させないようにする行為」

5.5. 放送と通信

5.5.1. 放送

　激しい競争のもとにある映画産業とちがって、放送産業は、稀少な電波周波数の割り当てを受けていることから、映画よりはるかに強い政府規制のもとにある。日本ではテレビ放送の規制は放送法によっておこなわれている。放送法9条は「マス・メディア集中排除原則」として、新聞との兼業を禁止しているが、おなじ放送法2条の2の要請である「放送機会の最大化」による例外で、新聞との資本提携は否定できないものになっている（新聞による持株関係は複雑だが、おおざっぱにいって、日本テレビ─読売、TBS─毎日、フジテレビ─サンケイ、テレビ朝日─朝日、テレビ東京─日経）。

　また、放送法52条の3「特定者からの番組提供禁止」で要請されている地方局の主体性についても、地方局の番組制作能力の不足や広告主の東京集中などのために、事実上の5大ネット系列が形成されて、米国流のローカリズムが発達することはなかった。衛星放送によって、全国カバーのコストが激減し、さらに地域性もなくなって、地方局の存在理由が急低下している（コミュニティ放送はケーブル・テレビがメイン）。

　米国では、1982年と1985年のFCC（連邦通信委員会）規則改正で、「マス・メディア集中排除原則」が大幅に緩和された。さらに、1996年の電気通信法で、1970年のフィンシン規則[357]、つまり、放送ネットワークによるコンテンツへの出資／所有／配給を禁止する規則と、PTAR[358]、つまり、ゴールデン・アワーに3大ネットワーク番組を放映することを禁止した規則が、いずれも廃止された。米国では、規則の目的を達成した──つまり、番組制作会社が、地方テレビ局へ直接番組を売り込むシンジケーション・システムのおかげで力をつけて、テレビ局を呑みこむまでに成長した──から規制をやめたのである。

　米国では、上流のコンテンツと下流の通信という2大勢力による放送産業の分割／吸収が進行中である。AT&TによるTCI（ケーブル放送）買収、ディズニーによるABC買収などがその例である。米国では、異なるメディア間の相互参

---
[357] Financing-Syndication Rule.
[358] Prime Time Access Rule.

入による激しい競争が起こっている。

　日本では、①電波割り当て、②著作隣接権、③日本語、④外資規制——という４重の保護のもとで高利潤経営を享受していた放送業界は、新規事業に乗りだす意欲がとぼしく、ひたすら、通信業界やインターネット業界からの競争を回避することに専念しているようにみえる。

5.5.2. 通信

NTT東日本ADSL事件（2000）[359]

　NTT東日本（「NTTE」）は、デジタル回線を利用したISDNによるダイアルアップ・インターネット接続サービスで先行していたが、2000年、ADSLサービスを開始した。ほとんど同時に、新規通信事業者（NCC）がADSLを開始、集中的な宣伝で一気にNTTEを抜いた。

　NCCは、NTTEの加入者回線と相互接続する必要がある（電気通信事業法により、NTTEは接続を拒否できず、その条件は、郵政大臣の認可する「接続約款」による）。接続方法には、NTTEが家庭のADSL装置を設置する方法（第１種——電話交換機経由）とNCCがそれをする方法（第２種——電話交換機を経由せず、中央集配線盤MDF直結）との２種あり、NCCはとうぜん第２種を希望したが、NTTEはさまざまな手段でそれを妨害した。

　具体的な行為として指摘されているのは、①サービス・エリアの限定、②ラック数の限定、③一定の回線損失でサービス停止、④方式のADSL限定、⑤NTTEによる料金徴収、⑥約款にない接続料金の請求、⑦接続交渉の事前協議要求、⑧MDF接続情報の出し惜しみ、⑨交渉にNTTE営業部員同席要求——の９点である。

　公正取引委員会警告：「加入者回線を利用したインターネット接続サービス市場」における競争を実質的に制限して３条前段「私的独占」違反のおそれがある。上記①-⑨の行為をやめるよう警告。

　NTTEは、ADSLを技術的には邪道とみており、ISDNからFTTHに進むのが本筋だと考えていたようである。ただそれなら、ADSLなどに気をそらされ

---

[359] 平成12（2000）年12月20日警告。

5.「情報を利用させないようにする行為」

ず、FTTHにまっすぐ進むべきだったのに、結果的にはNCCとのADSL泥沼競争にはまってしまった。3条の「公益」要件として技術的正当化理由を主張する機会だったのだが、本件は警告ということでそれが封じられていたようである。本件は、いわゆるエッセンシャル・ファシリティズに関する事件なのだが、判例は米国でもきわめてとぼしい。NTTEのような行為を、固定投資へのインセンティヴとして正当化する議論があるが、それはトランス・ミズーリ運賃協会事件（1897）[360]で否定されて久しい。

NTT東日本FTTH事件（2007）[361]

　公正取引委員会の審判審決は、以下の認定事実におけるNTTEの行為を、3条前段違反の「排除型私的独占」と判断しながら、「当該行為は既になくなっている」として排除措置を命じなかった。NTTEは東京高裁に審決取消請求訴訟を提起したが、東京高裁は審決を全面的に支持し、取消請求を棄却した。以下は審決・判決の抜粋ではなく、本筋だけを私がまとめたものである。

(1) 背景

　NTTEが保有する加入者光ファイバーの芯線数は、2003年3月時点で約380万芯であり、そのうち、使用している芯線の数は約95万芯、全体の約25%にすぎず、大部分は未使用であった（「ダークファイバー」）。加入者光ファイバーにおけるNTTEのシェアは、芯数で、東日本地区で70%超（千葉・埼玉では90%超）であった。ブロードバンド・サービスにおける通信媒体別構成比は、2004年3月末時点で、FTTHが9.5%、ADSLが73.5%、CATVインターネットが16.9%であった。この時点でFTTHサービスをおこなっていたのは、NTTEのほかに東京電力とUSENだけであり、いずれも自己の保有する光ファイバー設備を使用していた。当時、東日本地区におけるFTTHサービスのシェアは、NTTEが86.9%であった。

(2) NTTEの行為

　NTTEの戸建て住宅むけFTTHサービスには、芯線直結方式のベーシック・タイプと32分岐方式（スプリッター設置要）のニューファミリー・タイプがある。

---

[360] *U.S. v. Trans Missouri Freight Assn.*, 166 U.S. 290（1897）.
[361] 「東日本電信電話㈱に対する件」審判審決平成19（2007）年3月26日。「東日本電信電話㈱による審決取消請求事件」東京高判平成21（2009）年5月29日。

5.5. 放送と通信

　NTTEは、サービス料金を、はじめベーシック・タイプを月9,000円として総務大臣に届け出たが、その直後、東京電力とUSENが参入したのをみて、ニューファミリー・タイプを月5,800円で届け出た。

　ニューファミリー・タイプ導入後、光ファイバー設備を保有しないソフトバンクとKDDIが、NTTEの加入者光ファイバーに接続する方式でFTTHサービスに参入した。NTTEは、これらの競争事業者に対しては、芯直結方式で認可を受けた接続料金（将来原価にもとづき算出）を提示した。これで計算した接続料金は、加入者光ファイバー1芯につき月6,328円になる。

(3)　争点1：NTTEのニューファミリー・タイプ導入およびその値下げは、新規事業者の事業活動を排除する行為といえるか。

　審判決：NTTEは、新規事業者に対しては、芯直結方式で認可を受けた接続料金1芯につき月6,328円を提示したが、これはNTTEの分岐方式ニューファミリー・タイプのユーザー向け料金5,800円を上回り、NTTEと同一料金でサービスすると大赤字になる。したがって、NTTEの前記行為により、新規事業者が、芯線直結方式でNTTEの加入者光ファイバー設備に接続してFTTHサービス事業に参入することは、事実上著しく困難になったものと認められる。

　つぎに、ニューファミリー・タイプが前提とする分岐方式での参入可能性についてみると、NTTE自身でさえ、分岐方式を前提としたFTTHサービスについては需要者が増加しないかぎり採算が取れないと判断し、そうであるからこそ、当分の間は、スプリッターなどを設置しないこととしたものである。いわんや、新規事業者が、採算が取れるだけのユーザー数を開拓することは実際上不可能である。NTTEの当初サービス料金月5,800円は、新規事業者が、NTTEの加入者光ファイバー設備に接続して戸建て住宅向けFTTHサービス事業に参入することを困難にし、これを排除していたものと認めることができる。

　NTTEは、「上の行為が、ニューファミリー・タイプ提供当初のように需要が点在する状況の下では全面的な分岐方式の導入は考えておらず、いずれ需要が増加すれば、当然、速やかにスプリッターの設置を実施するつもりであったのだから、私的独占の意図・認識がなかった」と主張した。審決は、3条前段に意図・認識は不要としてこれを退けたが、東京高裁は、証拠を仔細に検討したうえ、かかる意図・認識があったと推認して審決を支持した。

5．「情報を利用させないようにする行為」

(4)　争点2：NTTEの排除行為は、競争の実質的制限をもたらすものだったか。

　　審判決：FTTHサービス事業に参入しようとする事業者にとって、NTTEの加入者光ファイバーに接続することがきわめて重要であったから、NTTEのFTTHサービスの内容、ユーザー料金、接続料金のいかんは、新規事業者とのあいだの競争の在りかたに大きな影響をおよぼすものである。

　　しかるに、NTTEは、第一種指定電気通信設備である加入者光ファイバー設備の保有者として、既に認定したとおり、実際には分岐方式を当面用いることもなく、かつ、その具体的計画もないのに、分岐方式を用いるとしてニューファミリー・タイプを導入し、分岐方式による接続料金とユーザー料金を設定しながら、実際は芯線直結方式で、芯線直結方式の接続料金を下回るユーザー料金のニューファミリー・タイプFTTHサービスを提供したものであり、これは、FTTHサービス事業におけるNTTEの優位を早期に確立するため、他社に先駆けたユーザーの獲得を目指しておこなったものと推認される。

　　そして、NTTEのこのような行為により、新規事業者の参入自体が困難になったものと認められ、そのような状況のなかで、NTTEはユーザー数を大幅に増加させたものである。以上、NTTEのおこなった本件排除行為は、市場支配的状態を維持し、強化する行為にあたり、東日本地区における戸建て住宅向けFTTHサービスの取引分野における競争を実質的に制限するものに該当するというべきである。

(5)　争点4：NTTEの排除行為は、公共の利益に反するものといえるか。また、NTTEの排除行為には、違法性を阻却する事由があるか。

　　審判決：NTTEは、「加入者光ファイバー等の設備を使用したFTTHサービス事業については、利用ベースの競争だけでなく、設備ベースの競争を促進することこそ重要であり、NTTEの行為が独占禁止法違反とされると、NTTEの加入者光ファイバー設備等の敷設に係るインセンティヴが失われるから、仮に、形式的に独占禁止法上の排除行為に該当するとしても、NTTEの行為は、公共の利益に反するものではなく、また、NTTEの行為には正当化事由ないし違法性阻却事由が認められる」と主張する。

　　しかし、本件においては、NTTEによる接続料金の設定自体をもって違反行為としているのではない。加入者光ファイバー設備の敷設に要するコストは、接続料金設定の際の算定根拠となり、NTTE自身および他の事業者の実際の利

用に応じて回収されるものである。本件排除行為（によらなければ）…インセンティヴが失われるとする合理的な理由を見いだすことはできない。したがって、この点のNTTEの主張は理由がない。

　また、NTTEは、「ニューファミリー・タイプの導入および値下げは、FTTHサービスのユーザー料金を低下させ、ブロードバンド・サービス市場における競争を促進させるものであって、消費者の利益に合致するものであったから、仮に、形式的に独占禁止法上の排除行為に該当するとしても、NTTEの行為は、公共の利益に反するものではない、又は、違法性が阻却される」とも主張する。

　しかし、NTTEが戸建て住宅向けFTTHサービスのユーザー料金を低下させたにせよ、そのこと自体が同市場における新規参入を困難にしたのであって、かかる行為がなければ、新規参入者とのあいだで更なる価格競争やサービス競争がおこなわれ、これによって消費者の利益が増大する可能性を失わせ、ひいては自由競争経済秩序によって確保されるべき一般消費者の利益が損なわれることにつながるものといわざるを得ない。したがって、本件において値下げがおこなわれたことのみをもって、本件行為が一般消費者の利益を確保するとともに、国民経済の民主的で健全な発達を促進するという独占禁止法の究極の目的に実質的に反するものでないと認められる例外的な場合に該当し、公共の利益に反しない又は違法性が阻却されるということはできないというべきである。

(6)　技術的正当化

　本件は、情報キャリアーとしての不可欠施設（essential facilities）の保有者が負うべき重大な責任をあきらかにしている事例なので、広義の「情報を利用させないようにする行為」として、やや詳しく考えている。一般論として、事業者が、新市場開拓のために、自分の遊休在庫を安売りして悪いことはない。ただ、それが競争を実質的に制限すれば違法になる。とくにNTTEは不可欠施設の保有者だから排除型私的独占に問われたのである。

　審決は「当該行為は既になくなっている」として排除措置を命じなかったが、もし排除措置を命じるものであったなら、接続料金の値下げを命じると原価割れ販売になる（変動原価は4,906円）から、スプリッター設置＋ユーザー料金値上げを命じることになっただろう。これは短期的には消費者の不利にはたらくので、不当廉売型の価格戦略事件における独占禁止法のジレンマである。

5．「情報を利用させないようにする行為」

　NTTEの価格設定は、forward pricingといって、半導体メモリーなどで広く使われている方式である。短期的には原価割れだが、長期間で採算をとるという一定の合理性がある。NTTEはそれを主張していない。forward pricingは不当廉売に対する抗弁にはなるが、排除型私的独占の正当化理由にはならないと考えたのであろうか。

　前述したように、ADSLは技術的には回り道だったといわれる（技術的に劣るADSLが、レガシー・アセットとしていまだに圧倒的なシェアを占め、NTTEがせっかく敷設した光ファイバーの利用が頭打ちになっている——社会的非効率）。NTTEが一刻も早くFTTHを立ち上げようとした技術的決断は、日本がFTTH普及率で世界トップに立てたという結果からみると正しかったのだが、そのことを「公共の利益」として正面から主張してみたかった。

　本件で総務省はほとんどなにもしなかった。行政と市場原理の調整という任務は、当事者である官僚には無理である。日本にも米国連邦通信委員会（Federal Communications Commission）のような独立委員会が必要であろう。

次世代ネットワーク（NGN）[362]

　インターネットは40才になった。パケット送信とインターネット・プロトコルというその基本的アーキテクチャーも永遠のものではない。すでにいろいろな次世代ネットワークや新世代ネットワークが提案されている。これらを、いまの日本の文化の中核といえるポップ・カルチャーのメディアという視点から、インターネット（後述5.6）と比較する。比較の基準は、ネットワークが、インターネットのような開放／分散／発信型か、それともテレビのような閉鎖／集中／受信型かという点である。

　いま欧州と日本で、NGN（Next Generation Network 次世代ネットワーク）が話題になっている。日本では2008年から商用化されている。ちなみに、米国ではほとんど話題にもなっていない。なにに対して「次」世代というのだろうか？　インターネットに対して？　それともp2pに対して？

　ある技術者がこう書いている：「NGNとは、IP技術を用いて電話網を構築し

---

[362] 本章は、2007年11月17日明治大学法科大学院でのJASRAC寄付講座での私の講演録（『ネットワークと諸課題』（明治大学法科大学院、2009年1月）所載）と一部類似の構成をとるが、本書のために大幅に改訂したものである。

5.5. 放送と通信

直すことにより、電話網の安心感や簡便さを保ちつつ、電話やテレビ会議、ストリーミングなど多様なサービスを柔軟に提供できる統合IP網を提供する技術です。回線交換技術を使う電話網が将来廃棄された時、替わって社会インフラとなる通信網を提供します。NGNは、<u>信頼性や安心感の欠如が指摘される現在のインターネット</u>に対する、電話網からの回答です。…現在のIP網ではQoS（quality of service）の保証や通信相手の<u>認証</u>などが十分に行われているとは言い難［いのです］。…エンドユーザー機能では、認証のため、<u>全端末にSIMカード相当の機能をもたせる</u>ことが検討されています。網管理機能は、電話網の管理に使われてきたTMN（Telecommunications Management Networks）の枠組みを利用します。…このアーキテクチャの特徴として、<u>網内に様々な機能を盛り込んだ</u>ことが挙げられます。…ステューピッド・ネットワーク[363]とはしません」。

　どうやら、NGNは、130年まえのGraham Bell 以来連綿として続いてきた通信システムの大改良で、とくにインターネットをリプレースするという意味ではないようである。「次世代」とは、中央交換機を使う旧来の電話網に対する次世代という意味であった。したがって、NGN（＝通信サービス）とインターネット（＝情報サービス）は共存する。ただアクセス網はNTTのほぼ独占なので、インターネットに対して、技術的・経済的に干渉する可能性がある。この問題は、あとで「ネットワークの中立性」のところで考える。

　NGNがめざすものは、インターネットが実現した開放／分散／発信型の通信とは180度ちがう閉鎖／集中／受信型の通信である（関係者は「閉域網（closed network）」と称している）。NGNは、いままで固定電話を主たる利益源としてきた欧日の大手電話会社が火付け役で、米国では政府も業界も冷たいようである。米国では、つねに、インフラより、アプリケーションやサービスが先行する（Web 2.0が好例）。

---

[363] 従来の電話網では、中央交換機がすべての通信制御をおこない、端末には自律的な機能を与えなかった。機器認識や課金などの付加機能も、はじめは中央交換機が、のちには付属のコンピューターがおこなっていたのである。一方、インターネットは、はじめから自律分散型のネットワークとして構想され、ネットワーク側はTCP／IPによる伝送だけをおこなう、いわゆるスチュピッド・ネットワークといわれた。NGNはこの方向に対する在来の電話会社からの総反撃といえる。あとで述べる「ネットワークの中立性」論争とも関係がある。

5．「情報を利用させないようにする行為」

　NGNサービスは、すでに日本と欧州若干国ではじまっている[364]。この状況をみた後発のアジア諸国、とくに中国、韓国、日本の提案で、国際標準の交渉がはじまっている[365]。通信系3大団体のうち、ETSI（EU系）とITU-T（国連系）は、電話の倫理に立ったネットワークをベースとして標準を策定しようとしているが、一方、IETF（米国系）は、あくまでインターネットの倫理に立って、閉鎖／集中／受信型に対しては否定的である[366]。IETFには、分散処理によってユーザーに自由を与える緩やかなネットワーク像が基本にある。

　後述のIPマルチキャストは、通信インフラとしてNGNを予定している。保証品質[367]／高価格／重規制のNGNと、ベストエフォット品質／価格ゼロ[368]／無規制のインターネットが、アプリケーション層で競争することになる。

---

[364] NGN Forum「BTのNGN戦略を聞く(3)」http://wbb.forum.impressrd.jp/NGN

[365] とくに共産党独裁の中国が熱心である。おそらくNGNが絶好の情報管制マシーンであることに気づいたのであろう。その意味では、インターネットに熱心な韓国と、既成メディアの利権保護しか眼中にない日本と、それぞれまったくべつな方向をむいている3者間で合意が成立するかどうか疑問である。結局、携帯電話のときとおなじく、米国と欧州・中国がそれぞれの規格、日本が孤立した状態で独自（NTT）規格ということになるだろう。携帯電話とちがって、NGNサービスはもって歩くわけではないから、国家市場に閉じこもった勝手な規格が通用しやすい。問題は、それによって、文化のかたちがちがってしまうことだ。

[366] 後藤良則「IPTVの標準化動向(2)」http://wbb.forum.impressrd.jp/。米国は機器の供給者としては熱心である。

[367] 「責任品質（QoS）」というのは半端な責任ではない。興味深い判例がある。パソコン通信による名誉毀損でプロバイダーが責任を問われた事件で、内容チェックを全然していなかったCompuServeがdistributorとして無責とされ（*Cubby, Inc. v. CompuServe, Inc.*, 776 F. Supp. 135 (S.D.N.Y 1991)）、内容チェックをしていたProdigyがpublisherとして有責とされた（*Stratton Oakmont, Inc. v. Prodigy Servs. Co.*, N.Y. Misc. LEXIS 229, 23 Media L. Rep. 1794 (N.Y. Sup. Ct. 1995)）。日本人の倫理観にとっては意外な結果であろう。「QoS(責任品質)」を標榜するNGNは、責任を貫徹するため、コンテンツの審査をとことんやることになる（これはホームページ審査の厳しいYahooと、ぜんぜんしていない（と思われる）Googleのちがいでもある）。IPマルチキャストは、検疫ずみの公式サイトだけで占められることになる。もっとも、日本では、インターネットの掲示板で中傷を受けた事業者が、プロバイダー責任法にもとづいて、NTTドコモ（publisherではなく、単なる接続業者）に対して発信者情報の開示を求めていた裁判で、2010年4月8日、最高裁が開示を命じた高裁判決を支持して、ドコモ側の上告を棄却した：「権利侵害が容易で被害が際限なく拡大し、匿名で発信されると被害回復が困難なネットの特徴を踏まえ、加害者の特定を容易にすることが法の趣旨」。「接続業者に情報開示を請求できなければ、法の趣旨が失われる」。ここまでくると、法のいちばん深いところ（法思想）における日米のちがいが衝撃的である。

新世代ネットワーク（「NewGN」）

　閉鎖／集中／受信型のNGNに興味を示さない米国は、次世代（Next Generation）を飛び越して、新世代（New Generation）ネットワーク（「NewGN」）のアーキテクチャーをイメージしたGENI(Global Environment for Network Innovations) イニシアティヴを進めている。これは、インターネットの生みの親だった全米科学財団（NSF）の資金で設立され、コミュニケーション／ネットワーキング／分散システム／サイバーセキュリティ／ネットワーク・サービス／アプリケーションなどの問題についての広範な実験を可能にするプラットフォームで、とくにインターネットとの互換性は要求されていないが、GENIの実験成果をインターネットに取りいれていくこと、または、インターネットと並行して建設されるあたらしい通信インフラストラクチャーを設計することが目的とされており、インターネットをリプレースするものとは捉えられていない[369]。

　官僚や独占企業が方向を決めて、その枠内で研究開発がおこなわれる日本とちがって、米国の国家プロジェクトは、いつも大衆参加の巨大なブレーン・ストーミングなのである[370]。まだ内容的には固まっていないが、これが閉鎖／集中／受信型ではなく、インターネットの基本的アーキテクチャーを発展させ、

---

[368] 「価格ゼロ」というのは、各バックボーン事業者にとって、パケットの送受信数が均衡しているという理想的な場合のことであって、実際には、ネットワーク外部性が働いて格差がでてくるので、バックボーン事業者が集中する米国への支払い超過が、とくに途上国で問題になっている。また、画像情報が増えてバックボーンの設備増強が要求されるにつれて、トランジット料金（したがってISP料金）が最近高騰気味である。ただ、インターネットの料金は、もともと無規制の競争価格だという点で、エッセンシャル・ファシリティズ独占に対する規制料金とはまったくちがう。

[369] http://www.geni.net/overview.html。当初2006年1月の「GENI概念設計プロジェクト実施プランhttp://www.geni.net/GDD/GDD-06-07.pdfは、それ自体が次々と更新されているという流動的な基本構想（したがって以下の認識もsubject to change）だが、そのなかの「研究チャレンジの動機づけ」は、インターネットが社会に与えた驚異的な変革を十分認識しながらも、①インターネットが安全（secure）でない（もともとの基本設計のなかになかった）こと、②無線通信のような新技術に対応していないこと、③十分ユビキタスでないこと、④経済的な障壁（反競争的行為）に無力なこと…などを指摘し、「私たちは、信頼低下、革新の減速などの点で、インターネットの社会的効用における変曲点にさしかかっている」と結論する。

[370] 本間忠良「ABM論争の構造分析」http://www17.ocn.ne.jp/~tadhomma/ABM.htm

5.「情報を利用させないようにする行為」

インターネットの欠点を克服しようとする開放／分散／発信型の（コントロールされたオープン）アーキテクチャーだということがわかる。

　日本でも、2007年4月、研究プロジェクト「AKARI」が、NewGNアーキテクチャーの原理／手法／基本構成／検証のためのテストベッドに対する要求条件等からなる「新世代ネットワーク・アーキテクチャーAKARI 概念設計書」を公表した。さらに、総務省系の研究会が、NGNの5年先と予定されるNewGNについて、2007年8月、「新世代ネットワーク・アーキテクチャーの実現に向けて」という報告書を発表した[371]。

　日本のNewGNは、インターネットの通信品質がベスト・エフォットであることと、セキュリティ機能が弱いことを欠点として捉え、NewGNがこれらの欠点を克服するアーキテクチャーであることを目標にしている。

　QoSをできるだけよくするのはいいとして、セキュリティは両刃のナイフである。「セキュリティ」には、①ウイルス攻撃やスパム・メールなどに対する消費者サイドの安全という意味と、②既成メディアの権益保護や企業の情報囲い込みという供給者サイドの安全という2つの意味があり、Microsoftなどが常々いっている「セキュリティ」とは②の意味だが、そのようなセキュリティを、開放／分散／発信型で実現するのは、理論的に不可能である。AKARI報告書は、②の意味のセキュリティを無視している。ここがNGNとの大きなちがいである。もっとも、機器認証（IDポータビリティ）はやるつもりである。プライバシーは尊重するといいながら、やはり、官庁としては、情報統制に眼が向くのであろう。

IPマルチキャスト

　「放映ずみのテレビ番組がなぜパソコンで見られないの？」というごく単純な疑問からはじまった竹中懇談会[372]は、この質問に対する答として「IPマルチキャスト」というものを提示した。竹中総務大臣（当時）の疑問は、法的・経済的障害はなにかという意味だったのに、懇談会は、法的・経済的には解答なしとみて、技術的障害——つまり、インターネットでは品質保証や機器認証が

---

[371] 総務省「ネットワークアーキテクチャに関する調査研究会報告書——新世代ネットワークアーキテクチャーの実現に向けて」（2007年8月）。
[372] 総務省「通信／放送の在り方に関する懇談会」（2006年6月）。

5.5. 放送と通信

できないという障害——に問題をすりかえて答を返してきたのである。IPマルチキャストのおもな特徴としては、以下の3点がある[373]。

① 閉鎖／集中／受信型[374]ネットワークを使ってコンテンツの配信をおこなう。
② 放送センターからは、IP局内装置に対して全番組が常に配信される。
③ 最寄りのIP局内装置からは、ユーザーが選んだ番組のみが配信される（リクエストにもとづく送信）。

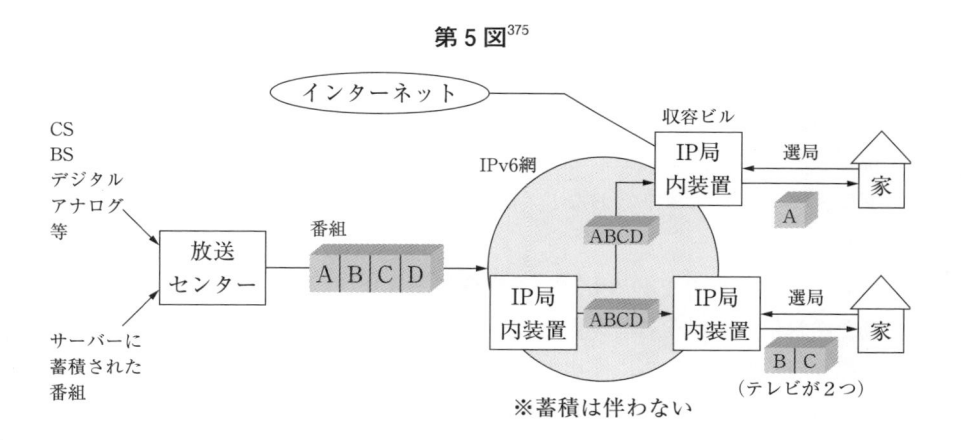

第5図[375]

```
CS
BS
デジタル
アナログ
等              放送          番組         IPv6網        収容ビル
                センター    ABCD                        IP局          選局
                                                      内装置                家
サーバーに                                ABCD          A
蓄積された                              IP局
番組                                    内装置    ABCD    IP局          選局
                                                        内装置                家
                                              ※蓄積は伴わない            B C
                                  インターネット                    (テレビが2つ)
```

　IPマルチキャストは、NGNを予定した閉鎖／集中／受信型ネットワークで、受信機も専用セット・トップ・ボックス（STB）が必要である。同時再送信では、全経路にわたって、蓄積はおこなわれない。ユーザーからの発信は番組内に閉じている。コンテンツも閉鎖的な公式サイトだけである。
　さっそくIPマルチキャストを利用してきたのが、テレビ放送の同時再送信である。これは、2001年電気通信役務利用放送法で可能になった。テレビ放送の

---

[373] 文科省著作権分科会「IPマルチキャスト放送及び罰則／取締り関係報告書」。
[374] 現在ITU-TのFG-IPTVがほぼ合意したIPマルチキャストの標準は、「インタラクティブ性」を要件の1つとしているが、同時に、トラフィックは圧倒的に下りが多く、上りはプログラム・リクエスト程度にとどまるという非対称性も認めているので、本質的に「受信型」といってよい。後藤良則「IPTVの標準化動向（4）」http://wbb.forum.impressrd.jp/
[375] 2006年8月文化審議会著作権分科会著作権分科会（IPマルチキャスト放送及び罰則・取締り関係）報告書。

5.「情報を利用させないようにする行為」

　同時再送信は、一定の技術／資本／倫理基準を満たした電気通信役務利用放送事業者（「同時再送信業者」）が総務省に登録すればだれでもできる。テレビ局のような免許制ではない。現在数社が登録されていて、主としてCS放送の同時再送信をやっている。同時再送信業者は、①放送再送信には放送事業者の許諾が必要、②正当な理由なく業務区域内での役務提供を拒否できない、③放送番組準則を守る——などの義務を負う。

　文化庁は、IPマルチキャストは、単一のマルチキャスト・センターから各地方電話局までは全番組を流し、地方電話局に設置されたIP装置から、視聴者の求めに応じて番組を流すという点で、著作権法にいう自動公衆送信にあたるという解釈である。ケーブル・テレビは受信機まで全番組が流れているという点で「自動」ではないというわけである。すべての著作者と隣接権者が送信可能化権（アップロード禁止権）をもっているから、このままでは、IPマルチキャストは、インターネットとおなじく、なにも——同時再送信も——できないことになる。

　そこで、IPマルチキャストは、著作権法平成18（2006）年改正で、「入力型自動公衆送信」という名前をもらって、実演家とレコード製作者の送信可能化権許諾がなくても、彼らに「相当な額の補償金」を支払うだけで、テレビ放送を同時再送信できる「著作隣接権の制限」を与えられた（著102条3項／5項）。放送事業者の許諾は必要である。また、著作権は制限されていないから、著作権者の許諾も必要である（もっとも、協議不成立の場合、文化庁長官の裁定あり——著作権法68条1項）。「入力型」に限定したのは、アーカイブ番組のVoDなどの「蓄積型」を排除する趣旨である。この結果、いままで補償金支払いなどなかった有線放送事業者にも補償金支払義務ができた（著94条の2）（いずれの場合も、ビルによる受信障害の補償など、無償非営利の場合は補償金不要）。同時再送信は、放送法が定める対象地域内にかぎる。インターネットは、地域制限ができないから、この「著作隣接権の制限」が与えられない。論理が逆転している。

　IPマルチキャストは、2011年の地デジ放送移行にともなう難視聴地域対策という補完的な機能しかなく、アーカイブのVoD送信や自主制作送信については、まだ、インターネットなみの位置づけである。

　ある技術者が書いている：「正規のユーザーが受信したデータを不正に流用

することを防ぐために、IPマルチキャストでは発信時に著作権者の署名としての電子透かしをコンテンツに埋め込んでから送出し、さらに受信時にユーザー情報の電子透かしを埋め込む、これにより不正コピーに対しての心理的抑止や、著作権の主張といったことが可能となった」[376]。この人は、著作権保護のために、通信システムのアーキテクチャーを変えたといっているのである。技術が制度を変えていくのではなく、制度が技術の発展を止めるという――技術者らしくない――逆転した発想である。もしこの人のいうことがすべてだとしたら、IPマルチキャストも、結局、放送局やレコード会社がおちいっているNapster／YouTube被害妄想の産物だったことになる。

NGNは、日本ではまだはじまったばかりのサービスだが、ADSLなどのいわゆるレガシー通信網を使ったIPマルチキャストは、衛星やケーブルがあまり普及していない欧州ではさかんにおこなわれている。ほとんど例外なく、100年の歴史をもつ大手固定電話会社による閉域網で、音声電話、インターネット接続、IPTVの3つのサービスを抱き合わせで売っており、トリプルプレーなどとも称している[377]。抱き合わせだから、他社からの接続を正当な理由なく拒絶したり、接続料金を差別したりすれば独占禁止法違反である。Deutsche Telecomがこの容疑で欧州委員会の調査を受けたことがある。

5.5.3. 競争政策からの視点

(1) 概念の整理

下表は、開放網のインターネットテレビ[378]と閉域網のIPマルチキャスト[379]を対比したものである。

---

[376] 大西・上原ほか　http://wit.jssst.or.jp/2004/WIT2004／WIT2004-onishi.pdf
[377] *The New York Times*, August 29, 2007。
[378] いま、インターネットでテレビ放送を受けるアプリケーション（後述5.6.3）と、テレビ受像機にブラウザーをつけたもの（前述5.2.4）があって、名称の混乱がみられるが、ここでは前者にしぼっている。インターネットのアプリケーションとしてはまだ微々たるものであるが、2010年6月、Googleとソニーが技術提携したことで、にわかに現実味を帯びてきた（10月、米国で発売）。
[379] 閉域網によるコンテンツ配信の総称として、ブロードキャスト／マルチキャスト／ユニキャストの3者をカバーする「IPTV」という言葉がよく使われるが、ここでは、論点を簡明にするため、「IPマルチキャスト」に絞ることにする。

5.「情報を利用させないようにする行為」

第16表　インターネットテレビとIPマルチキャスト

広帯域IP通信網を使ったコンテンツ配信サービス		
一般的呼称	インターネットテレビ	IPマルチキャスト
受信端末	PC	STBつきテレビ
ネットワーク	インターネット（開放網）	→NGN（閉域網）
配信サイト	自由	公式サイトのみ
ユーザー発信	自由	リクエストと番組内のみ
地域制限	なし	あり
画質・帯域	ベストエフォット	保証
機器認証	なし	あり
匿名性	あり	なし
課金	クレジットカードなど	電話料とおなじく100％捕捉
アプリケーション	グリッド・コンピューティング／YouTube／Skype／p2p／ブログ／Google TV	トリプルプレー／ホーム・ネットワーク／IP電話／携帯電話／IPサイマルラジオ／ひかりTV

(2)　閉域網の反創作性

　IPマルチキャストは、地デジ放送の同時再送信だけであれば、コンテンツはテレビ局100％依存で、難視聴地域対策以外の用途はない。技術的には、同時再送信以外のアプリケーション――アーカイブ番組のVoD送信や自主制作送信など――もできるのだが、著作（隣接）権については、いまのところせいぜいケーブル・テレビの地位しか与えられていない。竹中大臣（当時）の疑問も過去のテレビ番組（アーカイブ）のことだった。本来は、既存の放送局とIPマルチキャストのあいだで競争がはじまるはずだが、今のところ、放送局の既存権益に触れないように、慎重な制度設計がなされている。

　このような制度的な制約がなくなったとしても、IPマルチキャストは、ユーザーからの発信が番組内に閉じているという点で、世界に開いたインターネットとは異なる。ユーザーからのグローバルな発信（＝表現）がないことから、これらがただのテレビにすぎず、文明マシーンとしてのインターネットをリプレースするものでないことがあきらかである。

　また、IPマルチキャストは、開放／分散／発信を特徴とするインターネット

5.5. 放送と通信

とはまったくべつの「管理の世界」を構築できるアーキテクチャである。官僚のあいだでは、IPマルチキャストが、憲法21条2項でその秘密が保証されている「通信」なのか、もともと規制の対象である「放送」なのかというような議論が中心で、あたらしい文化——これは、19世紀西欧のような重厚なクラシック・カルチャーではなく、より軽快でしなやかなポップ・カルチャーであろうが——の創生をどうするのかという視点に欠けている。

(3) プライバシー

IPマルチキャスト、というよりNGNの最大の問題点は、プライバシー問題であろう。「機器認証」の問題である。米国では、プライバシーの権利は憲法より上にある権利だといわれている。デモクラシーの基礎には徹底的な個人主義がある。NGNが米国で人気がないのはこれが理由であろう。インターネットには、発信元が突き止められない匿名性という特徴があり、反体制の強力な政治的武器になる。いま米中摩擦になっているGoogle検閲問題の本質がこれである。

IPマルチキャストでは、課金の根拠として、STBごとにすべての視聴履歴が記録される。これらのプライバシー情報がぜんぶ通信会社という私企業の手に握られることになる。もちろん通信会社には守秘義務があるが、完全ということはない。いちど漏れたら回収は不可能である。これ一点をとっても、NGNがインターネットをリプレースするものでないことがあきらかである。

(4) 地域独占

IPマルチキャストによるアーカイブや自主制作番組の配信は、いまの著作権法の制約を乗り越えてなんとか実現できれば、コンテンツの製作と流通が多様化するので、文化の振興という観点から歓迎すべきビジネス・モデルである。しかし、コンテンツ流通の強力な障壁がある。それが地上波テレビ局による地域独占である。

IPマルチキャストは、事業法でも建前上は新規参入フリー（登録制）で、テレビ地上波のような周波数割り当てがないので、理論的には地域フリーでいいはずだが、これではいままでの放送局の地域独占（ローカリズム）が崩れるので、この点の抵抗がとくに強い（「IPサイマルラジオ」後述5.6.3）。いま、ケー

5.「情報を利用させないようにする行為」

ブル・テレビの県外放送問題で、民放とケーブル・テレビ業界がやり合っているが、これは、IPマルチキャスト、さらにはインターネットにまでつながる代理戦争である。

IPマルチキャストは技術的に地域分割（電話局レベル）が容易なので、放送局の要求にかんたんに屈服した。現に、いまのIPマルチキャストで登録している数社（主としてCSの同時再送信）は、放送法にもとづいて、県ごとの地域限定配信を実施しているようである。

地域のビジネスや文化を考慮したローカリズムは、衛星多チャンネルやキー局慣行ですでに崩れつつあるのに、これにいつまでも固執して情報技術の無限の可能性を抑圧しているのは、社会的に大きな損失である。地上波放送の地域免許独占は、周波数割り当てという正当化理由から許されているのだが、周波数の制約のないネット配信で地域独占を強行すれば、独占禁止法違反の可能性がある。

竹中懇談会の最終報告書は、「地上波デジタル放送のIPマルチキャストによる再送信（ここでは「同時」といっていないので、アーカイブの送信もふくむはずである）」と題して、つぎのようにいう：「地上波デジタル放送のIPマルチキャストによる再送信をおこなう際、送信範囲を現行の地上波免許に定められた放送対象地域に限定すべきとの議論があるが、<u>デジタル化・IP化の特徴の1つは、距離や地域の制約を取り払うことにあり</u>、地方局の番組制作力の強化と経営基盤の充実に資する面もあるため、基本的には再送信に地域限定を設けるべきではないと考えられる。しかし、本来この問題は事業者の側で判断すべき事柄であり、行政の側がその判断に積極的に関与することは適当ではない。従って、行政は、基本的には難視聴地域への地上波放送の到達のための補完手段としてのIPマルチキャストは推進すべきだが、それを超える部分については、各放送事業者が自らの判断により、関係者との協議を踏まえて決定すべきである。例えばキー局の番組を再送信した場合の地方局の経営への影響等、現実には様々な問題が生じ得るので、それへの配慮は必要である」[380]。

つまり、IPマルチキャストにおける地域限定は、周波数割り当てという正当化理由がないから望ましくはないが、事業者の問題だから、総務省は口を出さ

---

[380] 総務省「通信・放送の在り方に関する懇談会報告書」平成18（2006）年6月。

ないということである。事業者の問題だということは、独占禁止法の出番だということである。インターネットやIPマルチキャストでの地域限定は、放送局が単独でやれば私的独占で、共同でやればカルテルの可能性がある。

(5) ネットワークの中立性

　前述したインターネットとNGNが共存するという観測は、ならずしも無条件ではない。最近、「ネットワークの中立性」という論争が業界を揺さぶっている。ことの発端は、AT&T、Verizon、Deutsche Telecomなどブロードバンド回線を所有する通信会社が、大量のデータをやりとりするユーザー企業から、現在よりも高い料金を徴収するシステムを構築する――具体的には、ネットワークのスピードを変える「帯域制御（packet shaping）」によってユーザーを差別し、価格交渉力を獲得する――という構想を発表したことである。通信会社側では、こういうヘビー・ユーザーが一般顧客のアクセス速度を低下させる原因になっていると主張している。

　これに対して、Google／eBay／Yahooなどのインターネット事業者は、ネットワーク上でのトラフィックの流れを決定する権利が通信会社に与えられると、通信会社がインターネットの「キング・メーカー」になって、恣意的な帯域制御で、ネットワーク世界での勝者と敗者を決定するようになるとして、通信会社のこのような行為を禁止する立法を求めている（電話の場合は、1966年通信法がこの趣旨の規定をもっている）。

　Googleは、ロビィングと並行して、太平洋海底ケーブルを自前で敷設する計画を発表したりして、通信会社を牽制していた[381]が、2010年8月、通信大手のVerizonと合意に達し、「ネットワークの中立性」原則を確認、FCCの統制を受け入れる内容の共同政策提言を発表した[382]（例外として、携帯電話、遠隔診療、高度教育、新種のゲームやエンターテインメント――たとえばメトロポリタン・オペラの3D動画――などがあげられており、この点に対する批判がつよい[383]）。先年、ケーブル最大手のComcastが、BitTorrentによるp2p送信を遮

---

[381] *The New York Times*, September 21, 2007。
[382] http://policyblog.verizon.com/BlogPost/742/JointPolicyProposalforanOpenInternet.aspx
[383] *The New York Times*, August 9, 2010。

5.「情報を利用させないようにする行為」

断したとして、消費者グループがFCCに提訴している[384]。

　この問題は、一見業界間の綱引きにすぎないようだが、ほんとうはもっと構造的な問題である。これから、IPマルチキャストによるテレビの同時再送信やコンテンツの画質保証が増えていくと、帯域制御が恒常化して、インターネットがどんどん圧迫されていくことになるからである。全体としての伝送インフラ（光ファイバー）が増えればいいのだが、通信会社にとっては、そのインセンティヴがない。2007年11月、NTTが光ファイバーの敷設目標を3,000万世帯から2,000万世帯へ下げた。また、かりに増やしたとしても、やはり帯域保証や画質保証をしているIPマルチキャストのほうに優先配分する可能性がある。

　下表は、有名なOSI（Open Systems Interconnection）の基本参照モデルで、異機種間のデータ通信を実現するためのネットワーク・アーキテクチャーを規定している。ここで重要なことは、各層が技術的にまったく独立で、たとえば、アプリケーション層に属する電子メールのソフトウエアは、どんなケーブルを使うかという物理層の変更や、どんな通信手段を使うかというデータリンク層のプロトコルに影響を受けない。だから、各層に対応するサービスを垂直統合する技術的な必然性はまったくないのである。

第17表　OSIの7階層

	OSIの7階層	ネットワーク
1	アプリケーション	具体的な通信サービス。例：FTP／SMTP
2	プレゼンテーション	データの表現方法。例：Syntax（ASCII）
3	セッション	通信開始から終了までの手順。例：RPC／Net BIOS
4	トランスポート	ネットワークの通信管理（エラー訂正、再送制御等）例：TCP／UDP

---

[384] *The New York Times*, November 2, 2007。2010年4月6日、ワシントンDC巡回裁が、連邦通信委員会（FCC）にこのような問題を統制する権限がないとする判決を下した。判決は純粋にFCC法の文理解釈に徹しており、「ネットワークの中立性」の是非については触れていない。判決に対する一般の反応は、行政による統制強化を阻んだという賛成論と、大手通信会社がインターネットのトラフィックを支配することになるという反対論に割れている。*The New York Times*, April 6, 2010。やはり、制度設計としては、行政による統制より、独占禁止法による事後的な審査のほうが優れていよう。

5	ネットワーク	ネットワークにおける通信経路の選択（ルーティング）。例：IP
6	データリンク	隣接的に接続されている通信機器間の信号の受け渡し。例：Ethernet
7	物理	銅線／光ファイバ間の電気信号の変換等。例：加入者線

　ネットワークは、それ自体、単なるキャリアーなので、キャリーされる貨物とは、技術的に、したがって経済的にまったく独立である。このことを「ネットワークの中立性」といって、100年以上にわたって通信産業の基本構造とされてきた。

　総務省の懇談会[385]は、いままでの「ネットワークの中立性」という技術的概念の上に、「公平性」という政治的概念をオーバーレイして（いわば第ゼロ層「政治層」を作って）、こまかいガイドラインで規制しようとしている。しかし、「公平性」という基準は必然的に恣意的になるし、そもそもガイドラインというのが原因を問わない対症療法で、帯域制御を原則合法として、一定の場合だけ禁止するという本末転倒になりやすいので、技術や経済の変化によっては、なにもしないより悪い結果をもたらす可能性がある。通信会社をキング・メーカーの皇帝にして、官僚をその上の法王の地位につける構想である。

　日本の場合は、独占禁止法という一般法による事後規制が正解である。通信回線のような不可欠施設（essential facilities）の所有者が、利用者に対して差別（帯域制御）をすれば、独占禁止法19条違反の不公正な取引方法、状況次第では3条前段違反の私的独占にもなる可能性がある。

　かつて、米国で、大陸横断鉄道が1本しかなかったとき、小麦を東部へ送るカリフォルニアの農民から、負担限度額いっぱいの高い運賃を取ったことがある。不可欠施設のキャリアーが、生産者と消費者を人質にして、身代金を取っていたのである[386]。この事件がシャーマン法制定のきっかけになった。

　通信会社の帯域制御構想は、古典的な差別で、独占企業がおこなえば、独占禁止法違反である。万一、NTTが、自分のNGNに乗っているIPマルチキャス

---

[385] 総務省「ネットワークの中立性に関する懇談会報告書」平成19（2007）年9月。
[386] *U.S. v. Trans Missouri Freight Assn.*, 166 U.S. 290 (1897). Also, Frank Morris. *The Octopus*, 1901, Project Gutenberg. http://www.gutenberg.org/

5．「情報を利用させないようにする行為」

トを優遇して、ライバルのインターネットテレビを差別するようなことがあったら、排除型の私的独占になる可能性がある。

(6)　情報管制

　総務省系の「通信・放送の総合的な法体系に関する研究会」が、2007年6月「中間取りまとめ」を、12月「最終報告書」を発表した。インターネットがコンテンツ配信機能を充実させて、テレビの機能と重なりはじめている現在、いままでの、テレビが放送法、インターネットが通信法という縦割り法制では規制がむずかしくなってきているという基本的認識から、この縦割りをやめて、情報通信法（仮称）という新法を作り、下のようなレイヤー別規制に転換しようという構想である。

第18表　通信・放送のレイヤー別規制構想

レイヤー			例	規　　制
コンテンツ	メディアサービス	特別メディアサービス	地上波テレビ放送	寡占。成熟した規律体系である放送法制を基本として、マス・メディア集中排除原則をふくめ、現在の放送のコンテンツ規律を原則維持。
		一般メディアサービス	CS放送	マス・メディア集中排除原則をふくめ、規制を緩和。番組編集準則…や広告識別など適正内容の確保に関する規律を適用。
			IPマルチキャスト	オープンメディアコンテンツに近い規律。
	オープンメディアコンテンツ		ホームページ／ブログ／ツイッター／商業サイト	表現の自由の保障を最大限確保することとしたうえで、表現の自由と公共の福祉を調整する規律として、違法コンテンツの最低限の流通対策を講ずるとともに、有害コンテンツについても規律の可能性（フィルタリングなど）について検討。
プラットフォーム			WMP／NGN／DRM	寡占。オープン性確保。現時点では独立した規制立法の必要性は大きくない。
伝送インフラ			電気通信・放送施設	公正競争。

　ここで本節のテーマに関係があるのは、IPマルチキャストをふくむとみられる一般メディアサービスと、メール以外のほとんどのインターネット・アプリ

5.5. 放送と通信

ケーションをふくむとみられるオープンメディアコンテンツである。

「中間取りまとめ」では、放送のように電波周波数の割り当てという技術的な強制力のまったくないIPマルチキャストにまで、放送に準じる直接規制をおよぼそうという野心がみられたが、パブコメの反対で「最終報告書」の線まで後退した。

問題なのはオープンメディアコンテンツ(「中間取りまとめ」では「公然通信」と呼んでいた)である。いままで規制ゼロだったインターネットに、違法(有害)サイトの規制をかぶせようというのである。研究会の委員のなかには憲法学者もいるので、憲法21条(1項で「表現の自由」、2項で「検閲の禁止」と「通信の秘密」を保障)は承知しており、「違法」はもちろん「有害」もある程度は規制可能とみている。ただ、それはあくまで法の正当手続による司法判断によるべきで、官僚が小手先で執行する省庁の政策などになじむものではない。下線部は「中間取りまとめ」に対する私のコメントだったが、「最終報告書」は、これをとりいれて、「情報通信法という包括的な法制においては、違法な情報に対する国による包括的かつ直接的な規制は当面差し控え…、行政機関が直接関与しない形での対応を促進する枠組みを整備する」と後退している。

オープンメディアコンテンツについては、米国はまったく規制するつもりがない。しかし、「最終報告書」は、「特に通信・放送法制は経済規律的側面のみならず社会規律的側面を有し、後者については各国の歴史的・文化的背景も考慮する必要がある」と伏線を張っているので、日本のがいちばん厳しくなる——送信可能化権のように——可能性がある。

革命には破壊がつきものである。情報革命もおなじである。いまのポップ・アートのなかには、20世紀的・小市民的モラルを破壊する傾向のものがある。いまインターネットで流れているアダルトやバイオレンスは、なかにはほんとうに有害なものもあるだろうが、過剰規制は、インターネットがせっかく点火した21世紀ルネッサンスを窒息させてしまうおそれがある。

本書のテーマは独占禁止法なので、プライバシーや文化問題まで論じるのは越権行為のようだが、そうではない。究極の競争政策とは、公私にわたる規制撤廃(自由の実現)である。競争原理には、もともとかなりアナーキィなところがある。インターネットのもっている無限の可能性を自由に展開させて、なにがでてくるかみてやろうじゃないかという、米国政治に内在するアナーキズ

5.「情報を利用させないようにする行為」

ムが、いろいろな矛盾や痛みを抱えながらも、大きなスケールの文化を生みだしてゆく。

5.6. インターネット

5.6.1. p2p 問題

<u>MyMP3 事件</u>
　2000年はじめ、情報革命の未来を占うかのような一連の事件があわただしく起こった。ポピュラー・ミュージックのウエブ・サイトを開いているMP3.comが開始したサービスMyMP3は、ユーザーが、自分のデジタル音源をサーバーにアップロードし、保存することを可能にする。音源は、当面はCDだが、独立系アーティストによるオリジナル音源もある（レコード会社と契約していない独立のミュージシャン約15万人による約97万曲を保有）[387]。デジタル音源処理は、スタンド・アローン・レベルでは、すでにリアル・ネットワークス（Real Networks）やミュージックマッチ（MusicMatch）がジュークボックス・ソフトウエアを販売していたが、MyMP3はこれをインターネットにのせた点で一歩法律問題に踏みこんだ。

　保存した音楽を再生するためにはパスワードが必要だが、複数のユーザーがパスワードを公開することで音楽そのものを共有することができる。再生といってもHDDにダウンロードはできない——しかし、それができるリッパー・ソフトはいくらもある。たとえばリアル・ネットワークスから著作権侵害で訴えられているストリームボックス（StreamBox）など。サービスは当面は無料（広告収入だけ）だが、いずれ有料の会員制にする予定だった。

　ユーザーが自分のCDをドライブにかけると、そのタイトルがMyMP3の音源データベース（現在すでに8万タイトル）にある場合は、それが自動的にサーバー中の彼のアカウントに書きこまれる。CDをMyMP3提携店で買った場合も、そのデジタル・コピーが彼のアカウントで再生可能になる。自分のCDを

---

[387] *Silicon Alley Reporter*, May 22, 2001。

5.6. インターネット

オンラインから再生する理由は、携帯端末などでCDをもって歩かなくてすむということである。ユーザー間のパスワード共有はMyMP3が奨励しているわけではなく、むしろおなじアカウントを複数のユーザーが同時使用すれば一方が待機させられるようになっている。

1月末、レコード会社10社が、全米レコード産業協会（RIAA）を通して、MP3.comを提訴（差止と60億ドルの損害賠償請求。ニューヨーク州連邦地裁）。RIAAは、MP3.comが、ユーザーのアップロードした音源を、著作権者に無断でデータベース中に複製していると主張。MP3.comは、「ユーザーの公正利用権をサイバー・スペースにまで延長しているだけだ。音楽カルテルは新技術圧殺の長い歴史をもっている」などと反発。ある弁護士は、「このサービスは、町のコピー・ショップで、顧客自身ではなくて、店の人がかわりに本をコピーしてくれるサービスとおなじだ」といっている。

4月、ニューヨーク連邦地裁は、MP3.comが、大量のオンライン音楽データベースを商業目的で編集することによって、著作権を侵害しているというsummary judgment（当事者間に争いのない事実についての中間部分判決）を発した。MP3.comは抗告しつつ、かなりの大金（数千万ドル）を払って和解工作中のところ、9月、地裁は、MP3.comが著作権を故意に侵害していると判決、MP3.comに対して、未和解のユニバーサル（Universal）に1タイトルあたり25,000ドルの賠償を払うよう命じた（総額数億ドルにおよぶもよう）[388]。問題は、MyMP3サービスでは、実際にユーザーがCD音源を圧縮してアップロードするのではなく、MP3.comが8万枚のCDをあらかじめ買って、自分のサーバー上にデータベースを作成していた事実にある。ユーザーが自分のCDをドライブにセットすると、MyMP3はそのシーリアル番号を読みとって、データベースにある同タイトルの再生権を与える。また、オンラインでCDを買ったユーザーに、CDがまだ届かないのに再生権を与えている。

11月、MP3.comは最後まで残っていたユニバーサル・ミュージックに5,340万ドル（損害賠償と訴訟費用に相当）支払う「裁定」に同意した。ちなみに他の原告（EMI、ソニー、ワーナー、BMG）とは各2,000万ドル（推定）で和解

---

[388] *UMG Recordings, Inc. et al. v. MP3.com, Inc*, 92 F. Supp. 2d 349 (D.S.N.Y. 2000).

5.「情報を利用させないようにする行為」

している（最恵約款つき――これを顧慮してMP3.com自身が和解ではなく裁定といっているのであろう）。これで5大レーベルからの訴訟はすべて決着、MyMP3はレコード会社からのライセンスによる有料サイトに変身した（gone legit――"legit"はlegitimate（合法的）の蔑称）。2001年5月、ユニバーサルの親会社ビベンディ（Vivendi）が、MP3.comの技術とカスタマー・ベースを評価して、同社を3億7,200万ドルで買収すると発表。

Napster事件

こうしている間の2000年2月、もう1つの事件が起こった。Napster(ナップスター)は、カレッジ・ドロップアウトのShawn Fanning(ショーン・ファニング)が前年からはじめたインターネット・オンライン・サービスだが、これが学生たちのあいだで大人気となり、ニューヨーク大やカリフォルニア大バークレー校では（著作権問題のためではなく）大学の回線が麻痺するのをおそれて、これの学内使用を禁止したほどである。RIAAとレコード各社がNapsterを訴えた（差止と損害賠償。サンフランシスコ連邦地裁）。

Napsterシステムは本質的にはサーチ・エンジンとファイル・シェアリングの組み合わせである。これは、ユーザーがNapsterソフト（無料）を起動して、自分がほしい音楽のタイトルを入力すると、Napsterを起動している他のパソコンをサーチして、目的の音楽（無料のripperソフトでMP3フォーマットに圧縮したもの）を発見してリストアップする。ユーザーがそれをダウンロードする。Napsterは、MyMP3とちがって、自分のサーバー上に音楽ファイルをもたない。複数のユーザーが情報を共有するというだけのシステムである。Napsterのサーバーは、巨大なインデックスを不断にアップデートしているだけである。Napsterは全盛期でもまったく金を稼いでいなかったが、その膨大な顧客ログ（1人1人の音楽の好みまで分かる）に広告業界や当のレコード業界からの熱い視線が注がれていた。Napsterでは、それまでほとんど不可能だった古いマイナーな曲の再発見が容易だった。Napsterの本質は、それがレコード会社の所有するコンテンツを盗むとか盗まないかという話ではなく、それが可能にするコンテンツのひろがりにある。Napsterで交換されるコンテンツの大部分が、レコード会社ではもう売っていない曲である[389]。

RIAAは、ユーザーが、①海賊版CDをアップロードしているか、②公正利

5.6. インターネット

用を超えているかのどちらかであり、それを助けるNapsterが寄与侵害者だという立場である（米国には日本のような送信可能化権はない）。しかし、音楽産業のなかには、法廷では決着がつかない文化的な戦いが起こっているという見方もある：「いまのティーン・エイジャーが、音楽はほんらい無料だという認識で育っていったら、著作権はいずれ行使不能になるだろう」。カリフォルニア大バークレー校のパメラ・サミュエルソン（Pamela Samuelson）教授はいう：「お客に逃げられる最良の方法は、お客を泥棒呼ばわりすることだ」[390]。

　5月、サンフランシスコ連邦地裁は、Napsterの主要4抗弁のうち、①Napsterが情報の単なる導通管にすぎず、連邦法で免責されている通信会社とおなじだという抗弁（conduit理論）を却下するとともに、②Napsterが海賊版使用者を除名していたからそれ以上の責任はないという抗弁を、別アカウントで再加入するのを防止しなかったし、アドレスを記録しなかったという理由で却下した（Napsterは以前はアドレスを記録していたのだが、botによるデータ流出をおそれてやめていたのである）。もっとも、残る③サーチ・エンジン抗弁（通信会社と同様の免責）と、④合法利用者抗弁（ユーザーは海賊ばかりではない）についてはべつに決定される。

　8月、地裁はRIAAの仮処分申立て（Napsterサービスの即時停止）を認めたが、巡回裁がこれをくつがえしたため、この余裕を利用して、ユーザーが一気に音楽交換に走った。翌2002年2月、巡回裁が地裁仮処分を一部修正して容認[391]、3月、地裁はレコード会社が指定した曲目の停止を命令[392]、さらに7月、停止が不徹底として、交換サービスの全面停止を命令したが、Napsterが抗告、第9巡回裁は、巡回裁による本案判決まで、地裁命令を暫定的に撤回した。11月、NapsterはRoxio（ロキシオ）に買収され、有料の音楽配信サイトに変身し

---

[389] Lawrence Lessig, *The Future of Ideas—The Fate of the Commons in a Connected World*（Random House, N.Y. 2001），131。スタンフォード大のレッシグ教授（憲法学）は、インターネット時代の初期においてinnovation（新結合）の原動力になった知的共有地（intellectual commons）が、いまや、インターネットの商業化とともに、技術面ではアーキテクチャー（レッシグ教授はCODEと呼んでいる）の改変によって、また法律面では著作権の膨張によって、私益のために囲い込まれつつあることを指摘する。

[390] *The New York Times*, March 7, 2000。

[391] *A&M Records, et.al v. Napster, Inc*, 239 F.3d 1004（9th Cir. 2001）。

[392] *A&M Records, et.al v. Napster, Inc*, 2001 U.S. Dist. LEXIS 2186（N.D.Ca. 2001）。

5．「情報を利用させないようにする行為」

た（gone legit）。

Grokster事件[393]

　被告Grokster（グロックスター）は、いわゆる第2世代のファイル・シェアリング・ソフトウエアを、インターネット経由、ユーザーに無料ダウンロードさせている。これによって、Groksterシステムをインストールしているユーザー同士が、直接（peer-to-peer（p2p））、音楽や映像をふくむデジタル・ファイルを共有できる。原告MGM等は、Groksterが、ユーザーによる著作権侵害を意図的に幇助しているとして、差止と天文学的な金額の損害賠償を請求して提訴。

　地裁は、第1世代のNapsterとの技術的な差異を認め、「被告は、ユーザーによる個々の著作権侵害を止めるのに必要な知識をもっていない」と結論した。技術的な差異とは、Napsterがファイル検索のための中央サーバーをもっていたのに対して、Groksterは、接続している無数のコンピューターのなかからリソースに余裕のあるコンピューターをみつけだし、それを一時的にスーパー・ノードとして使ってファイル検索をするという、p2pの本質により近いシステムだったという点にある。地裁は、1984年のいわゆるBetamax事件最判にしたがって、Groksterが、ビデオ・カセット・レコーダーのメーカーとなんら異なるところはないと判断したのである。地裁のsummary judgmentを第9巡回裁が容認。

　最高裁は第9巡回裁判決を破棄、差し戻した（全員一致）：「被告ソフトは、音楽および映像の<u>ダウンロードによる</u>著作権侵害を促進するという主（排他的とはいわないまでも）目的で頒布されているので、被告が寄与侵害（著作権法に明文はないがコモンローの判例原則）で有責である可能性がある。被告は、ユーザーに対して、被告ソフトが作品を複製できる能力を明示で伝達し、著作権侵害で裁判中の同様サービス（Napster）の元ユーザーを標的にする意図をあきらかにしていた。さらに、被告は、侵害行為を軽減するフィルタリング・ツールを開発する努力をしなかったし、その広告利益はあきらかに侵害行為の多さにかかっていた。巡回裁はSony判決を誤読している。Sony判決はタイム・

---

[393] *Metro-Goldwin-Mayer Studios, et al. v. Grokster, et al.*, 545 U.S. 913 (June 2005) ／ *MGM v. Grokster (StreamCast)*, 2006 U.S. Dist. LEXIS 73714 (D.C.Ca. 2006).

シフトという合法行為を主目的としていた。問題は、いかなる状況下において、合法、非合法両方の用途をもつ製品の頒布者が、同製品を使った第三者による著作権侵害行為に対して有責かということである。最高裁は、<u>明瞭な表現やその他侵害を促進するためとられた積極的行為によって示されるような、著作権侵害用途を促進する目的で製品を頒布する者</u>は、第三者による結果的な侵害行為に対して有責であると考える」。

　本最判は一見p2p側の完敗のようにもみえる（RIAAはそう宣伝している）が、じつはそうではない。コンピューター業界がいちばん心配していたのは、Betamax判決が修正されることだったが、それはなかった。Grоksterが、Napsterの会員を引き継ぐと豪語していたことが悪意の証拠とみなされて、著作権の寄与侵害とされただけで、p2pファイル共有システムが否定されたわけではなく、権利侵害に対する機器やシステムの中立性は健在である。これでいちばん安心したのが、これからコンピューター・アプリケーションの主流になるクラウド・コンピューティングであろう。クラウド・コンピューティングこそ、アプリケーションやユーザーの意図とはまったく中立な、巨大なファイル・シェアリング・システムだからである。

Sony Betamax事件[394]

　有名な判決だが、Grokster事件との関連で、あらためて要約しておこう。テレビで放映される映画の著作権者Universal（ユニバーサル）は、視聴者がSony製レコーダーを用いてUniversalの著作物を複製するので、Sonyも視聴者による著作権侵害に対して有責だと主張。地裁は、かかる複製は公正利用だから著作権侵害ではなく、またかりに著作権侵害だとしても、Sonyの行為は寄与侵害にあたらない（Sonyは、視聴者による著作権侵害の可能性を認識はしていたものの、無許諾の著作物録画は著作権侵害になる可能性があるむねを表示していた）し、さらに、レコーダーは、テレビ番組に対するアクセスを増加させることによって、憲法第1修正（言論と表現の自由）に資するなどとしてSonyを勝たせた。

　巡回裁は、この種の大量複製は公正利用にあたらないし、レコーダーは複製

---

[394] *Sony Corp. of America, et al v. Universal City Studios, Inc. et al*, 464 U.S. 417 （1984）．

5．「情報を利用させないようにする行為」

専用機だから寄与侵害の要件を満たすなどとして地裁判決をくつがえした。最高裁は、巡回裁判決をふたたびくつがえし、地裁判決を支持してSonyを勝たせた（5対4）：「もしある機器が合法的かつ非難できない用法にひろく用いられている場合は、その機器の販売を寄与侵害とすることはできない。非商業的使用の場合、それが著作物の潜在的市場を害するから公正利用にあたらないという主張の立証責任は主張者にある。Sonyは、無料のテレビ放映用にライセンスを付与している著作権者の多くが、個人視聴者によるタイム・シフティング（あとで視聴するために放映を録画すること）に反対していない可能性が高いことを立証した［原被告ともかなりの規模の市場調査を実施している］。無許諾の家庭内タイム・シフティングは公正利用である。レコーダーは、だから、実質的な非侵害用途に使える製品であり、Sonyによるレコーダーの販売は著作権の寄与侵害を構成しない」。

日本における「カラオケ法理」の射程

「ファイルローグ事件」[395]では、ソフトウエア・メーカー兼ディレクトリー・サーバー・サービスの供与者による営利目的の管理行為が、単独で送信可能化権（アップロード禁止権）侵害とされた（ユーザーによる送信可能化行為は問擬されていない）。ファイルローグの会員数は4万人であった（Napsterは6,000万人）。この判決は「キャッツアイ事件」[396]最判の類推なのだが、時間的・空間的に閉じたカラオケ店と、世界に開かれたインターネットが区別できていないのである。「WINNY事件」では、p2pソフトをネットで頒布した者が、地裁で送信可能化権侵害の有罪判決を受けた（控訴審で無罪）。

5.6.2．インターネットのアーキテクチャー

インターネットは、誕生から40年以上たって、あまりに日常的な存在になってしまったため、とくに若い人たちにとっては、これが歴史の産物であることが忘れられているきらいがある。歴史のなかに生きている人間にとっては、歴

---

[395] 東京高判平成17年3月31日。
[396] 最判昭和63年3月15日「カラオケ・クラブにおける客の歌唱（これは著作権法38条1項で非侵害）を営利目的で管理／幇助／教唆する行為は、単独で演奏権侵害」。

5.6. インターネット

史の全体像をみることが困難である。40年後に振り返ってはじめて分かることもある。あたらしい視点から、インターネットを考えてみよう。

インターネットは1969年のARPANETが原型である。これの開放／分散／発信型[397]というアーキテクチャーは、はじめは災害や戦争を顧慮したものだったが、これがたまたま当時の米国人（とくに若い人たち）の個人主義的・アナーキスト的傾向にぴったり一致して、いま文明システムといわれるまでに発展したものである。ARPANETは、軍部から大学に移管されたとき、当時のヒッピー文化の影響をもろに受けた[398]。

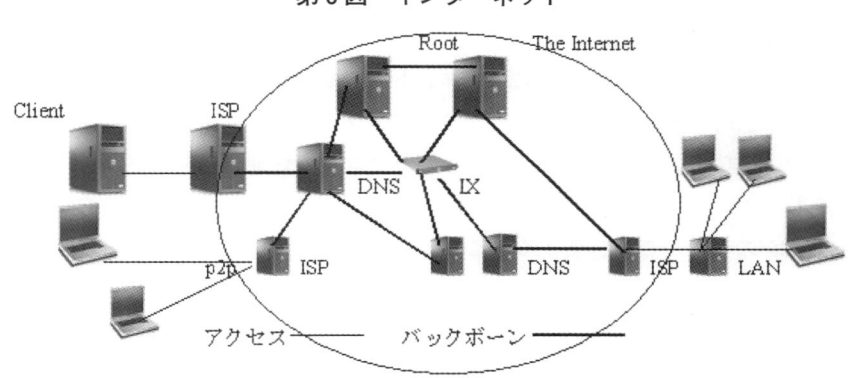

第6図　インターネット

---

[397] インターネットの特徴として従来よくいわれていた「自律／分散／協調」（たとえば2007年9月の総務省「ネットワークの中立性に関する懇談会報告書」11）は、アーキテクチャーの設計者側からの視点である。これにに代えて、私が「開放／分散／発信」というのは、ユーザー側からの視点である。1969年以来、軍と大学のなかだけで使われていたARPANETは、1990年代はじめ、商用許可とWorld Wide Webの採用によって、主としてe-コマース用として爆発的に普及し、2001年のネット・バブル崩壊を乗り越えて、いわゆるWeb 2.0として第2の黄金時代を迎えている。Web 2.0の最大の特徴が、ユーザーからの「発信」である。ユーザーからの発信で成り立っているすべてのブログ、ツイッター、YouTube、Wikipediaはもちろんだが、Googleもユーザーの発信数を基礎としてランクづけされたデータベースだし、米国のAmazonではカスタマー・レビューの発信数が人気のバロメーターになっている。先進国で唯一送信可能化権を有する日本では、ユーザーからの発信が心理的／倫理的に萎縮させられている。文化庁は、2010年、前代未聞のダウンロード禁止権を創設したが、公正利用一般条項のない日本では、インターネットによる創作の意欲をますます凍結させることになろう。

[398] 土屋大洋「セルフ・ガバナンスの意義と変容」、林／池田編『ブロードバンド時代の制度設計』（東洋経済新報社、2002年）187。

5．「情報を利用させないようにする行為」

　インターネットは、世界中に分散配置された13基のルート・サーバー群を最上層として、その下にDNSサーバー（URLとIPアドレスを変換するサーバー）のネットワークを配置し、それぞれのあいだも直接（private peering）またはIX(Internet Exchange)経由で接続するするという広域分散システムで、ソ連からの核攻撃があっても、すくなくともその一部が（ということは機能的には全体が）生き残れることを狙った、恐怖の均衡の時代の産物である。災害などで電話が止まっても、インターネットが機能しているのはこの分散構造のせいである。インターネットでは、すべてのサーバーが多重冗長構造で接続している。中核になるルート・サーバーは、理論的には世界に1基あればいいのだが、冗長性確保のため13基ある。ただ、2002年と2007年、ルート・サーバーに大規模なハッカー攻撃（クエリー・バースト）がかけられ、部分的に機能麻痺におちいったことがあり、現代的なソフトによる攻撃には弱いといわれる。

　1969年当時はパソコンがなかったので、ARPANETは、大学のメインフレーム間の、いまでいうp2pであった。いまのパソコンの性能は当時のメインフレームをしのぐから、究極のネットワークの姿はやはりp2pであろう。グローバルな検索システムがこれを支える。これは、その後の米国の、とくに若い人たちのサブカルチャーにおける一般的なアナーキズム・多様化傾向と方向が一致する。インターネットは歴史の産物だったのである。

5.6.3．動画コンテンツ配信

　ここでは、とくに、「動画コンテンツ配信」媒体としてのインターネットを考える。「動画コンテンツ配信」には、いまのところつぎの4種類がある。
① 「テレビ放送の同時再送信」は、前述のIPマルチキャストとの関連で一時話題になったが、これは地上波テレビ放送の難視聴対策という以外、何の社会的役割もなく、官庁間の縄張り争いが新聞種になっただけである。
② 「劇場用映画のVoD」は、あたらしい重要なコンテンツ・サービスだが、劇場用映画の著作権は映画製作者に帰属する（著作権法29条1項）ので法的には問題がないし、経済的にも権利者と配信事業者の相対取引なので、競争さえ確保されていれば、なにも問題がない。じっさい、活発におこなわれている。

5.6. インターネット

③ 「過去のテレビ番組（アーカイブ）のVoD」が問題である。毎日放送されるテレビ番組は、映像コンテンツの宝庫だが、これのいわゆる二次利用が、日本では、著作権問題も原因となって、産業として離陸できないでいる。コンテンツの一次利用で利益を上げるビジネス・モデルに慣れたテレビ局には、このボトルネックを打破するインセンティヴがない。まさに市場の失敗で、政府の役割がいちばん期待されるところであるが、これが八方手詰まりで動けなくなっている。

④ 「自主制作コンテンツの送信可能化」は、インターネットのユーザーからの発信によって供給されるコンテンツConsumer-Generated Contents（CGC）をふくみ、今後最も期待される分野だが、日本では、先進世界に類のない送信可能化権で萎縮させられている。

米国では、ICT産業（コンピューター・メーカー／通信サービス／ISP／e-コマース）が、デジタル・コンテンツ配信こそが次世代の鍵とみて試行錯誤している。AppleのiTunesは、コンテンツ配信業者（たとえばCBS）からパソコンやiPodにとりこんだ動画をテレビに接続して視聴できる（CMなしダウンロード1番組2ドル）。AmazonやAOLやWal-Martもやっている。いずれも開放／分散／発信型のインターネットをメディアとして使っている。コンピューター・メーカーは、テレビをパソコンのモニターにすぎないとみている[399]。

米国では、テレビ局もはげしい競争下にあり、動画配信も熱心にやっている。すべてアーカイブのVoDである。たとえば2007年4月、ABCが一部番組のインターネット無料配信をはじめた（CM入り）。Time Warnerも一部番組ではじめている。CBSも当日および過去のニュース番組をインターネットで配信している（CM入り）[400]。NBCはiTunesへの配信料金をめぐってAppleと激しくやりあう一方、NBCDirectと称して、無料でインターネットからパソコンにダウンロード（CM入り）できるサービスをはじめた[401]。NBC-Fox合弁のHuluは、好きなクリップを切り取り、編集して友人に送信できる（CM入り）[402]。米国には送信可能化権がないからブログもできる[403]。

---

[399] 日経2007年6月14日。
[400] http://www.cbsnews.com/sections/i_video/main500251.shtml?channel=eveningnews
[401] *The New York Times*, September 19, 2007.
[402] *The New York Times*, October 29, 2007.

5．「情報を利用させないようにする行為」

　英国では、2007年7月、BBCが、前週放映された番組の60-70%におよぶ400時間分のアーカイブから、視聴者が選んだ番組（人気ショーをふくむ）を無料（法的義務であるTV視聴料は別だが、NHKが考えているような視聴料のDRM化[404]はしていない）でインターネット経由パソコンにダウンロードできるサービス（iPlayer）をはじめた。DVDなどの固定媒体へのコピーは禁止されており、視聴後またはダウンロード後30日で自動的に消去される[405]。英国アドレスのパソコンに限定されている[406]。視聴料と補助金で運営している公共放送だからであろう。

　フランスでは、2006年4月、国立視聴覚研究所[407]（INA──世界最初の視聴覚コンテンツ・アーカイブで、一定の番組の「納本」を義務づけている）が、10万本にもおよぶテレビ番組のアーカイブをインターネットで公開するサービスをはじめた。番組数の80％は無料、映画などは有料である。BBCのような地理的制限はなく[408]、外国からのアクセスも可能である。インフラはまだADSLで、ケーブルも衛星も普及していない。テレビ局とインターネット配信事業者の力関係にまかせるのではなく、国が政策としてコンテンツの保存と公開を義務づけている。インターネットを、西欧が世界に誇る文明のメディアと位置づけている。

　日本では、2010年3月、在京在阪民放数社によるipv4ユニキャスト（サイマルキャスト）による「IPサイマルラジオ[409]」サービスがはじまったが、放送エリアを各社の配信地域に自主規制している[410]。

---

[403] この項の情報はすべて、2007年当時、私が実見したものだが、その後もめまぐるしく変化を続けている。この変化のスピード─試行錯誤─こそが、米国コンテンツ産業のダイナミズムであり、日本に欠けているものである。
[404] 日経2007年8月7日。
[405] *The New York Times*, July 27, 2007.
[406] Geo-IP TechnologyとかGeolocationなどと呼ばれる技術で、IPアドレスから直接（国名とISP名）またはデータベース推計的に（地方、都市、企業名など）、ユーザーの所在地を判別して配信を停止する。情報市場の地理的分割や検閲に悪用されるおそれがある。「グーテンベルク以来の自由のための技術」（Ithiel de Sola Pool, *Technologies of Freedom*, The Belknap Press, Harvard University Press, 1983) といわれたインターネットの利点が蝕まれようとしている。
[407] http://www.ina.fr/
[408] 民族統一国家の理念から、地方独立運動をきらっているのだというコメントがある。わけもなくローカリズムにしがみついている日本とは対照的である。
[409] http://radiko.jp/

5.6. インターネット

　欧米先進国のコンテンツ・ネットワーク政策の底には、強烈な歴史的・思想的信念がある。日本にはこれがなく、公私の規制と既成メディアのエゴだけが先行している。

Column 「自由のための技術」

　本章で、私は、インターネットの特徴の１つとして「アナーキズム」とか「アナーキスト」という言葉を使っている。「アナーキズム」は、フランス革命後期、プルードン（Proudhon）によって記述された社会思想で、日本では「無政府主義」と訳されている。現代の米国では、「アナーキズム」という言葉が左右両翼からきらわれて、かわりに「リバタリアニズム」とか「リバタリアン」と呼ばれることが多い（「アナーキズム」と「リバタリアニズム」は同義ではない。初期の文献では、後者のほうが上位概念として使われている。最近では、それぞれ私有財産制の否定と肯定をふくむものとして使い分けられることがある）

---

[410] 興味深いインタビューがある。AV Watch編集部が質問：「今回の配信では、IPアドレスからアクセス元のエリアを判別し、放送エリア外からは配信ページにアクセスできないというエリア制限があります。これは何故ですか？」
　宮澤氏（IPサイマルラジオ協議会メンバー）：「ラジオ放送局さんは、放送免許に応じて、一定のエリアに向けてビジネスをするという形で、50年やってきています。それを壊してあたらしいことをやるためには、どんなメリットがあるかが重要になります。もともと、ラジオは凄くローカルなもので、地元の売り上げの比率が高いんですね。地元のクライアントから広告を出稿していただき、地元のリスナーにサービスを届ける。当然放送の中身も地元の情報です。それを外に出して行く事が、放送局のビジネスにとって重要か否かという判断になるのです。また、権利の問題もありますね。例えば、ここのエリアでしか実施していないキャンペーンの告知をラジオでおこなう事は山ほどあります。このエリアに向けて番組をやるという前提でタレントやCM契約を結ぶ事も多い。僕ら［電通］のような代理店としても、エリアマーケティングのツールとしてラジオを活用するという仕事も日々やっています。エリア制限というハードルを超えるメリットが多ければ、将来的には超える事になっていくと思いますが、その必要が無ければそうはなりません。もちろん、リスナーからすると、全ての放送局がどこからでも聴けるのがネットの醍醐味だと思います。我々も将来的にはそうしていきたい。しかし、今、エリア制限をクリアしていく手間を考えると、超えなければならない問題が凄く多くて、サイマル配信実用化への道筋が立てずらくなってしまう。今、手をつけられる所からはじめようとすると、従来のエリア内で聴ける人にまず届ける、という形になるという事です」。http://av.watch.impress.co.jp/docs/news/20100312_353896.html

5.「情報を利用させないようにする行為」

のだが、私は、その本来の破壊的（といって悪ければ革命的）な性格を際立たせるため、あえて「アナーキズム」や「アナーキスト」を使っている。

インターネット「おたく」たちは、「アナーキスト」と呼ばれることに反発したり、おびえたりするだろう。反対に、国家権力と命がけで戦ってきた昔のアナーキストたちは、インターネット「おたく」なんかと一緒にされたことに憤慨するだろう。しかし、インターネットとアナーキズムの類似は、無視できないほど強いのである。

個人の自由を至上の価値として、国家権力の干渉をできるだけ排除しようとするアナーキズムは、そのあとの社会をどう構想するか、とくに、反社会的な犯罪に対する最小限の警察機能を残すかどうかなどによって、いろいろなこまかいセクトに分かれる。そのなかでは「アナルコ・サンディカリズム」というのがいちばん有力で、国家を廃止したあとの社会秩序を、技能労働者の組合（syndicat）によって再構築しようというものである。

インターネットのアーキテクチャーは、もともと市井の技術者たちが自然発生的に決めてきたものだが、いまでも自由参加のIETF（Internet Engineering Task Force──技術標準設定）／W３C（World-Wide Web Consortium──アーキテクチャーなど標準設定）／ICANN（Internet Corporation for Assigned Names and Numbers──ドメイン・ネーム付与管理）という非営利３組織によって、全員参加型の直接民主主義で自律的に運営されている。米国政府はまったく干渉しようとしていない。この意味でも、インターネットはアナーキズムの子である。

インターネットのアナーキスト的性格を別のセクトの視点から見てみよう。インターネットには、国家権力や、国家権力によってうらづけられた私的独占（たとえば知的財産権）を排除したあとの空白を市場原理で再構築しようという「アナルコ・キャピタリズム」というセクトの構想が、ぴったり当てはまる。

たとえば、インターネットの進展で、いまの著作（隣接）権が行使不能におちいったあと、「音楽をできるだけ安く買いたい──だめだっ

たらいらない」という需要と、「音楽をできるだけ高く売りたい――だめだったら限界費用さえ回収できればいい」という供給とが一致する点で均衡が実現し、それなりの社会秩序が保たれるという構想である。この場合の均衡は、著作（隣接）権による超過利潤がなくなり、音楽の価格が創作の変動原価にまで収斂するので、薄利多売型の均衡、つまり大衆社会におけるポップ・ミュージックという文化的均衡が実現する。このへんで、ポップ・カルチャーの米国と、古典文化のフランスが袂を分かつだろう。以下は米国を念頭において考えている。

「アナルコ・キャピタリズム」モデルで考えると、ネットワークに関するいろいろな現象がうまく説明できる。たとえば、前述の「ネットワークの中立性」の問題など、市場原理そのものを守るための警察機能（独占禁止法）だけ残して、あとは市場原理にまかせればいいのである。リッチ・コンテンツの配信で、通信速度が落ちたり、画質が悪くなったりしても、それは一時のことで、いずれバックボーンへの投資が増えて、均衡をとりもどすだろう。それが経済循環である。よけいな規制をかけて、自然の経済循環を妨害すると、一時的な不況をかえって深刻化・長期化する。

「アナーキズムは…人の人による搾取を廃止することを目的とする…社会主義の同義語だ」（Daniel Guerin, *L'anarchisme: De la doctrine à l'action* (1965) 12) という社民主義の定義からすれば、anarcho-capitalismは、たしかに、「白い黒板」のような自己矛盾だが、6,000万人のノンポリの若者を動員したNapster現象を説明するためには、定義の拡張が必要であろう。プルードン自身、アナーキズム下での稀少資源の分配をどうするかという頭の痛い問題に対して、「競争」を、すくなくとも暫定的な必要悪として提示しており（Guerin, *id.* 54)、豊かな現代における情報資源の配分問題を市場原理で解く発想の萌芽がすでにみられる。定義の拡張が許されるのであれば、インターネットは、歴史上最も長く――しかも無血で――持続したアナーキズムだといっていい。1871年のパリ・コミューン、1936年のスペイン革命、いずれもこんなに長続きしなかった。

人は人にとって狼である、核の恐怖によってのみ平和が保たれる、

5．「情報を利用させないようにする行為」

　会社とクルマは大きいほどいい、経営とは会社の末端までマイクロ・マネジメントすることである…というガチガチの20世紀的管理社会のなかで自己疎外におちいった米国の若者（おたく）たちのなかから生まれてきたメディアがインターネットで、そこから生まれようとしているのが21世紀のポップ・カルチャーである。

　いい紹介文があるので、再引用しよう（石鍋仁美「今を読み解く──自由が生んだジャパンクール」、堀淵清治『書評──萌えるアメリカ』日経2007年7月22日に引用）：「男は強く、女も積極的に。そんな生き方を無言のうちに強いられる米国社会では、内気で他者と距離を置きたい若者、とくに男子は、ストレスをためざるを得ない。日本のマンガやアニメはそんな「非主流派」の若者の共感を呼んだ」。私もまったく同感なのだが、この引用は、ちょっとデクラッセ（落伍者）意識が強すぎるようである。Napsterのユーザー6,000万人を「非主流派」と呼ぶことはできない。時代の大きな流れである。

　いまマンガやアニメなど日本発のポップ・カルチャーが米国や欧州で受け入れられているのだが、このせっかくのチャンスに、政府が、インターネットを眼のかたきにしている既成メディアを過保護するあまり、アップロード禁止権やダウンロード禁止権、そしてそれらをロボットで執行するDRMで、インターネットを──そしてポップ・カルチャーを──窒息させている。IPマルチキャストが、著作権レジームを変えていくどころか、著作権に迎合するネットワークを作りあげようとしている。

　Napsterに登録していた6,000万人の若者は、Napsterが非合法化されると、黙々と第2世代p2pのグロックスター（Grokster）やカザー（KazaA）に移っていった。これがまた非合法化されると、また黙々とYouTubeへ移っていった。昔のアナーキストたちは、みんな英雄的なことを言ったり書いたりしたものだが、この豊かな大衆社会のアナーキストたちは、大言壮語をしないかわりに、気に入らなければ買わないという市場原理を黙って実行するのである。

　市場に敏感なビジネスマンたちは、これをいち早く見抜いて、たとえばApple、Amazon、Wal-Mart、MySpaceなどが、DRMなしで音楽

配信をはじめている。これがアナルコ・キャピタリズムのもう１つの顔である。いまユーザーとビジネスの両面で、静かなアナルコ・キャピタリズム革命が起こっている。

　1960年代のヒッピー現象、70年代のベトナム反戦、80年代の長期不況、90年代のインターネット、2000年代のNapster現象。この半世紀にわたる若者たちの行動──爆弾を投げるわけでもなく、ただ権威に服従しないというだけの否定的行動──をアナーキズムと呼ぶかどうかは、定義の問題にすぎないが、この歴史のなかで生まれ、孤独な若者たちにせめてもの自分の居場所を与えてくれた技術、それがインターネットだったのである。

5.7. プログラム

　コンピューター・プログラムの独占禁止法問題というと、かつては、OSの著作物性やリバース・エンジニアリング問題であった。しかし、前者は1983年Apple対Franklin高判で決着がつき、後者はいまやWindows全体のリバース・エンジニアリングなどとても不可能というレベルに達して、インターフェイス問題（前述4.2）に吸収されてきたといっていい。

第19表　ソフトウエアと独占禁止法に関する研究会中間報告書[411]

参照	問題行為	評価	法条
第2	プラットフォーム・ソフトの技術情報		
2(1)	提供拒絶	●	指2
	差別	●	指4
2(2)	バージョンアップ拒絶・差別	●	指2／4
2(3)	フィードバック技術の集積	●	指11／12

---

[411] 公正取引委員会2002年3月20日発表。

5．「情報を利用させないようにする行為」

2(4)	守秘義務拡張	●	指12
第3	ソフトウエア・ライセンス契約		
3(1)	複製回数制限	●	指12
3(2)	改変禁止（著20-2-3/47-2）	●	指12
3(3)	アサインバック・独占グラントバック	●	指12
3(4)	リバース・エンジニアリング禁止	●	指12
3(5)	別ソフトウエアの抱き合わせ	●	指10
3(5)ウ	競合品取扱い禁止	●	指11

Lasercomb事件（1990）[412]

　地裁原告Lasercomb（レーザーコウム）は紙箱金型製造用CAMソフトを開発、地裁被告Reynolds（レイノルズ）に使用ライセンスを与えた。契約は、契約期間99年間にわたって、すべての同種ソフトの開発を禁止する条項をふくむ。被告が同ソフトを無断コピーして発売、原告の著作権侵害提訴に対して著作権ミスユースで抗弁した事件で、巡回裁は被告レイノルズを勝たせた：「著作権ミスユースの判例はすくないが、特許と著作権を区別する理由はない。どちらも進歩性という単一の目的を有する。特許ミスユース抗弁はMorton Salt 1942以来確立したequity判例原則である。特許の場合とおなじく、著作権ミスユース抗弁は、著作権法に固有のものである。原告は、公共政策に反する形で著作権を利用し、著作権保護を受けない創造的なアイデアを公共から奪取している」。

Accolade事件（1992）[413]

　独立のソフトウエア・ハウスAccolade（アコレード）は、Sega（セガ）のゲーム機Genesis-III用ソフトの製作を企図して、はじめSegaと交渉したが、Segaがソフトの権利買い上げに固執したため、ライセンス取得を断念、リバース・エンジニアリングに転じた。リバース・エンジニアリング手法としては、まず、Sega機用ソフト3本を購入、これを逆コンパイラー・システムにかけてソー

---

[412] *Lasercomb America v. Reynolds,* 911 F. 2d 970 (4th Cir. 1990).
[413] *Sega Enterprises v. Accolade,* 977 F.2d 1510 (9th Cir. 1992).

スをプリントアウトし、つぎに、3本のソースを比較分析して共通コード（インターフェイス仕様）を抽出、それをマニュアル化し、最後に、別な技術者グループにこのマニュアルを与えて互換ソフトを製作させるという形態である（クリーン・ルーム方式）。

1992年4月、カリフォルニア北部連邦地裁は、「リバース・エンジニアリングの過程で複製行為がおこなわれた」という原告Segaの主張を認め、著作権侵害で仮差止命令を発したが、被告Accoladeは、以下の4点を主張して控訴した。

① アイデア抽出にともなう複製行為は、アイデア不保護原則（§102(b)）によって非侵害。
② オブジェクトを人間が理解するには逆コンパイルが必要だから、アイデア・表現不可分によって非侵害。
③ プログラム使用にともなう複製（§117）は非侵害。
④ 逆コンパイル・逆アセンブルは、それが、アイデアへのアクセスのための唯一の手段（no other means）であり、また合法的な目的のためにおこなわれる場合、「公正利用（著作権法107条）」によって非侵害。

10月、第9巡回裁は、被告Accolade主張のうち①から③をはっきり否認しつつ、④「公正利用」を政策的目的によって解釈し、地裁の仮差止命令を破棄差し戻した。

Nintendo事件（1992）[414]

Nintendo（任天堂）は、1986年以来、米国市場向け同社ファミコン中に、特殊な「ロックアウト・チップ」（原告命名）を組みこみ、これを解読できるキー・プログラム・チップを組みこんだ同社製ソフト・カートリッジでしか動かないようにしていた。1988年、Atari（アタリ）は、このロックアウト・チップをリバース・エンジニアリングしようとしたがうまく行かず、著作権局に寄託中のソース・コードを不実理由で入手、これの助けを借りてNintendoチップを解読、互換カートリッジの製造／販売を開始した。AtariはNintendoを反トラスト法違反で先制提訴したが、NintendoはAtariを著作権侵害で逆提訴、仮差止を取

---

[414] *Atari v. Nintendo*, 975 F.2d 832 (Fed. Cir. 1992).

5．「情報を利用させないようにする行為」

りつけた。Atari控訴。1992年9月、CAFC(特許問題もあったため）は、一般論として、「合法的に入手した著作物中に隠された情報を得るために strictly necessaryな複製は公正利用にあたる」としながら、①Atariの不公正なソース入手方法（unclean hands）および②実質的類似（リバース・エンジニアリング後クリーン・ルームを使っていない）を理由として、Nintendoを勝たせた。

DRM、Geo-IPスパイウエア、p2pハンター、ロックアウト・チップ、ロックアウト・コード、ロックアウト・パテントなどなど、すべて「情報を利用させないようにする行為」に該当する「うしろ向き」の技術だが、それなりの有用な応用面もあり、これらをひとまとめにして法律で禁止することなどとてもできないし、望ましくもない（もっとも、米国のDMCAや日本の不正競争防止法・著作権法のように、一定の技術の利用を禁止したり罰したりする法律もあるが…）。1つ1つの有用性と反競争性を比較衡量して、弊害が上回ればそれを排除することのできる一般法は独占禁止法しかない。いまの独占禁止法にそれができないならば、それができるように自分を変えていかなければならない。

6. 知的財産権の自浄機能

6.1. 消尽

　知的財産権の消尽はふつう知的財産権法の教科書で論じられているが、知的財産指針（第10表）からわかるように、すべての問題行為につき、権利消尽後の取引制限は独占禁止法違反である。したがって、消尽は高度に独占禁止法問題でもある。

　ただ「消尽」といってもかんたんではなく、たとえば特許品が転々譲渡されたあとで輸出する行為は輸出権侵害になるのか（前述1.4.4）、特許方法の使用権は消尽するのか[415]など、重要な問題が残されている。

中古ゲームソフト事件（2002）
　本事件は、前述5.4.1で考えた公正取引委員会の拘束条件付取引（再販価格拘束・横流し禁止）事件審決とほぼ並行して係属していた著作権侵害事件で、使用ずみのゲームソフト（CD-ROM搭載）をユーザーから買い取り、中古ゲームソフトとして販売していた販売店と、著作権者であるメーカーとのあいだの民事訴訟である。東京事件と大阪事件があり、東京事件は販売店からメーカーに対する著作権侵害差止請求権の不存在確認請求、大阪事件はメーカーから販売店に対する著作権侵害差止請求である（当事者は異なる）。

　各下級審の判決が異なり、最高裁で統一されるまで4年が経過した。この間に、中古ゲームソフトの顧客である子供向きの旧型ハードが淘汰され、ソフトの開発努力は、マニア向きのヘビー・ゲームにむかって大きく傾斜していった（業界には、このマニア偏重が、一般ユーザーを携帯電話ゲームのほうに追いやったという反省がある）。本事件は最高裁で結論がでたが、今後あたらしい

---

[415] 知財高裁は、「特許発明に係る方法を使用する行為については…物の発明に係る特許権の消尽についての議論がそのまま当てはまるものではない」として、一定の場合以外、消尽を認めていない。「特許権侵害差止請求控訴事件」知財高判平成18（2006）年1月31日。キヤノン（控訴人）対リサイクル・アシスト（被控訴人）第3-2(2)ウ。

6. 知的財産権の自浄機能

デジタル・コンテンツがつぎつぎと出現し、そのたびにこのような不毛な訴訟がくりかえされることのないよう、各審での争点をやや深く考えることにする。

メーカー側の主張は、大要、本件ゲームソフトが「映画著作物」であり、したがってメーカーがその頒布（禁止）権を専有するので、ゲームソフトが譲渡や貸与によって転々流通してゆく先々で権利行使ができる（つまり頒布権は消尽しない）というものである。争点と各裁判所の結論を下表にまとめた。

第20表　争点と各裁判所の結論

争　　点 \ 裁判所	東京地裁[416] (1999)	東京高裁[417] (2001)	大阪地裁[418] (1999)	大阪高裁[419] (2001)	最高裁[420] (2002)
1. 本件ゲームソフトは映画著作物か	N	Y	Y	Y	Y
2. 本件ゲームソフトには頒布権があるか	―	N	Y	Y	Y
3. 本件ゲームソフトの頒布権は消尽するか	―	―	N	Y	Y
勝　訴　側	販売店	販売店	メーカー	販売店	販売店

N：No　　Y：Yes　　―：判断せず

(1) 争点1．本件ゲームソフトは映画著作物か？

東京地裁は、本件ゲームソフトは映画著作物ではないから、著作権法26条1項の頒布権がない、したがって、著作権者は本件ゲームソフトの中古販売を差し止めることができないとして、販売店側を勝たせた：「本件ゲームソフトに

---

[416] 「著作権侵害差止請求権不存在確認請求事件」東京地判平成11 (1999) 年5月27日。上昇（原告）対エニックス（被告）。
[417] 「著作権侵害差止請求権不存在確認請求事件」東京高判平成13 (2001) 年3月27日。
[418] 「著作権侵害差止請求事件」大阪地判平成11 (1999) 年10月7日。カプコン／コナミ／SCE／スクエア／ナムコ／セガ（原告）対アクト／ライズ（被告）。
[419] 「著作権侵害差止請求事件」大阪高判平成13 (2001) 年3月29日。
[420] 「著作権侵害差止請求権不存在確認請求事件」最判（東京事件／大阪事件）平成14 (2002) 年4月25日。

おいては、その内容順序が各回ごとに異なる［ため］…著作者の思想感情の表現ということができないのみならず、画面上に表示される順序が一定のものとして固定されてい…ないから、本件ゲームソフトは映画著作物ではない」。

東京高裁は、地判をくつがえし、本件ゲームソフトを映画著作物と認めた：「著作権法における『映画の著作物』に関する規定のすべてが、一定の内容の影像が、常に一定の順序で再生される劇場用映画の配給制度を念頭において設けられたとみることには無理がある。…本件ゲームソフトは映画著作物に該当する」。

大阪地裁は、東京地裁と異なり、本件ゲームソフトをはじめから映画著作物と認め、大阪高裁がこれを支持した：「原審とおなじく、本件各ゲームソフトは『映画の著作物』に該当すると判断する。著作権法は、テレビの生放送番組のように放送と同時に消えて行く性格のものを映画の著作物として保護しないということで固定の要件を規定し、現行法2条3項[421]を設けた［ので、それが］…一定の内容の影像が常に一定の順序で再生される状態で固定されるというような特別の態様を要求するものでないことは明らかである」。

最高裁は、本件ゲームソフトが映画著作物であるとした両高判を支持した：「本件各ゲームソフトが、著作権法2条3項に規定する『映画の効果に類似する…視聴覚的効果を生じさせる方法で表現され、かつ、物に固定されている著作物』であり、『映画の著作物』にあたるとした原審の判断は、正当として是認することができる」。ほぼ同時期の「ときめきメモリアル事件」最判[422]も、ロールプレイング・ゲームを映画著作物と認めている。

(2) 争点2．本件ゲームソフトには頒布権があるか？

東京高裁は、著作権法26条1項[423]の立法趣旨に照らして、本件ゲームソフトが、頒布権の対象にはならないとして、販売店側を勝たせた：「メーカー側は本件ゲームソフトにつき頒布権を有する。法26条1項の文言にそのまま従う限

---

[421] 著作権法2条3項「この法律にいう『映画の著作物』には、映画の効果に類似する視覚的又は聴視覚的効果を生じさせる方法で表現され、かつ、物に固定されている著作物を含むものとする」。
[422] 「ときめきメモリアル事件」最判平成13（2001）年2月13日。
[423] 著作権法26条1項「著作者は、その映画の著作物をその複製物により頒布する権利を専有する」。

6. 知的財産権の自浄機能

り、本件各ゲームソフト複製物には頒布権がおよぶことになる。しかしながら、当裁判所は、法26条1項の立法の趣旨に照らし、同条項にいう頒布権が認められる『複製物』とは、配給制度による流通の形態が採られている映画の著作物の複製物…であり、大量の複製物が製造され、その1つ1つは少数の者によってしか視聴されない場合のものはふくまれないと、限定して解すべきであると考える。…したがって、これらは、法26条1項にいう『複製物』にあたらず、したがって頒布権の対象にならないものというべきである。

「上記のような解釈は、法26条1項の文理に反する。しかしながら…実質的根拠が認められる限り、解釈により文言に限定を加えることが許されるのは当然である。…メーカー側の主張は採用できない。本件各ゲームソフト複製物についての頒布権は認められ…ない。

「確かに、1984年の著作権法改正による貸与権規定（現行の法26条の3[424]）の創設当時において、立法当局者［文化庁のこと］に、ビデオ・ソフトに頒布権が及ぶとの理解があったことが認められる［映画著作物に貸与（禁止）権を認めなかったのは、すでに「頒布」に貸与がふくまれているから、あらたに貸与権を創設する必要がないという理解（誤解？）のこと］。しかしながら、［それは、劇場用映画］…については貸与についての保護を［法26条1項］にゆだねることとして、それが及ばないものについての…制度として貸与権が創設された、ということを示すに尽きる…。当裁判所は、法26条1項の立法趣旨に照らし、配給制度等を前提とせず、多くの複製物が製造されて流通に置かれ、その1つ1つは少数の者の視聴にしか供されない場合のものについては、法26条1項の頒布権が認められないとの立場に立つ…」。

大阪地裁は、本件ゲームソフトは映画著作物だからただちに頒布権があると判断し、大阪高裁は、頒布権の存在については地判を支持した：「本件各ゲームソフトは『頒布権のある映画の著作物』に該当すると判断する。著作権法…26条1項は、映画の著作物のなかで頒布権を認めるものとそうでないものとの区別をしていない。したがって、…本件各ゲームソフトが映画の著作物に該当する以上、著作権者であるメーカー側は本件各ゲームソフトについて頒布権［＝譲渡権＋貸与権］を有する。販売店側のような解釈を採ると、本件各ゲームソ

---

[424] 著作権法26条の3「著作権者は、その著作物（映画の著作物を除く。）をその複製物…の貸与により公衆に提供する権利を専有する」。

フトは、法26条［映画著作物の頒布権］、法26条の2[425]［映画著作物以外の譲渡権］のいずれにも該当しないことになり、著作物のうち唯一譲渡権の認められないものを肯定するという不相当な結果を招くことになる［法26条の3は、映画著作物を除くすべての著作物について譲渡（禁止）権を創設しているので、本件ゲームソフトに頒布権がないとすると、譲渡権もないことになってしまうという意味］」。

　最高裁は、本件ゲームソフトに頒布権がないとした東京高判をくつがえした：「本件各ゲームソフトが映画の著作物に該当する以上、その著作権者が著作権法26条1項所定の頒布権を専有すると解すべきである。同項の規定上は、劇場用映画か否か、複製物が少数製造されるか否か、又は視聴者が多数か否かによって区別されていない…」。最高裁は、同日づけの大阪事件上告審で、本件ゲームソフトに頒布権があるとした大阪高判を支持した：「本件各ゲームソフトが映画の著作物に該当する以上、その著作権者が同法26条1項所定の頒布権を専有するとした原審の判断も、正当として是認することができる」。

(3)　争点3．本件ゲームの頒布権は消尽するか？

　大阪高裁は、本件ゲームソフトを映画著作物と認め、頒布権があるとしながら、その頒布権が第一譲渡によって消尽するとして、販売店側を勝たせた：「本件各ゲームソフトについて認められる頒布権は第一譲渡によって消尽すると判断する。本件各ゲームソフト（各パッケージに中古販売を禁止するむねが記載されている）は、一次卸店を通じて、卸店、小売店を経由して最終ユーザーに譲渡されるまでの各販売につき許諾（黙示的）をされたものである。

　「著作権法の領域において消尽の原則が適用されるのは同法も当然の前提とする商品取引の自由という原則にもとづく。特許権に権利消尽の原則が認められることは一般に承認されている。特許権の消尽理論は、特許権の効力を特許製品の流通過程におよぼすことが自由競争ないし取引の安全を害することとなることから、特許権者と一般公衆の利益との調整を特許製品が流通に置かれる時点で考慮するものということができる。特許制度の目的は、権利者に独占的な実施を認めることによりその利益を保証して発明へのインセンティヴを増

---

[425] 著作権法26条の2「著作権者は、その著作物（映画の著作物を除く…）をその原作品又は複製物…の譲渡により公衆に提供する権利を専有する」。

6．知的財産権の自浄機能

すことにあるが、その効力は常に公共の利益とのバランスにより決定されなければならず、商品が転々流通することは産業発展にとって必須であるので、特許権がそれを阻害するような制度であってはならないという優れて政策的な判断から権利消尽の原則という理論が肯定される（最高裁判所平成9年7月1日判決…［BBS事件判決］参照）。特許制度自体、研究開発上の自由競争を促すことにより産業の発達と経済の繁栄との達成を目的とするものであって、特許権それ自体の保護が自己目的化することは避けなければならない。権利消尽の原則が認められ特許権の効力が否定されるのは、市場経済の本質に根ざし、特許法も当然の前提とする商品取引の自由という原則にもとづくもので、<u>特許法の明文の法律の規定の有無にかかわらない論理的帰結</u>である。

「著作権においても、ことは同様であって、有形的な商品取引の行われる場合、すなわち著作物自体又は著作物の複製物につき商品取引の行われる場合、自由な商品取引という公共の利益と著作者の利益との調整として、消尽の原則が適用されると解するのが相当である。…権利消尽の原則が認められ…るのは、市場経済の本質に根ざし、著作権法も当然の前提とする商品取引の自由という原則にもとづくもので、<u>著作権法の明文の法律の規定の有無にかかわらない論理的帰結</u>である。メーカー側は…権利消尽の原則に関するBBS事件最高裁判決の法理が著作物一般に適用されるべきでないと主張するが、著作物の性質上、物に化体された表現物に着目した取引が行われることは当然としても、そのことを根拠として権利消尽の原則の適用を排除することはできないというべきである。法26条所定の頒布権は、その権利内容からして自由な商品生産販売市場を阻害する態様となり得るから、当然に権利消尽の原則という一般的原則に服する…。

「法26条…の頒布権には本来権利消尽の原則が働くが、前記［劇場用映画］のような配給制度に該当する商品取引形態（後段頒布）は、流通に置かれる取引の態様からして自由な商品生産販売市場を阻害する態様とならないといえるから、権利消尽の原則の適用されない例外的取引形態というべきであり、このような取引については右の原則は適用されず、著作者の権利が及ぶと解するのが相当…。

「また、メーカー側は、法26条の2[426]、3の譲渡権及び貸与権の規定の新設に際し、映画の著作物が明文で除外されたことの<u>反対解釈</u>として、映画の著作

物の頒布権は例外なく消尽しないと解すべきであると主張する。[しかし、]右の立論は、立法者としては、消尽しない頒布権が認められる映画の著作物の範囲を明確にすることを避け、これを解釈に委ねて立法的に解決することを留保したものと考えることが可能…である」。

最高裁は、本件ゲームソフトが映画著作物であり、したがって頒布権を有するが、その頒布権が第一譲渡によって消尽するとした大阪高判を支持し、いずれもメーカーの上告を棄却して、最終的に販売店側を勝たせた：「特許権者又は特許権者から許諾を受けた実施権者が我が国の国内において当該特許に係る製品を譲渡した場合には、当該特許製品については特許権はその目的を達成したものとして消尽し、もはや特許権の効力は、当該特許製品を再譲渡する行為等には及ばないことは、当審の判例とするところであり［BBS事件判決］、この理は、著作物又はその複製物を譲渡する場合にも、原則として妥当するというべきである。けだし、㋐著作権法による著作権者の権利の保護は、社会公共の利益との調和の下において実現されなければならない…、㋑一般に、商品を譲渡する場合には、譲渡人は目的物について有する権利を譲受人に移転し、譲受人は譲渡人が有していた権利を取得するものであり、著作物又はその複製物が譲渡の目的物として市場での流通に置かれる場合にも、譲受人が当該目的物につき自由に再譲渡をすることができる権利を取得することを前提として、取引行為が行われるものであって、仮に、著作物又はその複製物について譲渡をおこなう都度著作権者の許諾を要するということになれば、市場における商品の自由な流通が阻害され、著作物又はその複製物の円滑な流通が妨げられて、かえって著作権者自身の利益を害することになるおそれがあり、ひいては『著作者等の権利の保護を図り、もって文化の発展に寄与する』（著作権法１条）という著作権法の目的にも反する…、㋒他方、著作権者は、著作物又はその複製物を自ら譲渡するにあたって譲渡代金を取得し、又はその利用を許諾するにあたって使用料を取得することができるのであるから、その代償を確保する機会は保障されている［。だから］…著作権者等が二重に利得を得ることを認め

---

426 著作権法26条の２第１項「著作権者は、その著作物（映画の著作物を除く。…）をその原作品又は複製物…の譲渡により公衆に提供する権利を専有する」。２項「前項の規定は、…前項に規定する権利を有する者又はその許諾を得た物により公衆に譲渡された著作物の原作品または複製物［の譲渡］には適用しない」。

6．知的財産権の自浄機能

<u>る必要性は存在しない</u>…［このパラグラフはBBS判決のいいかえである］。

「ところで、映画の著作物の頒布権に関する著作権法26条1項の規定は、…ベルヌ条約…が映画の著作物について頒布権を設けていたことから、現行の著作権法制定時に、条約上の義務の履行として規定されたものである。映画の著作物にのみ頒布権が認められたのは、映画製作には多額の資本が投下されており、流通をコントロールして効率的に資本を回収する必要があったこと、著作権法制定当時、劇場用映画の取引については、前記のとおり専ら複製品の数次にわたる貸与を前提とするいわゆる配給制度の慣行が存在していたこと、著作権者の意図しない上映行為を規制することが困難であるため、その前段階である複製物の譲渡と貸与を含む頒布行為を規制する必要があったこと等の理由によるものである。このような事情から、同法26条の規定の解釈として、上記配給制度という取引実態のある映画の著作物…については、これらの著作物等を公衆に提示することを目的として譲渡し、又は貸与する権利（同法26条、2条1項19号後段[427]）が消尽しないと解されていたが、同法26条は、映画の著作物についての頒布権が消尽するか否かについて、何らの定めもしていない以上、<u>消尽の有無は、専ら解釈にゆだねられている</u>と解される。

「そして、本件のように公衆に提示することを目的としない家庭用テレビゲーム機に用いられる映画の著作物の複製物の譲渡については、市場における商品の円滑な流通を確保するなど、上記(ｱ)、(ｲ)及び(ｳ)の観点から、当該著作物の複製物を公衆に譲渡する権利は、いったん適法に譲渡されたことにより、その目的を達成したものとして消尽し、もはや著作権の効力は、当該複製物を公衆に再譲渡する行為には及ばないものと解すべきである。

「なお、平成11（1999）年法律第77号による改正後の著作権法26条の2第1項により、映画の著作物を除く著作物につき譲渡権が認められ、同条2項により、いったん適法に譲渡された場合における譲渡権の消尽が規定されたが、映画の著作物についての頒布権には譲渡する権利が含まれることから、譲渡権を規定する同条1項は映画の著作物に適用されないこととされ、同条2項におい

---

[427] 著作権法2条1項19号「頒布　有償であるか又は無償であるかを問わず、複製物を公衆に譲渡し、又は貸与することをいい［前段頒布——映画を含む著作物一般］、映画の著作物…にあっては、これらの著作物を公衆に提示することを目的として当該映画の複製物譲渡し、又は貸与すること［後段頒布——劇場用映画］を含むものとする」。

て、上記のような消尽の原則を確認的に規定したものであって、同条1、2項の反対解釈に立って本件各ゲームソフトのような映画の著作物の複製物について譲渡する権利の消尽が否定されると解するのは相当でない。…原審の判断は、正当として是認することができ、原判決に所論の違法はない」。

(4) BBS最判との連続性

　大阪高判と最判は、結論は共通だが、所論において相補するところがあるので、あえて原文から抜粋併記した。大阪高判が、本件ゲームソフトには中古販売禁止文言が表示されているのにもかかわらず、頒布権が第一譲渡で消尽するとしたのは、BBS最判の黙示許諾論を1歩進めて、私的な表示が——おそらくシュリンクラップやクリック・ラップも——強行法規である消尽に劣後することを確認したものであり、最高裁がこれを修正していない点で、BBS最判の反対解釈による「日本除外の合意・表示があれば権利行使できる」という誤解を正してくれたということができる（前述3.2.2）。

Quanta事件（2008）[428]

(1) 背景

　LG Electronics（LGE）は、マイクロチップと他の部品を組み合わせたシステムおよびその構成方法に関する多数の特許を所有、Intel（インテル）に製造販売ライセンスを与えていたが、契約には、「LGE特許を使うIntel製品と非Intel製品を組み合わせるIntel顧客には、ライセンスを与えない」という項目があった。Intelは、別の基本契約で、かかる顧客に対して、「Intelに対するLGEライセンスは、Intel製品と非Intel製品を組み合わせて製造したいかなる製品をもカバーしない」むねの書面通知をする義務に同意していた（ただし、この義務違反は、LGEからの特許ライセンス解除の原因にはならない）。Quanta（クォンタ）は、この書面通知を受領しながら、Intelから購入したマイクロチップを非Intel製品（バスなど）と組み合わせてシステムを作った。LGEは、Quantaほか多数のコンピューター・メーカーを、同社のシステム特許を侵害するとして提訴。

---

[428] *Quanta Computer, Inc. v. LG Electronics, Inc.*, 128 S. Ct. 2109 (2008).

6．知的財産権の自浄機能

(2)　CAFC（連邦巡回裁）判決[429]

　CAFCは、LGE特許の消尽を否認した：「LGE-Intel契約は、特許製品のファースト・セールに通常ともなう特許権の消尽を回避する。…消尽論は、<u>明示の条件つき販売</u>やライセンスには適用されない。…Intelは特許マイクロチップを自由に販売できるが、この販売は条件付きであって、Intelの顧客は、LGEの組み合わせ特許を侵害することを明示で禁止されている」。

(3)　最高裁判決[430]

　最高裁はCAFC判決をくつがえして、LGE特許の消尽を認めた：「まず、特許消尽論が方法特許には適用されないというLGEの主張を否認する。本件の場合、<u>方法が製品にじゅうぶん化体（embodied）している</u>。…つぎに、CAFCは、Intelがライセンス契約によって特定態様の販売を禁じられていたから、消尽の原因となる<u>権限ある販売</u>にあたらないと判断したが、最高裁は、ライセンス契約が、LGE特許使用品を販売するIntelの権利を制限しているとは考えない…。Intelの販売は権限ある販売だから、特許消尽論が適用され、特許権者は、製品に実質的に化体している特許に関し、特許品の<u>販売後の使用制限</u>を強制するために、特許法を援用することができない」。

　この事件は、じつは、クロス・ライセンス契約において、IntelがLGEを強要（誘導）して、抱き合わせを<u>おこなわせた</u>（したがって、どちらに対しても独占禁止法違反で立件できない）と思われる事件なので、消尽論が独占禁止法に代わって競争維持機能を果たしたという点でも注目される。

---

[429] *LG Electronics, Inc. v. Bizcom Electronics, Inc.*, 453 F.3d 1364, 1369-70 (Fed. Cir. 2006).

[430] 本件最判は、米国における特許消尽またはファースト・セール・ドクトリンの歴史をサマライズしているので参考になる。
　・*Bloomer v. McQuewan*, 55 U.S. 539 (1853)：製造販売ライセンスと使用ライセンスを区別、消尽による買手の利益は、特許期間延長によっても影響を受けない。
　・*Adams v. Burk*, 84 U.S. 453, 456 (1873)：製造販売と使用とを区別。特許品の販売後、その使用地域を制限することはできない。
　・*Motion Picture Patents, Inc. v. Universal Film Mfg. Co.*, 243 U. S. 502, 518 (1917)：特許映写機に付されたプレート表示によって、非特許フィルムの使用を制限することはできない。
　・*Ethyl Gasoline Corp. v. United States*, 309 U. S. 436 (1940)：特許薬剤を添加したガソリンの販売先を制限することはできない。

6.2. 権利の濫用

リナックス・サーバー接続拒絶事件（仮設ケース）[431]

　マイクロ社は、サーバー用OSとクライアント用OS両市場で非常に大きなシェア（前者で70％、後者で80％）を握っている。マイクロ社は、自社が販売するサーバー用OSとクライアント用OSとの通信をおこなうため必要なプロトコル情報を秘匿するとともに、プロトコルの一部に関連する技術について特許を取得した。

　インター社が作っているリナックス・ベースのサーバー用OSは、マイクロ社のクライアント用OSとの通信機能を実装している。インター社は、自社のリナックス・サーバー用OSがマイクロ社の特許を侵害していることを知り、マイクロ社が望むライセンス料を支払うむねを伝えた。

　これに対して、マイクロ社は、特許権侵害を理由として、リナックス・サーバー用OSの使用差止および廃棄除却を求めてインター社を提訴した。かりにこの請求が認められると、インター社では、リナックス・サーバー用OSの廃

- *General Talking Pictures Corp. v. Western Electric Co.*, 304 U. S. 175 (1938)：特許ライセンス契約で、特許アンプの営利ユーザー向け販売が禁止されていた。特許製品の販売制限と、販売後の使用制限とを区別し、前者の場合は<u>権限ある販売</u>ではないから、特許消尽が起こらない。
- *United States v. Univis Lens Co.*, 316 U. S. 241 (1942)：多焦点レンズに関する多数の特許をもつUnivisが、卸店、小売店に特許権にもとづく使用ライセンスを許諾して、レンズ素材の購入先をUnivisに限定、販売価格を拘束した。「Univisは、レンズ素材の販売後、最終製品の価格をふくむいかなる拘束もしてはならない。特許使用品の<u>権限ある販売</u>は、同品に関する特許独占の放棄を意味する」。
- *Mallinckrodt v. Medipart*, 976 F. 2d 700 (Fed. Cir. 1992)：地裁原告Mallinckrodtは薬品吸入装置の特許権者。装置には「Single Use Only」の表示がある。ユーザーの病院はこの表示に従わず、使用ずみの装置を地裁被告Medipartに滅菌させ、再使用した。原告が被告を特許権侵害と同誘引で訴えた事件で、地裁は、被告の行為が特許装置の再製造ではなくて修理だという理由で、被告有利のsummary judgmentを認めたが、巡回裁はこれを破棄差し戻した。「地裁が適用したのは特許ミスユース法理であるが、ミスユース抗弁を維持するためには、ライセンスの全般的効果が競争制限的であることの立証が必要である。差戻審で、競争制限の立証不十分により、原告の再使用制限が合法と認定されれば、被告行為が再製造か修理かは関係がない」。Quanta判決は、名指しはしていないが、*Mallinckrodt*判決を修正したものと解釈できる。

[431] 経済産業省「ソフトウェアに係る知的財産権に関する準則」（後述）の発表文に添付された想定事例3のケースである。

6．知的財産権の自浄機能

棄除却およびサーバー用OSの変更にともなう大幅なシステム改修が必要となり、多大の損害が生じるとともに、システム改修にともない一部サービスが利用不可能となることから、ユーザーも当該サービスを利用できなくなることによる損害が生じる。

経済産業省「ソフトウエアに係る知的財産権準則」（2008）[432]

米国にはミスユース判例の巨大な蓄積[433]があるが、日本でも、知的財産権の過剰行使を権利濫用法理で抑えようという動きがある。2008年、経済産業省があたらしい準則を発表した[434]。以下に大要を示す。

「ソフトウェアに係る特許権の行使において、以下のような権利行使は、権利濫用と認められる可能性がある。権利濫用であるむねの主張は、権利主張に対する抗弁として、または、権利者の差止等請求権についての不存在確認訴訟の請求原因としておこなうことが可能である。

① 権利行使者の主観において、加害意思等の悪質性が認められる場合。
② 権利行使の態様において、権利行使の相手方に対して、不当に不利益を被らせる等の悪質性が認められる場合。
③ 権利行使により権利行使者が得る利益と比較して、著しく大きな不利益を権利行使の相手方および社会に対して与える場合」。

経済産業省の発表文には、このあと、準則の詳細な説明と想定事例が続いているが、以下は私の要約である[435]。

まず、準則のタイトルは「ソフトウエア」となっているのに、準則の内容や説明はすべて「ソフトウエア特許」についてだということである。著作権はどうするのかという疑問があろう。この準則は一般法である民法１条３項[436]の解

---

[432] 経済産業省商務情報政策局情報処理振興課『ソフトウェアに係る知的財産権に関する準則』（2008年８月）Ⅱ-2 知的財産　Ⅱ-2-1「ソフトウェア特許権の行使と権利濫用」。
[433] http://www17.ocn.ne.jp/~tadhomma/FetEuph8.htm#付録
[434] 準則というのは法律でも政令でもなく、経済産業省が設置法で与えられた権限にもとづいて、たとえば民法の解釈を示したもので、裁判所の判断を拘束するものではないが、経済産業省の法解釈を示すものとして一定の機能がある。
[435] 私はこれを起草した経済産業省の研究会のメンバーだったので、私の説明は、なるべくあたりさわりのないように工夫している経済産業省の公式説明より突っ込んだものになっている。

6.2. 権利の濫用

釈なので、ソフトウエア特許だけに適用されるわけではなく、さしあたりソフトウエア特許について適用したというだけで、とうぜん著作権にも類推適用される。

なぜソフトウエアかという点について、準則の脚注は、「ソフトウェアは多層レイヤー構造、コミュニケート構造を有し、そのユーザーのロックイン傾向が存在する」からだと説明している。これなら著作権にはもっとぴったり当てはまる。

権利濫用が成立する3つの場合について補足する。

①はいままでの権利濫用の判例をリステートしただけで、なにもあたらしい解釈ではない。悪質な加害意思のことを「シカーネ」という。

②は主観的なシカーネを超えて客観的な悪質性を問題にする。「不当に」とは、脚注で、「正当な権利行使を逸脱すること」と説明されている。著作権は、複製やその準備行為である送信可能化などの行為を、権利者が独占することを許す権利なのだが、だからなにをしてもいいというわけではなく、たとえば、ライセンシーの販売価格、数量、客先などを制限したり、抱き合わせをしたりすることなどは、正当な権利の行使ではないので、この②を満足する。この準則がとくに狙っている仮想敵は、接続拒否（interoperability妨害）である。前述の多層レイヤー構造・コミュニケート構造というソフトウエアの本質的機能を妨害することは権利の濫用にあたる。

③は利益考量である。ここには「不当に」という要件がない。権利者の行為がべつに不当でなくても、その行為によって自分が得られる利益がたいしたことがないのに、それが相手方および社会に対して与える不利益が著しく大きい場合、権利の濫用にあたるとする。たとえば自分の権利を妨害目的で使う場合──ロックアウト・パテントやレント・シーキング──などがこれにあたる。

前項の仮設例は発表文に添付された想定事例3のケースである。想定事例の解説は、上のケースが、①シカーネと③利益考量を総合的に考慮した場合、権利濫用の抗弁が成立する可能性があると判断している。このケースを類推すれば、私たちが目撃し、またはこれからおおいに目撃するであろう知的財産権を

---

[436] 民法1条3項（権利濫用）「権利の濫用は、これを許さない」。

6. 知的財産権の自浄機能

利用したいろいろな接続拒否（interoperability妨害）に対抗できそうである。ちょっと考えただけでも、コンテンツ配信端末の互換拒否などがすぐ思い浮かぶ。

米国では、知的財産権の過剰行使に対する抗弁において「ミスユース」が重要な役割をはたす。日本ではどうか。キルビー特許事件最判[437]は、「無効原因があきらかな特許権にもとづく権利行使は権利の濫用にあたり許されない」として自称権利者の請求を棄却した。この判決は、従来権利濫用の要件といわれていた加害の意図（シカーネ）を不要としている点で、日本の権利濫用判例のあたらしい1ページを開いた。

特許庁資料[438]によると、これ以後2年7か月間における特許権／実用新案権侵害訴訟の終局判決270件のうち、権利濫用の抗弁が申し立てられたものが40％にのぼり（同期間内でも漸増傾向で、また和解事件での主張率はさらに高いといわれる）、成功率もかなり高い（非抵触のため有効性を判断しなかったものをふくめて被告の勝率60％）。これらのケースの大部分で無効審判も同時に請求されているが、一般に無効審判より判決のほうが早いため、訴訟における権利濫用抗弁の有用性が一気に高まった。平時においては無効審判、訴訟においては権利濫用という分業傾向が確立したといっていい。

キルビー特許事件最判により、Walker Process 1965（特許詐欺）はもとよりHandguards 1984（無効原因があきらかな特許権の行使）と同様の行為が、日本でも権利濫用とされ、すくなくとも知的財産権が行使不能になることがはっきりした。一歩進んでそのような行使を「私的独占」とする判決がでれば、日本でもすくなくとも米国のWalker Processレベルの反撃が可能になろう。

また、著作権の行使に対する抗弁として著作権法30条以下に「権利の制限」の列挙があるが、米国のfair use defenseとちがって一般条項がないため、情報技術の急速な進歩に即応できない。前述したリバース・エンジニアリング問題やDRM(ほとんどのアクセス・コントロールおよび一部のコピー・コントロール)問題などが典型的なケースであろう。かかる法の欠缺を補うものとして、権利濫用法理のより大胆な適用が必要である[439]。

---

[437] 「債務不存在確認請求事件」最判平成12（2000）年4月11日。
[438] 産業構造審議会知的財産政策部会紛争解決小委員会『産業財産権をめぐる紛争の迅速かつ合理的な解決に向けて』（2003年2月）参考資料4。

6.3. 著作権の限界

6.3.1. アイデアと表現

　まず、アイデア表現2分法（アイデア表現一体）については、著作権法の教科書のなかで詳しく論じられているので、ここでくりかえすことはしない。ただ、最近の米国判例でおもしろいものがあるので紹介する。これは本来はレント・シーキング問題（前述5.1.5参照）なので、独占禁止法がでるべき事件だったと思う。知的財産権事件では、独占禁止法がいつも謙抑的なポーズをとる。「シカゴ学派革命」の影響であろうか。

Static Control事件（2004）[440]

　原告Lexmark（レックスマーク）社のレーザー・プリンターでは、トナー・カートリッジに装着されたマイクロチップ中のトナー・ローディング・プログラムがトナーの残量値を記録、これをプリンター本体中のプリンター・エンジン・プログラムが読みとって規定値と比較し、双方が合致しないとプリンターが停止する（したがって使用ずみのカートリッジに他人がトナーを再充填してもプリンターが動かない）。

　被告Static Control（スタティック・コントロール）社は、トナー・ローディング・プログラムをデッド・コピーしたマイクロチップを製造して、トナー詰め替え業者に販売した。LexmarkはStatic Controlを著作権侵害で提訴、地裁がLexmarkの仮差止請求を容認したが、Static Controlが控訴。

---

[439]　米国では、その行使が独占禁止法違反や権利濫用とされた知的財産権を、対世的な無効（invalid）ではなく、当事者間だけの行使不能（unenforceable）とし、かつそのような権利を目的とする契約をも行使不能とする判例法が確立している。日本でも同様に解していいだろう。とくに、独占禁止法違反や権利濫用の被害者は契約の当事者であることが多いから、違法条項を部分的に無効ないし行使不能とすることが必要である。奥道後温泉バス最判（1989年11月24日）では、契約条項（路線独占）が独占禁止法3条前段違反にあたり無効だとする地裁原告の主張を高裁が認めたが、最高裁はそもそも契約が成立していないという別な理由で上告を棄却した。独占禁止法違反の契約を、すくなくとも当事者間では無効とした高裁の判断は残っている。

[440]　*Lexmark Int'l, Inc. v. Static Control Components, Inc.*, 387 F.3d 522 (6th Cir. 2004).

6．知的財産権の自浄機能

　巡回裁は、Lexmarkのトナー・ローディング・プログラムを「ロックアウト・コード」（判決文中で使われていることば）と認定、互換妨害というアイデアと一体（idea-expression merger）であり、かつ機能によって強制される表現（scènes à faire）だから、Lexmarkは本案での成功の蓋然性を確立していないとして、地裁仮差止命令を破棄した。

6．3．2．フェア・ユースとミスユース

　ミスユース（日本民法1条3項[441]「権利の濫用」に対応）について考える。いわゆるシカゴ学派は、ミスユースは反トラスト法と重複するから廃止すべきだと主張しているのだが、そのシカゴ学派の総帥リチャード・ポズナー第7巡回裁判事が書いている[442]。すこし長いが引用しよう。ここでいうフェア・ユースとは、著作権法30条以下にある「著作権の制限」にあたるが、限定列挙の日本とはちがって、米国のは一般規定である。

　「フェア・ユースについては非常に懸念される問題がある。それは、法思想家たちによって以前から指摘されている『書かれている法』と『行われている法』の乖離に関するものだ。両者が乖離しているのはよくあることだが、フェア・ユースがその一例だ。私が以前このブログで書いたように、フェア・ユースは著作権者に損害よりもむしろ利益をもたらすことが多い。といっても、いつもそうとはかぎらないし、そのうえ、著作権者が、ある程度の無許可複製から販売上の損害を受けないどころか利益を受ける場合でも、彼がライセンス料を引き出せそうだと判断した場合は、その利用をフェア・ユースではないと主張するだろう。フェア・ユースの原則があいまいなため、著作権者は、フェア・ユースがなしくずしに拡大するのを防ごうとして、それを過度に狭く解釈する傾向がある。

　「その結果は著作権のシステマティックな過大請求で、著作権の範囲についての誤解のもとになっている。ほとんどあらゆる本の著作権ページや、DVDやVHSのはじめにある著作権告知をみるがいい。告知は、ほぼ常に、いかな

---

[441] 民法1条3項（権利濫用）「権利の濫用は、これを許さない」。

[442] http://www.lessig.org/blog/2004/08/fair_use_and_misuse.html

6.3. 著作権の限界

る部分といえども出版社（または映画スタジオ）の許可なしに複製することはできないといっている。これはフェア・ユースの完全な否定だ。告知を無視した読者や視聴者は、権利者から脅迫状を送られるリスクを冒すことになる。訴えられるのかどうか、また、訴えられたとして、フェア・ユース法理のあいまいさのため結果がどうなるのか、不確定な状況におかれる。

「作家や映画監督は［他人の著作物についての］潜在的なフェア・ユース利用者だが、彼らは自分の出版社やスタジオがきびしい著作権警察だと知ることになろう。つまり、出版社は、自分の作家が他の出版社の作品を利用することにより、自分の出版物についてのフェア・ユースが拡大することを恐れ、その結果、私たちは、たとえば出版社が発明した『1編の詩から2行以上引用するには使用許諾が必要』といった愚かなルールをふくむ『行われている法』の全体系に縛られることになる。

「著作権の過大請求の愚かな例がある。『下町の学校についてのドキュメンタリー用に生徒のインタビューを撮影していた映画作家は、たまたま背景にあったテレビの映像を捉えてしまった。それは「The Little Rascals」の3秒ほどのシーンだった。この3秒間のTV番組の著作権者から使用許可をもらわなければ、彼の映画にこのインタビューは使えないと思いこんだ映画作家は、ハル・ローチ・スタジオとの十数回にわたる電話のあと、スタジオの弁護士につながれ、その映像を非営利のドキュメンタリー映画に使ってもいい、ただし使用料25,000ドル払えといわれた。映画作家は払うことができず、シーン全体をカットすることになった』[443]。3秒間の『一瞬ちらり映像』の複製は明らかにフェア・ユースだが、映画作家がこのシーンをカットしなかったらスタジオがどう反応したか誰に分かろう。

「こうした著作権の濫用にはどう対処すべきだろうか。わたしがWIREdata判決で仮説的に提案した1つの可能性は、著作権の過大請求を著作権の濫用（ミスユース）の一形態とみなし、権利の没収をおこなうことだ」。

WIREdata判決のサマリーを下記する。この判決について、スタンフォード大のラリー・レッシグ教授がこう評している：「これは偉大な控訴審判決だ。

---

[443] Jeffrey Rosen, "Mouce Trap: Disney's Copyright Conquest," *New Republic* (Oct. 28, 2002) から再引用。

6. 知的財産権の自浄機能

ポズナー判事は、全員一致の判事たちを代表して、『著作権者によって創作されても所有されてもいないデータに対する、著作権者による、著作権法を利用したアクセス制限の試み』を棄却すると書いている。著作権の限界を示す偉大な判例群のなかでも、これは上位に（Feist v. Rural最判[444]よりもはるかに上位に）置かれるべきものだ」[445]。

この事件はデータベースの事件だが、「フェア・ユースの制限がミスユースにあたる」とした点がコンテンツにも応用可能である。

WIREdata事件[446]

ウィスコンシン州のいくつかの市町村は、財産税評価目的で住民の家屋を全数調査し、Assessment Technologies（AT）社作成のデータベース・プログラム「マーケット・ドライブ」に入力していた。WIREdata（ワイヤデータ）社は、情報公開条例にもとづいて、これの原データを請求した。不動産販売が目的である。市町村はATとのライセンス契約で原データの公開も禁じられているとしてこれを拒絶し、同時に、ATからWIREdataに対して著作権侵害予防の差止請求をおこなった。

巡回裁（ポズナー判事）は、「著作物でない原データの開示を、著作権ライセンス契約で制限することは著作権のミスユースである。WIREdataが取引制限を立証したら、反トラスト法違反も成立する可能性がある。開示のために必要なプログラムの使用はフェア・ユースとして許される」などとしてWIREdataを勝たせた。

いま日本でも公正利用の一般条項を設けようという提案がなされているが、とっくに一般条項をもっている米国では、さらに1歩進めて、ミスユースの大胆な適用がはじまっている。前述（6.2）の経済産業省「ソフトウェアに係る知的財産権に関する準則」など、日本でも、遅まきながら、著作権法のどうしようもない硬直性を、ミスユース法理でファイン・チューニングできる可能性

---

[444] *Feist Publications, Inc. v. Rural Telephone Service Co., Inc*, 499 U.S. 340 (1991)：データを集めるのに金がかかったのだから、それを回収するため著作権保護を与えるべきだといういわゆる「額に汗sweat of the brow」論を否定した。
[445] http://www.lessig.org/blog/good_law/
[446] *Assessment Technologies v. WIREdata*, 350 F.3d 640 (7th Cir. 2003).

がでてきた。

　情報化時代に入って、いろいろな著作物がつぎつぎと出現しているのに、先進国に類のない送信可能化権（アップロード禁止権）やダウンロードの公正利用除外（ダウンロード禁止権）までふくむ強力な私権を創設し、フェア・ユースを著作権法30条以下の矮小な限定列挙にとどめている日本の著作権法の硬直性が顕著になってきた。インターネット音楽交換に対するいわゆるカラオケ法理（前述5.6.1）の安易な類推適用[447]など、日本の裁判所も適応不全が目立つ。

　著作権法には自浄機能――フェア・ユースとidea-expression merger――が内在している。知的財産権の暴走を止めるブレーキは、米国では、ミスユースと反トラスト法とフェア・ユースという３重ブレーキになっている。日本ではミスユース判例が少ない上に、著作権法に公正利用一般規定がなく、自浄機能が働かないので、外部の法、たとえば独占禁止法や不正競争防止法による押さえ込みが、米国よりももっと必要である。

6.4. 強制実施権

　特許権者は、業として特許発明の実施をする権利を専有する[448]から、原則として、意に反して他人にライセンスする義務はないのだが、それだけでは、社会に対してさまざまな損失を与えることがある。そのため、一定の場合、強制的にライセンスを設定する法制が各国にある。

　日本でも特許法に裁定（強制実施権）制度があり、一定の場合、特許庁長官または経済産業大臣の裁定によって、他人の特許発明等を、その特許権者等の同意を得ることなく、あるいは意に反して、第三者が実施する権利（強制実施権）を設定することができる。

　特許法は、以下の３つの場合の裁定を規定している（実用新案法、意匠法にも対応規定がある）。

　① <u>不実施の場合における通常実施権設定の裁定</u>（83条）

---

[447] たとえば「ファイルローグ事件」東京高判平成17（2005）年３月31日。
[448] 特許法68条。

6．知的財産権の自浄機能

② 利用関係の場合における通常実施権設定の裁定（92条）
③ 公共の利益のための通常実施権設定の裁定（93条）

これまで特許権、実用新案権および意匠権を合わせて計23件（不実施9件、利用関係14件）の裁定請求がおこなわれたが、いずれも裁定にいたるまえに取り下げられており、裁定により通常実施権が設定された事例はない[449]。

日米包括合意

1994年8月、日米包括経済協議の知的所有権作業部会で、大要つぎのような内容の合意が成立した（いわゆる行政協定で、条約ではない）。

「利用目的の裁定実施権の設定については、①司法又は行政手続を経て、反競争的とされた慣行の是正、または、②公的な非商業的目的の利用の許可のいずれかに該当する場合を除き、日本国特許庁および米国特許商標庁は、利用発明関係の強制実施権設定の裁定をおこなわないこと」。

米国には日本特許法のような裁定制度がなく、反トラスト法がその役割を負っていたから、米国は、上の合意で失うものはまったくなかったのである。それにひきかえ、日本は、とくに最先端のゲノム創薬分野の上流で遺伝子特許が成立して、下流の医薬品研究開発でそれを回避することが困難なのに、利用目的の強制実施権が使えないということになった。ライセンスが拒絶された場合の影響はかぎりなく大きい[450]。

米国では、このような「技術を使わせないようにする行為」を私的独占として、特許ノウハウの強制実施・開示を命じたケースが多い。

United Shoe Machinery事件（1953）[451]

United Shoe Machinery（ユナイテッド・シュー・マシナリー）は、同社製の製靴機械を製靴会社に賃貸し、製靴機械で75％のシェアを確保している。同社市場力には同社の特許権が大きく貢献している。司法省がシャーマン法2条違反（独占維持）で提訴、地裁は司法省が請求した会社分割を退ける一方、

---

[449] 特許庁資料
www.jpo.go.jp/shiryou/toushin/shingikai/pdf/strategy_wg07/paper08.pdf
[450] 「新たな分野における特許と競争政策に関する研究会」報告書（公正取引委員会、平成14（2002）年）。

Unitedに対して、機械を（賃貸ではなく）販売することを命令、製靴会社の販売代理人になることを禁止するとともに、同社特許権を合理的なロイヤルティでライセンスすることを命じた：「これらの行為は、表面的には略奪的・不道徳的・差別的といえるものではないが、それらは競争障壁として機能する。Unitedの市場力は、また、特許…の取得によって増加する」。「かかる独占の影響を拡散するため、法廷は、…Unitedが、靴や靴用品の製造を望む者に、合理的なロイヤルティで、同社の特許を利用可能にすることを命じる」。

IBM事件（1956）[452]

1952年、司法省は、IBMがシャーマン法1条／2条に違反して、製表機（のちコンピューターを追加）市場を独占ないし独占を企図して通商を妨げたとして差止請求訴訟を提起、1956年の同意判決には大要つぎの内容の項目があった[453]。

「第XI項：(a) IBMは、書面による請求をなす者に対して、…電子情報処理機器およびシステムを製造（外注ふくむ）／使用／譲渡するための、IBMのすべての現存または将来特許（(c) 外国対応特許をふくむ）の無制限／非独占的ライセンスを、それらの未満了期間中、許諾しなければならない。(b) IBMは、その現存または将来特許を他に譲渡してはならない（譲受人が本XI項に拘束されることを引き受ける書面を本法廷に提出した場合を除き）。(d)(2)ライセンシーに合理的なロイヤルティを課してもいいが、それは非差別的で、［グラントバック］にはその公正な価値が反映されなければならない。(e)もし請求者がIBM提案のロイヤルティを拒否した場合は、120日以内に本法廷に申し出て、その裁定を受けること。(f)ライセンシーは許諾特許の効力を争うことを妨げられない」。

この同意判決は、1998年判決[454]によって失効するまで40年以上存続した。古い話ではないのである。

---

[451] *United States v. United Shoe Machinery Corp.*, 110 F. Supp. 295 (D. Mass. 1953), aff'd, *United Shoe Machinery Corp. v. United States*, 347 U.S. 521 (1953).
[452] *U.S. v IBM Corp.*, Civil Action No. 72-344. Filed and Entered January 25, 1956. http://www.cptech.org/at/ibm/ibm1956cd.html
[453] 「　」を使っているが、字句どおりの引用ではなく、私の要約である。

6．知的財産権の自浄機能

Column 「グッド・オールド・デイズ」

　1956年、IBMと司法省の合意を裁判所が承認して、情報処理システムに関する画期的な同意判決が言い渡された。同年、ほぼ同内容の同意判決が、通信システムに関してAT&Tにも言い渡されており、期せずして、コンピューターと通信機の2大巨人が、現存および将来の特許権を開放したのである。この最大の受益者が日本であった。それまで存在しなかった日本のエレクトロニクス産業が、一気に離陸した。当時のコンピューターは真空管式からトランジスター式へ移行中の時期で、まだまだ海の物とも山の物ともつかなかったが、AT&T特許には、当時世界最高の技術をもっていた研究子会社ベル電話研究所の発明（トランジスターとICをふくむ）がぜんぶ入っていた。まさに宝の山であった。

　当時IBMとAT&Tは潜在的なライバルで（コンピューターと電話中央交換機はハード的にはおなじもの）、お互いの動静を横目でみながら行動していたので、両社の特許ライセンス契約は、奇妙なほど似たものになった。どちらも5か年期間を設定して、その間になされた発明の特許権をその満了までライセンスするというものである。両社とも、日本の数社をファミリーあつかいにして、パッケージ・ライセンスを許諾し、主として出願数で判断するグラントバックを顧慮したうえで、非差別的でリーズナブルなオーバーオール・ロイヤルティを課していた。もちろん、ファミリー外の企業からの個別ライセンスにも応じていた。

　もっとも、両社の交渉スタイルは対照的で、IBMは、5年ごとに、ノーベル賞受賞者（たとえば江崎博士）を団長にした大交渉団を送りこんできてライセンシーを威圧しようとしたのに対して、AT&Tはもっと心憎い交渉方針をとった。以下はAT&T（1982年会社分割までは製造子会社のウェスタン・エレクトリック名義）との体験である。

　毎年、秋のいい季節になると、きまってAT&Tからの2人連れが日

---

[454] *U.S. v. IBM*, 163 F.3d 737 (2d Cir. 1998).

本のファミリー各社を巡回して、あたらしい発明特許の説明をした。1人は老人の技術者で、もう1人は若い法律家である。老人が文系の私にていねいに説明してくれるハイテクの世界——マイクロミラーやマグネティック・バブルなど——はSFのように輝いていた。大交渉団ではなくて、ベテラン技術者と若い法律家（時として女性）各1人のコンビというのは、以後、私が部長を勤める渉外部の交渉スタイルになった。

　毎年のことなので、すっかり顔なじみになって、鎌倉の案内などしてあげたものである。こちらもビジネスマンだから、潤沢な接待費をポケットに入れているのだが、かれらはたいへんつつましい人たちで、けっして贅沢はしなかった。老人のほうは、若いころベル研でノーベル賞級の業績をあげていたらしい（自分ではいわないが、もう1人が話してくれた）が、いまは、人生の秋をしみじみ感じさせるような穏やかな老人である。米国人が好きになった。

　5年に1度、つぎの5か年期間の契約書ドラフトをもってくる。3センチぐらいの厚さで、1条々々、若いほうが懸命に教えてくれるのだが、英米法の精髄で、なにが書いてあるのかさっぱりわからない。それでも契約書だから、半年がかりで必死に読み解いて、社長へもってゆく。社長もなにもいわずにサインしてくれる。ひとが信頼できる…良き古き日々であった。

Dell事件（1996）[455]

　1992年2月、Dell（デル）は、全米のハード／ソフト・メーカーからなる技術標準設定機関VESA（Video Electronics Standards Association）に加入した。VESAは、当時、コンピューター・バスの標準設定作業を開始しており、同年6月、ビデオ集約ソフトに適する「VL-bus」デザイン標準を採択した。投票にあたっての定例手続きとして、Dell代表者は、「私の知るかぎり、本提案はDell所有の特許…を侵害しない」ことを書面で宣言している。だが、じつ

---

[455] *In the Matter of Dell Computer Corporation*, 121 F.T.C. 616 (1996).

6．知的財産権の自浄機能

は、1年まえの1991年7月、Dellは、「VL-busカードを搭載するマザー・ボードの機械的スロット形状に対する排他的権利」を与える特許1件（「481特許」）を取得していたのである。

この標準は大成功で、8か月で140万台のパソコンに搭載されたが、そのころからDellは若干のVESAメンバー（パソコン・メーカー）に対して、「VL-busの実施はDellの排他的権利を侵害する」として、「Dellの排他的権利を認める態様を決めるため」会談を要求した。

連邦取引委員会（FTC）は、Dellの行為が競争を不当に制限している（FTC法5条違反）として調査を開始、1996年5月、「Dellの同意は和解のためのものであって、違法行為の自認ではない」との了解のもとに、Dellに対して大要以下のような命令を発した。

① 今後10年間にわたって481特許の権利を行使しないこと。
② 481特許にかぎらず、今後10年間にわたって今回のような行為をしないこと。
③ 本同意命令のコピーをVESAメンバーその他Dellの警告先および今後参加する標準設定機関に配布、Dell内の関係者に徹底すること。
④ 以上の措置の遵守状況につきFTCの監視を受けること。

Intel-US事件（1999）[456]

被審人Intel（インテル）は、同社製マイクロプロセッサ（MPU）の顧客に対して、コンピューターを設計するのに必要な同社技術情報／知的財産権ライセンスを供与していたが、うち3社（DEC／Intergraph／Compaq）が同社ならびに同社顧客に対して知的財産権の主張をおこなうにおよんで、3社に対する情報・ライセンスの供与を打ち切りまたは制限した。FTCがFTC法5条違反容疑で審判開始、10年間にわたる同様行為の（対世的）排除を命ずる同意審決をおこなった（3対1）。

Intel-US事件（2010）[457]

2009年12月、FTCは、欧日の同様事件（前述3.1）と歩調をあわせて、ふた

---

[456] *Intel Corp.*, FTC Docket No. 9288 (June 8, 1999).
[457] *In the Matter of Intel Corporation*, Docket No. 9341 (2009).

6.4. 強制実施権

たびIntelに対してFTC法5条にもとづく審判を開始、「IntelのCPUやチップセットとの相互接続[458]（interoperabilty）に必要なものをふくむすべての技術を、FTCが定める条件で、他社にライセンスすること」などを要求した。FTCは、パソコンやサーバー用CPUチップに焦点をあわせている欧日とちがって、ビデオ・チップにも眼を向けているが、そこではNvidiaやAMDもそれなりの市場力をもっている。

AMDが2002年以来Intelを訴えていた一連の損害賠償私訴（カリフォルニア州南部とデラウエア州連邦地裁）で、Intelは、2009年11月、AMDに12億5,000万ドル払って和解しており、本件でもFTCとの協議を続けていたが、2010年8月、双方合意に達した[459]。

今回の合意は従前の対Intel同意審決を拡張したもの（たとえば、CPUの動作に必要なコンパイラー関連情報の開示などをふくむ）で、CPUだけでなく、GPU（グラフィック・プロセシング・ユニット）やチップセットをふくむ。これで、かねがねx86チップに参入しようとしていたNvidiaやViaが、CPUの第三勢力として登場してくる可能性がでてきた。

Microsoft-US事件（2001）[460]

本件については前述（5.1.5）したが、知的財産（権）の強制実施（開示）命令のみを再掲する。

「Microsoftは、XP発売後1年以内に、同社ミドルウエア製品（Internet Explorer／Java Virtual Machine／MediaPlayer／Messenger／Outlook Expressおよびその後継システム）とWindowsとのインターフェイス情報（API）、および、サーバー・プロトコル情報をネット上で公開する。ミドルウエアの将来版については、その最後のベータ・テストまでにAPIを開示する。Windows将来版については、ベータ・テスト版15万本配布後にAPIを開示すること。これらを使用するにあたって必要な知的財産権は有償でライセンスする」。

---

[458] 日本ではinteroperabilityを一般に「相互運用」と直訳しているが、私はあえて「相互接続」と意訳している。
[459] http://www.ftc.gov/opa/2010/08/intel.shtm
[460] *U.S. v Microsoft*, 253 F. 3d 34 (D.C. Cir. 2001).

7．知的財産権と競争をめぐる国際法

7.1．TRIPS協定

　1995年1月発効の「世界貿易機関を設立するマラケシュ協定」（「WTO協定」）附属書1C「知的所有権の貿易関連の側面に関する協定」（「TRIPS協定」）は、加盟国における知的財産権の保護基準（スタンダード）を定め、それらの執行手段（エンフォースメント）の確保を義務づけたものだが、知的財産権と競争法の関係についても、つぎの規定を有する。

　8条2項「加盟国は、権利者による<u>知的所有権の濫用の防止</u>又は貿易を不当に制限し若しくは技術の国際的移転に悪影響をおよぼす慣行の利用の防止のために必要とされる適当の措置を、これらの措置がこの協定に適合する限りにおいて、とることができる」。

　40条1項「加盟国は、<u>知的所有権に関するライセンス</u>等における行為又は条件であって<u>競争制限的</u>なものが貿易に悪影響をおよぼし又は技術の移転および普及を妨げる可能性のあることを合意する」。

　同2項「この協定のいかなる規定も、加盟国が、<u>実施許諾</u>等における行為又は条件であって、特定の場合において、関連する市場における競争に悪影響をおよぼすような<u>知的所有権の濫用</u>となることのあるものを自国の国内法令において特定することを妨げるものではない。このため、加盟国は、自国の関連法令を考慮して、このような行為又は条件（例えば、排他的なグラントバック条件、有効性の不争条件および強制的な一括実施許諾等をふくむことができる）を防止し又は規制するため、この協定の他の規定に適合する適当な措置をとることができる」。

　知的財産権は、それが単独で行使されるか共同で行使されるかにかかわりなく、すくなくともそれによって保護される商品・役務の市場を独占し、社会的損失を創出する。かかる社会的損失は、知的財産権保護によってもたらされる発明創作の促進効果によってのみ正当化される。したがって、もし知的財産権の行使が発明創作を妨げるものであれば、そのような知的財産権は権利行使不

7. 知的財産権と競争をめぐる国際法

能（unenforceable）とされなければならない。これが、知的財産権行使の美名に隠れた反競争的慣行を禁止する理由である[461]。

TRIPS協定8条は知的財産権の単独行使による競争制限を、40条2項は知的財産権ライセンシングによる競争制限を、それぞれ禁止する国内立法を許す。いずれにおいても、かかる禁止措置が、「この協定の他の規定に適合すること」が条件（"subject to" ではなくて、"consistently with the other provisions of this Agreement" だから、この和文は外務省の誤訳で、「他の規定と整合的に」が正しい）だが、協定のすべての規定が整合的に解釈・執行されることは当然なので、この条件によって両条がスタンダードやエンフォースメント諸条項に劣後することにはならない。

いずれも「とることができる」として任意規定であるが、この協定を推進した米欧は、知的財産権の反競争的行使を禁止するための強力な法律／判例をすでにもっており、強い知的財産権保護と強い競争法のあいだの緊張によって、社会的非効率を最小化するのに成功している――すくなくとも成功しつつある――という自信と余裕から、あえて両条を任意規定のままにとどめたもので、長年米欧企業の制限的事業慣行（RBP）に苦しめられてきた途上国がこれを法制化するのは当然という理解である。

Column 「よこはまポートワイン」[462]

「よこはまポートワイン」は、1907年、横浜酒造から発売された超ベストセラーのワインである。横浜酒造のビジネスの原点といってよい。以後、その独特の味と風味が広く好まれ、日本はじめてのヌードポスターなど、斬新な宣伝や販売促進もあいまって、日本人の味覚の一角を形成してきた。「よこはまポートワイン」というブランドは、70年続いた商品力と宣伝の賜物であって、金額に換算すればおそらく何百億円もの価値があっただろう。

---

[461] 前述した強制実施権について最も執拗に抵抗した米国半導体業界さえ、「司法または行政上の手続きの結果反競争的と決定された行為を是正」するための強制実施権には同意している（31条(c)）。

[462] フィクションである。

7.1. TRIPS協定

　1973年、横浜酒造は、突然、この「よこはまポートワイン」を「よこはまスイートワイン」と改名した。「よこはまポートワイン」は、たしかに「ポートワイン」としては甘かったが、顧客にとってはそれなりの「甘え」があった。それをいきなり「スイートワイン」としたので、「愛」を「性交」と言いかえたような衝撃が走った。とくに「スイート」が肥満につながる否定的なイメージを帯びたことで、この改名の決断は謎であった。

　じつは、これは外圧による決断だった。19世紀末以来、欧州のワイン産地、とくにフランスやポルトガルなどは、外国のワインが欧州の地名、たとえば、「ボルドー」、「シャンパーニュ」、「シャブリ」、「ポルト」など（「地理的表示」）を使うことを禁止しようとして、外国メーカーに定期的に警告書を送りつけ、なんとか国際条約も締結してきたが、いずれも強制力のうらづけがなく、実効はなかった。

　この試みのクライマックスが、1987年からはじまったGATTウルグアイ・ラウンド交渉の知的財産権（TRIPS）交渉であった。そのなかでECがいちばん熱心だったのが、この「地理的表示」である。ECは、TRIPS交渉で、本来の土地の産品以外の「地理的表示」の使用を全面的に禁止することを強硬に主張した。これには、米国、カナダ、オーストラリアなど、欧州からの植民で建国した国々が猛反対した。たとえば米国には「パリ」という地名が60以上もある。イリノイ州のシャンペイン郡は優れたワインを産出する。

　1992年、行き詰まっていた米欧農業交渉がブレアハウス合意で急転直下決着したが、農業国フランスはこれに大反対で、ウルグアイ・ラウンド脱退——ということはEC脱退——まで真剣に考えた。この状況に対して米国がとった決断が、それまでの「地理的表示」反対を撤回して、賛成へと大転換したことである。

　これで、ワインの「地理的表示」保護は、1994年調印の「世界貿易機関（WTO）協定」の知的財産権（TRIPS）協定のなかに入った。WTO協定は、違反に対する報復が合法である点で、いままでの国際条約とはちがう「牙」をもつ条約である。これを受けて、日本も不正競争防止法を改正して、ワインの不真正「地理的表示」を禁止した。

7．知的財産権と競争をめぐる国際法

　「よこはまポートワイン」は、ポルトガルの「ポルト（Porto）」という地名を使っている。横浜酒造は、ウルグアイ・ラウンドの20年まえ、ポルトガルからの警告書の段階で、「ポートワイン」の使用をやめていたのである。いいことは早いほうがいい。あなたが当時の社長さんだったら、おなじ決断をしただろうか？

　じつは、ウルグアイ・ラウンドの地理的表示交渉では、土俵ぎわのどんでん返しがあった。米国は、賛成に転じる条件として、過去10年間以上継続して善意で使っていた地理的表示の免責を強硬に主張、これが通ったのである。おかげで、カリフォルニアのポール・マッソン「Port」は生き残った。粘り勝ちである。「継続して」だから、いったんやめてしまった「よこはまポートワイン」は復活できない。

　記者会見での社長さん：「1世紀に近い歴史をもつわが社だからこそ、気をつけなければならないことがあります。時代が変わりつつあるのに、ひたすら伝統やノスタルジーにしがみついていては、歴史のなかに埋没します。今回『よこはまポートワイン』を『よこはまスイートワイン』と改名したのも、あたらしい時代に対応したわが社の総合的な変身の一環だとご理解いただきたい」。

　非公式幹部会での法務部長さん：「地理的表示の問題だけでなく、一般的な製法表示の問題もある。むかしは、ポートワインの味がすればポートワインでよかったが、いまでは、ポートワインとは、ワインにブランデーを加えて発酵をとめたものだという定義になっている。発売当時ならともかく、『よこはまポートワイン』は、かならずしもこのあたらしい定義を満たしていないといわれるおそれがある」。

　製法表示なら、なかみのほうをすこしづつ変えて、ブランドのほうを維持すればよかったのではないか。コカコーラも、この半世紀、味や成分をすこしづつ変えてきているが、ブランドは維持している。ミッキーマウス1匹を守るために著作権法を改正させたディズニーもいる。肉食系ビジネスマンのしぶとさがちがう。自分にとってかけがえのない価値を守るためには、最後の最後まであきらめてはいけない。どうせ殺されるなら、そのまえに、相手の喉首にしがみついて、すこ

しでも傷を負わせてやるものだ。

7.2. 輸入強制実施権――TRIPS協定30条改正問題

「知的財産権と独占禁止法」と題する本書は、知的財産権者が、その本来の目的である発明創作の促進を超えて独占的利益を追求し、社会的非効率を増大するという状況に対処する法制として、狭義の独占禁止法ばかりでなく、知的財産法に内在するいわば自浄機能のいくつかを考えている。多数の人間の生命を左右する医薬品特許の強制実施権[463]がその1つである。

この点で、ウルグアイ・ラウンドの初期になされたインドGATT大使の「医薬品の単価が特許権保護で上がれば、支払能力のない一般の人は買えなくなる。…死者が何人増えるかわからないが、福祉のレベルはまちがいなく落ちる」[464]という発言が、問題の深刻さを示している。インド自身は米国の繊維市場自由化約束と引き換えにTRIPS協定に同意したのだが、協定発効4年後の1999年にいたって、HIV/AIDS、結核、マラリアなどの疾病に悩む低開発国グループが、TRIPS理事会で、TRIPS協定と医薬品アクセスの関係についての議論を開始し、2001年のWTOドーハ閣僚会議がこの問題を取り上げて、大要つぎのような宣言を採択した[465]。

4．閣僚会議は、TRIPS協定の約束を再確認するとともに、そのかわり現行TRIPS協定の解釈と運用によって、医薬品に対するよりよいアクセスが達成されうることを確認する［この段階では、改正を拒否している］。

5．(c)閣僚会議は、現在の公衆衛生上の危機が、強制実施の根拠とみなせることを確認する。

6．閣僚会議は、TRIPS理事会に対して、いわゆる「輸出強制実施権」問題に関する迅速な解決策を、2002年末までに発見するよう指示する。

パラグラフ6について補足する。現代的な医薬品の製造能力がほとんどない

---

[463] 本書では、ふつう「実施権」を「ライセンス」と呼んでいるが、「強制実施権」はこの用語が定着しているので、そのままにしている。
[464] 1991年10月10日朝日新聞インタビュー記事。
[465] WT/MIN(01)/DEC/2（2001年11月14日）。

7. 知的財産権と競争をめぐる国際法

低開発国にとって、TRIPS協定30条（強制実施権）「加盟国は、第三者の正当な利益を考慮し、特許により与えられる排他的権利について限定的な例外を定めることができる。ただし、特許の通常の実施を不当に妨げず、かつ、特許権者の正当な利益を不当に害さないことを条件とする」はなんの役にもたたない。かれらにとっては、医薬品を外国で作らせる強制実施権が必要なのである。しかし、31条(f)「強制実施権は、主として当該加盟国の国内市場への供給のために許諾される」がそれを阻んでいた。米国は、強制実施権によって製造された医薬品が外国へ横流しされるのをおそれていたのである。

2002年、TRIPS理事会は、このシステムを実施する法的メカニズム[466]／疾病や医薬品の範囲／システムにカバーされる国の定義というような基礎的な諸点もふくめ、なんの合意にも達することができなかった。対象疾病について、米国は明確な定義を要求、これに対して、低開発国グループは、HIV／AIDS、結核、マラリアは例示にすぎないと主張した。

2003年、一般理事会（閣僚会議とTRIPS理事会の中間にある決定機関）で、31条(f)のウエィバー（義務免除）にもとづいて、6か月以内にTRIPS協定が改正されることが合意された[467]。にもかかわらず、米日をふくむ先進国側がこの合意における当事者の真の意図を争い続け、実際に正式の改正議定書が採択されたのは2年以上たった2005年末であった。

改正TRIPS協定30条の2［要約］「31条(f)にもとづく輸出加盟国の義務は、付属書記載の有資格輸入加盟国むけ医薬品の製造／輸出のために必要な限度で付与される強制実施権に関しては適用されない[468]」。対象疾病は、HIV／AIDS、結核、マラリアその他の伝染病とopen-endedになった。これは、ウルグアイ・ラウンドの優等生とさえいわれるTRIPS協定にとって、はじめてのきびしい試練であった。本改正は、実質的な結果もさることながら、米国が21世紀の「不磨の大典」として、通商法スペシャル301条で強引に執行してきた「新

---

[466] 法的メカニズムについては、(1)31条(f)の長期的ウエィバー（義務免除）、(2)31条(f)の改正、(3)30条の拡張解釈という3つの選択肢のうち、米国はTRIPS協定の根幹をゆるがすおそれのある(3)をきらって(1)を主張し、最終的には(2)に落ち着いたものである。

[467] WT/L/540（2003年9月2日）。

[468] WT/L/641（2005年12月6日）。

神聖同盟」の一角が崩れたという象徴的な意義も有する。

7.3. TRIPS協定における並行輸入問題

7.3.1. ウルグアイ・ラウンドでの経緯

　並行輸入問題は、GATTウルグアイ・ラウンドで揉めにもめた。成立したTRIPS協定は、こう規定する。
　第6条（消尽）「この協定に係る紛争解決においては、第3条［内国民待遇］および第4条［最恵国待遇］の規定を除くほか、この協定のいかなる規定も、知的財産権の消尽に関する問題を取り扱うために用いてはならない」。
　ウルグアイ・ラウンドは4年計画で1990年末に終わるはずだったが、農業で合意にいたらずブリュッセル閣僚会議がつぶれた。そこに提出されたいわゆるジュネーブ・テキストにはこうあった。
　第6条（消尽）「第3条および第4条の規定を除き、この協定のいかなる規定も、締約国に対し、いったん権利者によりまたその同意を得て市場に置かれた物の使用／販売／輸入又はその他の頒布に対して与えられる知的財産権の消尽に関する各国それぞれの制度の決定について、いかなる義務も負わせず、また、自由も制限しない」。
　これは文章が長いわりにはわかりやすい。要するに、並行輸入問題に関しては各国それぞれ自由である、いかなる義務も負わせず、自由も制限しないとしたのがジュネーブ・テキストである。それがまたさらに揉めてTRIPS協定6条になったことがわかる。
　TRIPS協定6条では文言が変わっており、「この協定に係る紛争解決においては」と断っている。TRIPS協定に違反しているというのいわゆるバイオレーション・ケース、協定違反にはいたらないが協定利益を無効化・侵害しているというのいわゆるノンバイオレーション・ケース、いずれも同協定による紛争解決にもちこまれる。紛争が付託されると、パネルが設置され、パネルの結論に不満なら上級委員会に上げる。最終的には紛争解決機関（DSB）で決定され、加盟国に勧告される。6条は、この紛争解決において、知的財産権の消尽問題、

7. 知的財産権と競争をめぐる国際法

つまり並行輸入問題については、内国民待遇と最恵国待遇を除いて、TRIPS協定のいかなる規定も適用してはならないと規定しているのである。

TRIPS協定のなかで並行輸入問題に適用されそうな規定はすくなくとも3つある。特許権、商標権、マスクワークに関しては輸入［禁止］権が確立した（著作権にはこれがない）。しかし、並行輸入を排除するために、その輸入［禁止］権を援用してはならないとしているのが6条である。輸入［禁止］権は贋物や海賊版の輸入を禁止する場合に使用するのであって、真正製品の輸入には適用してはいけないということである。輸入［禁止］権は適用できないが、内国民待遇と最恵国待遇は適用しなければならない。TRIPS協定6条は、ジュネーブ・テキストよりも自由貿易寄りになっている。ジュネーブ・テキストは「なにをやってもいい」ということだったが、TRIPS協定6条は輸入［禁止］権の援用を許さないことによって、並行輸入を制限したい輸入国グループの手をしばっている。

ジュネーブ・テキストには、ECの提案で、「権利消尽に関しては、欧州共同体は単一の締約国とみなされる」という脚注がはいっていたが、TRIPS協定6条では落ちてしまっている。EC域内では、EC条約30条（現EU運営条約36条）によって並行輸入を禁止できない。にもかかわらずECは域外からの並行輸入を止めている。欧州司法裁判所（ECJ）判例は2つあり、EMIがCBSレコード（コロンビア・レーベルの米国レコード）の輸入を差し止めたEMI対CBS事件[469]およびスペイン（当時は域外）からイギリスへのレコードの並行輸入を止めたハーレクイン・レコード事件[470]である。ECは域内での並行輸入を保証しているにもかかわらず、域外からの真正品の並行輸入を止めている。ECとしては、EC域内の並行輸入保証はシングル・マーケットを作るために必要不可欠であり、TRIPS協定でそこをいじられたら困るので、この例外を提案していた。ところが、TRIPS協定6条でこの例外が脱落してしまった[471]ため、今後は、EUが、域内産品に対しては並行輸入を保証していながら、輸入品に対してこの利益を与えないのは内国民待遇違反になる。また、域内の国別でみた場合、たとえば

---

[469] *EMI v. CBS* , [1976] 2 CMLR 235.
[470] *Polydor v. Harlequin Record Shop*, [1982] 1 CMLR 677.
[471] じつは事務的な手ちがいで脱落したのだといわれる。そんな事情のためか、以来並行輸入に関するEUの3条、4条違反はパネル事件になっていない。

フランスがドイツからの並行輸入を止めないにもかかわらず、米国からの並行輸入を止めるのは最恵国待遇違反になる。

7.3.2. 国際法協会草案

国際法協会とは世界の著名な国際法学者で構成される権威ある学会だが、その分科会の国際経済法委員会が、並行輸入問題についてリポートをだそうとした[472]。その主査がシカゴ・ケント法院のFrederick M. Abbott（フレデリック・アボット）教授である。同氏は30数ページにおよぶ草案を作成した。同草案は並行輸入問題についての広範な情報を集め、緻密に分析したもので、参考書としても非常に優れたものだが、アクション・アイテムとしては1ページにまとめることができる。

第1に、TRIPS協定6条がジュネーブ・テキストよりも自由貿易的になり、知的財産権保護色が薄まってきたことに気がついた米国が、TRIPS理事会で、「6条を削ろう」と提案しているのだが、それに対して委員会草案は反対である。その理由として、6条を削除してしまうと、現実政治が働いて、強い国（米国）が好き勝手なことをする。米国行政府は、バイラテラルの関係を利用して、たとえばアルゼンチンに対し、NAFTA加盟の条件として並行輸入制限をするように圧力をかけ、現に若干の途上国とはそのような通商協定を結んでいる[473]。米国行政府主導のもとで、並行輸入禁止、そして知的財産権による世界の市場分割というレジームができあがってしまうおそれがある。それに対する歯止めとしても、6条は置いておくべきだというのである。

第2に、今後かりに6条を変えるとすれば、削除するのではなく以下のよう

---

[472] Frederick M. Abbot, Co-Raporteur, *First Report (Final) to the Committee on International Trade Law of the International Law Association on the Subject of Parallel Importation*, April 1997。なお、本間忠良「並行輸入問題に関する国際法協会国際経済法委員会報告草案について」『TRIPS研究会報告書（平成9年度）』公正貿易センター（1998年3月）。

[473] カンボジャ、トリニダードトバーゴ、ジャマイカ、エクアドル、スリランカ（いずれも未批准）。米国通商当局があれだけ騒いで、やっとこの程度かと愕然とさせられる貧弱な成果である。米国最高裁は、*Quality King Distributor, Inc. v. L'anza Research International, Inc.*, S. Ct., No. 96-1470 (1998) で、このことに冷ややかに言及している。

に変えるべきだとする。まず、基本ルールとして、「ある国において、知的財産権者の承諾により、販売その他の方法で市場に置かれた製品やサービスに対し、輸入国は、知的財産権者による輸入制限を許してはならない」とする。要するに、知的財産権によって保護された製品の並行輸入は、それが権利者の同意によって市場に置かれたものであれば禁止できないのが原則である。BBS判決（前述3.2.3）での「本人と同視しうる者」よりこの委員会草案のほうがかなり範囲が広く、「権利者の同意にもとづく」として、ライセンシーまでふくむようにしている。

価格規制例外

　委員会草案には重要な例外が2つある。その1つが価格規制例外で、これは医薬品のことである。国が公衆衛生を考慮して、輸出国において薬の価格規制（price control）をしている場合を例外とし、この場合は並行輸入を禁止してもよい。ただし、並行輸入を禁止する場合は、薬の箱の上に「この製品は政府の価格規制に服するものであって、輸出用ではない」と表示しなければならない。

　問題は、つぎの「輸出国の税関は、そのようなステッカーが貼ってある製品の輸出を止めなければならない」という規定である。なぜ突然輸出国がでてくるのか。輸入国で止めるのならわかるが、なぜ輸出国で止めなければならないのか。しかも、更に「それを保証する行政的な取決めを作らなければならない」とある。よく考えると、この規定には、米国業界のつぎのような思惑がありそうである。たとえば、薬価が安いことで有名な英国の薬が米国に輸入され、米国の医薬品市場が撹乱されることについて、米国の製薬業界はすこしもおそれていない。米国では特許権にもとづいて並行輸入を禁止できる（私はこれにはおおいに疑問だが）と信じているのである。問題は、英国の安い薬がたとえばオーストラリアに輸出されると、米国の高い薬がそこで競争に負けてしまう。つまり、この例外は、第三国市場での競争のことを顧慮しているのである。ただ、日本では、特許法という一般法のなかに「価格規制のある医薬品」などと規定できないから、一般的な輸出［禁止］権ができ、輸出差止制度（関税法69条の7以下）ができたのであろう（overkillでないことを祈るのみである）。

7.3. TRIPS協定における並行輸入問題

再放送例外

　もう1つが再放送例外である。草案は、先年、欧州司法裁判所（ECJ）で出された2つの判決を比較している。1つがコディテル再放送事件[474]である。ある国で映画が放映されたが、隣国の人がその電波を受けて無断で再放映した。被告は、「1回放送したということは、1回販売したのとおなじであり、とくにEC域内では、EC条約30条（現EU運営条約36条）により、1回販売したあとで権利行使はできないはずだ」と主張、これに対して、欧州司法裁は、「そもそも放送という行為は有体物を販売する行為ではない。再放映は単純な著作権問題である」として著作権侵害の判決を下した。こういう問題があるので、アボット教授は「放送権に関しては例外である」という注意規定をいれている。

　もう1つがワーナー・ブラザース・ビデオ・カセット事件[475]で、コディテルと似ているようだが異なる事案である。ある国にはビデオの貸与権が存在しないので、その分安く販売されていた。ところがこの安いカセットが輸出された。輸入国ではビデオ・カセットに貸与権の料金が入っているので高い。そこでおなじビデオに価格差が生じた。著作権者のワーナー・ブラザースが権利行使をしようとしたが、欧州司法裁は、「これは物の売買で、いったん販売された物が別の国に流れていったにすぎない。貸与権の有無は関係ない。要するに、著作権者が、いったん販売された物について、輸入国で著作権の主張をするのは、物品の自由流通を定めたEC条約30条[現EU運営条約36条]に反する」という判決を下した。

　コディテル・ケースは日本にはあまり関係なさそう（県境を越えた放送番組のインターネット配信問題などで参考になるかもしれない）だが、ワーナー・ブラザース・ケースは関係がある。ECJ判決は、真正ビデオの並行輸入を、映画著作物の頒布権侵害の可能性あり（総代理店の不法行為にもとづく並行輸入業者からの損害賠償請求を、権利侵害の立証不十分で棄却）とした1994年の「101匹わんちゃん事件」東京地判と反対の結論になった。

---

[474] *Coditel v Ciné Vog Films*, ECJ 1980/81.
[475] *Warner Brothers v. Christensen*, ECJ 1988/90.

7. 知的財産権と競争をめぐる国際法

7.4. GATT

Akzo事件（1988）[476]

　米国DuPont（デュポン）社は、同社米国方法特許にもとづき、オランダAkzo（アクゾ）社製のアラミド繊維の輸入に関して、1984年4月、国際貿易委員会（ITC）に関税法337条提訴をおこなった[477]。1985年11月、ITCが一定のAkzo製品に対して限定輸入排除命令を発令、連邦巡回控訴裁（CAFC）がITCの決定を支持、連邦最高裁もAkzoの上告を却下して一件落着したかにみえた。

　しかし、Akzoは、この措置がEC理事会規則2641/84（米国通商法301条[478]のEC版——ウルグアイ・ラウンド後は3286/94に移行）にいう不正商業慣行にあたるとしてEC委員会に提訴、委員会はこれを受けて、1987年7月、GATT理事会に提訴した。

　ここで問題になったGATT規則は、一般協定3条4（内国民待遇）と20条(d)（「国内財産権法令の順守を確保するために必要な措置」に対する例外）である。まず内国民待遇について、パネルは、337条について、時間制限、反訴の不存在、二重法廷（ITCと連邦地裁）、一般対物排除など6点にわたる対輸入品不利益差別を指摘している。つぎに知的財産権例外について、パネルは、GATT 20条(d)にいう「必要」の判断基準を「GATT違反でなく、合理的に利用できる代替法がある場合は『必要』と認めないし…かかる代替法がない場合でもGATT違反性が最少になるような措置を利用すべきだ」とし、上の6項目をこの基準に照らして判断した結果、対物一般排除は、国産品にくらべて、侵害品の源泉をつきとめるのが困難であり、または対人措置の実効性がとぼしいなど「必要」の基準を満たす場合があることを認めたほかは、すべてECの主張を支持している。

　7年後の1994年、米国は、ウルグアイ・ラウンド協定法の一部として、

---

[476] GATT紛争解決小委員会（パネル）報告書 United States-Section 337 of the Tariff Act of 1930. Report by the Panel, 1988. 11. 23.

[477] 1930年関税法337条は、米国への物品輸入においてなされる不公正行為に対して、大統領が任命する独立委員会ITCが、輸入排除や販売停止などの救済措置をとる制度である。

[478] 外国の不公正貿易（知的財産権保護不十分をふくむ）に対抗して、USTR（合衆国通商代表）が輸入制限などの措置をとる制度。

7.4. GATT

Akzo事件パネル勧告に従う関税法337条改正をおこなった。

8．紛争解決

8.1．交渉

　ビジネスに紛争（conflict）はつきものである[479]。紛争は交渉と訴訟によって解決される。本節（8.1）で交渉を、次節（8.2）で訴訟を考える。

　交渉研究における先駆者の1人ハワード・ライファ（Howard Raiffa）の『交渉の術と科学』[480]の題名が示すとおり、このテーマに関する文献は、事実上「交渉術」と「交渉科学」に分かれる。

　「交渉術art of negotiation」は主としてビジネス・スクールの先生や心理学者が書いていて、交渉をまとめ、取引を完了させる技術——したがって仲裁技術にも通ずる——に重点を置いている。毎年2回ハーバード法院で開かれる「ネゴシエーション・セミナー」[481]には、官庁や大企業に加えて、全米の弁護士事務所の若手エリートが集まる[482]。

　「交渉科学science of negotiation」は経済学者や数学者が書いていることが多く、その基礎はゲームの理論（theory of games）と決定分析（decision analysis）である[483]。核抑止からビジネス交渉、はては夫婦関係までという広い応用分野があり（本書では、対象を知的財産権紛争にしぼっている）、45年にわたる米ソ間の「冷たい戦争」を熱核戦争にしなかったという大きな歴史的

---

[479] Howard Raiffa, *The Art and Science of Negotiation--How to Resolve Conflicts and Get the Best out of Bargaining* (The Belknap Press of Harvard University Press, 1982) 7：「社会の大きな変化が、破壊力によって解決されるコンフリクトの結果として、起こることがある」。

[480] *Id.*

[481] ハーバード大、マサチューセッツ工大（MIT）、タフツ大の共催。

[482] 私は古くからの常連だが、最近では、文部科学省の平成16年度「法科大学院等専門職大学院形成支援プログラム」補助金で、2006年春季セミナー（5日コース）に参加してきた。詳細は別著に譲るが、ここで一言だけ報告するなら、参加者の大部分が、参加料2,500ドルを国の「社会人教育補助金」バウチャーで払っていた。補助金が、参加者個々の能力向上だけでなく、3大学を中核とするProgram on Negotiation（PON）http://www.pon.harvard.edu/about/という有望な教育産業を立ち上げている。

[483] Raiffa, *op. cit.* 2.

8. 紛争解決

役割を果たした。仲裁より抑止（脅し）を重視する。先駆者の1人トマス・シェリング（Thomas Schelling）[484]が2005年ノーベル経済賞を受けた。

ビジネスマンが日常的に体験する交渉のうち、とくに特許権ライセンス交渉は、かならず権利者と企業者（entrepreneur——多くの場合「侵害被疑者」）とのあいだで、つねに訴訟を意識し、訴訟の脅しのもとでおこなわれる。「訴訟は別の手段による交渉の継続にほかならない」（後述）。ほんとうは、交渉が決裂して訴訟にいってしまうのは、どちらにとっても望ましいことではない。費用がかかるのに結果が不確かだし、そのうえ、訴訟は法律にもとづいて判決され、裁判官は、それが両者のビジネスにとって望ましいかどうかなどは考えてくれない。訴訟は当事者からみるとアウト・オブ・コントロールなので、訴訟をビジネスの手段として使うのは、ビジネスとしては責任放棄である…にもかかわらず、本章の結論は、両者がそれぞれ最大の利得をめざせば、かならず訴訟になることを示唆するはずである。

とくに日本の経営者などから、裁判の様子をみて和解するという話をよく聞くが、「戦争をはじめるのはかんたんだが、それを終わらせるのはむずかしい」と、米国の戦略思想家フレッド・イクレが観察している[485]。訴訟もおなじで、いったんはじまると、双方のコミュニケーションがとだえてしまうし、和解交渉での発言が訴訟で使われるおそれがあるので、和解は非常に困難になる。

後述（8.2.4）のHadron事件では、判事の強い意向で、何度も和解交渉があったのだが、Hadronと都電子がいずれも自分の主張をまったく曲げず、どちらも言いっぱなしで物別れに終わった。両社は、訴訟費用だけで何百万ドルもかかり、敗訴した場合何千万ドルもの損失を受ける可能性のあるお先真っ暗な訴訟に突入したのだが、これはふつうは正気のビジネスとはいえない。どこかに妥協点（均衡解）があったかもしれないのだが、みつからなかったのである。

コミュニケーションといえば、交渉というのはなにもface-to-face negotiationばかりではない。マスコミを利用したコミュニケーションも広義の交渉である。ビジネス・スクールの先生が書いた交渉術の本[486]のなかにおもしろいエ

---

[484] Thomas C. Schelling, *The Strategy of Conflict* (Oxford University Press, 1969).
[485] Fred Charles Iklé, *Every War Must End* (Columbia University Press, 1971).
[486] Max H. Bazerman and Margaret A. Neale, *Negotiating Rationally* (The Free Press, 1992).

ピソードがある。

「1986年、米国自動車メーカーのビッグ・スリーが、リベート（返金）プログラムを展開した。これがエスカレートして、1台売るごとに損失がでるまでになった。このとき、クライスラー社のアイアコッカ社長［当時］が、マスコミに対して声明をだした。『ビッグ・スリーのリベート・プログラムは近い将来に終わるだろう。クライスラーは続けるつもりはない。しかし、ほかの2社が続けるなら、クライスラーはそんなオファーを打ち負かすだろう』。クライスラーは、他の2社の同意を条件として、価格競争の休戦を提案したのである。フォードとGMはこのメッセージを受け入れて、リベート・プログラムは停止された」。

私が驚くのは、この先生が3社の行動を肯定的に書いていることである。アイアコッカ社長がリベートをやめることを一方的に宣言して（当時クライスラーは3社中シェア最下位で、財務状況も最悪だったから、これはたしかに自然な行動である）、ほかの2社が追随しただけなら、それは意識的並行行動（conscious parallelism）で、すれすれながらカルテルにはならないだろう。だが、アイアコッカ社長が、他社が追随しない場合、クライスラーが捨て身でリベートを継続すると脅した結果、他社がこれに従ったのなら、日本では「相互的な意思の連絡」とみなされて独占禁止法違反の価格カルテルになる可能性がある[487]。

8.1.1. 交渉術――「腕相撲」と「ナンバー・ゲーム」

Hadron事件（後述8.2.4）における和解交渉失敗の原因は、両者が、ハーバード法院のネゴシエーション・ワークショップでいうpositional bargaining（あえて「腕相撲」と意訳）で突っ張っていたことである。フィッシャー＆ユーリー（Fisher & Ury）の『イエスといわせる――カモにならない契約交渉』[488]は、これに代えて、principled negotiation（あえて「ナンバー・ゲーム」と意訳）

---

[487] たとえば「東芝ケミカル事件」東京高判平成7（1995）年9月25日。この先生は、エアライン間のフリークエント・フライヤー（マイレージ）プログラム競争についても、「もしエアラインがが、プログラムを<u>相互的に</u>に削減、廃止するならば、それは統合的かつ相互に有益な<u>合意</u>になるだろう」といっている。Id. 170.

8．紛争解決

という手法を薦めている。

positional bargainingの実例として、フィッシャー＆ユーリーは、米国ケネディ大統領とソ連フルシチョフ第一書記のあいだの核軍縮交渉をあげている。争点は相手国施設への立ち入り査察の回数で、米国は1年10回以上、ソ連は3回以下を主張して歩み寄れず、結局物別れになった。じつは、ここでは、1回の査察を何日×何人でやるのかという点が未定のまま、回数だけで交渉していた。しかし、何日×何人のほうも回数と相関するので、結局、未知数2つで方程式1つの連立方程式を解いていたのである。頭を冷やして（principled negotiationで）、なんとか双方がおなじくらい不満な均衡解をみつけることができなかったのだろうか…というのがフィッシャー＆ユーリーの感想である。たしかに、交渉失敗のいちばん大きな原因は「情報の非対称」である。双方が、不完全な情報にもとづいて、手探りで交渉する。お互いが弱みをもっている…かといって自分の弱みだけ先にさらすわけにはいかない。この手詰まりを打開するために、仲裁の存在理由がある。

フィッシャー＆ユーリー（というよりハーバード・ネゴシエーション・プロジェクト）は、「賢い合意を効率的かつ友好的に実現するため」、positional bargainingに代わって、principled negotiationを提案する。これは、より具体的には、つぎの4つの手法からなる。

① 人と問題を分離する。
② 立場ではなく実質に注力する（「ナンバー・ゲーム」と意訳した趣旨）。
③ 決定のまえにいろいろな可能性を提示する（ブレイン・ストーミング[489]）。
④ 結果を合理的な基準に基礎づける。

ゲームのルールを設定するためのゲームを「メタゲーム」という。ナンバー・ゲームが暗礁に乗り上げたとき、メタゲームにシフトアップすると、膠着状態を打開できることがある。たとえば、2人の姉妹がパイを分けるとき、姉が切っ

---

[488] Roger Fisher and William Ury of the Harvard Negotiation Project, *Getting to Yes--Negotiating Agreement Without Giving In*（Penguin Books, 1981）．著者はいずれもハーバード・ネゴシエーション・プロジェクトの教授で、豊富なエピソード（ほとんどが仲裁系だが…）によって、いわゆるwin-win gameを説いたベストセラーである。『…ハーバード流交渉術…』などという題名の翻訳書が多数出ているが、私は原書から引用している。

[489] *Id.* 63.

8.1. 交渉

て、妹が先にとる——one cuts, the other chooses——がフェアなルールとされている[490]。

ハーバード流交渉術を、後述（8.2.4）Hadron事件に当てはめてみよう。

① Hadronが不意打ち提訴してきたことによって、都の交渉者は完全にHadron不信におちいっている。

② Hadronの請求はオールで、都の回答はナッシングである（Hadronは日本他社からすでに巨額の和解金を取っていたので、いまさら都に低いオファーができなかった——手が縛られていた——フィッシャー＆ユーリーのいう「bottom line」である）。

③ 訴訟がはじまってからは、進む道が１本しかなくなっている（判事勧告による和解交渉は訴訟の継続にほかならない）。

④ 陪審裁判を選択したことで、専門家による合理的判断の期待はなくなった（とくに、当時は、レーガン政権のプロパテント政策のため、ロイヤルティのインフレ期待が高まっていて、ルール自体が崩壊状態だった）[491]。

「principled negotiation」というのは、おそらくハーバード学派の理想論であろう。私たちが現実の世界で直面する特許権ライセンス交渉においては、「positional bargaining」が不可避なのではないのだろうか。「賢い合意を効率的かつ友好的に実現するため」というのは、仲裁者にとっての目的である。交渉者にとっての目的は、自分が最大の利益をおさめ（、できれば相手を破滅さ

---

[490] *Id.* 90. これが、フォン・ノイマンの有名な「ミニマックス」定理のいちばん簡単な例題である。フェアとかアンフェアとかいうことではない。下の影をつけたセルで、姉（切り役）にとってのマクシミンと妹（選び役）にとってのミニマックスが一致するので、ここがこのゲームの「鞍点」（合理的解）である。妹のほうがすこし有利なので、双方が満足する最適解ではなく、安定だけがメリットの均衡解なのだ。どちらも切り役をきらって選び役を望むから、役を決めるメタゲームは、やはりpositional bargainingになるだろう（たぶん空腹な方が負ける。後述のプレス機械交渉でも、売上げ実績を急ぐ三島が負けた）。

姉が切る＼妹が選ぶ	大きい方	小さい方
できるだけおなじく	姉：半分よりすこし少ない	姉：半分よりすこし多い
一方を大きく	姉：小さい方	姉：大きい方

[491] 後述8.2.4では訴訟のほうに記述を集中するつもりなので、話の前後は寛恕されたい。

8．紛争解決

せ）ることである。対北朝鮮外交における米国外交官の耐えがたいほどの「軽さ」は、ハーバード／フレッチャーでのprincipled negotiation教育のおかげで、仲裁者と当事者の区別がつかなくなった結果でないか。ハーバード学派は、私たち交渉者が落ち込んでいる暗い情念から抜けだして、仲裁者のようにあかるく開放的に考えなさいと教えているのである。そんなことができればどんなにいいか…。

プレス機械売買交渉（仮設ケース）[492]

(1) 山田の状況

山田行夫（60歳）は、機械技師として長年勤めた都電機を定年退職したので、退職金と貯金でプレス機械を買い、都電機川崎工場の下請けとして、自宅で、特殊変圧器の鉄心用板金の打ち抜き賃加工をはじめるつもりである。いちおう株式会社にするが、従業員は自分と妻の2人だけである。

在職中の人脈があるので、5年間は、なんとか、年1,700万円程度の加工賃収入を確保できる見込み。コストは、自宅の改装費／プレス機械／付帯設備／車両などの償却費、人件費（自分と妻の給料）、電気代、その他諸経費（賃加工だから材料費や金型代はかからない）で、損益トントンが目標である。会社は利益ゼロでも、自分と妻の給料で食べていける。

償却費の大半を占めるプレス機械（すべて手送り式）としては、現在つぎの4機種を候補として見積もりをとった。フィーチャーのランキングを好ましい順からABCで示す。

メーカー	速度	保守サービス	騒音・振動	見積価格
こだま産機NG-210	A	A	C	4,450万円　B
新星メカトロJK-40M	B	B	B	5,000万円　D
東西重工HH-12X	C	C	D	4,000万円　A
長野工業KLH-3	D	D	A	4,500万円　C

---

[492] 実話にもとづく私の創作で、私が教授として企画指導した日本大学法科大学院の「知的財産権交渉ロールプレイング」講座（平成16年度「法科大学院等専門職大学院形成支援プログラム」文部科学省補助金受給事業）で使ったケース教材のサマリーである。

8.1. 交渉

自宅は野中の一軒家なので、安全・騒音・振動等の関連法令は、いまのところクリアできるが、今後、近所に住宅ができると問題がでてくる可能性がある。

これから各社と値引き交渉をはじめるのだが、目的に合った機械を、できるだけ安く買いたい。あなたが山田だったら、どのような戦略で交渉するか。

(2) 三島の状況

三島 明（35歳）は、長野工業の営業部員。KLH-3は、発売8年目で、今様のフル・マイコン制御ではなく、ハードワイヤード（半田付け結線が主）で、材料の自動送りインターフェイスがないため、量産向きではない。それだけに、騒音・振動は制御可能で、このフィーチャーで特許をとってある。保守には手がかかるのに、会社が長野なので、急なサービスが間に合わず、評判を落としたことがある。以後、お客には定期保守契約を薦めている。営業部員は保守契約も実績になるので、値引きと保守契約のトレード・オフで利益を確保したい。ハーバード・ネゴシエーション・セミナーの卒業生なので、「ナンバー・ゲーム」には自信がある。

会社としては、近々新製品投入の予定なので、期末までに旧型の在庫をなるべくさばく方針である。上司から3,800万円までの値引き権限を与えられている（売手の「留保価格」reservation price (RP)[493]）。あなたが三島だったら、どのような戦略で交渉するか。

(3) 山田の決断

① 自分はベテラン技師だから機械のサービスは自分でできる。
② 人手は自分1人で、手送り作業だから、速度はあまり重視しない。
③ いちばん心配なのは、将来の騒音問題である。

この3点をメーカーに見抜かれないようにしなければならない。とくに自分の技術知識をひけらかさない自制が必要である。いちばんほしいのは長野工業の機械で、見積価格の4,500万円でもなんとか損益トントンになる事業計画（買手のRP）である。だが、こちらの強みも弱みもみせてはいけない。上の表の影をつけた部分だけを長野工業の営業部員に示して交渉する。相手のRPはわからない（「カカク・ドット・コム」はまだなかった）が、速度の遅さとサービスの悪さを責めて、3,500万円をオファーしよう。セールスマンが怒って帰っ

---

[493] Raiffa, *op. cit.* 46.

8．紛争解決

てしまったらしかたがない、ほかをあたろう。理由もないのにすこしずつ値上げする[494]のは技術屋のプライドが許さない[495]。

(4) 三島の決断

引き合いしてきた山田氏は、素人のにわか商売らしく、商品知識が乏しい。プレス加工を甘くみている。あとになって、速度が遅いとか、故障だとか、クレームで手がかかりそうだ。まず、コンサルティング・セールスと称して、どんな事業計画をもっているか（RPを）聞きだそう。機械は値引きしても、あとの保守契約で回収すればいい。

(5) 結果と分析

このケースは、最も単純な交渉形態である有体商品の売買という「準コンスタント・サム・ゲーム」[496]の典型である。おたがい相手の情報がわからない「情報の非対称」こそ、交渉の存在理由である。両方の状況を知っている私たち（または仲裁者）は、この商談が妥結するはずだとわかっている（価格も両者のRPの中央値をとれば4,150万円になる）。だから、両者がすこしずつカードをだしていけば、いずれは一致するはずだ——というのが、アイビーリーグの明るく理性的な環境のなかから生まれたハーバード流交渉術だが、実際はどうか。

長い老後を妻と一緒に生き延びるため必死になっている山田と、機械とサービスの抱き合わせという姑息な商法で甘やかされてきたサラリーマンの三島では、交渉力で完全に差がついている。山田にとって、3,500万円のイニシアル・オファーは、思い切ったギャンブルだったが、三島が怒って帰ってしまわなかったことから、売手のRPにかなり近いという確信を得た。三島がネゴシエーショ

---

[494] 「negotiation dance」 *Id.* 47.
[495] カエサルは、ガリア遠征のためいまローマから渡ってきたルビコン川の橋を焼き落としてしまった、いわば不退転の決意を表わしたのだが、ハーバード学派のRaiffaは、これを戦略不在だとして批判的である*Id.* 48。Raiffaは、どこまで交渉相手をミスリードしていいかは、交渉者の文化によって決まるといっており*Id.,* 47、Raiffaが属するハーバード文化と、Hadron事件における都電子や、プレス機交渉における山田が属する日本技術者の文化のちがいを示すエピソードとして興味深い。私は、紛争の原因をなんでも文化のせいにしてしまうアプローチには賛成できないが、前述した北朝鮮との交渉における米国代表の「軽さ」などとも考え合わせると、むしろハーバード文化のほうが特殊なのではないかとさえ思えてしまう。
[496] *Id.* 45.「準」というのは、おたがい相手のRPがわからないので、眼の前にあるパイをカットするコンスタント・サム・ゲームとはプレーヤーの戦略がちがうことを意味する。

ン・ダンスですこしずつ値下げをほのめかすのを、山田はいちいち理由をつけて拒否した。値下げの幅がだんだん小さくなってきて、売手のRPの見当がついてきた。山田は、交渉中はじめて、オファーを300万アップした。2度目で最後のギャンブルである。三島の顔色から、これが標的命中！だと知った。結局3,800万で妥結、三島が裸にされた。

三島が、最後の反撃で（「交渉は最後の5分間で決まる」）もちだした保守契約との抱き合わせは、山田がそれまでのあいまいな態度をがらりと変えて、独占禁止法違反だ、公正取引委員会に通報するとまで言い張ったため、すごすご撤回した。

このケースは、一定の時間内に、2人のプレーヤーが交互に手を指してゆくダイナミック（動的）な「交互進行」ゲーム[497]である。しかし、フィッシャー&ユーリーが推奨するような「ナンバー・ゲーム」ではない。結果が一方に片寄ってしまったという点で、「腕相撲」になっている。これがビジネスの実態である。ただ、このケースは、最大4,500万円、最小3,800万円という範囲が決まっていて、そのあいだの700万円というコンスタントを2人で分けるゲームであった。それは、プレス機械の価格が4,000万円ちょっとという「相場」が存在する市場でのゲームであった。

知的財産権市場ではどうか。とくに知的財産権の有効性や抵触には広いグレー・エリアがある。この両側に対峙する売手と買手のあいだに「相場」は存在しない。知的財産権紛争はゼロサム・ゲームである。この手詰まりを打開できる要因は、訴訟経費とリスクしかない。

この時点で、ゼロサム・ゲームは失敗し、ゲームのルールを決めるゲーム、つまりメタゲームにレベルアップする。双方が、交渉でまとめるか、それとも訴訟で決着するかを選択する2行2列ゲームがはじまる。

---

[497] アビナッシュ・ディキシット&バリー・ネイルバブ、菅野&島津訳『戦略的思考とは何か——エール大学式ゲームの理論の発想法』（TBSブリタニカ、1991年）39。

8. 紛争解決

8.1.2. 交渉科学——「囚人のジレンマ」と「チキン・ゲーム」

訴訟は交渉の継続である[498]

　特許権ライセンスの価格交渉においては、権利者側も、企業者（多くの場合「侵害被疑者」）側も、いずれも、かならず、平和的な交渉で妥結するか（「C」）、訴訟で決着をつけるか（「D」）の決断を迫られる局面がある。これはつぎのような2行2列ゲームで表わされる[499]。これはアビナッシュ＆ディキシットのいうスタティック（静的）な「同時進行」ゲームである[500]。権利者が列側（利得は前置）、企業者が行側（利得は後置）である。

	C	D
C	3,3	1,4
D	4,1	2,2

　上のマトリックスにおいて、数字は各プレーヤーの利得（大きいほど好ましいが、順位数なので、計算可能な量ではない）である。具体的にはつぎの状況をあらわす。

① 権利者と企業者が協調すれば、それぞれ利得3。

② 権利者が訴訟で脅して企業者が譲歩すれば、権利者の利得4、企業者の利得1。

③ 企業者が訴訟で脅して権利者が譲歩すれば、権利者の利得1、企業者の

---

[498] クラウゼヴィッツ『戦争論』「戦争は別の手段による政治の継続にほかならない」"Der Krieg ist eine bloße Fortsetzung der Politik mit anderen Mitteln," Carl von Clausewitz, *Vom Kriege*, (Ullstein Materialien, 1983, original 1832) のもじり。

[499] 2行2列ゲームで、各プレーヤーに4から1までの利得順位を割り当てる異なる組み合わせは 4!x4!/2x2x2+ $_4C_2$=78通りある。これら78通りはすべて解明されており、そのうち21通りは双方が利得4を獲得する非紛争（non-conflict）ゲームで、本章が試みているような紛争分析にとっては興味がない。のこり57通りの紛争ゲーム（Steven J. Brams, *Theory of Moves* (Cambridge University Press, 1994) (*"Moves"*) 215 にすべて列挙されている）のうち、最も豊富な応用例が提示されているのが、ここで考える「囚人のジレンマ」と「チキン・ゲーム」である。Steven J. Brams, *Negotiation Games*, (Routledge, New York, 1990) (*"Games"*) 148.

[500] ディキシット＆ネイルバブ前掲書61。

利得4。

④　いずれも譲歩せず、訴訟で決着すれば、それぞれ利得2。

この状況のもとでは、まず、権利者にとっては、企業者が協調するかしないかにかかわらず、協調より訴訟のほうがつねに有利だから、訴訟（D行）を選ぶ（ドミナント・ストラテジー）。企業者にとっても同様（D列）だから、結局このゲームはいわゆる「囚人のジレンマ」になって、権利者、企業者とも訴訟を選んで、それぞれ利得2という安定したナッシュ均衡に到達する[501]。

一般に、「囚人のジレンマ」は、つぎの3条件が満たされればかならず成立する。

① 各プレーヤーとも、協調して得られる利得より、脅しに成功して得られる利得のほうが大きい。かつ、

② 各プレーヤーとも、脅しに屈して得られる利得より、訴訟で得られる利得のほうが大きい。かつ、

③ 協調して得られる利得が、脅しに成功して得られる利得と、脅しに屈服して得られる利得の平均より大きい[502]。

この3条件は、知的財産権のような不確定な価値を争う利己的な事業者にとっては、きわめてノーマルな判断である（「事業戦略としての訴訟」の合理性）。

これが無限くりかえしゲームになれば、いわゆる tit for tat（最初にCを選択し、以後前回の相手の選択を「しっぺ返し」[503]する）戦略をとるプレーヤーが、長期的には最大の利得を得るという実験結果（準協調解）があって[504]、継続的取引の経済学的な健全さsustainabilityをうらづけているが、大型特許係争のように、同一当事者間ではあまり反復性がない場合、このくりかえしモデルは通用しないだろう。

---

[501] Brams, *Games* 104.
[502] ウィリアム・パウンドストーン、松浦他訳『囚人のジレンマ——フォン・ノイマンとゲームの理論』（青土社、1995年）158（なお279）。条件③は、順位数を平均するという不自然な説明より、「双方の利得の合計（社会的利得）が、一方の脅しで解決するより、おたがいに協調するほうが、脅しの（抑止）コスト分だけ大きい」という説明のほうがわかりやすい。これは、ハーバード流のナンバー・ゲームからすれば当然の帰結なのだが、それが「囚人のジレンマ」の十分条件になっているところにパラドックスがある。
[503] 文脈からは、「オウム返し」と訳するほうがいいかもしれない。
[504] Robert Axelrod, *The Evolution of Cooperation* (BasicBooks, 1984).

8. 紛争解決

上のマトリックスで、数字をすこし入れ替えてみよう。

	C	D
C	3,3	2,4
D	4,2	1,1

これが「囚人のジレンマ」とちがうのは、利得1と2が入れ替わっており、両者が訴訟を選んだ場合の利得がどちらにとっても最低になるような状況である。ここでは、いわゆる「チキン・ゲーム」という、ナッシュ均衡が2つある不安定な状況が現出する。これは、1車線の道路上で車を対向走行させ、さきにハンドルを切ったほうが負けで、一生「チキン（臆病者）」と呼ばれる——それがいやなら正面衝突して死ぬしかない——というゲームである[505]。

たとえば、訴訟経費が莫大で、双方とも経費倒れになるような状況が考えられ、ここでは「事業戦略としての訴訟」の合理性が崩れている。米国の懲罰的損害賠償や、知的財産権侵害の刑事罰のような、私的な利得追求への公的な介入も、「事業戦略としての訴訟」の合理性の前提を崩し、ビジネス紛争を「チキン・ゲーム」化している。

上の両モデルは、あくまでも理想形（Idealtypus）であって、現実には、一度おこなった選択を戦略的に変更したり（「動きの理論」[506]）、異なる戦略を組み合わせたり、第三者が介入してきたりして、複雑な経過をたどるものである[507]。

ただ、知的財産権交渉において、交渉者は、自分の選択と決定を、成行きや横並びにまかせるのではなく、明確な戦略意識でつらぬくことが重要である。この意味でも、モデル研究は有用であろう。

ここで重要なのは、「信認性」（credibility）と「評判」（reputation）である。最近の日本企業のように、株主へのアリバイ作りのために応訴して、じつは予定どおり和解するという行動がくりかえされると、「訴訟の脅し」という「信

---

[505] このことばを有名にしたのが、ジェームズ・ディーン主演の映画『理由なき反抗』（1955年）であった。
[506] Brams, *Moves* 141-5.
[507] Brams, *Games* 138.

8.1. 交渉

認性」[508]が無効になる。Hadron事件（後述8.2.4）の都電子が陪審裁判の最後まで行って勝った（mad dogだという）という「評判」は、当時並行しておこなわれていた大型交渉の相手に強いインパクトを与え、大きな譲歩を引きだした（linkage）。

Column 「囚人のジレンマ」

　ベン（61歳）とアル（31歳）は、最近酒場で知り合ったばかりだが、一緒に強盗をすることになった。強盗は大成功で、顔もみられなかったし、指紋も残さなかったが、帰路、重大な交通違反を起こした。2人は逮捕され、別々に勾留された。

　担当検事は、強盗も2人の仕業だとにらんでおり、なんとかして自白を取りたい。そこで、1人1人につぎのような司法取引を提案した。2人とも、おたがい相手におなじ提案がだされていることは知っているが、諾否について連絡することは許されない。

(1)　もし2人とも自白したら各6年、
(2)　もし2人とも否認したら各4年、
(3)　もし1人が自白し、他の1人が否認したら、自白したほうに2年、否認したほうに8年。

　次の図はさきの「囚人のジレンマ」とおなじマトリックス式だが、みやすいように変形してある。

---

[508] Id. 139. 1車線を対向走行する「チキン・ゲーム」で絶対不敗の戦略がある。ステアリング・ホイール（ハンドル）をはずして、相手にみえるように窓外へ捨ててしまうのである。これで、勝ちか相打ちに決まる（こんなプレーヤーを米国のスラングでmad dogという）。パウンドストーン前掲書275に引用されたHerman Kahn, On Escalationで論じられている。40年もいちおう理性的と思われるソ連を相手に「核抑止メヌエット」を踊ってきた米国が、いま最も怖れているのが、非理性的と思われるイラン（と北朝鮮）であり、後者が非理性的にふるまって（本気ではないことを願うものだが）、米国からできるだけ譲歩を引きだそうとしているというのが、こんにちの核抑止問題の本質である。

8．紛争解決

アル＼ベン	否認	自白
否認	－4 －4	－2 －8
自白	－8 －2	－6 －6

　それぞれの箱のなかで、左下はアル、右上はベンの量刑（だからマイナス表示）である。あなたがアルだったらどう決断するか。

　アルはこう考える。自分の決断はベンの決断によって決まる。まず、ベンが自白すると仮定する。この場合、自分も自白すれば6年だが、自分が否認すれば8年になる。だから自分は自白するほうが得だ。次に、ベンが否認すると仮定する。この場合、自分が自白すれば2年だが、自分も否認すれば4年になる。だから自分は自白するほうが得だ。以上、ベンの決断にかかわらず、自分は自白するのが最善の選択（ドミナント・ストラテジー）だ。よし、自白しよう。

　司法取引のある米国での話である。ベンもおなじことを考えて自白したので、右下の箱になり、2人とも各6年の刑になった。2人とも、それぞれにとって最善の選択をしたのに、結果は、2人の刑を合計すれば12年で、個々の利己的な選択が、合計では最悪の選択になった。

　2人が気心の知れない飲み仲間ではなくて、仲のいい親子だったらどうだろうか。息子のアルは、自分が犠牲になっても、老い先みじかい親父にすこしでも長く娑婆の空気を吸わせてやろうとして否認する。親父のベンは、自分はもう十分に生きたから、若いアルを早く社会に復帰させてやろうとして否認する。これで左上の箱になって、2人とも各4年、合計8年で、個々の愛他的な選択が、合計では最善の選択になる。

　経済学で、市場参加者の1人1人が自分の利益を最大化しようとして行動すれば、社会全体としての均衡がとれて、資源の最適利用と生産の最大化がはかれるという楽観的なモデルがあるが、利得の組み合わせによってはかならずしもそうではないという「合成の誤謬」が、

この「囚人のジレンマ」モデルの教訓である。

Column 「チキン・ゲーム」[509]

状況：トロイド社は、インスタント・カメラ専門の中堅メーカー。創業者の社長が、自分の発明にもとづく基本特許群（トロイド特許）をもっていて、これを誰にもライセンスせず自社だけで実施し、インスタント・カメラ市場ではシェア100％ちかくを占めていた。

オメガ・フィルム社は光学機材の巨大総合メーカーで、トロイド・カメラのフィルム開発や製造にも長年協力してきたが、このほどトロイドに15年遅れてインスタント・カメラの製造に参入、量産と積極的なマーケティングで、トロイドの独占を急速に侵蝕しつつある。

トロイドは、オメガに対して、オメガのインスタント・カメラがトロイド特許を侵害するから、同製品の製造販売をただちにやめるよう警告書を発信した。これに対して、オメガは、トロイド特許は無効であり、かりに有効だとしても同社の製品はトロイド特許のクレームに抵触しないというおきまりの回答を返して、製造を続けた。

トロイドは、同社特許12件の故意侵害でオメガ・フィルムを提訴、ここに歴史に残る巨大特許訴訟がはじまった。両社とも優秀な特許弁護士団を編成、おたがい膨大なディスカバリー要求をだして、一歩も引かない構えである。オメガの主張も有力で、第三者の目から客観的にみて、両社の勝率はフィフティ・フィフティである。あなたがトロイド社の社長だったらどういう戦略でこの訴訟を進める？

トロイド社の決断：「チキン・ゲーム」を挑む。具体的には、和解の話にはいっさい乗らないということをあらゆる機会を捉えて宣言する。巨大メーカー相手の訴訟なので莫大な費用がかかり、万一負けたら、営業力や応用開発力ではオメガにとうていかなわないので、いずれは撤退に追いこまれるだろう。インスタント・カメラ専業の当社にとって、この訴訟は生きるか死ぬかの勝負だ。社運を賭けて戦い抜く。

---

[509] フィクションである。

8．紛争解決

<u>オメガ社の決断</u>：オメガ社長が側近にいう：「インスタント・カメラの開発に長年協力してきたのだから、トロイド社長も、本心では、それほど頑迷ではないだろう。訴訟は消耗戦だ。お金が湯水のごとくでてゆく。トロイドが疲れてきたところで、和解話に引きこもう。これだけ大きい訴訟だと、例によって、いずれ裁判官が和解を勧告してくるにちがいない」。

<u>結果と分析</u>：単なる特許事件ではなく、モノカルチャーであとがないトロイドに対して、雑貨屋で逃げ場のあるオメガの市場独占をめぐる戦いである。トロイドが「チキン・ゲーム」を挑んでいる「マッド・ドッグ」なのに、オメガが合理的ビジネスマンの常識で対処しようとしている。

　訴訟は地裁で10年以上にわたったが、オメガ社によるトロイド特許数件の侵害が認められ、差止と、当時としては史上最高額の9億ドル近い損害賠償で、トロイドの完勝となった。命がけになった中堅企業がしかけた「チキン・ゲーム」と、大企業のハーバード流交渉術（合理的なナンバー・ゲーム）のちがいである。

8.2．訴訟

8.2.1．事業戦略としての訴訟[510]

　有体商品市場とくらべて、特許権ライセンス市場では、自由競争による均衡価格の形成がはるかに困難である（協調解の不存在）。いいかえれば、商品としての特許権の公正市場価額や相場がみえないのである。このことが、現在、特許権ライセンス取引を不安定化するとともに、その価格を高騰させ、先進国製造業の空洞化を加速している。

---

[510] 本間忠良「知的財産権と独占禁止法」川越編『実務経済法講義』（民事法研究会、2005年）と一部類似の構成をとるが、本書のために大幅に改訂したものである。

特許権ライセンス取引において、交渉はきわめて戦略的である。一般の有体商品では市場が価格の相場を形成し、交渉で相場から大きく離れることはない。市場が信頼されているのである。しかし、特許権ライセンスの価格交渉では、価格情報をもっていない買手は戦略的に行動する（情報の非対称）。買手は、交渉上の劣位を相殺するためブラフ（恫喝）にでる。特許の有効性／抵触をすべて否定して、製品発売に踏みきるという瀬戸際戦略を強いられるのである。現在、市場原理による特許権の価格形成がうまく機能していないため、これを補完するものとして、事業戦略としての訴訟が常態化している。

このような「事業戦略としての訴訟」という発想自体に対する倫理的な反発が予想される。しかし、私はこのような戦略が社会的に望ましいといっているのではない。これは、知的商品の市場がまだ機能していないのに、知的財産権の聖域化だけを急いだ米国レーガン政権の産業競争力政策が招いた変則的な事態である。

米国での民事訴訟を真に理解するためには、建前の制度論だけでは不十分で、「神はみずから助くる者を助く」自助思想に由来する法廷戦術の現実を知ることが重要である。現実の訴訟で、実体法は、原告被告がそれぞれの全資源を振りしぼって繰りひろげる法廷戦術の下に埋没する。数百万人といわれる米国法律サービス産業の存在理由がここにある。米国の民事訴訟における対決形ディスカバリー（証拠調べ）の目的は真実の発見であるが、真実という黄金は、祈って天から降ってくるものではなく、額に汗して地から掘りだすものである。

8.2.2. 訴訟戦術

(1) 警告と訴訟前交渉

「戦術」というのは訴訟法の世界である。以下は主として特許権を想定して述べる（ほかの知的財産権については適宜補足する）。

知的財産権の行使はふつう警告からはじまる[511]。警告も直接警告だけでなく、警告書を侵害被疑者の客先にひろくばらまく[512]ような場合もある。

---

[511] 近年、訴訟をビジネス兵器とみる自称権利者が、無警告で証拠保全、提訴、仮処分と次々と攻勢をかけて、侵害被疑者のパニックを誘い、有利な和解にもちこむというケースが増えている。後述8.2.4 Hadron事件が典型例。

8. 紛争解決

この場合、侵害被疑者の反撃手段としては不正競争防止法2条1項14号による差止請求が一般的[513]であるが、独占禁止法3条前段「私的独占」（とくに無効原因があきらかな場合——Walker Process 1965／Handguards 1984）にもとづく損害賠償請求（独占禁止法24条の差止請求は19条「不公正な取引方法」にかぎられる）や一般指定14項「競争者に対する取引妨害」（差止請求が使える）も考えられる。

警告に引き続いて交渉がおこなわれ、契約にいたることが多い[514]。同業者の場合、クロス・ライセンスになることが多く、業界全体で複雑なクロス・ライセンス網が形成されて、新規参入がほとんど不可能になることがある。

交渉拒否に対しては、独占禁止法3条前段「私的独占」（損害賠償だけ）や一般指定2項「単独の取引拒絶」（差止請求あり）違反としての反撃が有効である。

(2) 証拠保全

権利者からの最も過激な先制攻撃が民事訴訟法234条以下（特許法150条2項）にもとづく無警告の証拠保全であろう。とくに方法特許では、特許法104条に生産方法の推定規定があるものの、提訴後に変更されることもあるので、工場内に立ち入り、または図面を確保する手段である。刑事であれば、故意の証拠となるメモなどを抑えようとする。

自称権利者がもともと無効だと知っている権利を主張している（Walker Process 1965／Handguards 1984）とか、すでに和解してしまったライセンシーからの突き上げで権利主張しているとか、業界ぐるみで特許権を利用した参入妨害をしている（パチンコ機パテント・プール事件）など、独占禁止法違反や権利濫用に該当する請求であることが疑われる場合（業界で噂になっているこ

---

[512] 特許権の場合は、製造だけでなく販売／使用にも権利がおよぶから、この行為がかならずしも違法または権利濫用とはいえないのだが…。また、戦闘力のあるメーカーを避けて、訴訟に弱いディーラーやユーザーを訴えるという戦略もよくみかける。パニックにおちいったディーラーからメーカーに求償させ、間接的にメーカーを屈服させようというのである。

[513] 事件数はきわめて多い。

[514] かならずしも実施許諾（ライセンス）契約とはかぎらない。対象特許の有効性／抵触を認めないまま、係争のコストとリスクを避けるためのいわゆる不争契約もある。

とが多い)、侵害被疑者からの最も強力な反撃も――上の例なら損害賠償請求のための――証拠保全申立てであろう。機械設備や製品が現存する特許権侵害とちがって、独占禁止法違反や権利濫用(とくにシカーネを主張するのであれば)の証拠は隠滅しやすいので、公正取引委員会のような立入検査ができない民事事件においては、すばやい証拠保全が勝敗の鍵を握る(ただし探索目的――fishing expedition――は不可)。

(3) 差止請求

　知的財産権にもとづく差止請求の要件・効果はそれぞれの実体法によって与えられる。特許法100条1項、著作権法112条にもとづく差止請求では、相手方の故意過失要件は不要である[515]。差止請求権によって、特許権ならば2条3項に定義する「実施」の差止、著作権ならば2章3節2款／3款、80条、4章2節／3節／4節に列挙された権利の侵害(113条に列挙された行為)の差止(第2表参照)、不正競争防止法ならば2条1項に列挙された行為の差止、さらに、侵害行為を組成した物、侵害の結果作成された物、侵害行為に供された機械等の廃棄等を請求することができる。

　被告側からの差止請求については、独占禁止法24条がある。2000年改正法施行以来の利用状況はいまのところあまり活発とはいえないし、裁判所がまだ制度の趣旨を理解していないケース(後述「三光丸事件」)も散見されるが、知的財産権の過剰行使に対する反撃手段として無限の可能性を秘めており、民間法曹としては、完全にマスターしておくべき法的ツールである[516]。

　周知のように、知的財産権の行使手段として最も有効でかつ実務上最も多く利用されているのが差止請求である。とくに知的財産権にもとづく仮処分申立ては侵害被疑者のビジネスの生死の鍵を握ることが多い。

　この場合、権利の無効／非抵触にもとづく抗弁だけでは自称権利者のリスクがゼロなので、米国では、侵害被疑者が、攻撃防御の均衡をとる(level playing field)発想から、反トラスト法[517]違反にもとづく反訴――差止と損害賠償

---

[515] みなし侵害には「情を知って」という要件があるが、それは「みなし」の要件なのであって、いったん権利とみなされてしまえば、それにもとづく差止請求には故意過失要件は不要ということである。不正競争防止法3条でも同様である。
[516] 知的財産権訴訟では、1人の権利者が多数の侵害被疑者を訴えることが一般的なので、原告より被告の方が数は圧倒的に多い。

8. 紛争解決

請求――をまず考えるのが定跡である。

現実のビジネス世界では、自称権利者のほうがまったくクリーンで、侵害被疑者のほうがまったく悪玉であるという単純な状況はむしろすくなく、調べれば自称権利者のほうに「私的独占」や「不当な取引制限」（カルテル）や、それが「競争の実質的制限」にいたらなくても「不公正な取引方法」に該当する独占禁止法違反行為が発見できることが多い。ただ、この最後の場合は、自称権利者の行為に「公正競争阻害性」がなければならない。

エドウインおよびリー・ジャパン事件決定[518]は、メーカーの出荷停止に対する仮差止申立てについて、債務者の行為は独占禁止法19条の規定に違反するとしながら、差止請求が実体法上認められない以上、これを被保全権利とする仮処分は許されないとして、債権者の請求を棄却した。いまこの実体法ができたのである。

独占禁止法24条で新設された差止請求は、権利者の差止請求に対する反撃の域を超えて、日本の知的財産法のありかたを根本的に変える可能性がある。それは強制実施権の問題である。特許法93条は、公共の利益のためとくに必要な場合、経済産業大臣の裁定により、特許発明の通常実施権を設定することができると定める。だが、日本では、これが発動された例はない[519]。周知のように、強制実施権をめぐっては国際的に鋭い対立が存在し、たとえば1987-94年のウルグアイ・ラウンド交渉では、これの全廃をめざす米国と、より自由な発動をめざす途上国のあいだにはげしい応酬があり、結局TRIPS協定31条の妥協に落ち着いたものの、2001年からのドーハ開発アジェンダでは、南アフリカ諸国におけるAIDS特許薬の強制実施をめぐって問題が再燃、WTOの歴史上はじめての実質的な協定改正につながった（TRIPS協定31条の2）（前述7.2）。

ただ、TRIPS協定31条(k)項からあきらかなように、「私法上または行政上の手続きの結果反競争的と決定された行為を是正する目的のために他の使用［強制実施のこと］が許容される場合」があることは先進国／途上国共通の理解である。特許法に強制実施権の規定がない米国では、前述のように、反トラスト

---

[517] 最近ではRICO法（http://tadhomma.ld.infoseek.co.jp/RICO01.htm参照）がこれに加わる。
[518] 「エドウインおよびリー・ジャパン事件」大阪地決平成5（1993）年6月21日。
[519] たとえば、吉藤幸朔＆熊谷健一『特許法概説第13版』（有斐閣1998年）544。

法（とミスユース法理）が、当該権利を行使不能（unenforceable）とすることによって、結果的には強制実施権をフルに発動している。特許法93条が機能していない日本にとっても、独占禁止法24条による「権利行使の差止」請求は、法の欠欠を補うものとして、大きな可能性を秘めている。

三光丸事件（2004）[520]

　直接に知的財産権を問題にした24条事件はまだないが、それにきわめて接近したケースをあげよう（この事件は、じつは、営業秘密と商標権のライセンス拒絶事件であった）。原告らは、被告メーカー㈱三光丸（がん）から製品を仕入れて（100年まえからある「本件既存契約」による商品継続的供給契約）全国を行商、彼らの組織「同盟会」で地域割りをおこなっていた。

　メーカーは、行商人らに対して、「新取引規定」（①メーカーによる地域割り、②顧客情報の報告、③得意先譲渡のメーカー同意）を提案、承諾しなければ1年後に商品供給を停止すると申し入れた。

　行商人らは、メーカーの行為を一般指定2項「単独の取引拒絶」該当として、24条にもとづき、①出荷停止の差止および②商品引渡しを請求（ほかに一般民事法にもとづく本件解約の無効／供給契約上の地位確認なども請求している）。

　判決は、24条にもとづく原告らの請求を棄却しつつ、一般民事法にもとづく請求は一部の原告に対して容認した：「24条『侵害の停止又は予防を請求することができる』にもとづく差止請求は、相手方の直接的な作為義務を課すことは予定していない。たしかに、公正取引委員会と被審人の間の関係のような、独占禁止法における規定のなかでのみ実体法上の主張がされ、手続が進められる場合には、<u>排除措置命令の内容を充実させたものとするために、一定の作為を求めることは当然に認められ</u>、法文上もそのことが予定されている（7条等）。<u>しかし</u>、独占禁止法24条にもとづく差止請求権は、公法上の請求権ではなく民事法上の請求権であるから、民事訴訟手続における私訴として位置づけられる差止請求においては、差止請求の当事者間に、契約関係等その他の民事上の権利関係も存在しているのが通常であって、これらの権利関係にもとづく民事上の請求をすること自体何ら排除されていないから、当該民事上の請求のなかで、

---

[520] 「出荷停止差止等請求事件」東京地判平成16（2004）年4月15日。

8. 紛争解決

原告が被告に対してこれらの権利関係上の履行行為としての一定の作為を求めることが可能である。そうであれば、ことさらに、独占禁止法24条にもとづく差止請求の内容に作為命令を取り込む必要はない」。

また、判決は、被告メーカーによる解約（「厳格な地域制限」）につき、一般薬もふくめた「大きな市場」を画定して、公正競争阻害性を否定した。

立法に関与した者の1人として、私はこの判決に対していくつかの疑問がある。24条の「侵害の停止又は予防」にはそれに必要な他の行為もふくまれる。作為請求を積極的に否定する文言ではない。作為請求を間接強制で執行することも可能である。市場も、「置き薬」という「小さな市場」を画定すべきであった。解約によって、原告行商人らが市場から退出せざるをえなくなるから、「著しい損害」も認定できたはずである。岐阜信組／資生堂両最判は、独占禁止法違反の契約を無効とするために「公序」違反のレベルを要求しているが、24条はこれを一歩進めて「私益」を救済するのが立法趣旨である。「著しい損害」も、競争秩序ではなく、私益レベルでいい。本件はこれに該当する。

(4) 仮処分

現実の知的財産権侵害訴訟では、ほとんどの場合、差止請求権にもとづく仮処分（民事保全法23条——知的財産権者として侵害を排除することのできる仮の地位を定める仮処分）が申し立てられ、これが認められると、その時点で債務者（侵害被疑者）のビジネスが事実上終わってしまう。i-Macパソコン事件[521]では、不正競争防止法2条1項1号（3条1項）にもとづく申立てから約1か月で製造販売禁止の仮処分決定がなされた。債務者が答弁書を提出せず、審尋で裁判所から口頭での意見を求められたのに、自己の正当性を説明しなかったのである。仮処分決定がでてしまうと、あとで本案判決で勝っても一度失ったビジネスは取り戻せない。侵害被疑者としては、仮処分決定で勝つために全力を尽くさなければならない。まじめに答弁書を提出し、審尋に出席して申立てに反論するのはもちろん、仮処分決定がでても保全異議の申立て（民事保全法26条）で争う道が残されている。

民事保全法（1991年）施行以前は、無審尋で仮処分決定をだされては困るの

---

[521] 「i-Macパソコン事件」東京地決平成11（1999）年9月20日。

で、侵害被疑者は、管轄のありそうなすべての裁判所に、申立てがあったなら審尋していただきたいという内容の上申書をだしておいたものである。いまは仮の地位を定める仮処分では審尋が原則になったとはいえ、例外もあるので油断はできない（民事保全法23条4項）。

米国では、自称権利者からの特許権にもとづく製造販売差止の仮処分申立てに対して、侵害被疑者からは、自称権利者による独占禁止法違反にもとづく製造販売妨害行為の差止や差止請求権不存在の確認を求める仮処分申立てがまず検討される。「北海道新聞社事件」（前述3.1.1）は公正取引委員会の同意審決で決着したのだが、もしこれを被害者（函館新聞）が私的救済を求めるのであれば、適用法条を私的独占から不公正な取引方法に引き下げて、24条の差止請求に転じ、仮処分を申し立てることになろう。

(5) 損害賠償請求

特許訴訟の原告側からいえば、日本が米国と決定的にちがう点は訴訟費用であろう。米国流の超大型訴訟[522]を日本でやろうと思ったら何十億円もの収入印紙が必要になる。このため、損害額の一部だけ請求して、勝訴したら残りを請求するなどのテクニックが使われることがある。ただ時効（損害および加害者を知ってから3年――民法724条）に注意しなければならない。3年経ってしまった場合は不当利得返還請求（時効10年――民法167条1項）に転じることもあろう。

---

[522] 1990年ポラロイド対コダック*Polaroid Corp. v. Eastman Kodak Co.*, 789 F. 2d / 1456（Fed. Cir. 1986）（8億7,300万ドル）／1992年ハネウエル対ミノルタ*Honeywell Inc. v. Minolta Camera Co., Ltd.*, 1991 U.S. Dist. N.J. LEXIS 20746（1億6,600万ドル）／1993年レメルソン対マッテル*Jerome H. Lemelson v. Mattel, Inc.*, 1993 U.S. Dist. Ill. LEXIS 1482（8,700万ドル）／1994年リットン対ハネウエル*Litton Systems, Inc. v. Honeywell Inc.*, 1997 U.S. Lexis 1641（3倍賠償として36億ドル）／1994年アルペックス対任天堂*Alpex Computer Corp. v. Nintendo Co., Ltd.*, 102 F.3d 1214（Fed. Cir. 1996）（2億5,000万ドル）など。ただマスコミを騒がせたこれらの超大型訴訟についてはその背景と経過を注意深くみる必要がある。これらはいずれも90年代初頭のプロパテント・バブル期に特有の現象で、結果は意外と地味である。レメルソン、アルペックスはCAFC（連邦巡回控訴裁判所）で逆転、リットンは陪審評決を判事権限で逆転（JMOL）、CAFCで再逆転、最高裁再々逆転で差し戻し、ミノルタは陪審評決後の和解である。ポラロイドは複占（duopoly）という特殊な市場構造（コダックの利益額＝ポラロイドの損害額）が背景にある。

8．紛争解決

　1998／1999の両年、侵害と損害額の因果関係に関する権利者の立証責任を軽減するため特許法が改正された（102条）。ほかに、みなし侵害（101条――2002年／2004年強化改正）、過失の推定（103条）、生産方法の推定（104条）、均等論の採用[523]などなど、立法・判例とも権利者に有利な方向へ走っている。2003年、著作権法も損害額についての立証責任を軽減する改正をおこなった。

　被告側からいえば、相手の特許権を無効と信じるべき根拠があれば、権利無効（権利濫用）の抗弁や無効審判の申立てという受け身だけではなく、Walker Process 1965／Handguards 1984型の損害賠償請求訴訟を提起すべきである。

(6)　証拠調べ

　米国では訴訟実務のなかでいちばん時間と費用のかかる段階である。原告被告双方から、文書提出命令（民事訴訟法221条／特許法105条）、とくに秘密情報に関するインカメラ手続き（民事訴訟法223条3項／特許法105条2項）、文書送付嘱託（民事訴訟法226条）、当事者照会（163条）、証拠調べなど、あらゆる手段を尽くして、事実の発見をめざすのは当然である。ここで注意すべき点は、弁護士依頼人秘匿特権（attorney-client privilege）である。訴訟に関する依頼人と弁護士との交信／弁護士の職務上の作成物（work products）が証拠調べからまぬがれるかどうか、弁理士ならどうか、社内法務担当者ならどうかなど、日本ではまだはっきりしていない（証拠調べが当事者主義の米国と、職権主義の日本を単純に比較することはできないが）。ただ、これは弁護士の存在理由にもかかわる問題なので、裁判実務では、すくなくとも社外弁護士には、事実上認められているようである。逆に、刑事事件で（米国では故意侵害事件でも）、弁護士（弁理士）の鑑定を信じたことを根拠に故意を否定する場合など、特権を放棄して、鑑定書を自発的に法廷に提出しなければならないことがある（後述8.2.4「Hadron事件」）。

　被告側からいえば、原告側にパテント・プールなどの3条前段「私的独占」や後段「カルテル」の疑いがある場合は、参考人審尋（民事訴訟法187条）をためらうべきではない。また官公庁がからむ場合（とくに公正取引委員会の調査があった場合）、民事訴訟法221条のほかに情報公開法（行政機関の保有する

---

[523]　「ボールスプライン軸受事件」最判平成10（1998）年2月24日。

8.2. 訴訟

情報の公開に関する法律）もフルに利用すべきである。

(7) 刑事告訴

　特許法196条は、侵害者に対して5年以下の懲役、5百万円以下の罰金という刑事罰を規定する。件数は著作権法や不正競争防止法にくらべて圧倒的にすくない。非親告罪である。もちろん「故意」が要件である。被告側からいえば、弁護士の鑑定書だけでは故意を否定できない可能性があるので、非侵害の確信を示すペーパー・トレイルを残すのが望ましい。米国では、真剣に特許調査をやらなかったことが故意と判断されることがある。日本法における特許権の「みなし侵害」（101条）が刑事罰の対象になるかどうかは特許法に明文規定がなく、罪刑法定主義の立場からも、また、著作権では著作権法120条の2が明文で一定の「みなし侵害」に刑罰を課していることの反対解釈からも、否定的に解すべきであろう。

　被告側からいえば、自分が潔白なら虚偽告訴罪（刑法172条）で反撃すべきである。Walker Processタイプであれば特許詐欺罪（特許法197条）がある。裁判所は、違反行為に供された特許等の取り消しを宣告することができる（100条1項）。

(8) 水際法

　関税法69条の11第9号は「特許権、実用新案権、意匠権、商標権、著作権、著作隣接権、回路配置利用権又は育成者権を侵害する物品」の輸入を禁止する。税関長は、輸入品が同物品に該当すると認定したら、その没収／廃棄／積戻しを命じることができる。輸入差止は件数、点数とも商標権（贋物）が大部分だが、ここでは特許権と著作（隣接）権に注目する。権利者は、税関長に対して認定の申立てをおこなう権利がある（69条の13）。申立人には担保として金銭供託を命ずることができる（69条の15）ので、ある程度濫訴抑止効果はあるが、特許庁長官意見照会申立てなどの手続きをフルに利用すれば、40執務日以上通関を阻止できるので、納期がとくに重要な輸入品（工事や工程上不可欠な部品材料／季節商品／展示会出品／ヒット音楽のCDなど）の場合、商品価額をはるかに超える致命的な損害が発生することがあり、国内産業による輸入妨害戦略として悪用される可能性がある。

8．紛争解決

　2008年中の特許権および著作権による差止の実績は、それぞれ27件（7万点弱）、226件（10万点弱）[524]と前年比急増、いよいよ日本にも通商紛争の時代が到来しつつあるようである。特許権では医薬品が、著作権ではCD還流が急増しており、いずれも業界の一貫した日本鎖国化戦略が顕著になってきた。また、特許権では、最近、権利行使の主体がメーカーではなく権利ブローカーであるケースが増えているためもあって、被害を受けた輸入者にとって、供託金を超える損害の回収はかならずしも容易ではない。

　輸入者側からいえば、根拠のない申立て[525]に対しては、税関において非認定／解放などの防御手続きを機敏に進める（この世界では、すばやく行動しないとすぐ敗者になる）一方、管轄地裁において独占禁止法19条（一般指定14項「競争者に対する取引妨害」）にもとづく輸入妨害行為の差止請求（もちろん損害賠償請求も）による反撃もおこなうべきである。税関があげている差止の実例には、並行輸入品や補用部品（プリンター用インク・カートリッジ——もし詰め替えなら特許権の行使かどうか疑問[526]）で、したがって独占禁止法上疑義があるものも散見される。

8.2.3．米国の水際法

　米国には水際法が2つあって、ほぼ分業している。1つが税関規則133で、おもに贋物と海賊版を対象とする行政手続である。もう1つが1930年関税法337条で、おもに特許侵害品を対象とする準司法手続きである。

---

[524] http://www.mof.go.jp/jouhou/kanzei/chizai/ka210306b.htm
[525] 形式的には有効な知的財産権の行使であっても、私的独占／不当な取引制限／不公正な取引方法のための手段として使われている場合をふくむ。
[526] 「特許権侵害差止請求控訴事件」知財高判平成18（2006）年1月31日は、詰め替えインク・カートリッジの輸入に対するプリンター・メーカーからの特許権ベースの差止請求を棄却した東京地判平成16（2004年）12月8日を破棄差戻した。最高判平成19（2007）年11月8日は、消尽の判断を地裁の基準（特許製品の属性、特許発明の内容、加工・交換の態様、取引の実情等を総合考慮）に戻しながら、「本件インク再充填は、発明の本質的部分に係る構成を再び充足させ、その実質的な価値を再び実現し、その作用効果を新たに発揮させる」から「新たな製造」にあたるとして、結論的には高裁の侵害判決を維持した。

8.2. 訴訟

(1) <u>米国税関規則133</u>[527]

(a) <u>通則</u>

　米国連邦規則財務省税関編（「税関規則」）133は、ひとことでいえば、米国の商標／商号権者や著作権者が、自分の商標／商号や著作権を税関に記録（recordation）しておくことによって、侵害品が輸入されてきたとき、それを留置（detention）、差押さえ（seizure）、没収（forfeiture）してもらう制度である。

　授権法は、商標／商号についてはランハム法42条、著作権については著作権法602条／603条である。商標に関しては関税法526条にも特則がある。

　留置処分をうけた輸入業者としては、処分通知の発信から30日以内に関税庁長官に請願できるが、決定までは国際貿易裁判所（CIT）への提訴ができないので、法律による救済をうけるまで、最低30日は通関できない。

　商標と著作権の場合は権利者、商号の場合は商号所有者（以上「権利者」と総称）が記録申請権者である。商標／商号の場合は、規則所定の申請様式から判断して、ライセンシーは不可。著作権の場合は、独占的ライセンシーまでは記録申請できる。

　記録申請には、商標と著作権は登録、商号は6か月以上使用が条件である。

　手数料は1件190ドルと、1件百万ドル以上かかる関税法337条（後述(2)）より、こちらのほうがはるかに簡便である。337条とちがって正確な統計はないが、現在、商標と著作権で7,000-8,000件が記録されている。

　記録は首都関税局から7地区40税関へ配布される。記録は公開されている。処分のデータベースが不徹底なため、おなじ物品で何度もやられることがある。通過品も対象になる。輸入業者からいえば、留置された場合、できるだけ早く通知してもらわなければ困るのだが、これが、商標／商号では通知後に留置、著作権では留置後に通知となっている。いずれにおいても、「通知後30日以内」に輸入業者からなんらかのアクションが要求されている。この世界では、すばやく行動しないとすぐ敗者になる［再掲］。

　商標／商号と著作権では授権法がちがうせいもあって、手続きも大きくちがう。おおざっぱにいって、著作権のほうが権利者側にボンド（供託金）を

---
[527] 19 CFR 133.

8．紛争解決

積む義務があるだけ、輸入者にとってまだしもフェアといえようか。しかし、主としてブランドやキャラクター商品程度を対象とする商標／商号とちがって、著作権ではコンピューター・プログラムやデジタル・コンテンツ商品が対象になるので、情報化時代の国際通商という点から貿易歪曲効果が大きい。

(b) 商標／商号

　商標／商号を根拠とする留置対象物品は、①「贋物」および「記録と類似の商標／商号を付した物品（「類似商標品」）」と、②「記録と同一の商標／商号を付した物品」（「真正商標品」）である。①の類似商標品は、贋物かどうか、類似かどうかという事実認定上の問題はあるとしても、まあ消費者保護のためにしかたのないところだろう。

　問題は②の真正商標品である。商標／商号はそれぞれの国によって独立だから、米国と同一の商標／商号が外国で真正に成立している可能性がある（事実どちらが先かわからない）。規則の文言だけからみると、これらの真正な商標／商号を付した輸入品が、すべて米国税関で留置されてしまいそうである。

　もちろん、つぎの例外がある。

① 同一所有者：内外商標が同一（親子）会社によって所有されている場合。
② 権利者輸入：記録者（または記録者の書面による同意が税関に通知されている輸入者）によって輸入される場合。

　しかし、この例外は狭すぎて、そのような真正外国商標／商号品の輸入が、①②に該当しない独立業者によって輸入される場合（いわゆる並行輸入―米国では価値判断をこめて「グレイ・マーケット」と呼ぶ）をカバーしていない。

　じつは、1988年までは、例外がもう1つあった。「③並行輸入：外国製品が、米国権利者の許可のもとに、同商標／商号を付している場合」である。これを利用すればかなりの並行輸入が可能だった。しかし、この例外は、K-Mart事件最高裁判決によって関税法526条違反とされ、削除されたため、いまの米国では、独立の輸入者による真正外国商標／商号品の並行輸入が不可能である。

K-Mart事件（1988）[528]

関税法526条は、大要、「米国人の所有する商標を付したすべての外国産品は、同米国人の許可がないかぎり、輸入を禁ずる」と規定する。上の例外③では、たとえば販売地域をフランスに限定して商標使用を許可した場合でも、そのような製品がフランスから米国へ流入することを止められなかった。関税法526条ならそれを止めることができる。1988年、米国連邦最高裁は、例外③を法律違反として無効宣言をおこなった。

(c) 著作権

留置対象物品は「税関が米国著作権侵害と信ずべき理由ある物品」である。処分はつぎのようなものである。

① 留置後輸入者に通知。通知受領後30日以内に、輸入者が否認書を提出しないかぎり差押さえ／没収をうける。

② 輸入者が否認書を提出すると、そのことが権利者に通知される。こんどは権利者の番で、権利者が、通知受領後30日以内に、排除要求書および税関所定のボンド（通常インボイス価格の1.2倍）を供託しないかぎり、留置が解除される。

③ 権利者が排除要求書を提出した場合、税関はそれを輸入者／権利者双方に通知する。30日以内に両者が証拠を補強すれば、事件は首都関税局へ送致される。

④ 首都関税局でクロとなれば、差押さえ／没収をうける。シロならば、留置が解除され、ボンドが輸入者に引渡される。

結果的には、最短60日、長い場合は数か月留置できることになる。

BIOS（バイオス）事件（1987）

BIOSとは、パソコンの基本ソフトのうち、入出力コントロール・プログラムだけをROM化したものである。1987年、松下製PCがシアトル港で留置された。IBMがBIOSの著作権を記録していたのである。税関の検査ではIBM PC/ATのBIOSと32％が類似していた由である。松下は輸出を中止したらしい。新

---

[528] *K Mart Corp. v. Cartier, Inc.*, 485 US 176 (1988).

8. 紛争解決

聞種にならないだけで、同様のケースで多数の日系輸入業者が被害をうけている。いずれの場合もコピー品とはちがい、すべて独自開発品である。記録されたプログラムとの類似度30%以下は通関、30-80%は留置、80%以上は差押さえという噂がある。これがほんとうだとすると、この侵害認定は、著作権法の観点からはきわめて疑問である。たとえば、1Kステップ程度のモジュールでは、機能を同一にしたら類似度はほとんど30%以上になる。この事件の本質は、アジア製PCに対する国内産業保護だったのであろう（1986年半導体協定違反理由のPC100%報復関税もおなじ狙いだった）。

(2) 米国1930年関税法337条[529]

1930年関税法337条は、米国への物品輸入においてなされる不公正行為に対して、合衆国国際貿易委員会（ITC）が、輸入排除や販売停止などの救済措置をとる制度である。

(a) 不公正行為

「不公正行為」の定義はないが、結果的には米国知的財産権侵害が圧倒的である。ただ、贋物（商標権）や海賊版（著作権）相手の税関規則133よりはるかに重い手続きで、経費もかさむので、判定のむずかしい特許事件が大半を占める。

(b) 米国産業

知的財産権侵害の場合、それによって「保護をうける製品」につき、米国産業が存在するか、またはそれが確立途上であることが必要である。工場／設備／労働／資本／R&Dなどに対する実質的投資があれば、米国産業の存在が推定される。

(c) ITC

ITC（United States International Trade Commission）は独立委員会で、委員6名（大統領が任命。任期9年、同一政党からは3名以下）からなる。行政法判事（Administrative Law Judge—ALJ）が第1審決（Initial Determination）をおこなう準司法機関である。

(d) 調査手続き

---

[529] 19 USCS § 1337.

調査開始は提訴または職権による。調査期間は、暫定措置（暫定排除命令 Temporary Exclusion Order—TEO）は90日（複雑案件で150日）、最終措置（永久排除命令Permanent Exclusion Order—PEO／停止命令Cease and Desist Order—CDO）は「できるだけ早期に」だが、だいたい１年以内が相場である。ALJによる証拠調べは、民事訴訟と同様、証言録取、書面審訊、文書提出要求、自白要求、召喚などがあり、提訴人と被提訴人とのあいだの対質構造である（公益の代表者としてITC審査官も参加する）。

(e) 抗弁

特許権侵害に対する抗弁として、不衡平行為や独禁法違反の主張は可能である。

(f) 救済措置

① 排除（exclusion）命令

対物（in rem）措置。限定排除命令（輸入者を特定）が原則だが、例外的に一般排除命令（輸入者を問わず、一定の産品をすべて通関停止）もある。

② 停止（cease and desist）命令

対人（in personam）措置。たとえば流通業者に対する物品移動停止命令。ただ、これは、いったん通関した物品に対しては効果が薄い。

③ 措置

調査中の暫定措置（ALJの心証で裁量的——ボンド通関可）と、調査後の最終措置（優越証拠で発令は義務的——排除／停止命令）とがある。

(g) 拒否権

ITC（公共福利、競争状態、消費者に対する影響を考慮）によるものと、大統領（ITC決定60日以内に、政策的理由で）によるものとがあり、いままでの事例（十数件）をみると適切に発動されているようである。

(h) 上訴

連邦巡回控訴裁判所（CAFC）。

(i) 二重訴訟

同一案件が連邦地裁で継続している場合は、申立てによって連邦地裁の手続きを停止できる[530]。

(j) 統計

8．紛争解決

　関税法337条調査の開始件数は1995年以前から年10数件とあまり変わらなかったが、2000年から2003年15-18件に漸増、2004年から2007年25-31件に急増、米国通商政策の知的財産権傾斜がはっきりしてきた。

　特許ケースの国別開始件数は、EU34、台湾30、日本23、中国18、韓国10、他アジア20、他23（重複あり）と、とくに日本がターゲットになっているわけではない（対日は年2-3件）。EUが台湾と並んで多い。2004年中国が急増。ハイテク、ローテク半々である。

　調査結果は、1996-2002年で、和解（同意命令ふくむ）55、クロ24、シロ32と、1995年以前よりシロの率が増え、和解が減っている。被提訴人側が戦いに慣れてきたのであろう。

　また少数ながら、外国人（日、韓が大部分）が提訴人になったり、米国人が被提訴人になるケースがある。

8．2．4．米国における特許権侵害訴訟の実態

Hadron事件（1994）[531]

(1) はじめに

　最近は、日本企業にとって、知的財産権侵害訴訟（とくに米国での）は日常的な企業行動になってきたが、実態をよくみると、はじめから和解を前提とした、いわば通過儀式のような訴訟がほとんどである。これでは、はじめから「事業戦略としての訴訟」をしかけてくる企業からの命がけの挑戦には耐えられない。以下は、日本企業としてはめずらしく、社運をかけてとことんまで戦ったケースである。

---

[530] 28 USCS § 1446.
[531] *Wang Laboratories v. Mitsubishi Electric*, 103 F.3d 1571 (Fed. Cir. 1997), cert. denied 522 U.S. 818 (1997) をヒントにして私が創作した法科大学院での演習用仮設ケースである。本間忠良「米国における特許侵害訴訟の実態」柏木編『日本の企業と法』（有斐閣、1996年）と一部類似の題材を扱っているが、授業および本書のため大幅に改訂してある。

8.2. 訴訟

(2) 問題の技術

　SLMP（Single-Line Memory Pack）とは、DRAM複数個をドーター・ボード上に搭載したメモリー・モジュールで、主としてパソコンのマザー・ボード上にプラグ・インされ、拡張メモリー用として使われる。この基本デザインは1970年代から公知であった。

　1983年、米国の大手コンピューター・メーカーHadron(ハドロン)社は、かかる基本デザインのうち、9個のメモリー・チップを、30本のピンを有するドーター・ボード上に一列に配置結合するという特殊デザインを考案、試作品の新聞発表をおこなった。席上、Hadronの代表者は、同社のSLMPが、「発明といえるようなものではなく、モジュールを製造する方法も既存の技術でよい」などといっている。供給源を確保するため、半導体メーカーの参入を勧誘しているのである。このようなことが10年後に分かったのも、ひとえに、米国独特の強力なディスカバリー制度のおかげである。

　ここまではよくあることだが、問題は、Hadronが、製品発表の直前、この装置をクレーム（権利請求）する米国特許1件を、ひそかに出願していたことである。特許審査の過程で、Hadron社は、審査官に対して、このデザインの発明性が「きわどいケース」であり、「デッド・コピー」しか排除できないだろう等々、均等論[532]の適用を排除する内容の発言をおこなっている。米国では特許出願が非公開（当時）なので、このような発言は、特許が付与されてから公開されるいわゆるファイル・ラッパー（包袋）に記録されている。

　Hadronは、優先権期間内に日本特許出願もおこなっており、日本出願は米国出願の2年後に公開された（審査請求はしていない）が、公開公報が「コンピューター」に分類されていたため、あとでHadronに訴えられることになる

第7図　SLMP

8. 紛争解決

日本の中堅メーカー都電子の半導体技術者の眼にはとまらなかった。開発まえに特許調査さえしていれば、特許訴訟などなにも心配はいらないという楽観論をよく聞くが、日本だけで年間30万件におよぶ公開公報をはじめから終わりまで全数調べるのはビジネスとしては不可能である。一定の合理的な分類を全数調査するほかは、学会や業界の情報にもとづいて重点調査するという方法しかない。とくに出願人が、出願を意図的に別分類のなかに隠しているような場合、メーカーとしては、リスク・マネジメントの手法で対抗するほか、打つ手がないのである。

(3) 規格採用問題

JEEC（Joint Electronics Engineering Committee）とは、米国電子工業会の一部門で、米国内外の電子部品メーカーを会員として、広範な電子部品の規格作りを主任務とする非営利団体である。

1983年、Hadronは、わずか数週間まえにおこなった特許出願の事実を隠して、

---

[532] 均等論（Doctrine of Equivalents）：リーディング・ケースの*Warner-Jenkinson Co., Inc. v. Hilton Davis Chemical Co.*, 520 U. S. 17 (1997) は、均等論を再確認し、その適用をパイオニア特許やエクイティの場合だけに限定した従来の下級裁判決を否定する一方、均等を発明全体ではなく個々のクレームについて判断すべきだとし、かつ審査履歴エストッペルの立証責任を転換することによって、均等論の暴走にハドメをかけた。

最高裁は、判決の前提として、「文言上のすべてのデテールをコピーしたわけではないが、特許発明の模倣であるものを放置しては、特許の保護を空虚で無用なものにしてしまう。そのような限定は、破廉恥な模倣者が、特許に非重要かつ非実質的な変更と置換をおこなって…クレームの外に、したがって法の外に逃げだすことを許し、それを奨励することになる」という。

均等論適用の可否を判断するため、最高裁は、たがいにややあいまいな関係にたつ2つのテストを提示する。その1がいわゆるFWRテストで、「被告製品が、実質的同一の方法によって、実質的同一の機能を果たし、実質的同一の結果をもたらすかどうか」というものである。

その2がいわゆる非実質性テストで、「アルカリ土金属でないマンガンと、アルカリ土金属であるマグネシウムの差異ないし置換可能性が…均等論の発動を正当化するほど非実質的だったかどうか」というものである。また、最高裁は、置換の非実質性を判断するにあたっての「重要なファクターは、その業界の専門家（当業者）が、特許クレームにふくまれていない被疑成分と、ふくまれている成分とのあいだの置換可能性を知り得たかどうかである」という。

本間忠良「*Warner-Jenkinson Co., Inc. v. Hilton Davis Chemical Co.*, 520 U. S. 17 (1997)」『アメリカ法』1997-1（日米法学会）http://www17.ocn.ne.jp/~tadhomma/Hilton.htm

9チップ30ピンSLMPの規格採択をJEECに提案した。以後、Hadronは、SLMPの支配的ユーザーとして、この規格による製品を、都電子をふくむ半導体メーカーに大量発注し、数年間で、9チップ30ピンを事実上の業界標準にまで押しあげた。

3年後、JEECは、ついに9チップ30ピンを業界規格（21-A-1）として採択したが、2年後の1988年春、Hadronの特許4,727,513号（「513特許」）が成立した。

この規格は、一時、SLMP市場の100％を占めるまでにいたった。しかし、それから5年後には、ほとんどのパソコン・メーカーが、Hadron特許をきらって、72ピンに移行してしまっている。もともとその程度の特許だったのである。いま、業界では、技術的必然による30ピンから72ピンへのシフトが、Hadronの訴訟戦略のおかげで3年早まったといわれている。おかげで、メーカーは未償却の設備を廃棄せざるをえなくなったし、ユーザーは量産効果のでていない72ピンを買わされた。特許戦争に勝者はいない。これによって発生した社会的非効率は計りしれない。知的財産権の過剰行使が技術の最適な発展を歪曲した例の1つである。

(4) 警告と提訴

特許成立1年半後の1989年末、Hadronは、都電子の米国子会社あてに警告書を発信した。あとでわかったのだが、Hadronは、同時に、同様の警告書をひろく日韓十数社に出していたのである。翌1990年初、都電子の米国子会社は、とりあえず、Hadronあて書信で、問題の特許を検討中であるむね回答するとともに、事件を都電子東京本社に移牒した。

都電子の企業防衛マシーンが動きだした。特許部がとりあえず特許公報だけをみて「抵触」と判定、工場に対して設計変更を勧告した（この行動は軽率だった。この文書があとでディスカバリーで取られることになる）。この写しをみた本社渉外部長が米国弁護士に法律意見書[533]を請求。都電子では、これ以後の仕事は、特許部ではなく、訴訟指揮を担当する渉外部長の責任になる。

米国弁護士が半年かけて作成した意見書は、Hadron特許の有効性／行使可能性（enforceability）／抵触[534]の確率をそれぞれ50％ラインの上下で評価したものだが、都電子渉外部長はこれを総合的に評価した結果、状況を「有望（en-

8. 紛争解決

couraging)」と判断した。以上の3点がすべて立証されてはじめて侵害行為が成立するのだから、かりにそれぞれの確率を50%とすると、都電子が敗訴する確率はその3乗で12.5%というように考えるのである。といっても実際はそれほど単純ではない。陪審裁判にともなう不確定性／費用／弁護士の能力／会社の戦闘力（とくにトップの決意と製販部門の協力）／客先の動揺にともなう営業的損失／敗訴した場合の損害賠償と差止[535]による損失額ならびにその確率を読み切らなければいけない。

これほどの案件になると、渉外部長が関連事業部と調整してトップに上げ、会社方針が決定されるまでさらに半年はかかる。渉外部長の強気とはうらはら

---

[533] 故意侵害（wilful infringement）：本訴訟では、都電子の企業としての行動が故意侵害（状況によっては、判事権限で、損害賠償を懲罰的に3倍まで加重することができる）の要件を満たすかどうかが激しく争われた。故意侵害の有無は、ふつう、①特許侵害警告の現実の了知の有無、②弁護士意見およびそれの順守の有無、③侵害者の主観の3点についてテストされる（*Rosemount v. Beckman*, 727 F.2d 1540 (Fed. Cir. 1984)）。

了知（notice）：事業者が他人の特許権を了知したときは、その抵触の有無を誠実に判断する積極的な義務がある。了知が第三者からのものであり、同第三者が特許無効の確信をもっていたとしてもかかる義務は発生する（*Great Northern v. Davis Core*, 782 F.2d 159 (Fed. Cir. 1986)）。

弁護士意見書（opinion of law）：このような誠実判断義務の履行として、訴訟で多く援用されるのが特許弁護士の意見書である。弁護士意見書には権威と責任がともない、強気すぎても弱気すぎてもあとで依頼人に訴えられることがあるので、慎重な弁護士事務所ではパートナー会議の同意を条件にしているところもある。もっとも、弁護士意見書があったからといって故意を免れるわけではないし、ないからといって故意になるというわけでもない（*Rolls-Royce v. GTE Valorem*, 800 F.2d 1101 (Fed. Cir. 1986)）。いやがらせや売り込み目的の警告書を毎日のように受け取っている大企業では、大金のかかる弁護士意見書をいちいち取っているわけにもいかないので、社内の特許部で第一次のフィルターをかけるという実務的なシステムも必要である。

侵害者の主観（state of mind）：どうしても勧善懲悪的な傾向を有する陪審裁判では、これがきわめて重要な役割を果たす。ふつう、①警告特許の有効性／抵触に対する合理的な疑い、②現実の了知の欠如、③弁護士助言への信頼などがポイントである。特許発明を回避するインセンティヴは公共目的に合致するという判例の立場（*Yarway v. Eur-Control USA*, 227 F.2d 268 (Fed. Cir. 1985)）からも、警告に対しては、いたずらに怯懦になるより、むしろ毅然とした態度を持つほうがよい。

[534] 立証責任：立証のレベルは、無効／行使不能については被告側の「明白かつ説得力ある証拠（clear and convincing evidence）」、抵触については原告側の「証拠の優越（preponderance of evidence）」である（*Tillotson v. Walbro*, 831 F.2d 1033 (Fed. Cir. 1987)）。

8.2. 訴訟

に、財閥系で微温的な社風をもつ都電子では、いつもながら和平派が多数を占め、結局、1990年末、都電子は、Hadronあて書信で、契約条件の提示を要求

[535] 救済（remedies）：特許権侵害に対して、権利者に与えられる救済は、①予備および永久差止、②逸失利益または合理的ロイヤルティおよび利息からなる金銭賠償、③故意侵害に対する加重賠償、④弁護士費用の4種である（35 USC 283-5）。

予備（仮）差止（preliminary injunction）：1970年代まで、特許権にもとづく予備差止はまれだった（ちなみに商標と著作権——不正商品——では容易）が、現在では、「有効性と継続侵害が立証されれば、回復不能の損害が推定される」（*Smith International v. Hughes Tool*, 718 F. 2d 1581 (Fed. Cir. 1983), cert. denied, 464 U.S. 996 (1983)）として、著作権とおなじレベルになった。

永久差止（permanent injunction）：CAFCは、「侵害品の上に事業をおこなっている者は、差止が事業を破壊するといって抗弁することができない」（*Windsurfing International v. AMF*, 782 F. 2d 995 (Fed. Cir. 1986), cert. denied, 106 S. Ct. 3275 (1986)）として、利益のバランス論をしりぞけた。また、控訴を理由とする差止停止申立ても、あまり認められなくなってきた。この点で最もドラマチックだったのが有名なポラロイド事件（*Polaroid v. Eastman Kodak*, 641 F. supp. 828 (D. Mass. 1985), aff'd., 789 F. 2d 1556 (Fed. Cir. 1986), cert. denied, 107 S. Ct. 178 (1986)）であろう。地裁はコダックの永久差止停止申立てを認めなかったが、発効日を90日後に設定、抗告の余裕を与えた。コダックは、CAFCに対して、本案控訴のための差止停止を求めた。CAFCは、発効日の2日前、特別のスケジュールで本案を審理、コダックの申立てを却下した。翌日、コダックは最高裁に抗告したが、最高裁はこれを却下した。しかし、その後、CAFCは、特許権者が事業からほとんど手を引きつつあるケース（*E. I. Du Pont v. Philips Petroleum*, 659 F. Supp. 92 (D. Del. 1987)）で、控訴結審まで差止の停止を認めており、ポラロイド原則の限界を示している。

逸失利益（lost profits）：競争者間では逸失利益が原則で、合理的ロイヤルティは補則である（*Weinar v. Rollform*, 744 F. 2d 797 (Fed. Cir. 1984), cert. denied, 470 U.S. 1084 (1985)）。逸失利益の立証は困難なので、判例は原告の立証責任をゆるめる方向にある（*Panduit v. Stahlin*, (575 F. 2d 1152 (6th Cir. 1978))）。逸失利益は、逸失販売量×限界利益とされ、控除は限界費用（変動原価）しか認められないため、利益が過大に表示される傾向がある。また、業界平均利益率から推定されることもある。

合理的ロイヤルティ（reasonable royalty）：逸失利益が請求／立証されなかった場合は、合理的ロイヤルティを使う。推定時点は侵害開始時期である（*Hanson v. Alpine Valley Ski Area*, 718 F. 2d 1075 (Fed. Cir. 1983)）。社内の企画書を証拠採用した例がある。侵害訴訟の和解契約で払ったロイヤルティは証拠採用されない（連邦証拠規則408条）。合理的ロイヤルティは事実上の強制実施にほかならないという批判が、とくに特許権自然権論者から出されている。立証できた分だけ逸失利益、できなかった分は合理的ロイヤルティとした例がある。合理的ロイヤルティ率はもちろんケース・バイ・ケースだが、0.75％から50％まである。

弁護士費用（attorney fees）：特許法にいう「例外的な場合」としては、判例上、侵害者側の故意侵害、権利者側の不衡平行為などが認められている。

8. 紛争解決

した。都電子は、特許の有効性と抵触性は疑問としながらも、ビジネス的考慮（保険をかけるつもり）で、条件次第では（保険料相当なら）、契約してもよいと考えたのである（リスク・マネジメント）。Hadronは、都電子あて書信で、契約書案を送るむね回答しながら、結局、それ以後1年間、契約書案は送られてこなかった。

Hadronのこのような煮え切らない態度にはじつは理由があった。都電子書信の2か月まえ、Hadronは、日本の大手半導体メーカー東亜電気と日本通信をバージニア連邦地裁[536]に提訴していたのである。東亜電気／日本通信は著名な特許弁護士を雇用して、緻密な特許論を展開したが、訴訟は超スピードで進み（バージニア連邦地裁はこの点でも有名）、8か月後、Hadronが一審で勝訴した（差止と損害賠償判決）。バージニア連邦地裁の陪審[537]は、前述した特許審査過程におけるHadron社の否定的発言にもかかわらず、東亜電気／日本通信の9チップ30ピン製品（クラシック型――第7図）ばかりか、メモリーを平行2列に配列した製品（ラテラル型）や、密度4倍のメモリーを3チップ使った製品（3チップ型）まで、均等論によって侵害と評決したのである。

被告からのJMOL（陪審評決棄却）申立て[538]は却下。双方控訴、CAFC判決は約1年後という予想で、都電子の訴訟戦略もこれを意識して立案されていたのだが、結局、判決がでたのは半年遅れの1993年夏休み直前だった（後述）。

---

[536] 裁判所：特許法は連邦法なので、特許事件の第1審は連邦地方裁判所（50州に各1か所以上、全米で94か所ある）、第2審はワシントンDCにある連邦巡回控訴裁判所（Federal CircuitまたはCAFCと略称。1992年以前は全米に11か所ある連邦巡回裁判所）、最終審が連邦最高裁判所という3審制である。ちなみに、特許が関係しない著作権事件の第2審は巡回裁判所、おなじく1州内のトレード・シークレットやライセンス契約事件は州裁判所の管轄である。

[537] 陪審トライアル（jury trial）：合衆国憲法第7修正によって、普通法裁判では陪審の権利が保障されており、当事者の一方が要求すれば、陪審トライアルになる。本件でもHadron社がこれを要求している。陪審は事実の確定を、判事は法の適用を担当する。陪審は「普通法」にかぎるので、特許の有効性、抵触、黙示のライセンス、損害賠償額の決定などは陪審権限だが、「衡平法」によるアンクリーン・ハンズ／ラッチェズ／ファイルラッパー・エストッペル／差止などは判事権限である。

[538] JMOL（judgment as a matter of law）：事実の確定は陪審の任務だが、連邦民事手続規則（FRCP）50条(b)によれば、陪審の事実確定が法的に十分な証拠にもとづいていない場合、裁判官が、陪審に提出されたすべての証拠を被申立人に最も有利に解し、被申立人に最も有利な推定をおこなって、再確定することができる。

8.2. 訴訟

　話を戻して、1991年秋、Hadronは、都電子あて書信で、契約書案を送付するむね通知。それでも音沙汰がないので、1992年初、都電子は、Hadronあて書信で、契約書案の送付を督促した。ここで、ドラマ性いっぱいの本係争のなかでも、最もドラマティックなエピソードの１つが起こる。都電子は、Hadronの1992年１月17日づけのカバー・レターで、待ちに待った契約書案を受けとったが、まさにおなじ日、Hadronは、米国関税法337条にもとづいて、都電子をふくむ日韓13社をITCに提訴（337-TA-336）し、暫定（TEO）および最終（PEO）対物一般排除命令を請求していたのである。このやりかたは、それまでの和平派もふくめて都電子関係者全員を激怒させた[539]。

(5)　両社の主張

　これ以後、Hadronと都電子は、ITC（ワシントンDC）からバージニアへ、そしてロサンゼルスへと、米大陸を横断しながら死闘を繰りひろげていくのだが、そのまえに、両社の実質問題に関する主張を下にまとめておこう。
　Hadronの主張は単純で、「都電子は、SLMPの製造／販売／使用／輸入にあたり、Hadron社所有の米国513特許を故意に侵害した。よって、陪審裁判による３倍損害賠償（故意侵害に対する懲罰的損害賠償）、仮および永久差止（地裁）、暫定および最終輸入排除（ITC）を請求する」というものである。
　これに対して、都電子の主張はより奥深く、概略つぎのようである。
　①　都電子製SLMPはHadronの有効特許を侵害していない。
　②　Hadron特許は公知例およびベスト・モード[540]不開示によって無効である。

---

[539] 危機管理（crisis management）：昨今のように陪審裁判で一発数百億円もとられるようなご時世では、重要な事業分野に関する警告とそれにともなう係争は、会社にとっての危機（クライシス）である。これの処理のためには、この種の危機管理のプロが必要なのであって、技術者や弁護士にまかせておいてはいけない。もっと悪いのは、本質的に寄せ集めの無責任集団であるプロジェクト・チームである。都電子では、かかる明確な危機意識にもとづいて、知的財産権に関する係争処理についての全権と全責任を、常備軍の渉外部に与えている。

[540] ベスト・モード：発明者は、出願明細書のなかで、当該発明を実施するにあたって、彼／彼女の知る最善の態様を記載しなければならない（35 USC 112）。発明者が、記載されたベスト・モードより優れた実施態様を知っていたことが立証されると、特許が無効になる。特許侵害訴訟における被告側の有力な武器である。

8．紛争解決

　以上は、特許権侵害訴訟における被告側の定跡的主張だが、それに加えて、
　　③　特許出願を隠してJEECに規格採用を提案し、また、都電子に大量注文して投資を誘導した行為はパテント・ミスユースかつ独占禁止法違反[541]であり、これによって特許権は行使不能（unenforceable）になった。
　　④　Hadronが、都電子に対する大量発注に際して、また都電子が他社向け販売を開始したことを知りながら、特許出願の事実を告げなかった行為は、黙示のライセンス（後述）を構成する。
　　⑤　ITCにおいて、暫定措置（TEO）ヒアリング直前に同申立てを取り下げ、最終措置（PEO）ヒアリング直前に提訴を取り下げた（後述）行為は、sham procedural tactics（根拠のない手続戦術）であって、独占禁止法違反である。以上を根拠として、都電子は、Hadronの特許権行使の差止と損害賠償を請求する。

　上の③④⑤は陪審裁判を意識した都電子の戦略である。トライアルではもちろん判事の説示があるのだが、素人の陪審は、どうしても、どちらが善玉でどちらが悪玉かという2分法で判断する。とくに知的財産権侵害では、被告だというだけで悪玉にみえてしまう。この偏見を相殺するために独占禁止法が大きな役割を果たす[542]。

(6)　ITC調査

　Hadron提訴直後、ITCは全会一致で調査開始を決定した。さらにその直後

---

[541] ミスユースと反トラスト法：特許権ライセンスの条件として、非特許材料の購買や再販価格維持などの義務を負わせる、いわゆるパテント・ミスユース（patent misuse）は、不衡平行為のうち、アンクリーン・ハンズの典型として、特許権行使不能の原因になる。このような行為が市場における競争を制限する場合は、侵害訴訟における抗弁を越えて、反トラスト法違反（独占行為）による3倍賠償請求の原因になることがある（*Walker Process v. Food Machinery*, 382 U.S. 172 (1965))。ただ、ミスユースと反トラスト法違反との概念上の切り分けが不十分なため、最近、米国では、司法省方針や連邦裁判決に混乱がみられる（前述4.1）。

[542] 弁護士：この裁判で、都電子は、特許と独占禁止法それぞれを専門とする2つの弁護士事務所を使った。先行の東亜電気／日本通信のように特許弁護士だけでは、どうしても視野が狭くなって、陪審にアピールすることができないのである。弁護士はタイム・チャージだから、費用が2倍になることはない。そのかわり、依頼人である都電子渉外部長の強いリーダーシップが必要になる。

8.2. 訴訟

の1992年3-4月、日韓各社がバタバタ和解した。しかし、都電子だけは徹底抗戦を続け、TEO決定が調査開始後90日以内という苛酷なタイム・リミットのもとで、ヒアリングに向けて証拠を収集し、証人を準備した。厖大なディスカバリー要求[543]に漏れなく答え、デポジションにも応じた（主として技術と営業関連）。ところが…である。ドラマの第1幕が突然閉じた。Hadronは、TEOヒアリングの直前になってTEO請求を取り下げたのである。

さらに、Hadronは、2か月後に予定されていたPEOヒアリングの直前、都電子が会社をあげての準備中、またまた突然、ITC提訴そのものの取り下げを申し立てた。

提訴人による取り下げの申立ては、かならずしもITCによって自動的に認められるわけではなく、ITCの裁量である。しかし、ITCは、かねがね、「特別の事情がないかぎり、ヒアリングまえの段階であれば、提訴人からの提訴取り下げ申立ては容易に許可される」といっている。

今回の取り下げについて、Hadronは、「地裁で、別途、都電子に対する仮および永久差止、損害賠償請求をおこなっている（後述）から、両フォーラムで同様の事件を係属させることは社会的損失」という理由をあげている。

これに対して、都電子は、「ヒアリングまえといっても、数日まえというのは手続きの濫用だ。Hadronは、ITCを、被審人に圧力を加えて不本意な和解を強いる目的で利用しているのであって、Hadronのかかる策略は、前回、TEOヒアリング直前にTEO請求を取り下げた行為と合わせて判断すると、意

---

[543] ディスカバリー：民事訴訟における証拠調べは、日本では裁判所の職権だが、米国連邦民事訴訟規則（Federal Rules of Civil Procedure「FRCP」）は、裁判所の監督下における当事者主義を採用する。このため、民事訴訟においてもっとも時間と費用がかかるのがこのディスカバリー段階だといってよい。原告被告間では、審尋書面 interrogatories／文書物品提出要求 requests for production of documents and things／自白要求 requests for admission／証言録取 depositionsなど、第三者に対しては召喚 subpoenasなどの手段があり、強烈な事実発見力がある。正当な理由のない拒否に対しては制裁が、虚偽回答に対しては刑事および民事罰がある。社内特許担当者のクロ判定書1枚で故意侵害が成立することもある。一方、現在のようなコピー時代では、情報隠しは最も露見しやすい犯罪の1つである。不利な情報を隠すことを予期して、罠をかけてくることもある。日本ではおそれられているようだが、特許訴訟においては、むしろ、被告からの無効や権利行使不能の主張をうらづける証拠収集のために絶大な力を発揮する。

8．紛争解決

図的かつ常習的である」と強く反発した。

　また、ITC審査官は、Hadronがあげた理由が一般的に公共の利益に合致することを認めながらも、これによる調査終結は、都電子に対してwith prejudice（同一原因の再提訴を認めない）であるべきだと主張、ITCはこれを採用して、with prejudice条件でHadronの提訴取り下げを許可した。

(7)　バージニア訴訟とロス移送

　Hadronは、ITC提訴取り下げ申立ての5日まえ、都電子の米国子会社をバージニア東部地区連邦地裁に提訴、513特許侵害で、3倍賠償、仮および永久差止を請求していたのである。もちろん陪審裁判を請求している。

　Hadron提訴の25日後、すでにこの事態を予想していた都電子と米国子会社（以下、とくに重要な場合を除いて、両者を区別することなく「都電子」という）は、Hadronをカリフォルニア中部地区（ロサンゼルス）連邦地裁に逆提訴、Hadron特許の非抵触／無効確認宣言を請求、同時に、Hadronによる独占禁止法違反行為の差止と損害賠償を請求した。さらに、都電子米国子会社は、バージニア地裁にHadron訴訟のロス移送を申し立てた。

　バージニア東部地区連邦地裁というのは、いわゆるロケット・ドケット（審理が異常に早い）法廷の1つである。州の人口構成は圧倒的に白人が多く、製造業はほとんどない。また、ワシントンDCに近いだけに、政治的に過敏である。一般に、知的財産権侵害事件の原告は、何年もかけてひそかに周到な準備を進め、通商摩擦など絶好のタイミングを見計らって提訴してくるのに対して、被告のほうは寝耳に水であわてて防戦しなければならない。この意味でも、バージニア東部地区は、日本企業にとっては最もありがたくない法廷地の1つである。だが、もちろんそんな理由で法廷地を移送できるものではない。

　この場合、都電子米国子会社による移送申立ては、単純な便宜法廷を根拠とするもので、原告Hadron社がバージニア州に事務所をもたない一方、被告都電子米国子会社は、本社も事業の中心もカリフォルニア州にあり、したがって、証拠や証人が集中するロスへ訴訟を移送するのが合理的だというものであった。1か月後、都電子の主張が通って、バージニア連邦地裁判事は、訴訟のロス移送を決定した。

8.2. 訴訟

(8) ロス地裁での仮差止攻防

ロス地裁の前半戦は、Hadronから都電子米国子会社に対する販売仮差止申立てをめぐる攻防に終始した。翌1993年初、都電子は、Hadronの仮差止申立てに関して、①Hadronがすでに40社に対してライセンス供与しているので排除権の利益がない、②HadronがSLMPを製造していない、③仮差止請求がHadronの意思で遅延した…などの理由から、仮差止の要件たる回復不能の損害が存在し得ないし、またHadronが本案で勝訴する可能性も小さいなどとして、仮差止の条件が満たされていないことの確認を求めるsummary judgment 申立て[544]をおこなった。

直後、Hadronは、都電子の顧客十数社に対して召喚状（subpoena）を送達、デポジションによる「回復不能の損害」証拠収集に乗りだした。

これに対して、都電子から、万一仮差止が発令されたら、直接被告の都電子子会社だけでなく、兄弟会社にあたる米国半導体製造会社も壊滅的打撃を受けるむねの宣誓供述書を添付した異議申立書を提出した。ビジネスの世界では、いくら「仮」といっても、差止は死にひとしい。都電子は仮差止阻止に全力を投入している。

この時期になって、都電子内で、お定まりの内紛が発生している。訴訟、とくに仮差止の緊張にたえきれなくなった都電子米国子会社が、都電子のトップに直訴したり、顧客にその場逃れの手紙を書いたりするのだが、これらの文書が、後述のディスカバリーで、ぜんぶHadronに取られることになる。敵は内部にもいるのである。

5月10日、Hadronからの仮差止申立てに関するヒアリングがおこなわれた。担当のディヴィス判事が、ロス暴動の端緒になった有名な公民権裁判（ロドニー・キング事件）で多忙のため何回も延期されていたものである。

たまたま、同日朝、CAFCから東亜電気／日本通信事件の控訴判決が言い渡された。判決は、①まず、東亜電気／日本通信の特許無効主張を否認した。②つぎに、9チップ30ピン製品（クラシック型）を抵触とする一方、ラテラル型および3チップ型を非抵触とした。地裁陪審の均等論を、CAFCがファイルラッ

---

[544] motion for summary judgment ［三掲］：事実の確定は陪審の任務だが、FRCP 56条は、当事者間に争いのない事実は判事権限で認定してもいいと定めている。陪審裁判の弊害を補うものとして盛んに使われている。

8．紛争解決

パー・エストッペルでくつがえしたのである。③最後に、地裁が、東亜電気／日本通信からHadronに支払うべき損害賠償額として、Hadron製品に特許表示がないため、損害賠償を警告日以後に限定して、「合理的ロイヤルティ」（4％）を採用した判断をくつがえして、侵害開始時点（2.75%）とした[545]。都電子弁護団は、この事実を大至急で文書化し（ワシントンとは3時間の時差がある）、ロス地裁での仮差止ヒアリング冒頭、判事にこれを提出した。

　Hadronは、都電子の米国子会社が顧客の動揺を防ぐために本社に無断で配った「現在和解交渉中」という、事実と異なる内容の文書を提出、これがディスカバリー違反および特許侵害の自白だと迫ったが、判事はこれを認めなかった。ヒアリングは1時間で終了したが、予想に反して、すぐには決定がでなかった。

　1か月後、Hadronの仮差止申立てが却下された[546]。ディヴィス判事は、この程度の仮差止事件としては異例の43ページにのぼる意見書のなかで、却下の理由をつぎのようにいう。

① 　Hadronは本案での勝訴の可能性を十分疎明していない。まず、Hadron特許の有効性について、Hadronは、東亜電気／日本通信事件での有効判決をくりかえしているだけで、都電子の(1)衡平法禁反言（Hadronが都電子を誤導してSLMP生産に踏み切らせたこと、HadronがJEECを誤導して規格採用させ、需要をでっちあげたこと）による請求権不存在、および(2)ミスユースによるHadron特許の行使不能という主張に十分反論できていない。つぎに、3チップおよびラテラル型は東亜電気／日本通信事件CAFC判決で非抵触である。

② 　Hadronは回復不能な損害の可能性を立証していない。判例上、特許の有効性と抵触があきらかであれば、回復不能な損害の可能性が立証されるが、本件ではいずれもあきらかではない。加えて、Hadronは40社以上にライセンスしており、また、都電子製品を知ってから6年以上も権利行使

---

[545] CAFC判決の結果は、東亜電気／日本通信にとって勝敗相半ばというところだが、直後、Hadron社は、約40社の全ライセンシーに対して、判決日以降、3チップおよびラテラル型についてはロイヤルティ支払いの義務はない（クラシック型のロイヤルティ率は変わらない）が、CAFC判決を上告するつもりだから、ロイヤルティ相当分の供託を勧めるという内容の通知をおこなっている（*Electronic Buyer's News* 5月24日号）。

[546] 1993 U.S. Dist. LEXIS 15075 (C.D. Ca. 1993).

③　仮差止の有無にともなう当事者間のバランスはHadronに不利。仮差止を許可すれば都電子には数千万ドルの損害がでるが、許可しなくてもHadronはなにも変わらない。

④　仮差止による公共福利への被害に関する都電子立証が成功している。仮差止を許可すると、HadronのJEEC誤導行為によってすでに発生している競争制限状態を推し進めることになる可能性がある。

(9)　Intermission－ボストン訴訟

　ここで1つの幕間狂言が演じられる。1993年夏、Hadronは、ITC調査開始（1992年）直後、はやばやとHadronと和解した日本メーカー王子通信機を、和解契約違反で、ボストン連邦地裁に訴えたのである。Hadron訴状（公開版）によると、和解契約は、「Hadronのすべての有効未満了特許にカバーされるすべてのメモリー・モジュール製品」に対してロイヤルティを払うことになっている由である。訴状によると、王子通信機は、これまで払ったロイヤルティは9チップ型の分だけで、これ以外の分の支払いを拒絶し、すでに支払った分は将来の支払いから控除すると主張している由である。Hadronは、3チップとラテラル型については、1993年5月分までは払うべきだし、9チップ型については、特許満了まで払うべきだと主張している。パニック状態で契約すると、こういうことになるという教訓であろう[547]。

(10)　ジャブの応酬

　1993年秋以後の後半戦では、まず、双方からさまざまのsummary judgment

---

[547] ライセンス取引：知的財産権ライセンス取引が国内総生産（GDP）に占める割合は、この30年ほどのあいだに、ほかのあらゆる部門をしのぐほどのペースで、急成長している（科学技術白書）。いわゆる情報化時代においては、知的財産権ライセンスが、こんにちの商品取引と肩を並べるまでになるだろう。ただ、問題は、知的財産権ライセンスの合理的な価格（ロイヤルティ）を決める市場メカニズムが、現在あまりにも未成熟なことである。とくに、市場価格の情報がほとんどない（というより、ライセンサー側に集中していて極端な非対称になっている）。ライセンシーがライセンサー側の価格情報にアクセスする唯一の手段が、訴訟におけるディスカバリーである。いわば、訴訟が市場原理のかわりに機能しているので、訴訟ないし訴訟を前提としたハード・ネゴを経ないで合意したロイヤルティは、決して合理的なものとはいえない。

8. 紛争解決

が申し立てられる。このジャブの打ち合いは、判事に対する自方ストーリーの教育が主目的で、すべて却下は覚悟のうえである。

この間、都電子、Hadron両社間の法廷合意書（stipulation）で、ラテラル型と３チップ型の非侵害が確認され、訴訟で残ったのは９チップ30ピン製品（クラシック型）だけになった。このタイミングで、Hadronの誘いで弁護士レベルでの和解の試みがあったが、差が大きすぎて破談。

秋から冬にかけて、Hadronから２次にわたる広範な尋問書、文書要求が発せられた。ディスカバリーを監督するため任命されたグラハム予審判事が強い偏見のもちぬしで、都電子からの異議をほとんど却下、これが本案に影響をあたえることを危惧した都電子は、Hadronの苛酷な要求にすべてこたえるべく、担当グループの徹夜シフト体制をしいた。

この段階で、都電子にとっての最大の危機は、①厖大なコスト・プライス情報と、②米国弁護士意見書の提出命令である。①は、問題の時期を通して存在した日米半導体協定のサスペンション・アグリーメントにもとづく対商務省提出情報との整合性が問題で、②は、都電子がおこなっているエストッペル抗弁の前提たるclean hands立証義務およびHadronによる都電子故意侵害への反論として、弁護士依頼人秘匿特権[548]を放棄しなければならないというジレンマにおちいったことである。

ディスカバリー・カットオフが1994年２月末に、同時にトライアル期日が決定された。トライアルは数回延期されたあげく、結局６月16日開廷ときまった。

双方からのデポジションも盛んにおこなわれたが、1994年春、都電子渉外部長のデポジション席上、Hadronよりの申出で双方和解提案をしたが、依然として差が大きすぎて破談。

トライアル直前、ディヴィス判事の強い示唆で、別の判事を座長とする最後の和解会談がもたれたが、依然差が大きく破談、いよいよ陪審トライアルに突入が決まった。都電子ではすでに著名な陪審トライアル・コンサルタントを雇用して、陪審員調査、模擬法廷などの準備も終わっている。

---

[548] 弁護士依頼人秘匿特権（attorney-client privilege）：通常、弁護士とその依頼人との交信は、ディスカバリーを免れるのだが、被告が、故意侵害を否認するにあたって、弁護士意見書に対する信頼を主張した場合は、自発的に弁護士意見書を証拠提出せざるを得ないことがある。本訴訟でもそれがおこった。

8.2. 訴訟

⑾　トライアル

　トライアルは、1994年6月16日(木)午後開始、週末と月曜を除いて連日開廷、予定を5日延長して7月7日(木)閉廷した。

　初日午前中に懸案の各種申立てをすべて却下。午後、陪審員選定手続きに入る。選挙人名簿からランダムに抽出した35名が出廷、さらにそこから10名を抽選で選定、予備尋問（voir dire）の結果、Hadron側は忌避ゼロ、都電子側は理由なしの忌避2名。というのは、トライアル・コンサルタントによる選挙人名簿の抜き取り調査で、通商摩擦がらみの訴訟では、女性のほうが輸入品に対して好意的という結果がでているので、男性を忌避して女性の陪審員を増やしたかったのだが、結局、若いアフリカ系女性（職業婦人）2名、初老の白人女性1名、若いスペイン系女性1名、30-40歳の白人男性5名、スペイン系男性1名という構成（うち白人男性1名が途中から病欠、結局9名になった。最低6名必要）。東洋系がいないのは良し悪しである。だいたいカレッジ卒以上。

　ディヴィス判事は著名な判事で、訴訟指揮も非常に公平で的確である。ただ慎重な性格で、本件でも、summary judgmentなどはなるべく避け、陪審にすべてを委ねようという方針をとって、本来は判事権限のエストッペル問題などについても、陪審の助言を求めている。原被告間の時間配分は、全予定時間の40％をHadron側に、60％を都電子側に配分、これを分刻みで管理した。都電子側は主張が多岐にわたるため、60％でも不満であった。

　Hadron側は、ハンリー法律事務所のスミス（特許）とロバーツ（一般）両弁護士を中心とする弁護団に、フライ博士を中心とする専門証人団。それに発明者のクリントン氏（初老の白人）夫妻、若い男女の子供たちが終始傍聴席中央に陣どり、ドラマティックな設定で陪審の眼を引いていた。東亜電気／日本通信事件以来のチーム編成で手慣れたもの。

　都電子側は、リプトン法律事務所のナイト（特許）、グールド事務所のウォーター（独占禁止法）を中心とする弁護団とともに、都電子渉外部長が常時出廷。できるだけオリエンタルにみせないため、ほかの日本人証人は別室で待機。初日は原被告の冒頭陳述までで終わった。

　翌日から6月24日(金)までの8日間はHadron側証言。クリントンとフライは手慣れたもの、都電子弁護士の反対尋問にものらりくらりでつかまらず。ただ、3日目くらいから、あまり慣れすぎの印象もででてはじめた。ストーン氏（Hadron

8. 紛争解決

特許部長、今回の対日韓奇襲作戦の立案者）に対する都電子弁護士の反対尋問は熾烈なもので、都電子がかなりの得点をあげた。最後の専門証人クォラン氏（もと大手カメラ・メーカー特許部長、現在コンサルタント）は、①都電子がSLMPで特許調査をやらなかったという都電子技術者のデポジション証言[549]、②都電子特許部による抵触判定と設計変更勧告の2点を根拠に、都電子の特許政策を徹底的に攻撃、会社ぐるみの意図的侵害と主張、Hadron側がかなりの得点をあげた。

6月28日㈫から7月6日㈬までの9日間は都電子側証言。Hadron 513特許の無効／行使不能／非抵触を証言する専門証人をぞくぞく繰りだしたが、この点でも時間不足を意識して、本人証言よりもデポジション速記録読みこみに方針変更。これは地裁敗訴の場合に備えた控訴対策だが、陪審員には奇異にみえたであろう。都電子側証人は、規格問題について証言するもとJEEC幹部や、Hadronの「商業的成功」を反証するreluctant licensee（不満なライセンシー）、さらに技術鑑定人数名が健闘したが、陪審にどこまでわかってもらえたか疑問である。

Hadronによる都電子会社ぐるみの意図的侵害主張に対する反論は、7月5-6日の都電子渉外部長の英語証言にすべてを賭けた。部長証言要旨下記：

① 都電子はつねに徹底的な特許調査をやっており、SLMPの場合も例外ではない（都電子技術者デポジション証言は、質問の誤解または誤導質問によるもの）。
② 特許部判定は、これによってつぎの段階（社外弁護士の判定）に進むための最初のフィルターにすぎない。
③ 特許部設計変更勧告の不採用は、むしろ交渉促進意図によるものだった。
④ 交渉遅延の原因はひとえにHadron側にある。

---

[549] デポジション（deposition 証言録取）：ディスカバリーのなかでも最大のドラマがデポジションである。原被告の弁護士が、宣誓下にある相手方役員や従業員を尋問し、速記録をとる（ビデオ録取や電話尋問もある）。知的な決闘といってよい。米国では、トリッキィな尋問技術が発達しており、本訴訟でも、「都電子は、SLMP発売に先立って、特許調査をやらなかったのか」という尋問に対して、都電子の技術者が、「特許調査」を、勝手に「公開公報の全数調査」と理解して、「いいえ」と（否定形の質問に対して否定形で）答えている。ちなみに、デポジションでの発言は、そのままでは証拠能力はなく、トライアルでの証拠採用を経てはじめて証拠になる。

⑤　社外弁護士判定はencouragingなものであった。

　7月7日㈭、最終弁論は、Hadron側の雄弁な特許権神聖論一点ばりと、都電子側のどうしてもやや散漫になりがちな技術論が好対比となった。ディヴィス判事の説示（instruction）は公平なもの。陪審評決はオール・オア・ナッシングのgeneral verdictではなくて、13項目にわたるspecial verdictになった。この点、都電子側にやや有利（重要な項目1つでもシロになれば事実上の勝訴）。

　Hadron側の手慣れた2番煎じ興行にくらべて、都電子弁護士、専門証人、社内証人すべてが力のかぎりを尽くした（最終日には燃え尽き症候がみられたほど）。

　今回はトライアルの第1局面で、請求原因（特許侵害）についての陪審評決のみ。第2局面（日程未定）で、賠償額算定と都電子側の独占禁止法による請求が審理される。

　7月12日、陪審評決が報告された。要旨下記：
①　都電子側に「侵害の意図」なし。
②　都電子はHadron 513特許の「黙示のライセンス」を有する[550]。
③　都電子によるHadron 513特許の無効／権利行使不能主張は立証不成功。
④　都電子9チップ30ピン製品はHadron 513特許に抵触。

　結局、陪審評決は、上記②によって、都電子に違法事実なし、都電子勝訴というものである。

⑿　ポスト・トライアル・モーションと控訴

　1995年1月、陪審評決どおりの地裁判決。Hadron、都電子いずれも、陪審

---

[550] 黙示のライセンス（implied license）：黙示だろうとなんだろうと、ライセンスならばロイヤルティを払うのかという単純な疑問があろう。まさしく、Hadronのポスト・トライアル・モーションはこれを主張している。しかし、こうはならない。同モーションを却下した判事意見書は、「特許ライセンスとは、訴権の不行使にほかならない（*General Talking Pictures v. Western Electric*, 304 U.S. 175 (1938) citing *DeForest Radio v. U.S.*, 273 U.S. 236 (1927))」という前提のもとに、「黙示のライセンスは侵害訴訟に対する完全な防御であって、黙示のライセンスが認められたあとで提起できる訴訟は、契約違反訴訟しかない（*Blais v. U.S.*, 31 Fed. Cl. 422 (1994))」と明快に述べている。つまり、Hadron社が都電子からロイヤルティを回収しようとするならば、本訴訟の訴状のなかで、予備的に契約違反を主張しておくべきだったのである。

8．紛争解決

評決を不満として、FRCP 50条(b)のJMOLおよび59条(a)のトライアルやり直しを申し立てたが、地裁は双方申立てをすべて却下。4月、双方とも控訴。

2年後の1997年2月、CAFCは地裁判決をそのまま容認する判決を言い渡した。Hadronはこれを不満として連邦最高裁に事件移送申立てをおこなったが、最高裁がこれを却下して、都電子の勝訴が確定した。

おわりに

　本書の「はじめに」で、私は、①「知的財産権でお金を儲ける方法」と②「知的財産権で景気をよくする方法」という2つの問題を提起した。いま、それぞれの解を一言でいうなら、①が「戦略」で、②が「競争」である。

　業界がカルテルと独占のぬるま湯に浸かっている時こそ、戦略的に行動する企業がシェアを伸ばすチャンスなのだ。「戦略的に行動する」とは、同業者を出し抜くことである。Appleのスティーヴ・ジョブス（Steve Jobs）やAmazonのドス・ベゾス（Dos Bezos）をみるがいい。彼らの性格の最大の特徴は、けっして群れないことである。孤高はつらい生きかただが、それに耐えきれる人間だけが「お金を儲ける」資格がある。

　ここは、なにかの知的財産権をもっているというだけでお金持ちになれる楽な世界ではない。そんなものは、自分が利用できる資源のうちのマイナーな一片にすぎない。本書を通して、私は、ビジネスマンたちが、自分がもつ——もともとたいしたことのない——知的財産権を「戦略的」に利用しようとしているさまざまの様相を描写してきた。

　独占禁止法は、孤高タイプのビジネスマンを応援する法制である。もっとも、いまや第二の「冬の時代」に突入しようとしているのかもしれない独占禁止法に過大な期待をかけているという批判を、私は覚悟している。だがほかになにがあるというのだ。

　私は、また、「はじめに」で、日本における知的財産権の保護強化政策にもかかわらず、日本経済が依然として停滞を続けていることを指摘した。私は、本書の全体にわたって、その理由を考えてきたつもりである。結論をストレートにいうなら、せっかく保護が強化された知的財産権がカルテルや独占に取りこまれ、既成利権の延命のためにのみ利用されて、あたらしいビジネスや創作の生成に向かっていないことである。

　資本主義が成立するための2大条件は、①財産権の画定と、②その自由な取引の確保である。日本の知的財産権に関して①は終わった。これからの政策は②の貫徹に向かわなければならない。ここで鍵を握るのは「財産」や「権利」ではなく、取引をする「人」である。デジタル・コンテンツにしても、いろいろ珍奇な著作（隣接）権を発明して既成メディアに与え、新技術に対してつぎ

つぎと刑罰を新設するより、クリエーターとファンが直結するリーンな産業組織をめざすことのほうが重要であろう。

　本書の1つ1つの説明や事例研究が、ひたすら日本経済の活性化という一点をみつめて考えられていたことを、読者にご理解いただければ、私としてはもう思い残すことはない。

　最後になったが、執筆に苦しんでいる私をいつも気遣ってくれた妻 冨美代に、感謝のことばとともに本書を捧げよう。　　　　　　　　　　　　　　了

付　　録

引用米国判審決一覧[551]

（年代順。斜体は本書での略称。本文中の引用との重複がある）[552]

---

[551] 本間忠良「フェティシズムとユーフォリア——米国「技術と競争」判例にみるミスユースと反トラストの系譜」知的財産研究所創立10周年記念論文集『21世紀における知的財産の展望』（知的財産研究所、2000年）pp. 361-407を更新したhttp://www17.ocn.ne.jp/~tadhomma/FetEuph8.htm

[552] 米国判例の表示は、原告名 v. 被告名（et. alは「他」）、判例集の巻号、判例集名（U.S.は最高裁、F.3dは巡回裁——数字は1世紀で1進む——、F.Suppは地裁）、判例集のページ番号、かっこ内は巡回裁または地裁の略称、判決年）の順である。

付録　引用米国判審決一覧

　Strait v. National Harrow, et al., 51 F. 819, 1892 U.S. App. (Cir. N.D.N.Y. 1892)：シャーマン法制定2年後の判決だが、特許侵害を私有不動産へのトレスパスと同視して、特許権者National Harrowを中心とする特許権集中共謀に対するシャーマン法1条の適用を拒否した：「賭博師や売春宿の亭主でも、彼らが悪人または犯罪者だからという理由で家を奪われることはない。そのことは彼らからのトレスパス訴訟に対する抗弁とはならない」。

　Heaton-Peninsular *Button-Fastener* v. Eureka Specialty, 77 F. 288 (6th Cir. 1896)：ボタンつけ特許「機械」を賃貸する特許権者Button-Fastenerが、使用ライセンスの条件として非特許材料（汎用品）の購買先を制限した事案で、巡回裁はこの制限を合法とした：「非特許材料の独占は、原告発明の使用独占から派生するものであり、したがって、特許権者の専有権の合法的な結果である。…特許権者は、使用権の価格を、非特許材料の販売からの利益で実現することを選んだ。非特許材料は、特許『機械』の実際の使用に比例するカウンターとされた」。「特許権者が彼の発明の排他的使用を自分だけに留保して、合法的に靴の製造を独占し、それまであった靴の市場を破壊できるのなら、靴の微少な部分の購買を条件として特許ライセンスしてなぜいけないのか？」。この判決はMotion Picture 1917で否定されることになる。

　E. Bement & Sons v. *National Harrow*, 186 U.S. 70 (1902)：特許権者National Harrowが、特許品（スプリング刃馬鍬）の販売価格／再販価格制限、競争品取扱禁止、改良禁止、相互排他などの条項をふくむライセンス契約の履行を請求、ライセンシーBementが契約無効の抗弁をおこなった事件で、最高裁は特許権者を勝たせた：「特許権者によってライセンシーに課された合理的かつ合法的な条件から派生する通商制限に対して、シャーマン法の適用がないことはあきらかである。そのような解釈は立法者によって考えられたこともなかった。…これらの条項はいずれも合理的である」。「特許法の目的は独占であって、特許権者が課しライセンシーが同意した、その本来の性質上違法ではないいかなる条件も、法廷によって担保される」。この判決も、販売価格制限の評価を除き、Motion Picture 1917で否定されることになる。

368

付録　引用米国判審決一覧

　　Leeds & Catlin v. Victor Talking Machine, 213 U.S. 325（1909）：音声記録再生システムに関する「組みあわせ」特許の権利者Victorが、とくに条件をつけずにシステムを販売、非特許レコード（専用品）をユーザーに販売したLeeds & Catlinを特許権の直接侵害で提訴した事件で、最高裁は特許権者を勝たせた：「特許にカバーされる組み合わせ品の購買者に対する黙示のライセンスは、摩滅や損壊を修復する目的に限定される。レコードが非特許品であるかどうかは本件と関係がない」。

　　Henry v. *A. B. Dick*, 224 U.S. 1（1912）：特許「機械」（回転式ミメオグラフ）を販売する特許権者A. B. Dickが、使用ライセンスの条件として非特許インク等（汎用品）の購買先を制限し、これに従わなかった使用者を直接侵害で訴えた事件で、最高裁は特許権者を勝たせた：「特許法の目的は独占であって、特許権者が課し、ライセンシーが同意したいかなる条件も、法廷によって担保される。契約条件が独占を創出し、価格を固定するという事実も、それらの条件を違法化するものではない」。「補用品の市場は特許権者が作りだしたものだ。彼が自分の発明を実施しないことにすれば、その発明品上で使うインクの他人による販売は存在しない。特許権者は特許期間中他の何人にも使用を許さないですむ専有権をもつ。この大きな権利が、特許権者の望む条件で他人の使用を許す小さな権利を包摂する」。この判決もMotion Picture 1917で否定されることになる。

　　Bauer & Cie v. O'Donnell, 229 U.S. 1（1913）：これは時期は古いが、特許権にもとづく再販価格制限を違法とした判決で、現在でも否定されていない。医薬品の製法／物質特許権者Bauerが、製品に「1ドル以上で販売のこと。違反は特許権侵害を構成する」と表示、1ドル未満で販売した小売店O'Donnellを特許権侵害で訴えた事件で、最高裁は、本件をNational Harrow 1902やA. B. Dick 1912と区別して、被告を勝たせた：「本件表示は使用ライセンスを付与しているが、取引はあくまで販売である。本件では、所有権は十分かつ完全に移転しており、特許法によって与えられた販売権は行使されたので、追加された制限は法の保護と目的を超えている［消尽論Adams v. Burk, 17 Wall. 453（1874）］」。

付録　引用米国判審決一覧

Motion Picture Patents v. Universal Film Mfg., 243 U.S. 502 (1917)：劇場に対して特許「機械」（映写機）を賃貸し、使用ライセンスの条件として、自社製作の非特許映画フィルムの使用を義務づけていた原告Motion Picture（Edison設立の特許管理会社）が、独自製作の映画フィルムを劇場に配給した被告Universalを寄与侵害で訴えた事件で、最高裁は被告を勝たせた：「本法廷は、裁判基準として、憲法1条8項8号…を使う。特許権者は、法の目的・文言いずれからしても、特許品の最初の販売後、通知によってその再販条件を制限することはできない。特許機械は、単一かつ無条件の販売によって特許法の独占の外に運びだされ、販売者が課そうとするいかなる制限からも自由になる。特許機械を原価で売って補用材料で稼ぐという商法も、法が独占権を与えた発明からではなく、特許のない補用材料から利益を得るという点で、制定法の文言に反する。原告が依拠するButton-Fastener 1986は誤りだった。またA. B. Dick 1912はクレイトン法（1914年制定）3条で否定されている」。

参考：（原告）：「特許権者は、公共による彼の特許の使用を完全に拒否することができるのだから、論理的・必然的に、その使用に対して、彼の選択するいかなる制限をも課すことができる」。（少数意見）：「ライセンス拒否ができるのだから、拒否にいたらないいかなる制限も、それが圧倒的な公共利益に反しないかぎり有効」。

U.S. v. *General Electric*, 272 U.S. 476 (1926)：白熱電灯の特許権者General Electricが製造販売ライセンスの条件として、ライセンシーWestinghouseの販売価格や販売方法を制限、司法省がシャーマン法1条違反で訴えた事件で、最高裁は特許権者を勝たせた：「特許権者は、彼が特許によって権利を与えられた『報奨』の範囲内で、いかなるロイヤルティをも、いかなる条件をもライセンシーに課すことができる」。「特許権者の専有権の要素は、特許品の販売価格から得られる利益である。価格が高いほど利益は大きい。特許権者がライセンシーに『君は私の特許を使って製造販売してもいいが、私自身が得ることを望む利益を破壊してはならない』というのはまったく合理的である」。この判決はその後の諸判決によって大きな修正を受け、現在、先例としての力はきわめてかぎられたものになっている。

付録　引用米国判審決一覧

Carbice v. American Patent Development, et al., 238 U.S. 27（1931）：特許「製品」（アイスクリーム輸送容器）の使用ライセンスに非特許ドライアイス（汎用品）の購買を抱き合わせていた特許権者Americanが、同容器のユーザーにドライアイスを販売した競争者Carbiceを寄与侵害で訴えた事件で、最高裁は被告を勝たせた：「特許権者は、製品特許による独占を非特許材料にまで拡張しており、これはシャーマン法違反の通商制限と類似の行為である」。

International Business Machines v. U.S., 298 U.S. 131（1936）：製表機等の賃貸にカード（汎用品）の購買を抱き合わせたクレイトン法3条事件で、被告IBMは「製品」（穿孔後のカード）特許にもとづく正当化理由も主張したが、最高裁は司法省の差止請求を認めた：「クレイトン法3条の『特許品と否とにかかわらず』という文言が、まさにかかる戦略──特許の有効性推定を利用して賃借人が他のカードを使うことを抑止し、かつタインで訴えられるたびに特許有効性の審理をさせること──を封じるためにある」。

Leitch Manufacturing v. Barber, 302 U.S. 458（1937）：道路舗装「方法」特許のライセンスに、非特許アスファルト（汎用品）の購買を抱き合わせていた特許権者Barberが、舗装業者にアスファルトを販売した競争者Leitchを寄与侵害で訴えた事件で、巡回裁は「本件には特許独占の拡張を図る契約が存在しない」として特許権者を勝たせたが、最高裁はこれをくつがえした：「Motion PictureもCarbiceも契約の存在を前提にしていない。特許権者が『特許付与に固有の制限』を超えて、その特許独占を非特許品にまで拡張しているという、よりひろい根拠にもとづいて判決したのだ」。

Fashion Originator's Guild of America（*FOGA*) v. FTC, 312 U.S. 457（1941）：既製婦人服のメーカー（シェア38％）、販売業者、デザイナーからなる組合が、約1,200の小売店から、組合員のデザイン（著作権や意匠権保護はないが、州法違反の不法行為と主張）を盗用した非組合員製品を扱わない約束（半数はビジネス上の脅しによって締結）を取りつけ、出荷停止などによってこれを執行した。最高裁：「知的財産保護はシャーマン法1条／2条およびクレイトン法3条違反を正当化しない」。

付録　引用米国判審決一覧

　Morton Salt v. G. S. Suppiger, 314 U.S. 488（1942）：特許「機械」（塩錠挿入機）を賃貸し、使用ライセンスに非特許塩錠（汎用品）の購買を抱き合わせていた特許権者Suppigerが、同様の機械をユーザーに販売した競争者Mortonを直接侵害で訴えた事件で、ミスユース（unclean hands）による被告勝訴の地裁summary judgmentを最高裁が容認した。

　B. B. Chemical v. Elmer Ellis, 314 U.S. 495（1942）：Morton Saltとのちがいは、本件が、靴底補強「方法」特許ライセンスと非特許補強材料（汎用品）購買のタイインだったことと、寄与侵害より悪性が高いといわれた「侵害の誘引」（いずれも1952年特許法改正までは判例原則）だったことだが、最高裁はこれらを区別することなく、同様の理由で同様の判決をくだした。

　U. S. v. ***Masonite***, et al., 316 U.S. 265（1942）：ハードボード材料の特許権者Masoniteが、同業数社との代理店契約にもとづいて特許品の販売価格制限等をおこなったとして、司法省がシャーマン法1条違反で提訴。地裁はGeneral Electric 1926を根拠として特許権者を勝たせたが、最高裁はこれをくつがえし、司法省の差止請求を認めた。ただし、最高裁は、General Electricを正面から否定することをせず、「本件は特許ライセンス事件ではない」として、これと区別する道を選んだ。
　参考：（被告）：「特許権者はライセンス拒否権をもっているのだから、自分の好きな条件でライセンスする、より小さな権利をもっている」。

　National Lockwasher v. George Garrett, 137 F. 2d 225（3d Cir. 1943）：地裁原告Nationalの特許は特殊なタイプのスプリング・ワッシャーをクレーム、メーカーに対する製造ライセンス（有償）には、契約期間中、ほかのタイプのスプリング・ワッシャーを製造してはならないという条件がついていた。Nationalがこれに従わなかった地裁被告Garrettを特許権侵害で訴え、被告が特許ミスユースで抗弁した事件で、巡回裁は同抗弁を認めた：「本件事実は今までの一連のタイイン判決と異なる。特許権者は、特許独占を利用して、特許にカバーされない潜在的競争品の製造を制限している。彼は、上記諸判決でのように、非特許品の独占を創出しているわけではないが、自由競争以外の手段で、

彼の特許品がユーザーにとって唯一利用可能な製品である程度にまで、彼の合法的独占の境界を拡張しようとしている。この独占はあきらかに特許にカバーされていない」。

Mercoid v. Mid-Continent Investment, 320 U.S. 661（1944）：暖房機とスイッチの「組みあわせ」特許使用ライセンスと非特許スイッチ（専用品）を抱き合わせて販売していた地裁原告Mid-Continentが、ユーザーにスイッチを販売したMercoidを寄与侵害で訴えた事件で、最高裁は、従来の判例が「機械」か「方法」の特許だったことを認めながら、「組みあわせ」特許でも原則上の差異を認めることができないとして被告を勝たせた。この判決は、1952年特許法改正（特許法271条(c)）で否定されたといってよい（Dawson Chemical 1980で後述）。

Hartford-Empire, et al. v. U.S., 323 U.S. 386（1945）：ガラス製品メーカー十数社が、トップ・メーカー Hartfordを中心として、ガラス製造機械の特許数百件のクロス・ライセンス網を形成、特許機械の使用分野を制限、工業会で予想をふくむ統計数字を交換（生産量制限）、非特許ガラス製品の価格を維持していた行為に対して、司法省がシャーマン法1条／2条違反で差止を請求、地裁はこれを認めたが、最高裁は地裁判決を一部緩和した：「地裁差止は、結果的には被告財産を没収しようとしており、結合の解消に必要な程度を超えている。政府は、そのような没収が最近のMorton Salt 1942、B. B. Chemical 1942両判決によって正当化されると主張するが、両判決は特許を行使不能unenforceableにしただけで、没収したわけではない」。

International Salt v. U.S., 332 U.S. 392（1947）：Morton Salt 1942（ミスユース）とほとんどおなじ事案について、シャーマン法1条とクレイトン法3条にもとづいて、タイン条項執行差止を求めた司法省のsummary judgment申立てを地裁が認め、最高裁が容認した：「『機械』の特許は、非特許材料の製造／使用／販売を制限する権利まで与えるものではない。特許は反トラスト法からの免責を与えるものではない。また、ここで認定された事実には『真の争点』が残っていない。なぜなら、価格固定だけではなく、競争者を市場から排除す

付録　引用米国判審決一覧

る行為もper se illegalだからだ」。

　U.S. v. U.S. *Gypsum*, et al., 333 U.S. 364（1948）：石膏ボードの特許権者Gypsumが、同業数社との特許ライセンス契約にもとづいて特許品の販売価格制限等をおこなったとして、司法省がシャーマン法1条／2条違反で提訴した事件で、最高裁は司法省の差止請求を認めた：「地裁は、General Electric 1926およびNational Harrow 1902の解釈に依存して、特許の特権と、本件結合／独占企図に対するシャーマン法の禁止とをバランス（比較衡量）しなかった。本法廷は、被告の行為が特許の特権を超えるものであり、シャーマン法が、ここで試みられたような特許の利用を禁止していると結論する」。
　参考：（地裁判旨）：「悪意が立証された場合を除き、特許権ライセンスによるいかなる取引制限も合法である（391）」。

　Ira *McCullough* v. Kammerer, et al., 166 F. 2d 759（9th Cir. 1948）：Kammererは油井用パイプ・カッターの特許権者。独占的ライセンシーBaashはパイプ・カット業の最大手で、パイプ・カッターの独占的購買者。ライセンス契約中には、「ライセンサー、ライセンシーとも、契約装置と現在および将来競争するいかなる装置についても、製造、使用、賃貸、販売、ライセンスその他事業をしてはならない」という条項がある。両社が地裁被告McCulloughに対して提起した特許権侵害訴訟で、巡回裁は被告のミスユース抗弁を認めた：「独占的な買手と特定の売手との相互拘束的な結合ほど、よりすぐれた製品の開発や製造の意欲を阻害するものはない。本法廷は第3巡回裁のNational Lockwasher 1943に賛成する。特許権者がライセンス拒否権をもつということは、その使用に付随させた条件を利用して、その特許権の独占を拡張していいということではない。自由経済下で、公共は特許品と非特許品を競争させる権利があり、特許を利用してかかる競争を制限することは公共政策に反する」。
　参考：（少数意見）：「特許権者は、特許によって与えられる『報奨』の合理的範囲内で、ライセンシーに対して、いかなるロイヤルティをも、いかなる条件をも課すことができる。販売を禁止できるなら販売方法も制限できるはずだ。特許権者が単独でできることが、契約でなぜできないのか？」。

付録　引用米国判審決一覧

　Automatic Radio Mfg. v. Hazeltine Research, 339 U.S. 827（1949）：地裁原告Hazeltineはラジオ装置に関して数百件の特許をもっており、現存および将来特許のパッケージ・ライセンス（使用義務はない）、すべての家庭用ラジオの販売価格の約１％ロイヤルティ（overall方式）、年間ミニマム１万ドルという標準条件でメーカーにライセンス、地裁被告Automatic Radioに対して、ミニマム支払いを請求して提訴、被告がミスユースで抗弁した事件で、最高裁は特許権者を勝たせた：「本件overall方式を特許ライセンス間のタイインとする被告主張は誤っている。これは物品購入条件ではない。ライセンスは別ライセンス受諾を条件としていない。overall方式は特許使用の有無をいちいち調べなくてもすむ便宜的なもので、特許権の拡張ではない」。なお、Zenith 1969参照。

　Kobe, Inc. v. *Dempsey* Pump Co., 198 F. 2d 416（10th Cir. 1952）：両当事者とも油井用水圧ポンプ・メーカー。同製品については多数の並行発明があったが、発明者の１人がこれらを集積してパテント・プール会社を設立、Kobeのみにライセンス、その独占は25年続いた。Dempseyの競合製品発売に際して、Kobeは見込客に警告書を発送するとともにDempseyを特許権侵害で提訴、DempseyはKobeをシャーマン法違反で反訴。地裁は特許侵害を認めながら、Kobeによる独占の能力と意図の存在を認定、Kobeの提訴がシャーマン法２条違反の独占行為にあたるとしてDempseyを勝たせ（３倍賠償）、巡回裁がこれを容認。

　U.S. v. *Loew's*, et al., 371 U.S. 38（1962）：映画配給社Loew's等による対テレビ局ブロック・ブッキング慣行（著作権ライセンス間のタイイン──各等級の映画数十本を一パッケージとし、一括ライセンスを強要）に対して、司法省がシャーマン法１条違反で提訴、最高裁は司法省の差止請求を認めた：「タイイン契約には競争抑圧以外の目的がほとんどない。タイインとは、供給者のタイング商品市場における地位を梃子（leverage）にして、消費者にタイド商品を買わせる行為であり、その要件は、タイド商品市場における自由競争を実質的に減殺するに十分な、タイング商品に関する経済力である。ここで必要な経済力はユニークネス（uniqueness）または消費者アピールで認定され、シャーマン法２条でいう市場力の立証を要しない。このことはタイング商品が特許や

著作権で保護されている場合とくにあてはまり、十分な経済力が推定される。特許法の目的の1つはユニークネスに対する報奨だが、著作権でもおなじである。タイインは個々の著作者への報奨を差別化するかわりに平準化する。本法廷は、著作権の存在それ自体に由来するユニークネスの推定を確認する」。

Walter *Brulotte* v. Thys, 379 U.S. 29（1964）：州裁原告（特許権者）Thysは、州裁被告Brulotteに特許ホップ摘み機械を固定額で販売し、特許がすべて満了したあともロイヤルティを支払う条件で、使用ライセンスを許諾した。契約は譲渡不可。特許満了後、被告がロイヤルティ支払いを拒否、原告提訴に対してミスユースで抗弁した事件で、連邦最高裁は同抗弁を認めた：「州最高裁は、本件支払いが延べ払いの性格をもつから、合理的な期間なら特許満了後の支払義務も許せるとしたのだが、本法廷は契約意図をそのようには解しない。機械は固定額で支払いずみ、以後の支払いは特許ライセンスのロイヤルティだと判断する。特許満了後も機械の移動が禁止されていることもそれをうらづける。連邦では、特許期間を超える特許独占は、公共政策に反し、per se illegalである。当事者の力関係で、ロイヤルティはいくらでも高くなるかもしれないが、特許満了後のロイヤルティ支払義務は、特許品の販売を非特許材料の使用と抱き合わせる行為と類比できる」。

Walker Process Equipment, Inc. v. Food Machinery and Chemical Corp., 382 U. S. 172（1965）：Food Machinery社は、下水処理装置について、それが出願より1年以上まえに米国内で一般に使用されていたことを隠して特許権を取得、これにもとづいて、ライバルのWalker Process社に対して侵害訴訟を提起した。Walker Process社は、Food Machinery社が、「詐欺的にかつ悪意で取得した特許権を利用して、不当に市場を独占しようとした」として反訴、シャーマン法2条違反にもとづく3倍賠償を請求した。連邦地裁はWalker Process社の反訴を棄却し、第7巡回裁もこれを容認したが、連邦最高裁は、これらをくつがえし、「シャーマン法2条事件に必要な他の諸要件（関連製品市場の画定と排除力の存在）さえ立証できれば、特許商標庁に対する詐欺によって取得された特許権の行使は、同条違反を構成する」と判断、事件を下級審に差し戻した。

付録　引用米国判審決一覧

Laitram v. King Crab, 244 F. Supp. 9（D. Ala. 1965）：原告Laitramは特許シュリンプ殻むき機械の製造、賃貸をおこなっていたが、北西諸州での賃貸料を湾岸諸州の2倍にしていた。原告が北西部の被告King Crabを特許侵害で訴え、被告がミスユースと反トラスト法違反にもとづく特許権行使不能の積極的抗弁をおこなった事件で、地裁は被告を勝たせた：「ミスユース法理は、公共目的促進のために排他的特権を付与された者の独占が同政策に反する場合、その保護を法廷に求めることができないという原則に由来する。特許システムを支配するのは公共政策である。原告は、『特許権者は販売拒否できるのだから、差別もできる』と主張するだけで、差別の合理性（シュリンプの歩留まり）についての疎明もしていない。また、この差別は禁止的かつ恣意的なもので、合理的な根拠がなく、特許ミスユースにあたる」。

参考：（原告）：「北西部シュリンプのサイズが湾岸部の半分なので、機械化メリットが2倍でる。だから賃貸料を2倍にした。特許権者は販売拒否できるのだから、差別もできる」。

American Photocopy v. *Rovico*, 359 F. 2d 745（7th Cir. 1966）：湿式コピー機の特許権侵害で訴えられた被告Rovicoが、原告APECO等によるシャーマン法1条違反（価格固定）を主張して抗弁、地裁で仮差止判決を受けたが、巡回裁はこれを破棄した：「このライセンス契約は、原告とライセンシー群とのあいだで、価格固定がなかったら実現したであろう価格より高いレベルで販売価格を固定する効果を有する。問題の特許は原告が紛争相手から買い取り、業界の大半に同一条件でライセンスしているもので、事実を総合的に判断すると反トラスト法違反の可能性がある。重要な公共政策が侵されているおそれがあるので、仮差止は不適当」。

Zenith Radio v. Hazeltine Research, 395 U. S. 100（1969）：カナダでは、米国会社（General Electric、Westinghouse、Hazeltineなど）の現地子会社出資によるパテント・プール会社（設立がGeneral Electric判決の1926年というのは暗示的）が、数千件のテレビ特許を、パッケージ、国内製造のみ（製品輸入は不可）という条件つきでライセンス、プール会社による監視や提訴などによって、組織的に製品輸入を阻止していた（ケネデイ・ラウンドによる公的輸

付録　引用米国判審決一覧

入規制撤廃後、特許ベースの私的障壁に転じたもの)。アウトサイダーZenithが特許不使用を主張して輸入を開始したのに対して、Hazeltineが米国内で米国特許侵害で提訴。Zenithは特許ミスユースで抗弁しつつ、シャーマン法1条違反で反訴した。地裁は、「ミスユースはかならずしも反トラスト法違反の要件をみたすとはかぎらない」としながら、本件ではパッケージ・ライセンス強要とoverall方式を米国特許のミスユースと認め、さらにHazeltineと外国プールとの共謀（米国商業を制限——シャーマン法1条違反）によって3倍賠償判決、最高裁がこれを容認した。「本判決は『overall方式はミスユースにあたらない』としたAutomatic Radio 1949と矛盾しない［強要の有無で区別］」。

Lear v. John Adkins, 395 U.S. 653（1969）：航空機メーカーLearは技術者Adkinsと新型ジャイロの開発／ライセンス契約を結んだが、特許審査が難航したため、契約を解除、独自に製品を開発した。特許は結局成立してAdkins提訴。Learの特許無効抗弁に対して、州裁は、「Learはライセンス契約によって特許無効主張から禁反言（estoppel）される」としてAdkinsのロイヤルティ支払請求を認めたが、連邦最高裁はこれを破棄差し戻した：「ライセンシーによる特許無効主張を禁反言する原則は連邦政策に反する。下級裁では、第三者が特許無効を立証したら、契約の文言にかかわらず以後のロイヤルティ支払いは不要というのが一般原則になっている。特許権者のほうには有効性の推定があるので不公平にはならない。ライセンサーのequity（衡平）は、現実には公有の一部であるアイデアにおける完全かつ自由な競争を許すという重要な公共の利益とくらべてそれほど重いとはいえない。ライセンシーは往々にして特許の効力に挑戦するインセンティヴをもつ唯一の人物である。特許効力を争っているあいだはロイヤルティを払えという考えかたもあろうが、それでは、ライセンサーのほうに無限に訴訟を長引かせるインセンティヴを与えることになって、連邦特許法の目的に反する」。

Blonder Tongue Lab. v. University of Illinois Foundation, et al., 402 U.S. 313（1971）：訴訟を多用して和解金を獲得することを業としている特許権者Illinoisが、いちど無効判決を受けたのに、別の巡回区で別の被告Blonderに対してあらためて侵害訴訟を提起してきた事件で、最高裁は、「発明促進のため特

許権者を優遇すべきだ」という原告の主張をしりぞけ、「不再理効（res judicata）は当事者が同一の時だけ認める」とした先例（collateral estoppel）を修正した：「訴訟当事者のうち、特許権者は特許法によってとくに有利な地位を与えられている［特許権は有効と推定される］。特許権者はいちど無効と判決された特許権を別の巡回区で行使するために金を使っているが、この金はさらなる研究開発のために投資されたほうがよかった金だ。被告は、有効性の推定と戦いながら、まったく無駄な金を使わされている。特許権者は毎回有効性の推定を楽しみ、社会的には被告側のコストは膨大なものになる。結局被告は不本意な和解に追いこまれることになる。1961年の議会委員会報告によると、過去1年間にいちど無効判決を受けた特許にもとづく訴訟が64件あり、その大部分が判決にいたっていない。これはあきらかに和解になっていることを意味する。より重要なのは、そもそも訴訟になるまえに契約するケースが圧倒的に多いことだ。このコストは中小企業に対してとくにきびしい。特許システムが発明促進のために望ましいことはたしかだが、最高裁は、特許を法が許した独占とみなしてきており、経済的な結果はほかの独占と変わりはない。特許は特権である。しかしそれは公共目的によって条件づけられた特権にすぎない。Lear 1969は、侵害容疑者がとりあえず契約しておいて、訴訟費用ができたらロイヤルティの支払いを停止して訴訟を受けることさえ許した」。

Telex Corp. v. IBM, 510 F. 2d 894（10th Cir. 1975）, cert. dismissed, 423 U.S. 802（1975）：IBMが互換周辺機メーカーを振り切るためにとったさまざまな行動がシャーマン法2条違反になるかが争われた事件で、巡回裁は、すべての情報処理システムという「大きな市場」を画定して地判をくつがえし、IBMを勝たせた。

Continental TV v. GTE *Sylvania*, 433 U.S. 36（1977）：テレビの下位メーカーSylvaniaが小売店の出店位置を制限（垂直的取引制限）、小売店Continentalがシャーマン法1条違反でSylvaniaを訴えた事件で、最高裁は、先例のU.S. v. Arnold Schwinn, Co., 388 U.S. 365（1967）のper se illegalを修正し、rule of reasonでSylvaniaを勝たせた：「シャーマン法1条のper se illegalは明白かつ正当化理由のない反競争行為にのみ適用される。垂直的制限が市場に与える効果

は複雑である。なぜなら、それはブランド内競争を減殺するが、ブランド間競争を刺激するからだ。垂直制限は、商品流通におけるメーカーの効率を向上する。なぜなら、それは、中小ないし新規参入メーカーが有能な小売店を誘引することを許し、新商品の消費者受容に要する投資を促進するからだ。既成メーカーにとってもPRや修理サービス充実のための投資を促進する。ブランド内では販売価格がコスト化され、ブランド間競争によってこれが最小化する。メーカーの利益が必然的に消費者利益と一致する」。

Berky Photo Inc. v. Eastman Kodak Co., 603 F. 2d 263（2d Cir. 1979）, cert. denied, 444 U.S. 1093（1980）：新型カメラ（コダカラーⅡ）とフィルムの同時発売（仕様を事前に発表しなかった）がシャーマン法2条違反になるかが争われた事件で、巡回裁はインセンティヴ論によって地判をくつがえし、コダックを勝たせた。

Dawson Chemical, et al. v. Rohm & Haas, 448 U.S. 176（1980）：選択除草「方法」特許のライセンスと非特許化学物質（公知の汎用品だがほかに用途がない——特許法上は専用品）を抱き合わせて販売していた特許権者Rohm & Haasが、同化学物質を農家に販売した競争者Dawsonを寄与侵害で訴えた事件で、最高裁は特許権者を勝たせた：「従来のタイイン判例はほとんどが汎用部品／材料ケースである。本件は専用品ケースなので、Leeds & Catlin 1909とMercoid 1944だけが先例になる。1952年追加された特許法271条(c)は、寄与侵害と特許ミスユースの境界線を画定しており、寄与侵害に対する同項の限定は、特許ミスユースに対する同条(d)の限定と均衡する」。

SCM v. *Xerox*, 645 F. 2d 1195（2d Cir. 1981）：普通紙コピー機の特許権者Xeroxが競争者SCMにライセンス供与を拒否、SCMがシャーマン法2条違反でXeroxを訴えた事件で、巡回裁は特許権者を勝たせた：「特許品が一定の商品市場で競争する多くの商品の1つにすぎない場合、反トラスト問題はほとんど起きない。しかし、本件のように、特許品が成功してそれ自身の経済市場に成長する場合、特許法と反トラスト法は必然的に衝突する。しかし、合法的に取得された特許権の、特許法にもとづく行使を反トラスト法違反に問わないと

するのが、両法の最良のバランスであろう」。

USM v. SPS Technologies, 694 F. 2d 505 (7th Cir. 1982)：SPSは工業用ファスナーの特許権者、USMはそのライセンシー。USMはSPSの特許詐欺による特許無効を理由に、既払いロイヤルティの返還を請求。地裁はSPSによる特許詐欺の事実を認めたが、上記ライセンス契約中の差別ロイヤルティ条項がミスユースにあたるというUSM主張は却下。巡回裁は地裁判決を容認した：「本法廷は、本件ミスユースをper se illegalではなく、…rule of reasonによる反トラスト原理にもとづいて評価すべきだと考える。とくに、特許権者が彼の特許からの収入を最大化しようとして価格差別をおこなうことに対しては、いかなる反トラスト規制もない。法廷が特許による価格差別を違法とした先例はLaitram 1965ほか一連のシュリンプ殻むき事件だったが、これらの判決は価格差別を抽象的な意味ではなく、それが競争を制限するという意味で違法としたので、本件とは区別される。特許の核心は、特許権者に対して特許発明の使用における競争を排除し、一定の範囲内で、競争者に対して好きなような条件を課することを許すところにある」。「顧客やライセンシーの自由を制限したい特許権者は、彼らに対して特許使用の価格を安くするという代価を払っている。これらすべての場合において、特許権者の総収入は増加する。しかし特許からの収入をできるだけ多くしてなにが悪いのか？　事実、タイインは価格差別の一方法である。それによって特許権者は各ユーザーの需要の度合いにあわせて価格をつけ、それをタイド商品の消費によって測定するだけなのだ」。

Schenck v. Nortron, 713 F. 2d 782 (Fed. Cir. 1983)：単純な特許権侵害事件だが、被告側包袋禁反言（file-wrapper estoppel）主張冒頭の「特許権は独占権」という定型的な表現に、CAFCが強い調子で反発したもの：「制定法によれば、特許は財産である。制定法のどこにも、特許を独占として記述してはいない。特許権は他人を排除する権利──財産の定義そのもの──にほかならない。特許に代表される財産権は、他の諸財産権と同様、反トラスト法違反の意図でも使える」。International Wood 1986で批判されている。

Handguards v. Ethicon, 601 F. 2d 986 (1979)／748 F. 2d 1282 (1984)：

付録　引用米国判審決一覧

Ethicon社は、先使用による無効を知りながら、染料処理用使い捨てプラスチック手袋の製法特許にもとづいて、ライバルのHandguards社を訴えた。Handguards社は、Ethicon社が悪意の提訴によって市場を独占しようとしたとして、シャーマン法2条違反で反訴。地裁陪審は、「証拠の優越」によってEthicon社の同条違反を認定、Handguards社を勝たせた。巡回裁は、「Ethicon社の特許侵害提訴は善意の推定を受けるものであり、この推定をくつがえすためには（証拠の優越では不足で）、『明白かつ説得力ある (clear and convincing)』証拠が必要」と判断、原判決を破棄差し戻したが、連邦地裁の差戻判決は、明白かつ説得力ある証拠によって、ふたたびHandguards社を勝たせ、巡回裁もこれを容認した。

Jefferson Parish Hospital v. Hyde, 466 U.S. 2 (1984)：病院が医療サービスと麻酔医サービスを抱き合わせた事案で、直接には知的財産権事件ではないが、タイインにおけるシャーマン法1条のper se illegalを一部厳格化しつつも、タイング商品における知的財産権の存在が、タイインの要件たる経済力を推定させることを確認した点で重要である（傍論ではなく判決の論理的前提——DOJ／FTC, *op.cit.* n.10はdicta（傍論）だといっている）：「政府が売手に対してその商品上に特許や同様の独占権を付与している場合、その商品を他で買えないこと自体が売手に市場力を与えていると推定するのがフェアであろう (Loew's 1962)。特許独占が与える市場力を利用してタイド商品市場の競争を制限し、特許独占の範囲を拡張しようとする努力は、事実として当該タイド商品市場の競争を減殺する。だから、買手が別個のタイド商品をすべて特許権者から買うことを条件として特許製品を売り、またはリースすることは違法である」。

Digidyne v. *Data General*, 734 F. 2d 1336 (9th Cir. 1984), cert. denied 473 U.S. 908 (1985)：被告データ・ジェネラルのミニコンNOVAは、NOVA CPUと専用オペレーティング・システム (OS)RDOSから構成され、このクラスのミニコンでは大きな市場占有率を占めていた。被告は、RDOSとNOVA CPUをバンドルして販売していた。NOVAの買手は、大部分、いわゆる OEM業者である。これら OEM業者は、RDOSを動かす付加価値アプリケーション・プ

ログラムを開発し、これをNOVAに付加して最終ユーザーに販売するという業態であった。したがって、OEM業者や最終ユーザーのもとには、RDOSでしか動かないアプリケーション・プログラムの大量のモジュールが資産として蓄積されており、他社のシステムに転向しようとすれば、この資産を放棄せざるをえないという状況にあった（'lock-in'）。かかる状況下で、原告デジダイン等は、NOVAの命令セットを実行できる独自のCPU（NOVAエミュレータ）を発売した。1978年、原告から被告に対して、反トラスト法違反のタイイン（抱き合わせ）を請求原因とする訴え（シャーマン法１条／クレイトン法３条違反）が提起された。問題はタイングの要件の１つ「経済力」の有無である。これについて、地裁判事は、つぎのいずれかの場合、「経済力」の存在が推定されると説示した：「①売手がタイング製品市場で支配的地位を有する場合；②タイング製品が特許または著作権の保護を受けている場合」。陪審は、被告が、タイング製品市場において十分な「経済力」を有していると評決、地裁判事は、この原告有利の陪審評決を否認し、トライアルのやりなおしを命じた（JNOV）。JNOVの理由のなかには、著作権もトレード・シークレットも相対権であり、とくにプログラムのアイデアは著作権で保護されないから、法的参入障壁とはいえないという判断が入っている。高裁は地裁のJNOVをふたたびくつがえして、陪審評決を支持した。高裁は、知的財産権による法的参入障壁について、地裁の判断の誤りを大要つぎのように指摘した：「①『互換OSを開発しようとすれば、かならず被告の著作権とトレード・シークレットを侵害する』という被告自身の証言がある；②また、「製品上に特許などの独占権があれば、他から製品を入手できないこと自体、「経済力」を推定させる」との判例を最近の最高裁判決（Jefferson Parish）が確認している；③コンピュータ・ソフトウエア著作権保護の相対性についても最近の判例は懐疑的だ；④また、「タイインは競争戦略だ」という被告自身の証言もあり、被告が「経済力」を意識的に行使していたことがあきらかだ；⑤RDOSの著作権は、問題のタイインを当然違法とするに十分な「経済力」を推定させる」。上告も却下（7対2）。

International Wood Processors v. *Power Dry*, 792 F. 2d 416 (4th Cir. 1986)：地裁原告Power Dryは地裁被告Internationalの特許（材木乾燥炉）の最初期の非独占的ライセンシー（数量／地域無限定）。Internationalは、銀行

付録　引用米国判審決一覧

等と共謀して、世界中各国に独占的ライセンシーを置く特許アンブレラ戦略に転換、原告Power Dryとのライセンス契約を解除した。原告はシャーマン法1条違反で提訴、巡回裁は、被告の「特許法は特許権者が発明のすべての価値を受けとることを許している」という主張をしりぞけ、原告を勝たせた：「特許権者が彼の限定的独占によって授権された以上のものを求めて契約にはいるならば、それは一般法に服しなければならない。この地点で、反トラスト法と特許法はコンフリクトする。特許システムは、特許権者の独占権が、ライセンシー・レベルでの垂直カルテル［指令塔つきアンブレラ型の共謀］を維持するためのスクリーンとして利用されることを望まない」。

参考：（被告）：「特許法は、特許権者が発明のすべての価値を受けとることを許している」。

Senza-Gel, et al. v. John Seiffahrt, et al., 803 F. 2d 661（Fed. Cir. 1986）：ハム製造「方法」特許のライセンスに非特許機械の購買を抱き合わせていた特許権者Senzaが、同様機器のメーカーSeiffahrtを寄与侵害で提訴、被告がミスユースで抗弁した事件で、CAFCは被告を勝たせた：「特許権者によるタイイン強制の事実を陪審が認定している」。

Milton Hodosh, et al. v. Block Drug, 833 F. 2d 1575（Fed. Cir. 1987）：非特許硝酸カルシウム（汎用品だが、その使用が特許クレームの要素（特許法上は専用品））による歯の減感「方法」特許のライセンスに、硝酸カルシウム入り歯磨きペーストを抱き合わせて販売していた特許権者Miltonが、同様ペーストのメーカーBlockを寄与侵害で提訴、被告がミスユースで抗弁した事件で、CAFCは特許権者を勝たせた：「特許法271条(d)(1)は、『寄与侵害にあたる行為から権利者が利益を得ることはミスユースにならない』と規定している。本件で特許権者が利益を得ているのはペーストの販売からで、硝酸カルシウムからではない。本件で汎用、非汎用の区別をするのは、硝酸カルシウムをふくむ原告製の歯磨きペーストであって、硝酸カルシウムそのものではない」。

Lasercomb America v. Reynolds, 911 F. 2d 970（4th Cir. 1990）：地裁原告Lasercombは紙箱金型製造用CAMソフトを開発、地裁被告Reynoldsに使用ラ

付録　引用米国判審決一覧

イセンスを与えた。契約は、契約期間99年間にわたって、すべての同種ソフト開発を禁止する条項をふくむ。被告が同ソフトを無断コピーして発売、原告の著作権侵害提訴に対して著作権ミスユースで抗弁した事件で、巡回裁は被告を勝たせた：「著作権ミスユースの判例はすくないが、特許と著作権を区別する理由はない。どちらも進歩性という単一の目的を有する。特許ミスユース抗弁はMorton Salt 1942以来確立したequity判例原則である。特許の場合とおなじく、著作権ミスユース抗弁は、著作権法に固有のものである。原告は、公共政策に反する形で著作権を利用、創造的なアイデア（著作権保護を受けない）を公共から奪取している」。

Feist Publications, Inc. v. Rural Telephone Services, Inc, 499 U.S. 340 (1991)：Ruralはカンサス州北部で地域独占を与えられた電話会社で、担当地域のホワイト・ページ（州法で義務づけられている）とイエロー・ページ（広告つき）を無償配布している。Feistは広域（11地域をカバー）電話帳を無償配布している（収入はイエロー・ページの広告料）。Feistは各電話会社からホワイト・ページ使用ライセンス（有償）を取得していたが、Ruralのみこれを拒絶。FeistはRuralのホワイト・ページを無許可で使用（独自調査により住所を追加するも、主要部分は複製――コピーマーク（架空番号）あり）。地裁は「電話帳が著作物であることは判例原則」としてRural勝訴のsummary judgmentをくだし、第10巡回裁も容認。最高裁がこれをくつがえした：「著作権の主たる目的は著作者の労働に対する報奨ではなく、『科学や有用技芸の発達を促進する』ことである。この点について従来多くの下級裁が誤りをおかし、事実編集物の保護を正当化するため、いわゆるsweat of the brow（額に汗）理論を発達させてきた。この文書を出版するための原告の勤勉には大きな賞賛を惜しまないが、法はそれらをこのような方法で報奨することを予定していない（Baker v. Selden at 105）。控訴裁判決を破棄する」。

Atari v. *Nintendo*, 975 F. 2d 832 (Fed. Cir. 1992)：任天堂は、1986年以来、米国市場向け同社ファミコン中に、特殊な「ロックアウト・チップ」（原告命名）を組みこみ、これを解読できるキー・プログラム・チップを組みこんだ同社製ソフト・カートリッジでしか動かないようにしていた。1988年、アタリは、こ

のロックアウト・チップをリバース・エンジニアリングしようとしたがうまく行かず、著作権局に寄託中のソース・コードを不実理由で入手、これの助けを借りて任天堂チップを解読、互換カートリッジの製造／販売を開始した。アタリは任天堂を反トラスト法違反で先制提訴（仮差止請求は棄却）、任天堂はアタリを著作権侵害で逆提訴、仮差止を取りつけた。アタリ控訴。1992年9月、CAFC（特許問題もあったため）は、一般論として、「合法的に入手した著作物中に隠された情報を得るために strictly necessaryな複製は公正利用にあたる」としながら、①アタリの不公正なソース入手方法（unclean hands）および②実質的類似（リバース・エンジニアリング後クリーン・ルームを使っていない）を理由として、任天堂を勝たせた。

　Sega Enterprises v. *Accolade*, 977 F. 2d 1510（9th Cir. 1992）：地裁被告Accoladeは独立のソフトウエア・ハウスで、原告Segaのゲーム機Genesis-III用ソフト製作を企図してはじめSegaと交渉したが、Segaがソフトの権利買上げ方針に固執したため、ライセンス取得を断念、リバース・エンジニアリングに転じた。リバース・エンジニアリング手法としては、まず、Sega機用ソフト3本を購入、これを逆コンパイラー・システムにかけてソースをプリントし、つぎに、3本のソースを比較分析して共通コード（インターフェイス仕様）を抽出、それをマニュアル化し、最後に、別な技術者グループにこのマニュアルを与えて互換ソフトを製作させるという形態である（クリーン・ルーム）。1992年4月、北部加州連邦地裁は、「リバース・エンジニアリングの過程で複製行為がおこなわれた」という原告Segaの主張を認め、著作権侵害で仮差止命令を発したが、被告Accoladeは、以下の4点を主張して控訴：①アイデア抽出にともなう複製行為は、アイデア不保護原則（§102(b)）によって非侵害。②オブジェクトを人間が理解するには逆コンパイルが必要だから、アイデア・表現不可分によって非侵害。③プログラム使用にともなう複製（§117）は非侵害。④逆コンパイル・逆アセンブルは、それが、アイデアへのアクセスのための唯一の手段（no other means）であり、また合法的な目的のために行われる場合、「公正利用（§107）」によって非侵害。1992年10月、第9巡回裁は、被告Accolade主張のうち①②③をはっきり否認しつつ、④「公正利用」を政策的目的によって解釈、地裁の仮差止命令を差し戻した。

じつは、本件にはもう1つ商標不実表示という請求原因があった。Segaのソフト中にある20—25 bitの暗号がSegaのゲーム機Genesis-IIIを動かすキーなのだが、これを実行すると同時に、「Segaライセンスに基づき製作」という画面表示がでてしまう。第9巡回裁は、これについても、商標による保護を受けない機能そのものだとして、被告Accoladeを勝たせた。

Eastman Kodak v. *Image Technical* Services, 504 U.S. 451 (1992)：コピー機等のメーカーで保守サービスもおこなっている地裁被告Kodakは、保守サービス専門の地裁原告ITSへの補修部品の販売を拒否、部品メーカーからの入手をさまたげた。原告は、被告がコピー機の販売（タイング商品）と保守サービス（タイド商品）を抱き合わせたとしてシャーマン法2条違反で提訴。被告は、市場画定問題や本体部品一体論にもとづいてsummary judgment申立て、地裁がこれを認めたが、最高裁が破棄差し戻した。地裁事実審で、被告は本件販売拒否が特許権の行使であることを主張、地裁はこれを認めなかったが、巡回裁は、Kodakの主張を一部認めつつ、Kodak互換補用品という「小さな市場」を画定し、結論的にはITSの請求を認めた：「反トラスト法と知的財産法の独占を調和させるためには、モノポリストの知的財産権に対してある程度の重みを与えなければならない。特許権者のインセンティヴを減殺することは、知的財産法と反トラスト法のもつ基本的・相補的目的に反する。したがって、知的財産権の存在を無視した地裁判事の説示は誤りだった。しかし、知的財産権にもとづく主張はKodakの弁論中にふくまれており、陪審はそれにもかかわらずKodakの正当化理由をしりぞけたのだから、この誤りは無害である」Image Technical Services v. Eastman Kodak, 125 F. 3d 1218 (9th Cir. 1997), cert. denied, 523 U.S. 1094 (1998)。

Mallinckrodt v. Medipart, 976 F. 2d 700 (Fed. Cir. 1992)：地裁原告Mallinckrodtは薬品吸入装置の特許権者。装置には「Single Use Only」の表示がある。ユーザーの病院はこの表示に従わず、使用ずみの装置を地裁被告Medipartに滅菌させ、再使用した。原告が被告を特許侵害と同誘引で訴えた事件で、地裁は、被告の行為が特許装置の再製造ではなくて修理だという理由で、被告有利のsummary judgmentを認めたが、巡回裁はこれを破棄差し戻した：「地

付録　引用米国判審決一覧

裁が適用したのは、政策的考慮にもとづく特許ミスユース法理である。ミスユース抗弁を維持するためには、ライセンスの全般的効果が競争制限的であることの立証が必要である。事実審で、同立証不十分により、原告の再使用制限が合法と認定されれば、被告行為が再製造か修理かは関係がない」。この判決は、権利者の一方的な表示によってその後の権利消尽（取引保護のための強行法規）を遮断したとして批判されていたが、Quanta Computer, Inc. v. LG Electronics, Inc. 128 S. Ct. 2109（June 9, 2008）最判で修正されたものと思われる。

In the Matter of *Dell* Computer Corporation, 121 F.T.C. 616（1996）: 1992年2月、Dellは、全米ほとんどのハード／ソフト・メーカーからなるVESA（Video Electronics Standards Association）に加入した。おなじころ、VESAはコンピューター・バスの標準設定作業を開始した。同年6月、VESAは、ビデオ集約ソフトに適する「VL-bus」デザイン標準を採択した。標準採択の投票にあたっての定例の手続きの一部として、Dell代表者は、「私の知るかぎり、本提案はDell所有の特許…を侵害しない」むね書面で認証している。だが、じつは、1年まえの1991年7月、Dellは、「VL-busカードを搭載するマザー・ボードの機械的スロット形状に対する排他的権利」を与える特許1件（「481特許」）を取得していたのである。この標準は大成功で、8か月で140万台のPCに搭載されたが、そのころからDellは若干のVESAメンバー（PCメーカー）に対して、「VL-busの実施はDellの排他的権利を侵害する」として、「Dellの排他的権利を認める態様を決めるため」会談を要求したが、侵害の主張を取り下げることはなかった。

連邦取引委員会（FTC）は、Dellの行為が競争を不当に制限した（FTC法5条違反）として調査を開始、Dellとの合意にもとづき、1996年5月、Dellの同意は和解のためのものであって、違法行為の自認ではないとの了解の下に、Dellに対して大要以下のような命令を発した：「①今後10年にわたって481特許の権利行使をしないこと。②481特許にかぎらず、今後10年にわたって今回のような行為をしないこと。③本同意命令のコピーをVESAメンバーその他Dellの警告先および今後参加する標準設定機関に配布、Dell内関係者に徹底すること。④以上の措置の遵守状況につきFTCの監視を受けること」。

以上に対しては、Azcuenaga委員から、Dellが故意に市場力を獲得したとい

う多数意見を疑問視し、本命令が企業に不必要な負担をかけることになるという内容の浩瀚な反対意見がだされており（「特許の存在を知っていることと、標準がその特許を侵害する可能性があることを知っていることとはちがう」——これが後年のRambus v. Infineon CAFC判決のベースになっている）、またパブリック・コメントに答える意味からも、やや異例ながら多数意見側からアナウンスメントという形で補論・反論がなされている。アナウンスメントの重要ポイントを下記する：「①本命令は、競争的観点から、民事法廷でのequitable estoppel判例（Wang v. Mitsubishiなど——当事者効しかない）より広い。②本命令はケース・スペシフィックで、標準設定における一般的な特許回避や調査義務を創出したものではない」。

B. Braun Medical v. Abbott Laboratories, 124 F. 3d 1419 (Fed. Cir. 1997)：地裁原告Braunは無針注射液逆流防止弁の特許権者。地裁被告Abbottは原告から特許装置を独立使用限定（接続用不可）で購買したが、並行して接続用装置を開発した。原告が被告を特許権侵害で訴え、被告がミスユースで抗弁した事件で、地裁は被告を勝たせたが、巡回裁はこれをくつがえした：「特許ミスユース法理はequityのunclean hands法理からうまれたもので、反トラスト法とは別の、特許権の濫用（abuse）を制限する一手法である」。「地裁はすべての条件つき販売を違法としている点で法律上の誤りを犯している。両当事者が特許権者によって与えられた『使用権』の価値を反映する価格を交渉したものと推定するのがより合理的である。しかし、そのような明示の条件は契約的性質のものだから、反トラスト、特許、契約等の法律はもちろん、特許ミスユースのようなequityにも服する。問題は、特許権者が、その条件を課することによって、『特許付与の物理的／時間的範囲を許容しがたいほど拡張して、競争制限効果をもたらしたかどうか』である。典型的な例はタイインと特許期間延長だが、それとは対照的に、本件のような使用分野制限は一般的に許容されており、また競争制限効果はrule of reasonで判断される」。

Quality King Distributors, Inc. v. L'Anza Research International, Inc., 118 S. Ct. 1125 (1998)：L'Anza（ランザ）はカリフォルニア州のヘア・ケア製品メーカーで、米国内では、特定テリトリー内のL'Anzaショップにだけ卸す

付録　引用米国判審決一覧

独占的特約店を使い、集中的な宣伝と販売員訓練によって高値を維持していた。外国ではそんな差別化販売をしていないので、価格は米国より安い。製品ラベルはL'Anzaの著作物である。L'Anzaの英国代理店が、L'Anza製品をマルタ経由Quality King（クオリティ・キング）に販売、Quality Kingはこれを米国内のディスカウント店へ安売りした。L'AnzaはQuality Kingを著作権法602条等違反で提訴、地裁はQuality King のfirst sale（109条(a)）抗弁を却下して原告有利のsummary judgmentを言い渡し、巡回裁がこれを容認したが、最高裁は、ここでいう「所有者」が外国人であってもかまわないから、109条(a)は輸入された複製物にも適用があると判断して下級裁の判決をくつがえした。米国は、国際消尽論に踏み切ったのである。

Intel Corp., FTC Docket No. 9288（June 8, 1999）：被審人Intelは、同社製マイクロプロセッサ（MPU）の顧客に対して、コンピューターを設計するに必要な同社技術情報、知的財産権ライセンスを供与していたが、うち3社（DEC／Intergraph／Compaq）が同社ならびに同社顧客に対して知的財産権主張をおこなうにおよんで、3社に対する情報・ライセンスの供与を打ち切りまたは制限した。FTCがFTC法5条違反容疑で審判、10年間にわたる同様行為の（対世的）排除を命ずる同意審決をおこなった（3対1）。

Rambus v. Infineon Techs. Ag., 318 F. 3d 1081（Fed. Cir. 2003）：2000年ごろ、次世代メモリーはRambusとIntelの共同開発によるDirect RDRAMが有力とみられていた。しかし、これは、①Intel 820チップセットの製品化が遅れたこと、②これまでのDRAMとは仕様が大きく異なっていて製造やテストの方法も大きく変わること、③RDRAMにはRambusインターフェースを制御するRambus ASIC Cellというモジュールがあってメーカーが手が出せない（ロックインされる）ことなどの事情からメーカーにきらわれ、一方、ライバル技術のDDR SDRAM（Double Data Rate Synchronous DRAM──クロックのチックとタックで情報処理する）は既存のSDRAM（外部バスインターフェースが一定周期のクロック信号に同期して動作するよう改良されたDRAM）の延長線上にあるため、まずグラフィック・アクセラレータの、ついでメイン・メモリのメーカーに採用され、形勢が逆転した。問題のRambus特許は1990年出願

されたものが分割され、本件地裁トライアルまでに31件の特許として成立している。うち3件につき、2000年、RambusがInfineonを特許権侵害で訴えた（日本勢は例によって早々に和解、米韓勢は係争中）。地裁はInfineon製品を非抵触と判決（JMOL）（Rambus, Inc. v. Infineon Techs. AG., 164 F. Supp. 2d 743 (2001)）、CAFCは地裁判決を全面的にくつがえして抵触とした。ここでは特許問題についてはこれ以上深入りしない。

　問題は、Rambusが1992年から1996年までメンバーだった半導体の標準設定機関JEDEC（非営利法人）の委員会が、1991年からSDRAM、1996年末からDDR SDRAMのそれぞれ標準設定作業をおこなっていたことである（SDRAMは1993年、DDR SDRAMは2000年に標準が公開）。JEDECは、この間、「標準設定対象技術に関する（related to）特許および特許出願にカバーされる技術のすべてが開示されないかぎり、特許品や特許方法の使用を要求する標準を採択しない」という方針を維持し、メンバーもそれを知悉していた。以上の事実にもとづいて、Infineonは（特許無効・非抵触・行使不能という定跡的主張のほか）、①RambusによるJEDEC契約違反、②みなし詐欺（constructive fraud 善意ないし軽過失による詐欺──バージニア州法違反）、③技術市場の独占およびその企図（シャーマン法2条違反）、④RICO法違反を主張し、損害賠償を求める反訴を提起した。独占行為については上記特許非抵触判決によってmootになったとしてInfineonが自発的に取り下げ、RICOについては陪審が違反なし、みなし詐欺については違反との評決をおこなった。CAFCは、JEDEC方針の厳密な解釈にもとづいて、みなし詐欺についても地裁判決を破棄差し戻し、連邦最高裁はInfineonの移送命令申立てを却下した。CAFCはいう：「メンバーに示されていたJEDEC方針は委員長に対する指示にすぎず、…メンバーに対して直接義務を課すものではない。…また、「関する（related to）」とはクレームに必然的にカバーされるという意味であって、必然的でない特許や出願まで開示させるという意味ではない。…メンバーは、JEDEC特許方針を、設定中の標準と漠然と関係がある程度の特許や出願を全部開示する義務とは理解していなかった。…開示時点についても、提案標準の投票時でいいという証言がある。…本件においてはJEDEC特許方針の詳細な定義が絶望的なほど欠けている。…Infineonは、問題の標準がクレーム（未開示）のライセンスがなければ実施できないという合理的な期待があったことを立証しなければならな

付録　引用米国判審決一覧

かった…」。この点については、Prost判事の浩瀚な反対意見があり、JEDEC方針が多数意見のような厳密な読みかたでなく、もっと広く理解されており、Rambusの行為が十分詐欺を構成すると述べている。

　いかにもドイツの会社らしく特許論に依存しすぎたInfineonの戦略的失敗ではなかったか。地裁差戻審で、Infineonは、カリフォルニア州ビジネス・プロフェッションズ・コード17500条（虚偽またはミスリーディングな言明によって公衆（他州民ふくむ）を誤導する行為を軽罪とする）にもとづく不公正競争反訴をふくめる訴状修正を申し立て、地裁はこれがDell 1996ケースに該当する行為を問擬しているとして許可した（Rambus, Inc. v. Infineon Techs. Ag., 2004 U.S. Dist. LEXIS 2534 (E.D. Va., Feb. 18, 2004)）。2005年3月、ベンチ・トライアルの結果、地裁判事は、Rambusの請求がunclean handsにもとづいており、かつ広範な証拠隠しをおこなった事実が、明白かつ説得力ある（clean and convincing）証拠によって立証されたとして、Rambusの特許権にもとづく請求をすべて棄却した（この直後、InfineonとRambusは本訴訟を全面的に和解した——判決によって日和見をしていた第三者（米韓勢——日本勢は例によって屈服ずみ）を利したくなかったのである）。

Assessment Technologies v. *WIREdata*, 350 F. 3d 640 (7th Cir. 2003)：ウィスコンシン州のいくつかの市町村は、財産税評価目的で住民の家屋を全数調査し、AT作成のデータベース・プログラム「マーケット・ドライブ」（Microsoft Accessベース）に入力していた。WIREは、情報公開条例にもとづいて、これの原データを請求（不動産販売目的）。市町村はATとのライセンス契約で原データの公開も禁じられているとして拒否。ATがWIREに対して著作権侵害予防の差止請求。巡回裁（ポズナー判事）は、「著作物でない原データの開示を著作権ライセンス契約で制限することは著作権のミスユースである（WIREが取引制限を立証したら、反トラスト法違反も成立する可能性があった）。開示のために必要なプログラムの使用はフェア・ユースとして許される」などとしてWIREを勝たせた。

Lexmark Int'l, Inc. v. *Static Control* Components, Inc., 387 F. 3d 522 (6th Cir. 2004)：地裁原告Lexmark(LM)社のレーザー・プリンターにおいては、

付録　引用米国判審決一覧

トナー・カートリッジに装着されたマイクロチップ中のトナー・ローディング・プログラムがトナーの残量値を記録、これをプリンター本体中のプリンター・エンジン・プログラムが読み取って規定値と比較、双方が合致しないとプリンターが停止する（したがって使用ずみのカートリッジに他人がトナーを再充填してもプリンターが動かない）。地裁被告Static Control Component (SCC) 社は、トナー・ローディング・プログラムをコピーしたマイクロチップを製造して、トナー詰替え業者に販売した。LMはSCCを著作権侵害とDMCA違反で提訴、地裁がLMの仮差止請求を容認したが、巡回裁は、LMのトナー・ローディング・プログラムを「ロックアウト・コード」と認定、互換妨害というアイデアと一体（idea-expression merger）であり、且つ機能によって強制される表現（scenes a faire）だから、LMは本案での成功の蓋然性を確立していないとして、地裁仮差止命令を破棄した。DMCA違反もシロ。

Illinois Tool Works Inc., et al, Petitioners v. Independent Ink, 547 U.S. 28, 2006 U.S. LEXIS 2024 (S.Ct, March 2006)：地裁被告Tridentはバーコード印刷用プリントヘッドの特許権者。同特許のライセンス契約で、ライセンシー（プリンター・メーカー）に、インク（非特許）の同社からの購買を義務づけていた典型的なタイイン事件（シャーマン法1条）だが、地裁は地裁原告Independentがタイイング商品（プリントヘッド）における被告の市場力をまったく立証していないとして、被告有利のsummary judgmentを言い渡した。原告が「特許・著作権ベースのタイイン事件では被告の市場力が推定される」としたInternational Salt 1947/Loew's 1962/Jefferson Parish/Digidyne 1984を援用したのに対して、地裁は、上の諸判決に対する学者（シカゴ学派）からの強い批判、とくにJefferson Parishでの最高裁の上の言明がdicta（傍論）にすぎないとする評価を採用したのである。連邦巡回控訴裁（CAFC）は、このsummary judgmentを破棄して、上記の最高裁諸判決の羈束力を再確認し、推定はrebuttable（反論可能の）推定だから、被告に反論の機会を与えるようにとの指示つきで地裁に差し戻した。ただ、この反論は、同機能のプリントヘッドがほかにもある程度ではだめで、需要の交差弾力性などの経済的立証を要する。Independent Ink v. Illinois Tool Works and Trident, 396 F.3d 1342 (Fed. Cir. 2005)。

付録　引用米国判審決一覧

　最高裁は、上のCAFC判決をくつがえし、シャーマン法1条違反のタイインにおいても、特許法281条(d)(5)を準用して、地裁原告（Independent Ink）にタイング商品の市場力を立証する責任があるとして事件を差し戻した：「特許法1988年改正は、明文では反トラスト法に言及していないが、International Salt 1947で宣言されたper se ruleの再評価を促していることはたしかである。特許権者の差止請求権を否認するルール（ミスユース）が、その行為を禁固10年以下の連邦法違反の犯罪とするルール（反トラスト法）よりきびしいということはありえない。議会が、重罪としての処罰に値する特許の使用をミスユースにしないという意図をもっていたというのはばかげた想定だ。…我々の結論は、特許製品に関するタイング取決めは、Morton SaltやLoew'sで適用されたper se ruleではなくて、Fortner IIやJefferson Parishで適用された［rule of reason］基準で評価されるべきだということだ。…特許はかならずしも特許権者に市場力を与えないから、タイング取決めに関するすべての事件で、原告は、被告がタイング商品で市場力をもっていることを立証しなければならない」。タイイン訴訟原告の立証責任がタイング商品の市場力だけでよく、一般のrule of reasonにおける現実の競争阻害の立証まで要求していない。

In the Matter of *Rambus*, Inc., FTC Docket No. 9302（August 2, 2006）：2002年6月、FTC（連邦取引委員会）審査官は、Rambusが、前記Rambus v. Infineonで問題になったようなJEDECを舞台とした反競争的・排除的行為によって、4つのメモリー技術の市場を独占し、独占を企図し、かつ不公正な競争方法をおこなった（FTC法5条違反）として、FTCに提訴した（準司法機関であるFTCの内部手続き）。2003年2月、審査官は、Rambusが重要な証拠を破棄したというInfineon訴訟での事実認定をcollateral estoppel（争点効——おなじ当事者がおなじ争点で再訴訟を起こせないという効果）として認めるよう申し立てたが、事件をはじめに担当したTimony判事はこれを容認しないかわりに、「Rambusが、JEDEC標準がRambus特許（出願）にカバーされることを知っており、そのことをJEDECに告げなかったため、衡平法禁反言によって後日同特許権を行使できない」という違法の推定を行い、Rambusの反証を要求した。しかるに同判事引退後の2004年2月、新任のMcGuire判事がFTCあて提出した第1審決（Initial decision）は、前任者の違法の推定を非重要とし

て退け、FTC法5条違反の立証失敗を理由に、審査官の提訴を全面的に棄却した。McGuire判事は、JEDECによるRambus技術の採用と同社の独占力獲得を無関係としたのである。審査官控訴。

2005年3月、FTCは審理を再開、Infineon訴訟やHynix訴訟で提出された証拠を採用して、事実の詳細な再審理の結果、Rambusの主張を1つ1つくつがえし、2006年8月、意見書を発表した：「Rambusは、JEDECの会員であることを利用して、詐欺的行為をおこない、JEDECメモリー標準にとりこまれる技術をカバーする特許を取得しながら、それを秘匿した。その結果、Rambusは、技術標準設定プロセスを歪曲し、コンピューター・メモリー産業に対して、反競争的なホールドアップをおこなった。FTCは、Rambusのかかる詐欺的行為がシャーマン法2条の排除的行為を構成し、FTC法5条違反の不法な4市場独占をおこなったものと認定する。技術標準の設定は多くの産業でおこなわれており、異なる企業が供給する製品間に相互接続性（interoperability）を与え、市場受容の機会を増やし、製品の消費価値を高め、生産を刺激することによって、消費者を利するものである。しかし、標準設定は、買手の購買決定が、技術や製品の異なるinteroperableな組み合わせを淘汰することを妨げるという点で、競争を阻害するリスクがある。典型的には、標準設定の競争促進のベネフィットが市場競争のロスを補う。その理由で、反トラスト法執行当局は、標準設定活動に対してかなりの受容と寛容を示してきたのだ。しかし、企業が標準設定プロセスを裏切る排除的行為を行い、独占力を獲得するならば、標準設定の競争促進ベネフィットは実現できない。標準設定プロセスのはじめには、いくつもの技術が競争している。しかし、いったん標準が設定され、産業がそれに従うようになって、スイッチング・コストが禁止的になると、各企業はその標準にlock-inされ、標準の所有者は産業をホールドアップして、競争水準を超えた料金を請求できるようになる」。

2007年2月、FTCは、3対2の多数で、Rambusに対して、SDRAMとDDR SDRAM技術を、3年間最高0.5%（その後はゼロ）のロイヤルティでライセンスすることを命じた。反対の2名ははじめからロイヤルティ・ゼロを主張して反対した（うち1名はDDR2 SDRAM技術も対象にすべきと主張）。2008年4月、DC控訴裁は、このFTC命令を、証拠不十分として棄却したが、FTCが再審請求。

付録　引用米国判審決一覧

Quanta Computer, Inc. v. LG Electronics, Inc. 128 S. Ct. 2109（June 9, 2008）：LGEは、マイクロチップと他の部品を組み合わせたシステムおよびその構成方法に関する多数の特許を所有、Intelに製造販売ライセンスを与えていたが、契約には、「LGE特許を使うIntel製品と非Intel製品を組み合わせるIntel顧客には、ライセンスを与えない」という項目があった。Intelは、別の基本契約で、かかる顧客に対して、「Intelに対するLGEライセンスは、Intel製品と非Intel製品を組み合わせて製造したいかなる製品をもカバーしない」むねの書面通知をする義務に同意していた（ただし、この義務違反は、LGEからの特許ライセンス解除の原因にはならない）。Quantaは、この書面通知を受領しながら、Intelから購入したマイクロチップを非Intel製品（バスなど）と組み合わせてシステムを作った。LGEは、Quantaほか多数のコンピューター・メーカーを、同社のシステム特許を侵害するとして提訴。

連邦巡回裁は、LGE特許の消尽を否認した（LG Electronics, Inc. v. Bizcom Electronics, Inc, 453 F. 3d 1364, 1369-70（Fed. Cir. 2006）：「LGE-Intel契約は、特許製品のファースト・セールに通常ともなう特許権の消尽を回避する。…消尽論は、明示の条件付き販売やライセンスには適用されない。…Intelは特許マイクロチップを自由に販売できるが、この販売は条件付きであって、Intelの顧客は、LGEの組み合わせ特許を侵害することを明示で禁止されている」。

最高裁は、連邦巡回裁の上の判断を否認した：「まず、特許消尽論が方法特許には適用されないというLGEの主張を否認する。本件の場合、方法が製品にじゅうぶん化体（embodied）している。…連邦巡回裁は、Intelがライセンス契約によって特定態様の販売を禁じられていたから、それは権限ある販売ではないと判断したが、最高裁は、ライセンス契約が、LGE特許使用品を販売するIntelの権利を制限しているとは考えない。Intelには通知義務はあるが、だからといって、Intelの販売ライセンスが条件付きであることにはならない。Intelの販売は権限ある販売だから、特許消尽論が適用され、特許権者は、製品に実質的に化体している特許に関し、特許品の販売後の使用制限を強制するために、特許法を援用することができない」。

事項索引

A
A. B. Dick 1912　93, 369
Accolade 1992　147, 272, 386
ADSL　235, 236
AEG Telefunken　94
AKARI　244
Akzo事件1988　312
Alcatel-Lucent　100
ALJ→行政法判事
Amazon　176
amicus curie　144, 149
API　185
Apple　178
Apple 1983　271
Apple iTMS　178
Areeda　144
ARPANET　263
ASCAP/BMI 1941/1966　218
ASCAP/BMI 1979　219
AT&T　1, 251, 296
AT&T 1956　45, 296
Atari　273
Audio Home Recording Act　198
Automatic Radio 1949　375
Axelrod　325

B
B. B. Chemical 1942　139, 372
B. Braun 1997　389
Bauer 1913　93, 369
Bazerman & Neale　316
BBS事件　52, 118, 280
BBS判決の反対解釈　123
Berky Photo 1979　380
Bilicki　36
BitTorrent　251
block booking　140
Blonder Tongue 1971　378
Blu-ray　196
Bork　91, 209
bottom line　319
Bowman　91
Brams　324, 325
Brulotte 1964　376
Button Fastener 1896　138, 368

C
CAFC　36, 274, 284
Carbice 1931　371
CD　195
CGC　265
Chisum　145
Civil Investigative Demand　19
Codec　223
Comcast　251
comfort letter　24
CompuServe　242
conduit理論　259
conscious parallelism　317
cookies　200

事項索引

D

Data General 1985　12, 140, 141, 382
Data General法案　145
Dawson Chemical 1980　380
de facto standard　198
de jure standard　198
de Sola Pool　199
deadweight loss　7, 174, 181
Dell 1996　297, 388
Dempsey 1952　45, 375
Deutsche Telecom　247, 251
dicta　129, 142
Disney　179
distributor　242
DMCA　177, 205, 274
DNSサーバー　264
Drahos　37, 39
DRM　3, 177, 188, 190, 193, 198
DuPont　210, 312
DVD　196

E

economic power　140
EEC条約　7
equity　138, 139, 272
essential facilities　239, 253
ETSI　242
EU運営条約　7, 22
EU一括適用除外　22, 24, 25, 76, 83, 88, 96, 135
EU固有主題　21, 52

F

fair use　177, 202, 288, 290
FCC　234, 251

Feist 1991　292, 385
Fisher & Ury　317
FOGA 1941　14, 371
forward pricing　240
FTC　18, 48, 141
FTC Staff Report　37
FTTH　236, 237
FUD　155

G

GATT　125
GATT 3条4　312
GATT 20条(d)　312
General Electric 1926　33, 72, 370
GENI　243
Geo-IP Technology　232, 266
Geolocation　266
Google　178, 251
Grokster　192, 260
Guerin　269
Gutenberg.com　181
Gypsum 1948　33, 74, 374

H

Hadron事件　314, 317, 346
Handguards 1984　114, 381
Hartford Empire 1945　75, 373
Havenkampf　144
Hershleifer　7, 141
HHI　12, 13

I

IBM　1
IBM 1936　135, 371
IBM 1956　45, 295

事項索引

ICANN　268
ICT産業　265
ICタグ　145, 147
ICマスク　2
IETF　242, 268
if-used方式　66
Iklé　316
Illinois Tool Works 2006　136, 393
i-Macパソコン事件　336
Image Technical 1992　12, 143, 167, 387
Independent Ink　136
Intel 1999　45, 283, 390
Intel-EU 2009　107
Intel-US 1999　298
Intel-US 2009　298
International Salt 1947　137, 139, 373
Internet Exchange　264
interoperability　287, 299
i-Pad　229
IPTV　247
IPサイマルラジオ　266
IPマルチキャスト　244
IP局内装置　245
ISDN　235
ISP　185
ITC　344, 355
ITU-T　242
IT市場　148

J

JASRAC　171, 176
JASRAC事件　220
Java　185, 225
JEDEC　48
Jefferson Parish 1984　137, 382

K

Kammerer 1948　87, 374
Kaplow　35, 38
Kastenmeier　145
KazaA　192, 201
Kindle　229
K-Mart 1988　343
Kodak 1954　45, 143, 167

L

Laitram 1965　89, 377
Landes　170
Lasercomb 1990　54, 272, 384
Lear 1969　97, 378
Leeds & Catlin 1909　369
legit　260
Leitch 1937　371
Lessig　193, 199, 259
leverage　140, 188
Lexmark　289
LGE　283
lock-in　12, 141, 144, 203
Loew's 1962　142, 375

M

M&A　61
Mallinckrodt 1992　39, 387
market power　141, 143, 145, 147, 237
Masonite 1942　50, 73, 112, 372
McCullough 1948　374
Mercoid 1944　140, 373
Microsoft 2002　45, 146, 184
Microsoft Internet Explorer　148
Microsoft "HailStorm"　187
Microsoft Office　148

事項索引

Microsoft Windows 95/98/NT　187
Microsoft Windows XP　200
Microsoft WMP　148, 187, 299
Microsoft-EU 2003　187
Microsoft-US 2001　299
Microsoft非係争条項事件　98
MIDI　214
Milton Hodosh 1987　384
Morris　253
Morton Salt 1942　139, 372
Motion Picture 1917　139, 370
MP3　178, 222
MP3.com　257
MyMP3　256
MySpace　223

N

Napster　175, 192, 259, 368
National Harrow 1892　94
National Harrow 1902　368
National Lockwasher 1943　54, 87, 372
NCC　235
Netscape　184
NewGN　243
NGN　240
Nintendo 1992　273, 385
NTTE　235
NTT東日本ADSL事件　235
NTT東日本FTTH事件　236
Nungesser 1982　96

O

OEM　184
one cuts the other chooses　319
OSIの7階層　252

overall方式　66, 378

P

p2p　199, 251, 256, 260, 264
packet shaping　251
Papandropoulos　135
patent-antitrust conflict　35
peer-to-peer→p2p
per se illegal　18, 20, 22, 90, 137, 141, 220
per se legal　175
positional bargaining　317
Posner　90, 170, 290
Power Dry 1986　32, 74, 383
primary line　131
principled negotiation　317
private peering　264
Prodigy　242
product activation　200, 201
Proudhon　267
publisher　242

Q

QoS　241
Qualcomm非係争条項事件　101
Quality King 1998　129, 389
Quanta 2008　51, 283, 396

R

R&D制限　25
Raiffa　315
Rambus 2003　390
Rambus 2006　48, 394
RAND　82
requirement tie　136

事項索引

RIAA　257, 258
RICO法　164, 334
Rovico 1966　45, 113, 377
Roxio　259
rule of reason　18, 22, 91, 93, 137, 141

S

Samuelson　259
SCE　224
Schelling　316
Schenck 1983　11, 36, 381
Scherer　144
Schmalensee　149
Schwinn 1967　95
SCMS　195
secondary line　131
Sega　146, 272
Senza-Gel 1986　384
SIM　241
SNS　223
Sobel　35
Sony Betamax　260
specific subject-matter　23
SPS 1982　90
SSNIP　12
Static Control 2004　147, 289, 392
STB　245, 249
Strait 1892　368
summary judgment　129, 168, 257, 357
Sun Microsystems　185
Sylvania 1977　35, 95, 379

T

Taylor　94
TCP/IP　241

Telex 1975　379
transfer　7
TRIPS協定　2
TRIPS協定6条　307
TRIPS協定8条2項　301
TRIPS協定30条　305
TRIPS協定40条1項/2項　301
Turner　35, 38, 39, 94

U

unclean hands　139
United Shoe 1953　45, 294
USEN事件　91
USM 1982　381

V

Verizon　205, 251
VESA　297
Viacom　192
VoD　246, 266

W

W3C　268
Walker Process 1965　113, 376
Web 2.0　241
White　36
Whitting　35
WINNY　193, 262
WIPO条約　177, 204
WIREdata 2003　292, 392
World Wide Web　268

X

Xerox 1975　45
Xerox 1981　113, 380

401

事項索引

Y
YouTube　176, 192, 206

Z
Zenith 1969　45, 81, 377
Zune　207

あ
アーカイブ　249
アイアコッカ　317
アイデア表現　289
アサイン・バック　25, 65
アップロード禁止権→送信可能化権
アナーキズム　264, 267
アナルコ・キャピタリズム　268
アナルコ・サンディカリズム　268
アニメ　170, 191
アフィリエート　215
安全性　165

い
イーライセンス　221
意思の連絡　216, 317
意識的並行行動　317
意匠権　2
意匠法　2
1物1価　6
一括払い　66
一定の取引分野　8, 11
一般メディアサービス　264
一般指定　8
一般指定1　10, 26
一般指定2　27, 46, 116, 332
一般指定3　89
一般指定4　48
一般指定6　10, 110
一般指定10　10, 28, 63, 66, 77, 97, 110, 131, 150, 158, 165
一般指定11　10, 28, 64, 76, 87, 229
一般指定12　10, 28, 65, 71, 76, 85, 100, 116, 152, 162, 224, 226
一般指定14　30, 116, 153, 165, 208, 213, 332, 340
イノベーション　149
違法性阻却事由　9, 13, 15, 238
インク・カートリッジ　158
インスタント・カメラ　329
インセンティヴ　180, 239
インセンティヴ仮説　4, 149, 169, 189
インターネット　192, 262
インターネットテレビ　247
インターフェイス　150, 271
インテル事件　106

う
うしろ向きの発明　38, 162, 193, 269
腕相撲　317, 323

え
エアソフトガン事件　14
エイベックス　214
営業上の信用　3
営業秘密→ノウハウ
映画著作物　224, 276, 311
映像　224
映像コンテンツ　227
永久差止　351
エクシング　210
エドウインおよびリー事件　334

事項索引

お

オーバーオール→overall方式
オープンメディアコンテンツ　255
オールドパー事件　118
欧州司法裁判所（EU裁判所）　188
オムニバス通商競争力法　145
音楽　208
音楽のインターネット配信　177
音楽交換フリーCD　178
音楽著作権協会→JASRAC

か

買い集め　45, 46, 103
会社分割　175
開放/分散/発信型　240, 263, 265
外資規制　235
価格差別→差別（価格）
確認説　33
革新市場　21
学問・研究の自由　5
貸本屋　172
家庭内ダウンロード　201
課徴金　7, 9, 16, 39, 69, 72, 89, 108
課徴金減免　8, 17
カラオケ　204
カラオケ法理　262, 293
仮処分　323
過料　188
カルテル　7, 13, 41, 49, 55, 65, 67, 334
カルテル破り　68
勧告審決　16
完全価格差別　91, 93, 173, 175, 197
管理楽曲　210
間接侵害　162
関税法69条の11　339

韓国流出　230

き

期間制限　51
危機管理　353
機器認証　190, 198
貴国では閲覧できません　232
技術ライセンス取引　59
技術を利用させないようにする行為
　　　34, 43, 44, 48, 90, 103
技術市場　21
技術情報開示　185
技術的制限手段　3, 193
技術的正当化　239
技術的保護手段　193
擬制財産権　39
北九州市鉄蓋事件　70
キャッツアイ事件　262
キヤノン事件　148, 155
キャンシステム　205
救済（remedies）　351
寄与侵害　204, 259
供給者余剰　55, 92
供給量の最大化　6
競業禁止　87, 110
競争と略奪　205
競争の減殺　15
競争の実質的制限　15, 236
競争基盤の侵害　15
競争者取引妨害　10, 113, 117, 131, 152, 156, 162, 165, 204, 213, 332
競争手段の不公正　15, 213
競争政策　5
競争品の取扱制限　30

事項索引

競争法　7
共同ボイコット→共同の取引拒絶
共同の取引拒絶　16
共同の供給拒絶　9, 65, 208, 215, 232
共同研究開発指針　85
協調解の不存在　330
強制実施権　293
キルビー特許事件　288
行政法判事　19
均衡点　6
均等論　162, 347

く

グーテンベルク　199
クォーク事件　158
グッド・オールド・デイズ　296
区分許諾　51
クラウド・コンピューティング　204, 264
グラントバック　65, 97
クリーン・ルーム方式　273
クリエーター　230
クリストファー事件　209
クレイトン法　7, 18, 139
グレン・グールド　177
クロス・ライセンス　50, 75

け

ケーブル・テレビ　248
ゲームの理論　315
刑事　19
刑事告訴　339
契約終了権　25
契約特許無効　66
経済法　7

経済力　12
経済力の推定　142, 145
経産省準則　286, 292
継続的取引　9, 26
警告と訴訟前交渉　331
決定分析　315
憲法21条　177, 249, 255
権利帰属　228
権利濫用　39, 287
研究開発契約規則　23
県外放送　250
原価割れ　9, 109
原画　230
原産地/内容　3
原則違法→per se illegal
原盤権　215
現在価値　181
限界収入　7, 92
限界費用　6, 92, 173

こ

故意侵害　350
合意の全体　67
公共の福祉　40
公共の利益　8, 13, 238, 294
工業所有権　2
交渉　315
交渉科学　315
交渉術　315
公序良俗　40
公正競争阻害性　9, 15
公正使用→fair use
公正取引委員会　13
公正利用→fair use
公正利用の立証責任　262

事項索引

合成の誤謬　215, 328
拘束条件付取引　10, 15, 224, 226
高度集中市場　13
公平性　253
合理の原則→rule of reason
顧客制限　25
互換妨害　104
国際消尽論　119, 129
国際法協会草案　309
コスト・ベネフィット比較　192
コスト割れ→原価割れ
固定費用　171, 173
個別適用除外　24
コミック　172
コンクリート・パイル事件　75
コンテンツ・プロバイダー　189
コンテンツ業界　178
コンフリクト説→創設説

さ

債権者代位　62
債権侵害　155
再使用制限ライセンス　39
再生業者　155
再販価格拘束　9, 29, 72, 180, 224, 275
最恵約款　50
最後の5分間で決まる　323
最適値　181, 182
裁判地　67
財産権フェティシズム　138
差止請求　17, 19, 323
差別（一般）　89
差別（価格）　6, 10, 17, 89, 91, 173
差別的ライセンス拒絶　45
三光丸事件　335

3倍賠償請求　19
参入妨害　15, 66, 238, 332
サンプリング方式　218

し

シェークスピア　176
シカーネ　287
シカゴ学派　11, 20, 33, 36
時間による障壁　174
事業者団体　10
事業戦略としての訴訟　325, 331
資源の最適配分　6
時効　337
自己目的化　172
事前相談　24
市場　11
市場の失敗　7
市場原理　6, 268
市場差別化　93, 141
市場分割　193, 197
市場力　12
市場力の推定　21
自浄機能　180, 275, 293, 305
死重損失→deadweight loss
次世代ネットワーク　240
自然権仮説　4, 169
自然独占　148, 175
下請法　229
実用新案法　2
しっぺ返し　325
指定管理事業者　218
私的独占　4, 45, 91, 202, 235
私的録音録画補償金　183, 207
自動翻訳システム　231
支配　8

405

事項索引

司法省　11
司法省/FTCガイドライン　21, 36, 141
字幕　231
シャーマン法　1, 14, 184
ジャパン・クール・アニメ　203, 230
ジャポニスム　232
社会人教育バウチャー　315
社会的コスト　7, 176
社会的純効率　181
社会的非効率→deadweight loss
主たる商品　12, 108, 110, 135
寿命データ　156
需要の価格弾力性　171
需要曲線　6, 171
囚人のジレンマ　195, 324, 327
収益分配　230
収穫逓減の法則　6, 181
周知表示　3
周波数割り当て　198, 228
集中市場　13
出版権/出版許諾　5
自由のための技術　199, 258
シュリンクラップ　152, 202
使用権　51
使用貸借　154
準コンスタント・サム　332
準拠法　67
消極販売地域制限　25
証拠調べ　338
証拠保全　332
商号　2
消尽　119, 130, 158, 275, 307
消尽ずみ特許品の輸出　53
消尽－取引の実情　159, 163
消尽－総合考慮論　159

消尽－加工交換　159
消尽－類型論　159
消費者　6
消費者余剰　6
消費者余剰　55, 92
商品形態　3
商標権　2
商標法　2
商法　2
情報の非対称　318, 322
情報を利用させないようにする行為
　　　　45, 169, 195, 232
情報革命　255
情報管制　254
情報商品仮説　169
情報成果物　229
情報通信法　255
書籍　170
ジョン・ロック　169
所有権留保つき売買　154
信義誠実の原則　40
審決取消請求訴訟　238
審査履歴　162
芯線直結方式　236
シンジケーション　234
新神聖同盟　306
新世代ネットワーク　244
新日鐵　7
信認性　326
審判　16
新聞販路協定事件　75, 95

す

スーパー・ノード　260
スーパースター　180

垂直契約規則　23
水平合併ガイドライン　11
数量制限　52
スチュッピド・ネットワーク　241
スティーヴ・ジョブス　365
スティグリッツ　7, 183
ストリーミング　232
スプリッター　237
スペイン革命　269
スポンサーCM　232

せ

セーフティ・ゾーン　21
生産量制限　25
製作委員会　231
製造地域制限　56
静的同時進行ゲーム　324
性能抑圧装置　178
正のフィードバック　147
製品市場　12, 21
世界市場分割カルテル　77
石油カルテル　7
石油カルテル最判　14
セット・トップ・ボックス　245
積極販売地域制限　25
絶対的地域保護　96
接続拒絶　285
接続情報　188
接続妨害　104
接続料金　247
接続約款　245
瀬戸際戦略　331
ゼロサム・ゲーム　323
先行技術　161
先行者利益　175

専門化契約規則　23
専有権　3
専用実施権　61

そ

相互拘束　42
相互取引　28
創作費用　171
送信可能化権　190, 194, 204, 265
送信可能化権のない外国　231
創設説　33
相場　323
総代理店制　31
即時取得　153
訴訟　324, 330
ソニー　175, 196
損害賠償請求　14, 337

た

ダークファイバー　236
第2原画　230
第2世代ファイル・シェアリング　192
帯域制御　252
第一興商事件　210
タイン→抱き合わせ
大学　5
第三者侵害排除　42, 64
対人措置　345
対物措置　345
対北朝鮮外交　320
タイム・シフト　260
タイング商品→主たる商品
ダウンロード　214
ダウンロード禁止権→私的利用除外

事項索引

抱き合わせ　10, 12, 18, 22, 97, 110, 131, 138, 145, 153, 160, 168
抱き合わせる商品→主たる商品
ダクタイル鋳鉄管刑事事件　71
竹中（元）総務大臣　244

ち

小さな市場　12, 49, 141, 143, 167, 336
地域限定　250
地域独占　249
地域分割→リージョン・コード
チキン・ゲーム　324, 329
知的財産ガイドライン→知的財産指針
知的財産権　1, 365
知的財産権と独占禁止法の関係　33
知的財産権の位置づけ　1
知的財産権と競争とのバランス　5
知的財産権の分類と一覧　2
知的財産指針　34, 37, 42, 48, 55, 63, 76, 80, 84, 90, 97, 103, 131, 255
知的財産指針早見表　55
知的財産物神論　52
知的財産立国　5
地理的市場　12
地理的障壁　174
地理的表示　303
着うた事件　214
着メロ　214
中央交換機　241
中古ゲームソフト事件判決　275
中古ゲームソフト事件審決　224
中古品取扱禁止　225
仲裁　67
仲裁者　319
著作（隣接）権　1, 2, 21, 24

著作権の支分権　4, 177
著作権の集中管理　217
著作権の年平均減価率　181
著作権の保護期間　179
著作権法26条1項　276
著作権法26条の3　278
著作権法29条1項　264
著作権法30条以下　198
著作権法31条1号　179
著作権法104条の8　183
著作権法113条5項　232
著作権法120条の2 第1-2号　177
著作権法附則4条の2　172
著作権法附則14条　171
著作物　3
著作物の再販価格拘束　180, 225
著作物の輸入輸出　197
著名表示　3

つ

通常実施権　61

て

ディキシット＆ネイルバブ　323
ディスカバリー　357, 360
出来高払い　66
デジタル・コンテンツ　190, 193, 208, 227, 265
手塚プロ　179
デポジション（証言録取）　362
電気通信役務利用放送法　245
電子書籍　229
電子透かし　249

事項索引

と

同意審決　16
同時再送信　245
動画　230
東急パーキングシステム事件　166
東京高裁　236
東芝昇降機サービス事件　165
ドス・ベゾス　365
動的交互進行ゲーム　323
トナー・カートリッジ　150, 157
東宝スバル事件　13
東宝新東宝事件　13
登録協力義務　61, 64
独占価格設定モデル　6
独占禁止法研究会　15
独占禁止法　6, 7, 8
独占禁止法2条5項　8
独占禁止法2条6項　8
独占禁止法2条9項　9
独占禁止法2条9項1号　9, 10, 65, 232
独占禁止法2条9項2号　9, 89
独占禁止法2条9項3号　9
独占禁止法2条9項4号　9, 227
独占禁止法2条9項5号　9, 228
独占禁止法3条前段　8, 236, 253
独占禁止法3条後段　8, 13
独占禁止法6条　9
独占禁止法8条　10
独占禁止法10条　11
独占禁止法19条　9
独占禁止法21条　33, 37, 211, 225, 227
独占禁止法23条4項　224
独占禁止法24条　332, 335
独占禁止法100条　106
独占禁止法の禁止行為　8

独占禁止法の適用除外　218, 229
独占禁止法の冬の時代　7
独占禁止法の目的　8
独占禁止法の歴史　7
独占行為　7
独占者　6
独占的利潤→レント
独立説　163
特許権　2, 3, 23
特許権ライセンス—法的性格　61
特許権ライセンス契約—モデル　63
特許権ライセンス契約—許諾文言　64
特許権ライセンス契約—契約期間　64
特許権ライセンス契約—契約特許　63
特許権ライセンス契約—純売上高　63
特許権ライセンス契約—前文　63
特許権ライセンス契約—定義　63
特許権ライセンス契約—当事者　63
特許権ライセンス契約—発効日　63
特許権の無効/非抵触　162
特許調査　348
特許プール→パテント・プール
特許法　2
特許法150条2項　332
ドメイン名　3
ドラクエⅣ事件　132
トランジット料金　243
トリプルプレー　247
取扱説明書　157
取引拒絶（共同）→共同の供給拒絶
取取拒絶（単独）　10, 27, 117
取引拒絶（ライセンス）　103
取引コスト　83
取引条件の差別　10
トレード・シークレット→ノウハウ

409

事項索引

な

内交渉　114
ナイン・ノー・ノーズ　20, 141
ナッシュ均衡　325, 326
ナップスター→Napster
ナンバー・ゲーム　317

に

二次利用　228, 265
二重利得機会論　120
20世紀フォックス事件　226
日米包括合意（強制実施権）　294
日米貿易摩擦　8
日本除外合意表示　124, 126
入力型自動公衆送信　246
ニューファミリー・タイプ　236

ね

ネガティブ・クリアランス　22
ネゴシエーション・セミナー　315
ネゴシエーション・ダンス　322
ネットワークの中立性　251, 269
ネットワーク外部性　147, 148, 192

の

ノウハウ　2, 21, 24, 37, 84, 178

は

ハート・スコット・ロディノ法　19
ハードカバーとペーパーバック　174
ハーバード法院　315
ハーバード流交渉術　319, 322
ハーフィンダール指数→HHI
ハーモニー説→確認説
パウンドストーン　325

排除　1
排除型私的独占指針　108
排他条件付取引　10, 18, 87
排他的グラントバック義務　25
陪審トライアル　352
パチスロ機パテント・プール事件　40
パチンコ機パテント・プール事件　105
バックボーン　243
パッケージ・ライセンス　63, 76, 296
バッハ　172, 176
パテント・プール　40, 45, 49, 81
パブリック・ドメイン　176, 198
パラマウント・ベッド事件　12, 49
パリ・コミューン　269
ハリウッド　196
パリ条約　8
反対解釈　123, 280
バンドリング　131, 135
半導体集積回路配置法　2
反トラスト法　7, 18
販売価格制限　25, 86
販売数量制限　53, 86
販売先制限　30, 53
販売地域制限　30, 53, 86, 95
販売地域制限（消極的）　96
販売方法制限　30
頒布権　279

ひ

非係争義務　54
非集中市場　13
光ファイバー　236
ビジネス・レビュー・レター　19
ヒッピー文化　263
微分係数　182

事項索引

標準化パテント・プール　81
標準化パテント・プール考え方早見表
　　　　　　　　　　　　　82
表現の自由　5
評判　327

ふ

ファイル・シェアリング　192
ファイルローグ　193
ファイルローグ事件　262
ファンサブ　231
フィッシャー&ユーリー　317
フィルタリング・ソフト　194
フィルタリング・ツール　260
フィンシン規則　234
フォン・ノイマン　319
不可欠施設　239, 253
不可抗力　67
不完全競争市場　6
不完全代替財　171
不公正な取引方法　9, 113
不実施（強制実施権）　293
不正競争防止法　2
不正競争防止法2条1項　177, 333
不争義務　25, 54, 66
不当な取引制限　8, 13, 44, 50, 67, 74,
　　　　　　　　103, 324
不当利得返還請求　337
不当廉売　10
父権訴訟　19
部分最適化　193
複製費用　171
プラットフォーム　184
ブランケット・ライセンス　222
フランス　207

フリーライド抑止仮説　169
プレイステーション　224
ブレイン・ストーミング　175
プレス機械売買交渉　320
プログラム　176, 271
プロパテント政策　82
分割の誤謬　52, 88, 84, 197
分岐方式　236
紛争解決　315
分野制限　56

へ

ベーシック・タイプ　236
ベーベーエス事件→BBS事件
並行輸入妨害　32, 52, 116, 128, 174
閉域網　241, 247
閉鎖/集中/受信型　241
米国1930年関税法337条　340, 344
米国DMCA　177, 274, 393
米国関税法337条　312
米国憲法　139
米国消尽判例　284
米国税関規則133　314
米国著作権法　129
米国超大型訴訟　337
米国通信法　254
米国特許法　136, 140
米国連邦裁判所　352
米国連邦取引委員会→FTC
米国連邦取引委員会法　7, 18
米国連邦巡回控訴裁判所→CAFC
ベスト・モード　161, 353
ベストエフォト　248
ヘビー・ゲーム　275
ベルヌ条約　1, 190

411

事項索引

変動費用　171
返品　180
弁護士　354
弁護士依頼人秘匿特権　338, 360
弁護士意見書　350

ほ

ホールドアップ　47
包括契約と個別契約　218
報奨　38
放送　234
放送事業者　220
放送用二次使用料　218
法廷助言書→amicus curie
星商事事件　117
補償金　246
ポズナー→Posner
ポットカッター事件　133
ポップ・アート　223
ポップ・カルチャー　189, 190, 194, 230, 269
北海道新聞社事件　105
ポピュリズム　199
「本来的」行使　34, 39

ま

マーストリヒト条約　96
マイクロ・マネジメント　193, 270
マイクロソフト　98
マイクロソフト事件　132
マクシミン　319
マス・メディア集中排除原則　234
窓口権　228
マルクス「資本論」　52, 138
マルティプル・ライセンス　50, 67

み

ミスユース　137, 272, 290
水際法　339
三菱ビルテクノ事件　166
ミドルウエア　185
ミニマックス　319
ミニマム・ペイメント　50
都電子　348
民事　17
民事訴訟法234条以下　332
民放連　176
民法　138, 152

む

無過失責任　17
無限くりかえしゲーム　325
無方式主義　1

め

メジャー　223
メディア　189, 231

も

黙示のライセンス　363
黙示許諾論　119
元栓処理　171

ゆ

優越的地位の濫用　10
有線ブロード事件　209
有線放送事業者　246
雪印乳業/農林中金事件　75
輸出権　53
輸出制限　53
輸入強制実施権　305

輸入〔禁止〕権　308

よ

抑制均衡論　40
よこはまポートワイン　302
横取り　45
横流し禁止　224
予備（仮）差止　351

ら

ライセンス拒絶　112
ラジオメーター事件　118
ランデス＆ポズナー　170, 175, 180, 182
ランデス→Landes
ランニング→出来高払い
ランプサム→一括払い
リージョン・コード　196
リーニエンシー→課徴金減免
理事会規則1/2003　23
利潤最大化　7, 92
リスク・マネジメント　178, 348, 352
リスボン条約　96

り

立証責任　350
リナックス・サーバー接続拒絶事件
　　　　　　　　　　　　285
リバース・エンジニアリング　104, 271
リバタリアニズム　267
リベート　29
理由なき反抗　326
流通取引　29
流通取引慣行ガイドライン
　→流通取引指針
流通取引指針　25

留保価格（RP）　321
利用関係（強制実施権）　294

る

ルート・サーバー　264
ルビコン川の橋　322

れ

レーザー・プリンター　150, 155
レーベルモバイル　214
レガシー・アセット　189, 195, 240
レプトン事件　150
レンタル　194
レント　183
レント・シーキング　182, 184

ろ

ローカリズム　234, 249
ロケット・ドケット法廷　356
ロックアウト　105
ロックアウト・コード　202, 274, 290
ロックアウト・チップ　202, 274
ロックアウト・パテント　160, 161, 274
ロボット　197, 207
ロングテイル　223

わ

ワイン類地理的表示　2
ワン・マシーン・ライセンス　201

著者紹介

本間　忠良（ほんま　ただよし）

略歴：

1961年	東京大学法学部卒業
1964年	東京大学大学院社会科学研究科修了（国際法）
1971-1973年	シカゴ大学大学院博士課程社費留学単位取得（国際関係論）
1964-1989年	三菱電機（理事・渉外部長）
1996-1998年	千葉大学大学院教授（国際経済法、知的財産法）
1998-2003年	公正取引委員会委員
2004-2008年	日本大学法科大学院専任教授（経済法、国際経済法、知的財産法）
2006年	旭日中綬章を拝受
2008年	㈲ストラテジスト代表取締役／「技術と競争」ワークショップ代表。

主要著書：

『ウルグアイ・ラウンドが世界貿易を変えた』（中央経済社1994/1995年）

"TRIPS and After—A Realist's View," *Chiba University Law Journal* (June 1997)。

Website：

http://www17.ocn.ne.jp/~tadhomma/

カバーデザイン　日生印刷株式会社

知的財産権と独占禁止法
反独占の思想と戦略

2011年（平成23年）2月10日　初版発行

著　者	本間　忠良	
©2011	HOMMA Tadayoshi	
発　行	社団法人　発明協会	
発行所	社団法人　発明協会	
	所在地　〒105-0001	
	東京都港区虎ノ門２—９—14	
	電　話　東京 03(3502)5433(編集)	
	東京 03(3502)5491(販売)	
	ＦＡＸ　東京 03(5512)7567(販売)	

乱丁・落丁はお取替えいたします。　　　　印刷：勝美印刷株式会社
ISBN978-4-8271-0984-9 C2032　　　　Printed in japan
本書の全部または一部の無断複写複製を禁じます（著作権法上の例外を除く）。

発明協会HP：http://www.jiii.or.jp/